MODERN MAGICK

스스로 생각하고, 권위에 의문을 제기하라!
Think For Yourself, Question Authority!

옮긴이 김태항 | 동국대학교에서 법학을 미국 콜로라도 주립대학원에서 교육학을 공부하였다. 동서양 가르침을 공부하여 왔으며 특히 서양 신비사상의 근간인 카발라를 연구하여 왔다. 현재 번역 일을 하고 있으며 옮긴 책으로는 《탈무드에서 배우는 돈의 지혜》《익스트림 리더》《사연 많은 거위가 황금알을 낳는다》 등이 있다.

모던 매직

1판 1쇄 발행일 2005년 2월 5일
1판 5쇄 발행일 2009년 7월 30일

지은이 | 도널드 마이클 크레이그
옮긴이 | 김태항

펴낸이 | 류희남
기획 · 편집 | 권미경, 지주한
교정 | 배규호
펴낸곳 | 물병자리

출판등록일(번호) | 1997년 4월 14일(제2-2160호)
주소 | 110-070 서울시 종로구 내수동 4번지 옥빌딩 601호
대표전화 | (02) 735-8160 팩스 | (02) 735-8161
e-mail | mbpub@hanmail.net
홈페이지 | www.mbage.com
ISBN | 89-87480-66-6 03110

* 잘못된 책은 바꿔 드립니다.

☆ 참고 : 책 본문에 나오는 스펠 원문을 출판사 홈페이지 www.mbage.com에서 서비스 제공하고 있습니다. 필요하신 분은 홈페이지 내 공지사항 64번항을 열람하시면 됩니다.

마법의 이론과 실전

모던 매직

도널드 마이클 크레이그 지음 | 김태항 옮김

〰〰〰 물병자리

R e v i e w e r s

전세계 마법사들을 위한 마법 지식의 전형적인 교과서가 될 것이다. 이 책을 초보자와 숙련자 모두에게 강력히 추천한다.

—쉬크 시세로Chic Cicero와 산드라 사바사 시세로Sandra Tabatha Cicero,

《The Golden Dawn Magical System》

점점 혼란만 가중시키는 마법서들 사이에서 《모던 매직》은 매우 명쾌하며 실천적이다. 나에게 만약 한 가지가 들고 사막으로 떠나라고 한다면, 내 배낭 속에는 단연코 이 책이 될 것이다.

—론 밀로 뒤케Lon Milo Duquette, 《The Tarot of Ceremonial Magick》

많은 사람들이 이 책을 '황금새벽회(Golden Dawn)'의 문을 여는, 잃어버린 열쇠라고 생각하고 있다.

—로저 윌리엄슨Roger Williamson, 《The Sun At Night》

이 책에 나오는 정보들은 명확하고, 간결하며, 교육적이다. 그리고 실습에 대단한 역점을 두고 있다. 근래에 읽었던 정형화된 마법서들보다 이 단행본으로부터 더 많은 것을 배웠다.

—실버 레이븐 울프Silver Raven Wolf, 《Companions in Magick》

아주 대단한 책이다.

—데이빗 고드윈David Godwin, 《Godwin's Cabalistic Encyclopedia》

이따금 반드시 읽어야 하는 책이 출간된다. 이 《마법의 이론과 실전, 모던 매직》은 의식(儀式) 마법 수행자 만 아니라 위카 수행자도 도움을 받을 수 있는 마법에 필수적인 책이다. 이 책은 황금새벽회와 크로울리의 의식 마법 입문서 자료를 사용하였으나, 현대인이 읽기 쉽도록 간결하게 편집된 책이다. 이런 계통의 책에서는 보기 드물게 내용이 아주 명료하고 간결하다. 이 책을 강력히 추천한다.

—로드 조슈Lord Joshu, 〈P.A.N. Pipes〉

동양의 지혜와 풍부한 자료로 서양 마법 전통의 비밀을 일목요연하게 풀어 놓고 있는 책이다. 이 책은 현존하는 많은 마법서의 비밀을 열 수 있는 중요한 열쇠와도 같다. 만약 서양 마법을 경험하고 싶고, 그 신비의 문을 여는 열쇠를 구하고 있다면, 바로 이 책이 그런 역할을 할 것이다.

—케네스 데이Kenneth Deigh, 〈Mezlim Magazine〉

이론서가 아닌 수행서다. 마법 수행자가 우주의식에 이르는 데 필요한 충분한 마법 지식과 마법 도구를 제공한다. 종합적이고 믿음을 주는 책이면서 쉽게 읽을 수 있는 가치 있는 책이다.

—피라미드 북스Pyramid Books

Reviewers

《마법의 이론과 실전, 모던 매직》은 최고다! 이 책은 마법 입문자 뿐만 아니라, 물질계 이전의 세계를 탐험하고 변화의 노력을 원하는 숙련된 이들에게도 꼭 필요하다.

—크리스 몬나스트리|Cris Monnastre, Former student of Israel Regardie

《마법의 이론과 실전, 모던 매직》은 나처럼 오컬트 분야를 연구하는 초보자에게 엄청난 축복이다. 이 경이로운 책을 저술한 저자에게 감사드린다.

—캘리포니아 주 산타아나 신학박사로부터

책의 서문에 보이는 지혜만으로도 이 책의 가치는 충분하다. 고급 마법세계에서 경험하는 혼란을 잠재울 수 있는 여러 연구 자료와 적절한 충고 그리고 지침을 주는 책이다. 강력하게 추천한다.

—브라더 쉐도우Brother shadow, 〈The Path〉

고급 마법에서 중요하다고 생각하는 모든 부분을 다루는 책이며 많은 정보가 담겨 있다. 특히 저자가 카발라를 소개하는 방식이 아주 유익하였다. 내가 카발라라는 매혹적인 신비 철학을 이해하게 된다면 그것은 이 책에 소개되는 카발라 덕분일 것이다.

—뉴욕 독자

이처럼 훌륭한 책을 쓰신 작가에게 감사드린다. 지난 4~5년 동안 저자가 제공하는 체계로 공부했으며 이 책으로 많은 시간을 절약할 수 있었다. 작가의 실제 경험담과 독자로 하여금 논리적으로 생각하게 만드는 명료한 설명은 마치 나를 위하여 책을 쓴 것 같은 느낌을 받는다.

―영국 독자

내가 지난 20년간 찾아왔던 책이다.

―캐나다 독자

아주 대단한 책이다. 이 책 덕분에 나는 책을 읽는 데 그치는 것이 아니라 직접 마법을 실행한다. 마법을 간단히 실행할 수 있게끔 소개된 책은 이것이 처음이다. 영적인 길로 들어서게 해준 저자에게 감사한다.

―LA 독자

차례

저자 서문 13

작가 노트 20

제1장   21

꿈 일기 | 마법 일기 | 이완 의식 | 마법 정의(백마법, 회색마법, 흑마법) | 타로 응시 의식 | 타로 카드 역사 | 메이저 타로 카드 의미 | 펜타그램 소 결계 의식(LBRP) 준비

제2장   65

펜타그램 소 결계 의식(카발라 십자가, 펜타그램 형성, 대천사 소환, 카발라 십자가) | 진동 법칙 | 사이킥 공격과 방어 | 예배 의식 | 카발라 역사와 분류 | 생명나무 소개 | 미들 필라 의식

제3장   143

흙 원소 수련 | 생명나무(3대 기둥, 4계) | 카발라 명상 | 생명나무와 타로 카드 | 생명나무 세피라와 대응물 | 고급 미들 필라 의식 | 신체 빛 순환 의식 | 그룹 의식 | I.O.B. 기법 |

제4장   215

공기 원소 수련 | 그룹 치유 의식 | 십자가 상징 | INRI의 의미 | 헥사그램 만들기 | 고급 타로 | 응시 의식 | 공기 단검 만들기 | 카발라 심리 | 요가 | 헥사그램 결계 의식 | 그리모아 | 회색 마법을 위한 세 가지 필요사항

제5장 283

즉각적인 이완 의식 ㅣ 물 원소 수련 ㅣ 물 컵 만들기 ㅣ 장미십자가 의식 ㅣ 자기헌신 의식 ㅣ 윤회 ㅣ 카르마ㅣ 펜타그램 최고 인보킹 의식 ㅣ 혼과 에고 ㅣ 건강의 조건 ㅣ 신체 활력을 위한 다섯 가지 의식

제6장 349

불 원소 수련 ㅣ 불 지팡이 만들기 ㅣ 카발라 길 대응물 ㅣ 워치 타워 의식 ㅣ 무지개 지팡이 구축과 축성 ㅣ 4원소 마법 장비(공기 단검, 불 지팡이, 물 컵, 흙 원반) 축성 ㅣ 마법 의무 의식

제7장 425

적극적 긍정 ㅣ 창조적 심상 ㅣ 카발라 멘탈 마법 ㅣ 고급 마법과 저급 마법 ㅣ 마법의 역사 ㅣ 탈리스만과 애뮬릿 ㅣ 저급 마법을 이용한 탈리스만과 애뮬릿 제작과 충전 ㅣ 카발라를 이용한 탈리스만과 애뮬릿 제작 ㅣ 수비학 ㅣ 탈리스만에 사용되는 다양한 심벌

제8장 495

마법 행성 시간표 ㅣ 간단한 탈리스만과 애뮬릿 충전 및 축성 의식 ㅣ 완전한 탈리스만과 애뮬릿 충전 및 축성 의식

제9장 | 541

그리모아 | 소환 마법의 비밀 | 소환에 사용되는 삼각형과 마법 거울 만들기 | 소환 마법 의식 | 예치라 봉쇄 의식 | 자연령의 종류 | 인공령 창조 | 소환과 영매술과 채널링 | 초빙 마법 의식

제10장 | 609

마법 수행에 필요한 세 가지 사항 | 최고 마법 비밀 | 아스트랄 투사 | 아스트랄 펜타그램 소 결계 의식 | 집중 의식 | 마음투사와 아스트랄 투사 | 패스워킹의 예 | 패스워킹 의식

부록 1 · · 마법 의식 추가 670

부록 2 · · 복습 답안 672

부록 3 · · 독자로부터 자주 받는 질문(FAQ) 684

부록 4 · · 주요 발음 정리 715

역자 후기 724

저자 서문

지금으로부터 21년 전, 나는 어느 정도 나이가 들자 바르 미츠버 (Bar Mitzvah, 유대교에서 13세에 하는 남자 성인식)를 하게 되었다. 어느 날 유대 교당의 랍비 한 분이 사무실로 나를 불렀다. 90세는 되어 보이는 그 랍비는 나이는 전혀 신경 쓰지 않고 18세 소년처럼 행동하셨다. 재미있게도 근엄한 랍비복에 어울리지 않는 테니스 신발을 신고 있었다.

당시 나에게 유대교는 아주 편안한 종교였고 다른 종교에서 보여주는 지옥이나 지옥의 불구덩이 같은 무시무시한 내용은 없었다. 또한 유대교는 "나를 믿으라. 그렇지 않으면 영원히 저주 받으리라" 같은 두려움을 주는 종교가 아니었다.

그냥 신을 사랑하면 되었고 살아가면서 '소극적 황금률'에 따르면 되었다(역주 : 적극적 황금률은 "남이 그대에게 해주기를 바라는 것을 남에게 하라" 이다).

남이 그대에게 하지 말았으면 하는 것을
남에게 하지 말라.

늙은 랍비가 나를 사무실로 불러 유대교에 대하여 좀 깊이 있는 이야기를 할 때까지는 나 같은 과학 지향적 사람에게 유대교는 괜찮고 안전하며 세속적인 종교였다. 그러다 갑자기 내 종교에 대하여 몰랐던 생소한 정보에 압도되었다. 탈리트(Tallit)(역주 : 남자 유대교도가 아침예배 때 어깨에 걸치는 옷)의 끝에는 여러 색깔의 실이 꼬여 있었고 여러 매듭으로 묶여 있었다. 손목에 매달린 테필린(Tephilin)(역주 : 기도문을 적어 넣은 두 개의 가죽 주머니/상자로 이마와 왼쪽 손목에 매달고 다닌다)의 가죽끈은 팔을 일곱 번 감도록 되었는데 왜 일곱 번인지 의문이 들었다. 그리고 신의 이름 '쉐다이(Shadai)'를 발음하기 위하여 가죽 끈을 손에 감아야 했다. 그 전에는 신의 이름은 결코 발음할 수 없는 4자 문자(YHVH, 테트라그라마톤)라고 생각하였다.

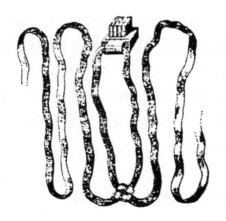

테필린

갑자기 편안하고 논리적인 종교가 비논리적으로 되었고 더 이상 맹목적으로 믿어야 하는 종교가 아니었다. 나는 내 종교의 뿌리를 찾아서 숨겨진 비밀을 찾아야 할 필요가 있었다. 이렇게 시작된 연구와 탐구가 20년이 넘었고 카발라와 의식마법은 나의 삶이 되었다. 그리고 그 연구 결과가 지금 당신이 공부하려는 이 책이다. 나는 이 기간 동안 카발라에 대한 많은 책을 읽었으며, 자료를 찾아 미국과 서유럽을 뒤지고 다녔다. 또한 연구 결과를 오컬트와 뉴에이지 잡지 그리고 신문에 발표하였다. UCLA에서 철학 학위를 받았고 자격 있는 타로 마스터가 되었으며 명예 형이상학 박사학위를 받았다.

이 책은 머릿속에 생각만 해왔던 것을 엮은 것이 아니다. 남캘리포니아 지역에서 많은 학생들에게 여러 차례 강의한 내용이며, 매번 강의를 통하여 내용을 개선하고 다듬어왔다. 처음에는 우편 주문의 통신 강좌 형식으로 책을 발간하였고, 지금은 좀 더 대중적으로 접근하기 위하여 이 책을 발간하였다. 여러분들은 이전의 학생들보다 훨씬 자세히 정리된 강의를 접하게 되는 셈이다. 또한 이전보다 더 많은 정보를 이 책에 실었다.

이 책에서 다루는 내용은 다음과 같다. 이 책은 의식 마법과 마법 이면에 있는 카발라 철학에 대한 것이다. 황금새벽회의 전통에서 많은 것을 빌려왔으며, 그 외에도 여러 동양사상과 동양종교 그리고 크로울리의 마법 체계를 포함하여 여러 가르침에서 정보를 가져왔다. 책에 언급되는 주제는 타로와 신성 점, 타로의 역사, 펜타그램 소 결계 의식(Lesser Banishing Ritual of the Pentagram), 헥사그램 결계 의식(Banishing Ritual of the Hexagram), 미들 필라 의식(Middle Pillar Ritual), 신체 빛 순환법 (Circulation of the Body of Light), 워치타워 의식(Watchtower Ritual), 명상, 생명나무, 세 개의 기둥, 카발라의 4계, 카발라의 역사, 게마트리아, 노타리콘, 테무라, 성경 해석, 탈리스만, 아스트랄 여행, 패스워킹(pathworking, 내용은 10장 참조), 치유, 솔로몬 열쇠, 스스로 만드는 마법 의식 등이 있다.

확실히 한정된 지면에서 다루기에는 아주 많은 분량이다. 이미 위에서 언급한 주제에 관한 수많은 책들이 나와 있다. 그러나 명심해야 할 두 가지가 있다.

1. **스터전의 법칙(Sturgen's Law).** "*모든 것의 90%는 쓰레기다*" 라는 뜻이다. 수많은 책 중 대다수는 새로운 것이 없이 반복되는 내용들이다. 이 책은 수많은 책에서 최고만을 골라 소개하는 것이며, 여기에 20년 간 개인의 연구와 실행결과가 더해졌다.

2. **이 책이 모든 주제를 설명하려는 것은 아니다.** 이 책의 목적은 평생을 오컬트('오컬트'가 '비밀 지혜'라는 의미에서 볼 수 있듯이 '비밀'을 의미하며 '사악'을 의미하지 않는다는 것을 기억하기 바란다) 연구에 헌신할 수 있도록 정보를 소개하는 것이다. 이 책은 현재 활자화된 어떤 문서나 책보다 카발라와 의식 마법에 대하여 정확하고 즉각적이며 유용한 정보를 제공할 것이다. 마법에 대한 다른 책을 읽은 적이 없다면 당신은 이 책에서 강력하고

성공적인 마법사가 되는 데 필요한 모든 것을 가질 것이다.

여기서 황금새벽회(Golden Dawn)에 대한 이야기를 하겠다. 1880년 후반에 이 단체가 설립되었을 때 마법이나 카발라에 대해 읽을 만한 좋은 책은 아주 드물었다. 오늘날 볼 수 있는 마법이나 카발라에 대한 대다수의 양서는 황금새벽회 회원들이나 또는 알게 모르게 이 단체의 영향을 받은 사람들이 저술한 것이다. 이들 중에는 맥그리거 매더스[1], 알리스터 크로울리[2], 이스라엘 리가디[3], A.E 웨이트[4], H.P 블라바스키[5], 다이온 포춘[6], P.F. 케이스 등이 있다. 이들 작품에서 많은 내용을 가져왔다. 이 책은 쉽게 따라할 수 있게 되어 있으며 지혜와 개인 발전 그리고 마법에 대한 실용적 체계로 구성되어 있다.

실습을 위하여 많은 마법 의식(Magickal Ritual)이 소개되며 이것은 당신의 사이킥 능력과 마법 능력 계발에 도움을 줄 것이다. 역사상 마법 기법에 능숙한 사람들이 많았지만 그렇다고 당신이 그들처럼 성공한다고 보장할 수는 없다. 마법 수행의 성공은 마법에 대한 태도에 달려 있기 때문이다. 그러나 많은 사람들이 이 책에 나오는 전통 마법 기법을 가지고 성공하였음을 나에게 알려주었다.

이 책을 가장 효과적으로 사용하는 방법은 한 장 한 장 철저히 읽고 소개되는 내용을 공부하고 기법을 실행하는 일이다. 이 책은 '흑마법'을 가르치지 않음을 처음부터 확실히 밝혀둔다. 이 책은 도덕이나 윤리 가치에 역행되는 것을 요구하지 않는다. 악마나 악귀 혹은 부정적인 존재를 불러내지 않을 것이다.

위카* 수행자나 위치** 혹은 페이건***들은 의식 마법 책만 읽고는 자신들이 의식 마법 수행자라고 주장하는 사람들을 자주 비판한다. 위카 수행자나 위치는 이들 마법사들이 마법을 할 줄 모른다고 주장한다. 사실 그들의 말에 동의하지 않을 수 없다. 그러나 지시에 따라 단계별로 수행을 한다면 당신은 '의식 마법'을 할 줄아는 아주 보기 드문 사람이 될 것이다.

도널드 마이클 크레이그

---

* wicca, 위카란 자연종교로 그 신앙과 의식은 고대의 풍습에서 유래한다. 위카는 고대 켈트의 전통과 직접 연결된다고 하며, 고대 켈트의 전통은 기독교나 그 밖의 서양 근대의 종교보다도 자연의 힘과 잘 조화되어 있다고 생각된다. 위카수행자는 종교라기보다는 자연이나 자연 현상에 대한 영적인 생각의 원칙을 공유하는 사람들로 보는 것이 더 올바를 것이다. ─역주
** witch, 위치에 대한 역사적 고찰을 제외하면─악한 목적으로 초자연적인 힘을 사용한다고 믿어졌던 역사상 마녀, 마녀 재판은 유명하다. 왜곡이 있었음─오늘날 마녀들은 오컬트나 마법 혹은 자연 종교에 관심이 많다. 가장 널리 퍼진 이들의 자연종교는 위카다. 오늘날은 남녀 모두에게 위치라는 단어를 사용한다. 남자 위치의 경우는 위저드(Wizard)나 워락(Warlock)이라는 단어가 있다. ─역주
*** pagan, 이 단어는 기독교도가 현재 성경을 근거로 하는 종교인 기독교, 유대교, 이슬람교가 존재하기 전에 있던 사람들이나 존재한 다음에는 이들 종교의 외부에 있는 사람들을 가리키는 말이다. ─역주

* 참고

1) 맥그리거 매더스 MacGregor Mathers : 1854~1918, 황금새벽회 공동 설립자. 우드맨, 웨스트코트와 더불어 황금새벽회를 창설함으로써 서양의 정신사에 획기적인 업적을 남겼다. 고대의 카발라, 마법, 타로 전통을 현대에 전한 선구자이다.

2) 알리스터 크로울리 Aleister Crowley : 1875~1947, 그에 대하여 의견이 분분하나 20세기 가장 유명한 마법사로 평가받는 동시에 흑마법사로 악명이 높다. 황금새벽회에서 훈련을 받았으며 단체에서 제명당한 후에 자신의 마법체계를 발전시켰다. 크로울리처럼 사람들로부터 극단적으로 상반되는 이중적 평가를 받는 이도 드물 것이다. 황금새벽회의 멤버였던 그는 탈퇴 후 독자적인 행보를 하며 서양 마법사에 지대한 영향을 남겼다. 그는 천부적인 지성으로 동서양의 형이상학에 대해 수많은 저술들을 남겼다. 그러나 마약, 섹스 마법 등 사회적으로 용인되는 수준을 넘는 행위들을 하였기 때문에 지탄의 대상이 되기도 했다.

3) 이스라엘 리가디 Dr. F. I. Regardie : 1907~1985, 크로울리의 비서를 역임하였다. 그가 황금새벽회에 가입하였을 무렵 황금새벽회는 죽어가고 있었다. 그래서 망각으로부터 단체의 비밀가르침을 보존하기 위하여 서약을 깨고 단체의 비밀을 《황금새벽》이란 책으로 출간하였다. 그 결과로 많은 사람들이 이 단체의 가르침을 공부하게 되었다.

4) 아서 에드워드 웨이트 A. E. Waite : 1857~1942, 황금새벽회 회원, 그가 고안한 라이더 웨이트 타로 덱은 현대 타로에 많은 영향을 주었으며 오늘날 많은 타로가 웨이트 타로 체계를 따른다.

5) H.P. 블라바스키 H.P. Blavatsky : 1831-1891, 러시아 출생의 신지학 설립자. 황금새벽회 많은 회원들이 신지학 회원이었다. 그녀의 저서 《Isis Unveiled》와 《The Secret Doctrine》은 그녀의 명성을 드높였다.

6) 다이온 포춘 Dion Fortune : 1891~1946, 황금새벽회가 쇠퇴할 무렵에 입회한 그녀는 이 단체에 실망하고 '내면의 빛'이라는 단체를 조직했다. 본명은 바이올렛 퍼스(Violet Firth)이며 이 이름으로 《The Machinery of the Mind》《The Problem of Purity》《Psychology of the Servant Problem》 등 심리학에 관한 여러 책을 저술한 심리학자이기도 하다.

작가 노트

이 책 속에는 카발라를 쉽게 이해하도록 쓴 부분이 있다. 나는 카발라에 나오는 모든 것의 근원인 '궁극적인 신성'을 표현하기 위하여 '신(God, 영어로는 남자 신이다. 기독교에서 신은 남자의 형상을 한 신이다)'이란 단어를 선택하였다. 카발라에서 신은 남자의 형상을 한 존재가 아니지만 경우에 따라서 의인화된 남성으로 묘사된다. 이것은 편의상 그런 것이다.

카발라에 따르면 모든 것의 궁극적 원천은 두 극성(상하, 좌우, 위아래, 남녀, 음양)이 하나로 합일되어 존재하는 단일자다. 이것은 나중에 책에서 깊게 다룰 것이다.

이 카발라 견해를 철저하게 존중하며 모든 것의 근원자로 '신'이란 단어를 사용할 때, 신을 남성·여성이란 속성에 한정시키지 않기를 바란다. 사용되는 신이란 단어는 전통을 따르는 것이며, 영어로 쉽게 표현(God)되는 장점이 있다.

영어로 음역된 히브리 단어가 낯설어 보일 것이다. 히브리 음을 영어로 바꾸는 합의된 방법이 없어서 예전의 고풍스러운 철자 대신 소리나는 대로 적었다. 예를 들어 옛날의 표기방식인 'Sephiroth' 대신 'Sephiroht'를 사용하였다(역주 : 유대 카발라의 생명나무에 존재하는 열 개의 세피로트, 다른 말로 10광이라고 번역됨).

히브리어를 영어로 표기하는 방법이 사람들에게 불쾌감을 주지 않았으면 한다. 마찬가지로 궁극적 신성을 '신(God)'이란 용어로 사용하는 것이, 궁극적 신성 속에 있는 여성 속성에 중요한 가치를 두고 있는 사람들에게 불쾌감을 주지 않았으면 한다.

제1장

제 1 편

시작

'동화' 속의 이야기처럼 보일지라도 마법사가 보여주는 마법은 어느 정도 사실이다. 물론 전부는 아니다. 돈이나 사랑, 지혜, 만족 등을 얻기 위한 주문(呪文)을 창조하는 것은 가능한 일이다.

영화나 동화 속의 마법과는 다르게 대부분의 진짜 마법은 바라는 결과가 즉시 나오지는 않는다. 예를 들면 돈을 불러오는 마법 의식을 한다면 돈을 얻기까지 여러 주일이 걸릴 수 있다. 마법 결과는 자연스러운 수단을 통하여 일어나며 마법이 적절하게 행하여진다면 결과는 반드시 있어야 한다.

아무도 마법의 힘을 당신에게 줄 수 없다.
스스로 그것을 얻어야 한다.
마법의 힘을 얻기 위한 방법은 연습뿐이다.
연습! 연습! 연습!

마법을 공부하려면 먼저 마법 실행과 경험, 생각 그리고 꿈에 대하여 기록해야 한다.

꿈 일기

당장 마법 공부를 시작하려면 꿈을 기록하는 일부터 시작해야 한다. 꿈은 네 가지로 분류된다.

1. **아스트랄 여행** : 아스트랄 여행에서 영적 능력, 사이킥 능력, 마법 능력의 계발에 필요한 교훈을 배우게 된다. 이것은 '아스트랄계(astral plane)'라 불리는 곳에서 일어난다. 아스트랄계에 대해서는 나중에 배우게 된다.

2. **심리 메시지** : 잠재의식은 현재의식에 전할 것이 많이 있다. 그러나 현재의식은 듣기를 거부하므로 꿈속에서 잠재의식이 상징적 메시지를 현재의식에 보낸다. 이것이 프로이드 꿈 분석의 기초다.

3. **놀이** : 휴식 속에서 마음은 목적도 없고 의미도 없이 방황하면서 현재의식에 아름다운 영상이나 기상천외한 영상을 보낸다.

4. **위에 언급한 내용의 결합**

꿈을 기록한 적이 없다 하여도 이것은 그렇게 어렵지 않다. 일기장과 필기도구를 잠자리 옆에 준비해두면 된다. 아침에 일어나자마자 기억나는 것을 기록한다. 아무것도 기억나지 않으면 꿈을 기억하지 못하였다고 쓸 수도 있다. 처음에는 아마 기억나는 것이 많지 않을 것이다. 아마 한 개 정도의 사건이나 느낌일 수도 있다. 꾸준히 실습하면 한 달 안에 한 페이지가 넘어갈 것이다.

잠에서 깨어나서 기억이 남아 있을 때 빠르게 꿈을 기록하려면 그 자리에서 즉시 쓸 수 있는 공책이나 바인더를 준비한다. 나중에 일기장에 옮겨 적으면 된다. 자신의 글씨체가 엉망이라면 타이핑을 해도 좋다. 시간은 걸리겠지만 몇 년 후가 되어도 읽을 수 있을 것이다. 날짜를 기록하는 것을 잊지 말라.

앞 문단에서 나중에 일기장을 다시 읽는 것에 대해 말했는데, 그 이유는 전체를 다시 검토하는 것이 상당히 중요하기 때문이다. 현재의 위치에서 꿈을 분석하려고 하지 말라. 지금은 자신의 꿈이 앞에 언급한 네 종류의 꿈 중 어느 것에 해당하는지 구별하지 못할 확률이 높다. 대신 꿈속에서 되풀이되는 영상이나 변화를 찾아보라. 그리고 제발 바라건데, 시중의 터무니없는 꿈 풀이 책을 가까이 하지 말기 바란다.

이 일기장이 당신에게 얼마나 중요한지 한 예를 보여주겠다. 내 마법 강연을 듣는 어느 여학생이 군인에게 쫓겨 도망치다 숨는 꿈을 반복하여 꾸었다. 한 달에 여러 번 그런 꿈을 꾸었으며 놀라 식은땀을 흘리며 깨어나곤 하였다. 그녀에게 꿈은 일상에서 실제로 일어나는 사건과 마찬가지였다.

이 책에 나오는 보호 의식수련을 하고나자 그녀의 꿈은 변하기 시작하였다. 더 이상 꿈속에서 숨거나 아니면 발각되어 강간당하는 일이 없었고 대신 그녀는 꿈속에서 탈출하였다. 남자와 성에 대한 두려움 때문에 생겨난 오래된 마음의 장벽이 무너진 것이다. 그녀가 좀 더 안정감을 찾음으로써 남자친구와의 관계도 개선되었다. 이것은 반복되는 꿈의 변화를 보여주는 예다. 마찬가지로 당신도 반복되는 꿈에서 변화를 관찰할 수 있게 되면 현실의 삶에 긍정적인 변화가 일어나는 것을 볼 수도 있다.

의식 마법 일기장

최소한 하루에 한 번은 수행해야 할 의식이 뒤에 나온다. 이들 의식을 배우는 동안에는 30분 정도 걸리며, 익숙해지면 좀 더 시간이 단축될 것이다. 꿈 일기장과는 별도로 준비된 공책에 의식과 관련된 일기를 써야 한다. 다음 페이지에 제시한 일기장 양식을 복사하여 파일첩에 묶어서 활용할 수도 있다.

양식에 기록된 내용은 중요하며 한 가지라도 빠뜨리면 안 된다. 장차 마법을 실행하는 경우에 어떤 조건에서 최고로 성공했는지 일기장을 통해 알 수 있다. 비가 오고 마음이 우울할 때 가장 성공적인 실행을 보이는 사람이 있는가 하면 포근한 밤, 마음이 평온할 때 의식 성공률이 최고인 사람이 있다. 의식 수련 일기장과 꿈 일기장은 당신에게만 유익한 개인적인 비밀 마법 교재가 된다.

'달의 단계' 가 의미하는 것은 보름, 그믐처럼 변하는 달의 상태를 의미한다. 이 정보는 지역신문이나 어스트랄러지(Astrology) 달력에서 얻을 수 있다. '날씨 조건' 은 비 오는 날, 흐린 날, 더운 날, 무더운 날, 따뜻한 날, 추운 날 등으로 표시하며 '감정' 은 행복, 슬픔, 침울 등으로 표현할 수 있다. '성과' 는 수련이 잘 되었는지의 여부를 의미하며 잘 되다, 중간, 안 좋다 등으로 표현할 수 있다. '결론' 은 당신이 느끼는 것, 경험한 것 등을 기록한다. 나중에 당신의 코멘트를 추가할 수 있으며, 그럴 경우에는 추가 내용을 적은 날짜를 기록해야 한다.

의식 마법 일기장

날짜 :   요일 :   시간 :

달의 단계 :

날씨 조건 :

감정 상태 :

신체적 컨디션 :

수행한 의식 이름 :

성과 :

결론 :

의식 수행과 관련하여 당부하고 싶은 말은 하루에 일주일분 의식을 하고는 그 다음 일주일 내내 의식을 하지 않는 경우는 없어야 한다. 하루에 여러 번 할 수도 있으며, 적어도 하루에 한 번은 해야 한다. 많은 사람들이 오컬티즘(역주 : 라틴어 occultus[감추어진 것]가 그 어원이다. 비학(秘學)이란, 과학적 연구방법으로는 파악할 수 없는 초경험적 여러 원리를 믿고 그것을 탐구하려고 하는 학문이다. 이것은 비전에 의해 한정된 사람들에게만 전수되기 때문에 일반 사람들에게 널리 알려지지 않는다는 것이 그 특색이다)을 실행하기보다는 공부에 그친다.

　마법에 정말 흥미가 있다면 이 책의 7장, 8장을 공부하기 전에 최소한 관련도서 한 권 정도는 읽을 것을 강력하게 권한다. 각 장이 끝날 때마다 인용 문헌이 실려 있다. 여기에 소개되는 책 중에서 선택하거나 카발라나 타로, 마법에 대한 책을 선정할 수도 있다. 여기에는 두 가지 목적이 숨어 있다.

　1. 주제에 대한 다른 견해를 볼 수 있다. 나는 구루나 위대한 스승으로 내 자신을 내세우지 않는다. 이 책에서 다루는 마법 주제에 대하여 나와 다른 견해를 알고 연구하는 것이 당신에게 유익할 것이다.

　2. 당신의 흥미를 끄는 특별한 주제에 대하여 깊이 있는 연구를 할 수 있다.

　책을 살 필요는 없다. 도서관에서 대출할 수 있고 친구에게 빌릴 수도 있으며 개인적으로 소장하고 있는 책 중에서 선정할 수도 있다. 이미 읽었던 책이어도 상관없다. 책을 읽고 기록을 남기는 일은 괜찮은 생각이다. 책 제목과 작가, 독서를 끝마친 날, 책에 대한 논평을 적는다.

첫 번째 마법 의식을 공부하기 전에, 이 책에 나오는 마법 수행에 사용되는 타로 카드에 대하여 언급하고자 한다. 이 책이 타로 카드에 관한 것이 아닐지라도 타로는 이 책에서 아주 중요한 역할을 한다. 그것은 타로 해석에 한정되는 것만은 아니다.

이 책에 가장 적합한 타로는 다음과 같다.

골든 던(Golden Dawn) 타로,
B.O.T.A. 타로,
헤르메틱(Hermetic) 타로,
라이더 웨이트(Rider Waite) 타로,
라이더 웨이트 타로에 근거한 물병자리(Aquarian) 타로,
모건 그리어(Mogan-Greer) 타로,
로열 프레즈 모로칸(Royal Frez Moroccan) 타로 등 여러 타로 카드,

그리고 타로의 기준인 22장의 메이저 카드와 56장의 마이너 카드를 합쳐 78개의 카드로 구성되는 초기 타로 카드들(예를 들면 IJJ 스위스 타로 카드)이 있다.

이 책에서 채택하지는 않지만 우수한 타로 덱(타로 카드는 대

부분 78장으로 구성되어 있으며, 크게 22장의 메이저 아르카나와 56장의 마이너 아르카나로 구성되어 있다. 이 78장 한 벌을 일컬어 덱이라 일컫는다) 중의 하나로 크로울리 토트(Crowley Thoth) 타로가 있다. 초보자가 사용하기에는 너무 복잡한 상징을 가지고 있기 때문에 타로 초보자가 아니고 토트 덱을 좋아한다면 사용해도 좋다. 그러나 이 타로 카드에 익숙하지 않다면 지금은 사용하지 않는 것이 좋다.

어떤 상황 속에서도 기준에 벗어난 타로 카드—메이저와 마이너의 카드 갯수가 78개가 넘거나 부족한 카드—를 사용하지 말라. 여기에는 시크릿 다키니 오라클(Secret Dakini Oracle) 타로, 아이 칭(I Ching, 주역) 타로, 집시 위치(Gypsy Witch) 타로 등 많이 있다. 이들 타로 카드가 나쁘다거나 잘못되었다는 것이 아니라, 단지 이 책과는 어울리지 않는다는 것이다.

타로 카드는 주요 책방에서 구입이 가능하지만 형이상학이나 오컬트 전문서점에서 구입할 것을 추천한다. 거기서 일하는 사람들은 일반 서점에서 일 하는 사람보다는 훨씬 지식이 풍부하고 친절하고 도움이 된다.

다음 페이지에 첫 번째 의식이 있다. 최소한 하루에 한 번은 수행해야 한다. 혹시 다른 곳에서 이 의식을 배웠을지 모른다. 많은 단체와 조직, 심지어 의사나 심리상담가도 이런 형태의 의식을 가르친다. 이 의식이 단순하게 보일지라도 그 중요성을 과소평가하면 안된다.

지금 당신에게 걸는 일은 매우 쉬운 일이다. 그러나 어렸을 때

걸음마를 배우는 데 많은 힘이 들었음을 기억하라. 달리기를 하기 전에 걷는 것을 배워야 한다. 마찬가지로 이 의식은 이 책 전체에 나오는 모든 마법 의식의 준비 과정으로 사용될 것이다.

이완 의식

1단계 : 최소한 5분 정도 방해받지 않는 장소에 앉거나 눕는다. 전화선을 뽑고 휴대폰 끄는 것을 잊지 말라. 편안한 마음 상태를 유지한다. 앉을 경우 등은 똑바로 세우고, 앉아 있든 누워 있든 다리와 팔은 엇갈리게 하지 말아야 한다. 앉아 있다면 손바닥을 아래로 하여 무릎 위에 놓고 눈을 감는다.

2단계 : 발을 둘러싸고 있는 아름답고 따뜻한 황금빛 구체(球體)를 마음속으로 생각한다. 심상하면서 이 구체를 볼 수 없어도 괜찮다. 단지 거기에 있음을 자각하면 된다. 당신의 심상 능력이 뛰어나면 당연히 볼 수 있게 된다. 이 따뜻한 황금빛 구체는 늘 평화와 완전한 이완을 가져온다. 이 빛이 있는 곳에는 어디서든 긴장은 사라진다. 긴장을 사라지게 하고 평화와 완전한 이완을 가져오는 따뜻한 황금빛 구체로 발을 채운다.

3단계 : 이 빛이 다리로 올라오도록 한다. 다리가 평화와 완전한 이완을 가져오는 따뜻한 황금빛 구체로 채워지면 몸통으로, 이어 팔과 손 그리고 목으로, 최종적으로 머리 안으로 구체를 가져온다. 긴장이 느껴지는 부위가 있으면 이 빛을 보내라. 그러면 긴장은 사라질 것이다.

4단계 : 얼마동안 깊은 이완 상태에 남아 있어라. 이 이완 의식을 하면 언제든지 깊은 이완 상태로 들어갈 수 있음을 기억하라. 잠이 잘 오지 않을 때 고통을 감내하거나 수면제를 먹는 대신 이 이완 의식을 행하면 좋다.

자신과 하나가 되라.

5단계 : 깊은 이완 상태에서 나올 준비가 되었을 때 세 번의 심호흡을 한다. 심호흡을 하면서 육체로 들어오는 신선한 에너지와 생명을 느끼도록 한다. 의식 일기장에 경험을 기록한다.

진도를 나가기 전에 얼마동안 일기쓰기와 의식 수행에 시간을 투자하여 익숙해지도록 한다. 타로 카드를 준비한다. 가끔 타로를 빌리려고 하는 경우가 있는데 그것은 옳지 않다. 만일 지금 가지고 있는 덱이 없다면, 자신이 좋아하는 타로 덱을 찾아 구입하는 것이 좋다.

마법이란 무엇인가?

앞에서 마법에 대해서 약간 설명하였다. 꿈과 마법 의식에 대하여 이야기하였고, 매일 수행해야 할 의식을 제시하였으며, 마법 의식을 기록하는 방법을 이야기하였다. 이것은 이론 마법과 비교되는 '실천 마법'의 시작이다. 마법이 정확히 무엇인지 기본적인 개념을 가지고 있다는 가정하에 실천 마법을 소개하였다. 그러나 당신의 정의가 나와는 다를 수 있다. 마법에 대해 공감할 수 있는 정의를 해보자.

유명한 마법사 크로울리는 마법은 "의지에 따라서 변화가 일어나도록 하는 예술이며 과학이다"라고 정의한다. 크로울리는 황금새벽회 회원이었다. 다른 유명한 회원이었던 다이온 포춘은 마법을 "의지에 따라 의식(意識)의 변화가 일어나도록 하는 예술이며 과학이다"라고 정의하였다. 이는 '변화'를 '의식의 변화'로 생각한 것말고는 크로울리와 같다(포춘은 자신의 실명인 바이올렛 퍼스라는 이름으로 심리학에 대한 여러 책을 저술한 심리학자였다).

그러면 이 정의가 정확하게 무엇을 의미하는지 살펴보자. 예를 들면 50달러를 얻기 위하여 마법 의식을 실행한다고 하자. 당신의 '의지'는 돈을 얻는 것이다. 산책을 나가서 평소에는 처음 만나는 큰길에서 오른쪽 길로 걷는 것이 습관이었으나 무언가가 당신을 왼쪽 길로 걷게끔 한다. 한 블록 아래에서 수개월 전에 50달러를 빌려간 친구를 만나 돈을 받는다.

왼쪽으로 행하게 한 것은 무엇이었는가? 크로울리의 정의에 의하면 마법 의식(Magickal Ritual)이 평소와는 다르게 왼쪽 길로 가게 하여 물질세계에 변화를 일으킨 것이다. 이것은 아마 왼쪽 길로 가게끔 친구나 상위의 존재가 텔레파시나 '낌새'를 준 것이다. 만약 다이온 포춘의 정의에 의하면 마법 의식이 오른편 대신 왼편으로 가게끔 정보를 주어서 의식(意識)의 변화가 일어났다고 말할 것이다. 어떤 경우든 다음의 세 가지 사실은 분명하다.

1. 당신이 어떤 정의를 사용하든 행동에 의한 결과는 같다.
2. 물질세계에 변화를 일으킨 것이든 당신의 의식에 변화를 일으킨 것이든 간에 물질세계에 변화가 일어난 것처럼 결과는 나타난다.
3. 마법이 실행된다.

그러나 이 두 사람의 정의는 여전히 너무 광범위하다. 의지에 따라 변화를 가져오고 이것을 '마법'이라고 부른다면 당신이 하는 모든 것은 마법일 것이다. 만약 문을 열려고 하는 의지가 있고 손잡이를 돌려 문을 연다면, 위의 정의에 따른다면 마법을 행한 것이다. 사실상 크로울리는 "모든 의도적 행동은 마법이다"라고 말한다. 마법에 대한 좀 더 구체적인 정의가 필요하다.

"마법은 전통 서양 과학이 현재 이해 못하는 수단을 사용하여 의지에 따라 (의식) 변화가 일어나도록 하는 예술이며 과학이다."

이 정의에서 현대 과학이 이해하지 못하는 어떤 수단에 의하여 달성된다는 내용을 첨가하였다. 무엇이 일어나도록 하는 마법 의식은 현대 서양 과학 사고로는 이해되지 않는다. 과학자들은 마법이 자신들의 세계관에 어울리지 않다는 이유로 마법을 초자연적인 것으로 생각하는 경향이 있다. 그러나 마법은 초자연적인 것은 아니다.

고대 문명에서는 태양이 뜨고 지는 것이 초자연적인 일로 간주되었다. 그러나 문명의 발달로 태양이 뜨고 지는 일은 지구의 자전으로 일어나는 당연한 일임이 드러났다.

언젠가는 마법도 서양의 과학 용어로 이해될 날이 올 것이라고 확신한다. 역사는 이미 이것을 증명하여왔다. 읽기, 쓰기, 수학, 천문학, 화학, 의학, 물리학 그리고 많은 분야가 모두 한때는 일반 대중에게는 신비로운 일이었다. 우리는 오늘날 이들 분야를 초등학교에 가기 전에 이미 배우기도 한다. 과거의 오컬티즘은 미래에는 과학이 된다. 유명한 공상 과학 작가로《2001 : 우주 오디세이(2001 : A Space Odyssey)》를 쓴 C. 클라크는 "진보된 기술은 그보다 못한 기술을 가진 사람에게는 마법처럼 보일 것이다"고 말하였다. 나는 전적으로 그의 말에 동의한다.

어떤 의미에서 당신은 지금 미래의 과학자다. 마법이 '과학적 방법'을 따라야 하는 이유기도 하다. 과학적 방법은 실험에 존재하는 모든 변수를 통제하며 실험의 결과를 정확히 기록한다. 일기장이 중요한 이유가 그것이다. 일기장은 변수(날씨, 감정 등)가 실험(마법 의식)에 어떻게 영향을 미치는지를 보여준다. 마법과 꿈 일기를 쓰는 것은 아주 중요하다.

나는 크로울리나 포춘보다 좀 더 구체적으로 마법을 정의하려 한다. 결과는 같기 때문에 포춘이 말한 의식(意識)이란 단어를 삭제할 것이다. 우리가 지금까지 알고 있는 정의는 여전히 충분하지 않다. 따라서 마법의 목적과 결과를 마법의 정의에 추가해야 한다.

마법을 세 가지로 분류하여 보았다. 이 책 공부를 위해서 세 가지 분류에 대하여 알고 있는 것이 중요하다. 사람들에 따라 분류하는 방법과 마법 정의는 다르다. 세 가지 이상 분류하기도 하고 혹은 그 이하로 분류하기도 한다. 아래는 세 가지로 분류한 마법의 정의다.

백마법은 "자신의 신성한 수호천사와 대화하고 지식을 얻을 목적으로 오늘날 서양 과학이 이해 못하는 수단을 사용하여 의지에 따라 변화가 일어나도록 하는 예술이며 과학이다."

흑마법은 설명이 거의 필요없을 만큼 정의하기가 아주 쉽다.

흑마법은 "자신이나 타인에게 육체적 혹은 비육체적 해악을 목적으로 의식적 혹은 무의식적으로 행해지는 마법으로 오늘날 서양 과학이 이해 못하는 수단을 사용하여 의지에 따라 변화가 일어나도록 하는 예술이며 과학이다."

우연히(혹은 의도적으로) 흑마법사가 되는 것을 피하는 관점에서 흑마법을 논의할 것이다.

회색마법은 백마법과 흑마법의 혼합이다. 회색마법은 나중에 보겠지만 백마법도 될 수 있고 흑마법도 될 수 있으며, 여전히 회색마법으로 남기도 한다.

회색마법은 "자신이나 타인에게 육체적 혹은 비육체적인 도움을 줄 목적으로 의식적 혹은 무의식적으로 행해지는 마법으로 오늘날 서양 과학이 이해 못하는 수단을 사용하여 의지에 따라 변화가 일어나도록 하는 예술이며 과학이다."

예를 들면 친구의 건강 회복에 도움이 되는 마법을 한다고 하자. 정의대로라면 이것은 타인에게 육체적 도움을 주기 위하여 하는 것이기 때문에 회색마법이다. 그러나 남을 돕기 위하여 회색마법을 하였기 때문에 이것은 당신의 신성한 수호천사와 교섭하고 지식을 얻는 일에 가깝고 신성에 좀 더 가까워 보인다. 그래서 이것은 백마법이다.

한편 당신이 1천 달러를 얻기 위한 마법 의식을 하였다고 하자. 여러 다른 철학과는 달리 마법 세계에서 자신의 발전을 위하여 마법 능력을 사용하는 일은 잘못될 것이 없다. 물질계에서 돈과 사랑, 명예, 친구를 얻기 위하여 마법 능력과 마법 지식을 사용하는 것은 좋다. 그러나 1천 달러를 얻기 위하여 의식을 행한 후, 당신 삼촌이 교통사고로 죽으면서 당신에게 1천 달러의 유산을 남겼다고 가정하자. 목적은 이루었으나 결과는 흑마법을 사용하여 목적을 이루었고 간접적으로(혹은 아마도 직접적이라고 말할 수도 있다) 사람을 죽인 것이다.

누군가는 "무엇이 문제란 말인가? 내가 원한 돈을 얻었을 뿐인데"라고 생각할 수도 있다. 그 말은 사실이나 지불해야 할 대가가 있다. '뿌린 대로 거둔다.' 만약 당신이 악을 야기하였다면 확실히 당신에게 대가가 돌아온다. 여러 위카의 가르침에 따르면 우리가 한 일은 세 배가 되어 되돌아온다고 한다. 흑마법의 실행은 늘 무거운 대가가 따른다.

한때 흑마술사였고 악마숭배자였던 로빈이라는 친구가 있다. 그녀가 한 저주나 흑마법 주문이 결실을 맺을 때 늘 불행한 일이 자신에게 일어나곤 했다고 말하였다. 이 말은 흑마법을 절대 하지 말아야 한다는 것을 강조하려는 것이 아니라, 만약 마법을 시도한다면 무엇을 기대해야 하는지를 보여주려는 의도다.

중력의 법칙이 있듯이 동양에서는 카르마(Karma)라 불리고 카발라에서는 티쿤(Tikune)이라는 불리는 위반할 수 없는 법칙이 있다. 좋은 일을 하면 좋은 결과를 얻고 악을 행하면(심지어 의도적이지 않을지라도) 악을 받을 것이다. 이것이 법칙이다.

어떻게 하면 흑마법의 구렁텅이로 떨어지는 것을 피할 수 있는가? 먼저 백마법을 행하라. 내가 이 책의 첫 부분에서 백마법을 가르치는 이유다. 이 책의 코스는 점증적으로 구성되어 있다. 강력한 회색마법사로 성장하는 일과 이 코스를 공부하면서 앞으로 일어나는 일들은 지금 하는 것에 달려 있다. 둘째, 회색마법을 하기 전에 마법의 효과와 결과를 결정할 점(Divination)을 쳐야 한다. 타로 카드와 여러 운명 체계를 배우는 것이 왜 중요한지를 알게 해준다.

다음 페이지에서 22개 메이저 카드의 의미를 공부하게 된다. '(R)'은 카드 그림의 위아래가 바뀌었음을 의미한다. 여기서 풀이한 해석들의 의미가 반드시 확정된 것은 아니다. 여기서 설명하는 각 카드의 의미는 오컬티스트며 카발라 학자인 에드워드 웨이트(A.E. Waite)와 맥그리거 매더스(MacGregor Mathers)의 가르침에 근거한다.

앞으로 며칠 간 메이저 카드와 그 의미에 익숙해지도록 해야 한다. 당분간 개인이 갖고 있는 타로 카드 설명서를 무시한다. 나중에 카드에서 배운 정보를 이 책에 더할 수 있다. 점을 목적으로 카드를 사용하는 방법은 다음 편에서 설명할 것이다.

한편 일기쓰기와 이완 의식은 계속한다. 의식(儀式) 리스트에 다음의 항목을 더한다.

타로 응시 의식

1단계 : 메이저 카드만 따로 준비한다. 22개 카드(0에서 21번까지)에서 6,
7, 10, 13, 15, 18번 카드를 골라낸다. 이 카드들은 이 의식에서는 사용
되지 않는 카드이다. 이완 의식을 하는 동안 남아 있는 카드를 사용한다.

2단계 : 이완 의식을 한 후 즉시 남아 있는 16개 카드를 섞는다. 방식은 상
관하지 않고 그만두고 싶을 때까지 섞는다.

3단계 : 카드 하나를 골라서 3분 동안 그림을 응시한다.

4단계 : 심호흡을 세 번 하고 타로 응시를 끝낸다.

5단계 : 마법 일기장에 카드 이름과 번호를 기록한다. 그리고 카드를 응시
하는 동안 받은 느낌이나 기분 혹은 생각을 기록한다.

메이저 카드의 의미

0 바보/광대 The Fool : 우둔함, 어리석음, 방종. (R) 망설임, 부주의, 어리
석음을 무시하여 생기는 어려움.

1 마법사 The Magician : 기술, 의지력, 자신감. (R) 기술, 의지력, 자신감의
잘못된 사용, 기만, 기술 부족.

2 고위 여사제 The High Priestess : 과학, 교육, 지식. (R) 무지, 피상적
지식.

3 여왕 The Empress : 풍요, 활동, 창조. (R) 우유부단으로 인한 비활동, 힘
의 상실.

4 황제 The Emperor : 힘, 효율성, 이성. (R) 성숙하지 못한 감정, 계획에
장애.

5 교황 The Hierophant : 자비와 덕, 이런 속성을 보여주는 사람. (R) 약함,

과도한 친절.

6 연인 The Lovers : 통과해야 할 시험, 새로운 사랑. (R) 시험에 실패, 사랑을 잃음.

7 전차 The Chariot : 승리, 장애 극복. (R) 패배, 장애물 극복 실패.

8 힘 Strength : 영적 힘. (R) 물질 힘.

9 은둔자 The Hermit : 신중함 혹은 영적인 진보. (R) 두려움, 과도한 주의력과 현명하지 못한 행동.

10 운명의 수레바퀴 Wheel of Fortune : 행운, 성공, 운. (R) 불운, 불행.

11 정의 Justice : 균형, 정의, 평형. (R) 불균형, 편견, 편협.

12 매달린 남자 The Hanged Man : 자기희생의 결과로 오는 지혜. (R) 이기심, 군중과 어울리려고 시도.

13 죽음 Death : 발전적 변화 혹은 변형. (R) 정체(停滯).

14 절제 Temperance : 겉보기에 다른 것을 합치는 것, 중용. (R) 이익 충돌.

15 악마 The Devil : 무엇인가 일어나야 하나 결국에는 좋은 일. (R) 무엇인가 일어나야 하나 나쁜 일.

16 탑 The Tower : 황폐, 파국, 분열. (R) 같은 내용이나 정도가 약한 것.

17 별 The Star : 희망과 밝은 미래. (R) 실망스러운 기대, 불모(지).

18 달 The Moon : 속이는 것, 숨겨진 적. (R) 속이는 것(정도가 작음).

19 태양 The Sun : 행복과 만족. (R) 행복과 만족(약간 수준이 떨어짐).

20 심판 Judgement : 부활, 재생. (R) 좌절, 연기(延期).

21 세계 The World : 확실한 성공, 완수. (R) 실패, 관성, 보복.

제 2 편

여기에서는 타로 카드의 역사와 타로 카드를 사용한 미래 예측을 다룬다. 회색마법이 흑마법이 되는 것을 방지하기 위하여 타로점에 익숙해지는 것이 필요하다. 그래서 이 공부가 중요하다.

처음에 왜 타로를 공부해야 하는지 그리고 다른 점술 체계는 왜 안 되는지에 대해 의아해할 수 있다. 아마도 주역이나 크리스털 응시나 점성술에 친숙한 사람도 있을 수 있다. 이런 예측 시스템이 나쁘다는 것은 아니다. 크로울리는 타로보다는 주역을 더 자주 사용하였다. 그러나 나중에 이 책에서 보게 되겠지만 점보다는 다른 이유로 타로 카드를 사용한다. 나의 신조는 타로를 사용하면 할수록 더욱 능숙하게 된다는 것이다.

아마 '세계관'이란 말을 들어보았을 것이다. 사람과 세계 그리고 우주가 어떻게 기능하고 상호 연관되는지에 대한 사람이 가지고 있는 견해다. 사람들은 정치, 종교 혹은 여러 심리이론에 근거한 세계관을 가진다. 의식 마법사는 보통은 카발라와 타로 카드에 근거한 세계관을 가진다. 타로가 이 책에서 의식(儀式) 중의 하나로 소개되는 이유가 그것인데, 책을 읽어나가면서 타로가 의식 마법에서 아주 중요한 역할을 한다는 것을 알게 될 것이다.

타로의 역사는 크게 두 가지가 있다. 하나는 역사적인 것이며,

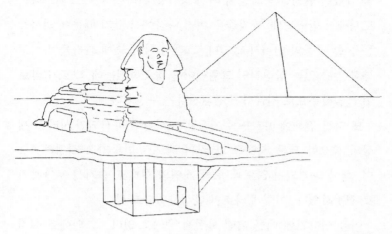

스핑크스

다른 하나는 증명되지 않은 어찌 보면 터무니없는 이론으로 구성되어 있다. 증명되지 않은 이론 중의 하나는 타로를 이집트 유산이라고 주장한다. 이집트 이론에 따르면 이집트 신들의 기록보관자였던 토트가 고대 이집트의 신비 종교단체에게 위대한 지혜를 보여주는 22장의 그림을 전수하였다 한다.

이들 그림은 기제의 대 피라미드 가까이 있는 스핑크스 다리 사이와 그 아래에 있는 사원 기둥에 걸려 있었는데, 한 신비 비전가가 그 기둥 사이로 인도되어 비전 전수자로부터 그림 의미에 대하여 설명을 들었다고 한다. 그 비전가는 대 피라미드에 이르는 지하통로를 통하여 대 피라미드 안에서 완전한 비전을 받았다고 한다. 그러나 증거는 없다.

다른 이야기도 있다. 유명한 알렉산드리아 도서관이 파괴될 것을 알았던 현명한 학자들이 대처 방안을 위하여 모로코 페즈라는 도시에서 만났는데, 학자들은 여러 나라에서 왔기 때문에 의사소통을 할 공동의 언어가 없었다. 그래서 학자 중에 화가들이 서로 통화할 수 있는 상징적인 그림언어를 창조하였는데, 타로가 바로 이 예술작품으로 지금까지 전해졌다는 주장이다.

또 다른 견해에 따르면 현자들은 도서관이 파괴되면 사라질 세상의 중요한 모든 지혜를 한 권의 책으로 만들기로 결정하였으며, 책이 파괴되지 않도록 도박 게임의 형태로 숨겨서 보관하기로 결정하였다. 이렇게 타로가 탄생하였다고 한다.

이들 이야기에 대한 어떤 사실적 증거도 없다. 그 외에도 여러 견해들이 많이 있는데, 어떤 이론에 따르면 집시들이 이집트에서 타로를 가져왔다고 한다. '집시(Gypsy)'란 단어는 '이집트 사람(Egyptian)'이란 단어에서 기원한다. 좀 더 가능성을 가지는 다른 이야기로 집시들이 인도나 중국에서 기원한 도박이나 점술로부터 타로를 발전시켰다 한다. 이것 역시 사실이라는 어떤 증거도 없다.

아래에는 타로에 대한 역사적 기록이다.

1. 타로에 대한 첫 번째 기록은 1332년 레온과 카스티야 왕이었던 알폰스 11세로부터 나왔다. 그는 다른 도박 게임과 함께 타로 카드를 금지시켰다.

2. 1337년 독일 수도사 조아네스가 타로는 "운명을 알려주기 위하여 사용될 수 있다"고 썼다.

3. 1392년 프랑스 샤를 11세가 그리고네(Grigonneur)라는 사람에게서 3세트의 메이저 아르카나 카드를 구입하였다.

4. 1400년대까지 '타로치노(Tarocchino)' 라고 알려진 이탈리아 타로 덱은 황도대와 기독교 가치를 포함하는 100개 이상의 카드로 이루어졌다.

타로의 근원을 적극적으로 추적할 수 있는 가장 빠른 시기는 14세기초다. 그 당시에는 비규격 타로 덱이 많았다. 어떤 타로 덱은 140개의 카드가 있었다. 타로 덱은 도박과 젊은이들 교육용(특히 읽는 법을 배우지 못했던 사람들)으로 사용되었다. 그러나 1800년대 타로는 거의 점치는 데 사용되었다. 그 당시 대부분의 덱은 샤를 11세의 타로 덱에 근거하였으며, 이 덱의 변형으로는 비스콘티와 마르세유 타로 덱이 있다.

황금새벽회는 타로를 광범위하게 이용하였다. 앞서도 밝혔듯이 나중에 타로의 좀 더 신비적인 사용에 대하여 배우게 된다. 황금새벽회 회원이었던 A.E. 웨이트와 파멜라 콜먼 스미스(Pamela Coleman Smith)는 오늘날 가장 대중적인 라이더 웨이트 타로를 디자인하였다. 1910년에 사상 처음으로 사용설명서와 함께 타로 덱이 출판되었는데 이는 즉각적으로 사람들의 관심을 불러 일으켰다. 그 책은 웨이트의 《타로 그림의 열쇠(Pictorial Key to the Tarot)》였으며 그가 저술한 책 중에서는 가장 읽기가 쉽다.

'정확한' 타로 버전(황금새벽회 자신들의 버전)은 황금새벽회의 가장 중요한 비밀로 간주되었다. 황금새벽회 내부의 비밀을 드러내지 않겠다고 엄숙히 서약한 웨이트는 자신의 약속을 지켰다. 웨이트 타로 덱은 황금새벽회가 가지고 있는 타로 덱과 비교하면 많은 카드가 부정확한 심벌로 디자인되었다. 이것은 준비되지 않은 사람들을 속이기 위해서였다.

오늘날 웨이트 타로는 신뢰할 만한 표준으로 받아들여져 많은 타로 덱의 기준이 되었다. 웨이트와 스미스 작품에 근거한 '진짜 변형되지 않은 타로 덱'이라고 주장하며 지금도 많은 타로 덱이 나오고 있으나, 황금새벽회의 전통에 입각해 본다면 이들 카드는 심벌이 잘못 되어 있다. 그러나 황금새벽회의 전통 타로 덱과는 다를지라도 대중성과 인기 때문에 자신들 나름의 정당성을 발전시켰다.

타로 덱을 디자인한 황금새벽회의 다른 회원으로는 알리스터 크로울리(토트 덱)가 있으며, 그는 황금새벽회 이론에 이집트, 수메르, 탄트라 신비주의와 폴 포스터 케이스의 이론을 혼합하였다. 케이스의 B.O.T.A(Builders of the Adytum, 황금새벽회 타로와 웨이트 타로의 중간에 위치하는 것처럼 보이는 타로 덱) 타로 덱은 메이저 아르카나 카드에 황금새벽회가 사용하는 히브리 알파벳 속성을 처음으로 사용하였다.

몇 년 전에 골든 돈(Golden Dawn) 타로라 불리는 덱이 나왔다. 이 책에서 사용할 수는 있지만 덱을 디자인한 미술가 왕(Wang)이 저지른 몇몇 명백한 오류와 생략을 지적하고 싶다. 여기에서 논의할 충분한 시간은 없고 오류를 찾는 데 흥미가 있다면 왕의 디자인을, 리가디(Regardie)의 책 《황금새벽(The Golden Dawn)》

에 묘사되어 있는 디자인과 비교해보기 바란다. 그러나 황금새벽회 입장에서 본다면 이것이 나와 있는 타로 덱들 중 상징면에서는 가장 정확한 덱이다.

타로 덱을 수집하며 자신이 오컬리스트라고 주장하는 사람들을 알고 있다. 사실상 그들이 오컬트에 대하여 알고 있는 지식이라는 것이 타로 카드 수집밖에 없다. 그들이 수집하는 어떤 타로 덱은 '형이상학' 이라고 불릴 수 있는 것과는 너무 거리가 멀어서 오컬트에 대한 그들의 분야가 도대체 무엇인지 의심을 자아낸다. 내가 본 어떤 타로 덱은 여러 미술가가 분업하여 카드를 그린 것이었다. 심지어 웨이트 타로에 근거한 타로 중에는 어리석게도 시사만화 인물을 그려 넣은 것도 있다. 제임스 본드 영화를 본떠 디자인 한 '위치 타로' 라는 또 다른 덱은 위치(Witches) 뿐만 아니라 대부분의 사람에게 모독이다.

요약하면 타로의 근원이 고대 이집트나 인도, 중국 혹은 다른 나라에 있다는 어떤 증거도 없다. 14세기에 타로가 유럽에 소개되었다는 기록은 있으나 근원적으로 어디에서 온 것인지는 이 순간 가장 증명할 수 없는 신비 중의 하나다.

어떻게 타로가 발전되었는지에 대해 증명할 수는 없지만 내가 생각하는 가능성을 소개하고자 한다. 인도와 중국이 지금의 카드와 어느 정도 비슷한 도박 기구를 가지고 있었다는 것은 이미 알려져 있는 사실이다. 증명할 수는 없지만 중동 출신 여행자나 무역상이 중국이나 인도에 가서 카드나 변형된 카드를 가져왔고, 십자군 운동에 참전한 기사가 이들 카드를 유럽으로 가지고 와서 왕이나 영주에게 주었을 것이다.

그리고 영주나 왕은 자랑하고 싶은 마음에 동료나 이웃 영주 혹은 왕에게 보여주었을 것이다. 두 번째 사람이 그것을 모방하여 카드로 만들었을 것이다. 혹은 비슷한 방법으로 한 영주 밑에 있는 미술가가 다른 영주의 미술가에게 보여주었고, 그 미술가는 카드를 그대로 만들거나 아니면 기억을 살려 비슷하게 새로운 카드를 만들었을 것이다. 이런 식으로 카드가 번져나가면서 타로 카드는 발전되었을 것이다.

그 당시 프리메이슨 단체처럼 어떤 신비지식을 가지고 있었을 미술가 길드가 있었다. 당시나 지금이나 미술가들은 인간과 신성 관계에 흥미가 있었다. 당시 이들 미술가 중의 한 명이 타로에 신비주의를 집어넣었고 다른 미술가가 더 많은 것을 넣었을 수 있었다. 그리고 오늘날 존재하는 타로가 될 때까지 발전되어왔을 것이다. 가장 중요한 것은 일반 점(fortunetelling)과 신성 점(divination) 사이의 차이점을 이해해야 한다는 것이다(역주 : fortunetelling과 divination은 다 같이 점을 의미하는 영어 단어이나 저자는 아래에서처럼 구별을 하였다. 그러므로 여기서는 편의상 'divination'을 신성 점으로 표현한다). 일반적인 점은 무슨 일이 일어날 것이 틀림없다고 말한다. 그러나 타로 카드와 같은 신성 점은 반드시 무슨 일이 일어난다고는 말하지 않는다. 단지 현재 걷고 있는 길을 계속 걷게 될 경우 일어날 수도 있는 일에 대하여 말한다.

이 견해에 따르면 당신은 무슨 일이 일어나게 하거나 그렇지 않게 할 자유가 있다. 예를 들어 일반 점은 당신은 특정한 날에 보트에서 사고를 당할 것이라고 말한다. 신성 점은 특정 시기에 보트 여행은 문제를 일으킬 수 있으므로 보트여행을 하지 말 것을 권한다. 당신은 보트여행을 하지 않거나 보트에 있을 때 아주 조심하게 된다. 일반 점은 선택이 없음을 말하며 당신은 특정 시기에 보트에 있게 되고 사고를 당한다고 한다. 반면 신성 점은 당신은 자유의지를 가지며, 사막으로 갈수도 있고 최소한 보트에서 떨어져 머물 수 있다고 말한다. 이 책에서는 숙명이 아니라 자유의지를 크게 강조한다.

점이 아니라 신성 점을 치는 또 다른 이유 중에 아주 실용적인 이유가 있다. 미국 여러 주에서는 돈을 목적으로 하는 점은 위법이다. 그렇기 때문에 점을 쳐주고 금전적인 대가를 생각한다면 심리 상담이나 신성 점으로 부르기를 권하며, 성직자 자격증을 생각한다면 종교 상담이나 영적인 상담으로 부르기를 권한다.

다음 페이지에는 메이저 카드를 사용하여 신성 점을 치는 방법이 나온다. 22개 메이저 카드만을 사용할 때 훌륭한 해석이 주어진다. 메이저 카드는 마이너 카드가 보여주는 정적인 힘보다는 변화하는 힘을 드러내는 경향이 있기 때문이다. 마이너 카드는 좀 더 세세한 정보를 줄 수 있으나, 메이저 카드를 사용할 때 삶에 변화를 가져오는 정보를 더 많이 제공할 수 있다.

다음의 그림을 보면 분리된 두 개의 삼각형이 있고 그 중심(그림에서 7번 위치)에 카드 한 장이 놓일 공간이 있다. 위의 삼각형은 물질계로 내려오는 영적인 힘을 반영한다. 아래 삼각형은 현재의식과 잠재의식의 욕망 그리고 진실로 원하는 것 또는 필요한 것을 반영한다. 중심에 놓이는 카드는 질문에 대한 결과다. 아래는 회색마법의 결과를 알기 위한 타로 '스프레드' 방법과 단계별 지침이다.

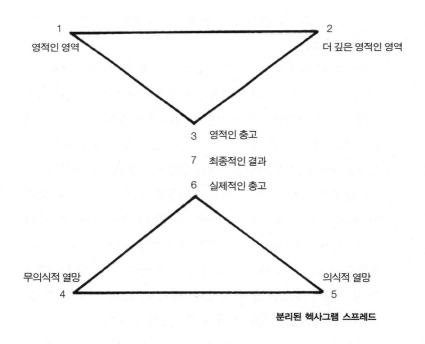

분리된 헥사그램 스프레드

1. 메이저 카드를 순서대로 놓는다. 뒷면을 위로 하고 제일 위에 바보/광대(0번) 카드를 놓고, 가장 아래에는 세계(21번) 카드를 놓는다.

2. 질문을 명확하게 한다. 질문 형식은 "내가 _____에 마법을 사용한다면 결과는 무엇입니까?" 이다. "내가 이러이러한 것을 해야 합니까?" 라고 묻지 말라. 이것은 당신보다는 오히려 카드에 당신의 행동에 대한 책임을 씌우는 꼴이다. 충고를 구해야 하며, 무엇을 해야 하는지를 묻지 말라.

3. 질문에 집중하면서 카드를 잘 섞는다. 섞는 것을 멈추고 싶다는 감(feeling)이 오면 그때 멈춘다. 이때 어떤 카드는 거꾸로 섞일 수도 있다.(셔플링)

4. 카드를 세 파트로 나누어 놓는다. 이때 순서는 오른편에서 왼편으로 한다. 나누어진 카드를 다시 오른편에서 왼편 순서로 집어든다.(커팅)

5. 카드를 그림에 보이는 순서대로 뒷면을 위로 하고 테이블 위에 놓는다. 첫 번째 세 장은 위의 삼각형으로 가고 4, 5 ,6번 카드는 아래 삼각형으로 간다. 7번 카드는 삼각형 사이에 간다.(스프레드)

6. 1번, 2번 카드를 열어본다. 1번과 2번은 알려지지 않은 영적인 영역을 상징하며 2번 카드는 1번 카드보다 더 강한 영향을 준다. 이 두 장의 카드를 해석한다.(해석/리딩)

7. 3번 카드를 열어본다. 이것은 문제에 대한 '영적인 충고' 를 반영한다. 해석한다.

8. 4번 카드를 열어본다. 이것은 문제에 대한 '무의식적 열망'을 반영한다. 해석한다.

9. 5번 카드를 열어본다. 이것은 문제에 대한 '의식적 욕망'을 나타낸다. 해석한다.

10. 6번 카드를 열어본다. 문제에 대한 '실제적인 충고'를 지시한다. 이것은 진실로 원하는 것을 성취하기 위하여 당신에게 초점을 바꾸도록 암시하는 것일 수 있다. 이것은 당초 계획을 계속할 것인지 포기할 것인지 충고를 줄 수 있다. 물론 최종 결정은 당신에게 있다.

11. 7번 카드를 열어본다. '최종적인 결과'를 말한다. 해석이 지금까지 긍정적이었을지라도 이 결과가 부정적일 수 있다. 왜냐하면 단기적인 해석에서 고려하지 않는 다른 참고 대상이 있을 수 있기 때문이다. '분리된 헥사그램 스프레드'는 신속하고 쉬운 방법이나 완전하게 고안된 것은 아니다. 그러나 이 책의 목적을 완수하는 데는 충분하다.

샘플 해석을 보자. "삶에 새로운 사랑을 가져오기 위하여 마법을 사용한다면 결과는 무엇입니까?"를 생각하면서 카드를 섞는다. 카드를 세 부분으로 나누고 순서대로 카드를 배열한다. 배열 후 열어본 결과, 카드는 다음과 같다. 나의 해석은 이렇다.

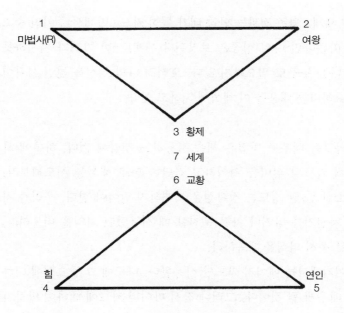

　1 마법사(R), 2 여왕 : 마법 능력의 잘못된 사용(마법사[R])처럼
보일 수 있지만, 이것은 위대한 창조성(여왕)으로 이끌 것임을 의
미한다.

　3 황제 : 힘과 효율성(황제)으로 안내할 수 있음을 의미한다.

　4 힘 : 성 파트너(힘)보다는 내면적으로 영적인 힘을 더 구할 것
을 의미한다.

　5 연인 : 마음으로 새로운 사랑 관계(연인)를 진실로 원한다는
것을 의미한다.

　6 교황 : 마법만으로 좋은 관계를 유지하기에는 충분하지 않을
것이며 자비와 덕(교황)을 보여줄 것을 충고한다.

7 세계 : 최종 결과는 만약 내가 특히 카드 6번에서 주어진 충고를 따른다면 나의 성공은 보장된다(세계). 6번 카드가 지시하듯이 나는 누구도 필요하지 않다. 오히려 나의 영성을 높일 사람이 필요하다는 내용을 이 해석에 더하고 싶다.

타로를 배우는 방법은 계속 사용하는 것밖에 없다. 하루에 하나씩 카드의 의미를 기억하고 간단한 타로 해석을 시도해보라. 최소한 한 달 정도는 정확성을 기대하지 말아야 한다. 우리가 처음 자전거를 타거나 차를 운전할 때 서툴렀던 기억을 떠올려라. 타로 응시 의식을 계속하라.

여기에서는 메이저 카드만 사용한다. 나중에 그 중요성에 대하여 배우게 될 것이다. 그러나 잠시 마이너 카드에 대하여 말하자면, 자신과 타인에게 종합적인 해석을 원할 경우 당연히 마이너 카드에 대한 깊이 있는 해석이 필요하다. 그러나 이 책의 마법 연구를 위해서는 마이너 카드의 역할이 중요하지 않기 때문에, 마이너 카드에 대한 설명을 원하는 독자는 다른 책에서 필요한 정보를 얻기 바란다.

최소한 두 달 정도 여기에 설명된 타로 체계를 연구하고 실습한 후 당신 나름대로 타로를 연구하라. 카드에 대한 최종적이며 정확한 의미는 없다고 말하고 싶다. 같은 카드에 대해서도 작가에 따라 의미가 달라진다. 다른 작가들의 의견을 여기서 배운 것에 덧붙여 사용할 수 있다. 타로에 대한 책은 1장의 인용 문헌을 참조하기 바란다.

제 3 편

고급 마법은 위치크래프트(Witchcraft, 자연마법이나 위카와 같은 의미로 이해해도 무난함), 위카, 부두(Voodoo)(역주 : 미국 남부 및 서인도 제도의 흑인 사이에 행해지는 원시 종교로 주술과 주물을 사용), 브루제리아(Brujeria)(역주 : Brujeria는 스페인어로 주술을 의미. 주술은 스페인어나 나후아틀 원주민 언어로 행하여진다. 이들은 우주를 살아 있는 존재로 보며 브루제리아는 우주의 살아 있는 에너지와 상호 작용하는 방법이다. 브루제리아의 주술사인 브루조/브루자는 자신을 이 살아 있는 에너지에 동조시켜 마법의식을 행한다. 이들은 자신들의 능력을 사용하여 치유와 영적인 상담, 주술을 행한다) 등에서 행하여지는 소위 '원시적' 마법과는 속성상 다르다. 앞에 언급된 수행자들을 모독하려고 '원시적'이라는 단어를 쓴 것이 아니다. 위카나 위치크래프트에 종사하는 사람들은 오랜 전통을 가진, 수행하기 쉬운 자신들의 마법 전통을 자랑스러워 한다.

  이들 마법의 단순성 덕분에 주문이나 주술을 담은 대중적인 책이 많이 나왔다. 그러나 카발라 의식 마법과 직접적으로 관련된 책은 그리 많지 않다.

원시적 마법에서 보이는 특징은 짧은 주문을 외우고 의식(儀式)을 통하여 초를 태우고 인형을 만들고 한다. 어떤 경우에는 주문에 내포된 원래의 의미가 사라지고 의미 없는 소리가 되기도 한다. 의식 마법에도 어느 정도 이런 일이 일어났겠지만 진실한 마법사는 늘 의식에 사용하는 단어와 행동의 정확한 의미를 알고 있다. 마법사가 되기 위해 많은 훈련과 연구 그리고 실습이 필요한 이유도 그것이다.

다음에는 '펜타그램 소 결계 의식' 수행에 필요한 실제적인 가르침이 나온다. 지금 어떤 독자는 "수년 전에 그 의식을 배웠는데 또 배워야 하나. 간단하던데"라고 말할지도 모르겠다. 그러나 이 마법 의식이 간단하다고 생각하는 독자라면, 충분한 지식없이 그리고 정확하게 하지 않았을 가능성이 높다. 왜냐하면 이것은 기본 의식이긴 하나 결코 간단하지 않기 때문이다. 짧고 기억하기 쉬우나 간단하지 않다.

내가 가지고 있는 사전 정의에 의하면 '기본'이라는 단어는 '근간이 되는 것, 주요한 것'이라는 의미가 있다. 마법 의식의 근간이 되는 속성을 강조하지 않을 수 없다. 이 의식은 삶을 변화시키고 사이킥 능력(역주 : 사이킥은 사용에 따라 의미가 다양한데 사이킥계하면 비물질계, 4차원계, 심령계의 의미가 있고 사이킥 능력하면 보통 예지능력, 초능력을 말하기도 한다. 그냥 사이킥하면 영매나 초능력자를 의미한다. 형용사로서는 물질적 힘이 아닌 비물질적 초자연적 힘이나 요인을 가리킨다. 물질계 너머 능력이나 세계를 의미한다고 이해하면 된다)과 마법 능력을 증진시킬 것이다. 나는 거의 10년간 최소한 하루에 한 번 이것을 수행하여 왔으며 그만둘 생각은 없다. 이것은 참된 의식 마법이며 다른 마법 의식에 근간이 되는 짧은 의식이다.

이 의식을 하는 세 가지 이유가 있다. 가장 중요한 것은 '자신을 아는 것' 이다. 매일 의식을 하려는 의지력이 있다면 자신에 대하여 알게 된다. 그리고 주변 사람과 세상과의 관계에 대하여 또한 자신에 대하여 새로운 느낌이 계발된다. 이것은 아주 긍정적이며 예민한 방법으로 당신에게 영향을 준다.

둘째로 당신의 오라를 확장시킨다. 오라 확장은 타인들이 당신을 좋아하게끔 그리고 존경하게끔 만들고 편안한 마음으로 당신에게 다가오게 한다. 새 옷이 아니더라도 몸무게가 줄지 않았어도 그리고 머리에 아무런 변화가 없어도 사람들이 "새 옷이군요? 체중이 줄었지요? 이발하셨군요?"라고 질문을 던지면 오라가 확장되었다고 생각하면 된다. 대다수 사람들은 무의식적으로 오라를 감지하고 당신의 변화를 감지할 수 있다. 그러나 그들은 변한 것이 오라인지는 모른다. 그래서 자신들에게 친숙한 머리나 몸무게 혹은 의복 같은 물질적 차원에서 무엇인가를 찾아내는 것이다. 오라가 확장되고 밝아지면 영적으로나 심리적으로 이전보다는 강해짐을 알게 된다.

셋째로 펜타그램 소 결계 의식(LBRP, Lesser Banising Ritual of the Pentagram)은 당신이 원하지 않는 영향을 주변으로부터 배니싱(Banishing, 결계 · 소멸 · 정화하기)한다. 여기에는 물질적 영향과 아스트랄 힘과 엘리멘탈 힘을 포함한 비물질적 영향을 포함한다. 이 의식은 사이킥 공격에 대비하는 가장 강력한 방어책의 하나다. 실행할수록 더욱 안전하고 마음은 평화롭게 된다.

이 의식을 실행할 때 마음 자세가 중요하다. 컴퓨터와 함께 일하는 사람들은 "쓰레기 정보를 집어넣으면 쓰레기 정보가 나온다"고 말한다. 마찬가지로 마법 의식에 투입하는 만큼 결과가 나온다. 화가 난 상태에서 마법 의식을 하면 더욱 화가 나서 나올 것이다. 아름답고 즐거운 마음으로 의식을 수행해야 한다. LBRP를 하기 전에 이완 의식을 하는 것이 원하는 의식상태를 얻는 데 도움이 될 것이다.

마법 수행을 할 때는 긍정적인 태도를 지녀야 한다. 대천사를 부를 때 천사들이 거기에 있음을 믿어야 하여 펜타그램이 거기에 존재함을 확신해야 한다. 능력 한도 내에서 자신이 최선을 다하고 있음을 믿어야 한다.

그러나 '결과에 욕심' 부리지 말아야 한다. 결과가 아니라 의식 자체에 초점을 두어야 한다. 완전한 집중력으로 이 의식을 수행한다면 '성공은 보장된다.' 결과에 집중한다면 에너지는 분산되고 효율성은 감소될 것이다.

의식을 수행할 때 집이나 아파트, 빌딩에서 한다고 생각하면 안 된다. 오히려 '신의 사원'에 있다고 생각해야 한다. 또한 의식을 하는 동안 신 앞에 자신이 있다고 생각하여야 한다. 의식을 행하는 장소는 늘 신성한 장소가 된다. 이것이 의식을 하는 마음가짐이다.

당신은 초보자며 수련생이며 훈련 중인 마법사임을 알아야 한다. 그러므로 특히 신 앞에 겸손해야 한다.

LBRP 의식을 수행할 때 필요한 준비물이 있다. 먼저 방해받지 않고 혼자 있을 수 있는 장소다. 이 의식에 소요되는 시간은 10분 정도며 절차를 기억하고 한다면 시간은 줄어든다. 이 시간 동안만은 남에게 방해받지 않도록 주의한다. 이 의식은 대중에게 보여주는 것이 아니다.

둘째로 제단이 사용된다. 검은 천으로 덮여 있는 작은 테이블도 좋고 전통적인 형태인 '이중 정육면체'도 좋다. 전통적인 제단 크기는 가로 세로 18인치(약 46cm) 높이 36인치(약 92cm)이다. 18인치 정육면체를 두 개 포개어 놓은 모양이다(헤르메스의 유명한 말 "위와 같이 아래도 그러하다"를 상징). 이것은 또한 물질계(지상계)를 상징한다. 왜냐하면 제단의 면은(위, 아래와 위에 있는 정육면체 네 개면, 아래 있는 정육면체 네 개면) 열 개로 이것은 카발라에 따르면 물질계의 숫자다(역주 : 생명나무의 10번째 세피로트인 말쿠트가 물질계를 형성한다).

페인트칠을 할 수도 있으며 필요하면 밑에 바퀴를 달아 움직이기 편하게 할 수도 있다. 전통적으로 제단을 검은색으로 칠하면, 이것은 위로부터 내려오는 영적인 빛에서 멀리 떨어져 있음을 상징한다. 내가 처음 제단을 만들었을 때 하얀색으로 칠하였고 그 위에 아름다운 생명나무를 그려 넣었으며, 《괴티아(The Goetia : The Lesser Key of Solomon the King)》 책에 나오는 솔로몬의 보호 펜타그램을 그려 넣었다. 전통적인 이중 정육면체로 된 검은 색상의 제단이 아니라 다른 형태의 제단을 만들려면 색상이나 상징에 주의를 기울여서 만들어야 한다.

셋째, 마법 의식을 위해서는 전등보다 초가 더 낫다. 제단에 초를 하나만 놓을 수 있으나 실내에서 의식을 한다면 더 많은 초가 필요할 수도 있다. 하얀색 초를 사용한다. 이것은 영적인 에너지(불)의 정화(흰색)를 나타낸다. 향은 또한 의식 수행에 필요한 역할이 있다. 향의 종류는 중요하지 않다. 좋아하는 향을 사용하면 된다.

마법사가 사용하는 네 가지 중요한 마법 도구 혹은 '무기' 가 있다. 이들 도구에 대한 축성(역주 : 祝聖, 마법 용도에 쓸 물건을 신성한 것으로 만들기 위하여 축복 기도하는 일)은 나중에 다룬다. 이들 도구는 지팡이, 컵, 단검, 펜타클(원반처럼 둥글게 생겨서 원반이라 부르기도 한다)이다. 또한 물 원소를 상징하는 종이컵, 흙 원소를 상징하는 소금(펜타클 대신), 불 원소를 상징하는 성냥(지팡이 대신), 공기 원소를 상징하는 깃털(단검 대신)을 사용할 수도 있다.

이들 4원소의 상징물을 사용하기 원한다면 제단에 이 네 개를 모두 갖추어야 한다. 아니면 마법 장비가 상징하는 에너지에 불균형이 생긴다. 공기 상징물은 제단의 동쪽에, 불 상징물은 남쪽에, 물 상징물은 서쪽에, 흙 상징물은 북쪽에 둔다. 장비를 사용하지 않을 경우에는 실크나 면으로 싸서 보관하여야 하며, 사용되는 색상으로는 지팡이는 빨간색, 컵은 파란색, 단검은 노란색, 원반(펜타클)은 검은색이다. 마법 장비를 다루는 가게에 가면 실크로 된 여러 색상의 보자기를 팔고 있다.

원한다면 종도 준비하면 좋다. 이것은 의식의 시작과 끝을 알리며, 좀 더 복잡한 의식에서는 각 단계별로 시작과 끝을 알려주기 위하여 사용된다.

또 다른 도구로는 마법 의복이 있다. 어떤 영적인 전통에서는 옷을 전부 벗고 의식을 하는 경우도 있으나 의식 마법은 늘 특별한 의복을 사용한다. 전통적으로 입는 옷은 '타우'라고 부르는 흰색이나 검은색 법복(로브[Robe], 길고 품이 넓은 옷)이다. 타우라고 불리는 이유는 옷을 입고 팔을 벌리면 그리스 문자 '타우(tau, T τ)'처럼 보이기 때문이다. 형태는 영화 속의 천사가 입는 옷이나 성가대원들이 입는 옷과 비슷하다.

반드시 법복이 필요한 것은 아니다. 법복을 입는 이유는 의식

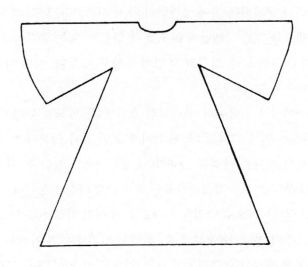

타우(Tau Robe)

적으로나 무의식적으로나 평소 복장에서 벗어난 모습을 보여주기 위함이다. 이것은 당신이 영적이고 특별한 무엇인가를 하려 한다는 것을 보여준다.

타우 형태의 법복을 만들거나 구할 수 없으면 간단히 옷장에서 오랫동안 입지 않은 옷을 사용하거나 옷가게에 가서 새 옷을 사라. 옷을 잘 빨아서 의식할 때만 그 옷을 입는다. 절대 다른 용도로 사용하지 말라. 일상복일지라도 그 옷은 마법용 법복이 되고 그 옷을 입을 때 마법이라는 특별한 일을 할 것이라는 생각이 마음에 자연스럽게 일어난다.

확실히 말하고 싶은 것이 있는데 모든 마법 도구를 갖추지 않았더라도 LBRP를 수행해야 한다. 마법 장비를 만들거나 구할 수 있도록 가르침을 줄 예정이다. 그러나 일단 의식을 배우게 되면 마법 장비가 구비되는 것에 상관없이 즉시 시작하라. 당장 의식 수행에 필요한 것은 방해받지 않고 혼자 있을 수 있는 공간이다. 필요하다면 욕실 문을 잠그고 그 안에서 할 수도 있다. 마법 의식은 하면 할수록 능숙해진다.

LBRP에서는 공중에다 펜타그램(오각별)을 만드는 단계가 있다. 왼손은 옆에 그냥 둔다. 단검이 있으면(공기 단검이 아니다. LBRP에서는 다른 단검을 사용하라) 오른손으로 잡는다. 단검이 없으면 주먹을 쥐고 집게손가락을 펴서 단검 대신 사용한다.

왼편 엉덩이쪽으로 단검을 가지고 가서 머리 위로 선을 긋고 이어서 오른편 엉덩이쪽으로 선을 긋는다. 이어서 왼편 어깨쪽으로 선을 긋고 수평선을 그리듯 오른쪽 어깨로 선을 긋는다. 그리고

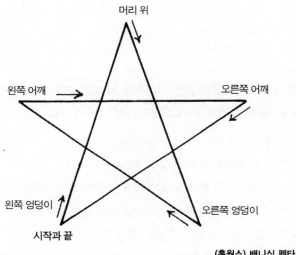

머리 위

왼쪽 어깨　　　　　　　　　오른쪽 어깨

왼쪽 엉덩이　　　　　　　　오른쪽 엉덩이

시작과 끝

(흙원소) 배니싱 펜타그램

마지막으로 처음 시작한 왼편 엉덩이쪽으로 선을 긋는다. 단검이나 손가락은 늘 당신을 기준으로 앞으로 향해야 한다.

펜타그램(오각별)을 그릴 때 오각형별이 아주 밝고 순수하게 푸른빛을 띠는 것으로 심상해야 한다. 전기 방전시 나오는 불꽃이나 가스렌지의 불꽃 혹은 알코올이 타오를 때 나오는 빛깔이다. 오각별을 그릴 때 이것이 불타오르는 것을 잘 심상할 수 없더라도 사이킥 비전이 좀 더 계발되면 당연히 보게 될 것이다. 그러므로 의심을 버리고 그냥 불꽃이 있음을 믿어야 한다. 공중에다 오각별을 그릴 때 칼이나 손가락 끝의 불꽃이 선을 긋는 것으로 심상하고 불꽃이 거기에 있음을 알라.

다음 가르침으로 넘어가기 전에 한 달 정도 지금까지 배운 내용을 공부하고 주어진 의식들을 실행하라.

복습

제1장에 나오는 내용을 충분히 이해했는지 알기 위해 다음의 질문을 한다.
되도록이면 책을 보지 말고 답을 한다. 답은 부록에 나와 있다.

1. 꿈에서 경험하는 네 가지 현상은 무엇인가?
2. 당신의 개인용 비밀 마법 교재는 무엇인가?
3. 카발라나 마법에 대한 다른 책을 읽어야 하는 이유는 무었인가?
4. 아서 C. 클라크는 마법과 기술을 어떻게 비교하는가?
5. 백마법, 흑마법, 회색마법을 정의하라?
6. 우연히 흑마법을 하게 되는 것에서 피하는 방법은 무엇인가?
7. 역사상 타로 카드에 대한 가장 최초의 기록은 무엇인가?
8. 신성 점(Divination)과 일반 점(Fortunetelling)의 차이점은?
9. 펜타그램 소 결계 의식을 행하는 이유 세 가지는 무엇인가?

당신만이 답변할 수 있는 질문이다.

1. 꿈과 의식 일기장을 계속 쓰고 있는가?
2. 규칙적으로 이완 의식을 하고 있는가?
3. 타로 카드를 연구하고 있는가?
4. 마법을 공부하는 이유는 무엇인가?
5. 이 장을 정말 이해하였다고 생각하는가?

인용 문헌

Bonewitz, P.E.I *Real Magic* (revised ed.), Creative arts, 1979.

Butler, Bill, *Dictionary of the Tarot*, Schocken, 1975.

Conway, David, *Ritual Magic,* E. P. Dutton, 1978.

Crowley, Aleister, *Book 4,* Sangreal, 1972.

        Magick in Theory and Practice, Dover, 1976.

Getings, Fred, *Book of Tarot, The,* Triune, 1973.

King, Francis, *Ritual Magic in England,* N. E. L., 1972.

King, Francis and Skinner, Stephen, *Techniques of High Magic*,

    Warner Destiny, 1976.

Regardie, Israel, *Foundation of Practical Magic*, Aquarian, 1979.

Wang, Robert, *Qabalistic Tarot, The*, Weiser, 1973.

        Secret Temple, The, Weiser, 1980.

제2장

제 1 편

2장에서는 LBRP을 하는 데 필요한 자세한 가르침이 나온다. 2장을 본격적으로 공부하기 전에 제1장 3편으로 돌아가서 복습을 하라. 2장을 공부하기 전에 1장 3편에 나오는 모든 내용을 숙지해야한다.

펜타그램 소 결계 의식
(Lesser Banishing Ritual of the Pentagram)

예비 단계 : 의식을 행할 장소로 간다. 앞서 말한 제단이 준비되어 있으면 마법을 수행할 장소의 중심에 놓는다. 좀 더 완전하게 하려면 의식을 하기 전에 목욕 정화 의식을 할 수도 있다.

목욕은 단순히 몸의 때를 씻어낸다는 것보다는 당신 영(靈)으로부터 그날의 부정과 근심을 씻어내는 것이다. 먼저 샤워로 먼지를 제거하고 따뜻한 물에 목욕한다. 냄새 좋은 오일이나 향과 함께 미용소금이나 엡솜소금(마그네슘 염)을 물에 탄다.

몇 분 간 물속에 몸을 담근다. 모든 근심, 불안, 부정이 물속으로 빠져나가고 있음을 느껴라. 몸을 물에 담근 상태로 배수구 마개를 열고 물을 뺀다. 물이 서서히 빠져나갈 때 당신을 괴롭히는 모든 부정적인 것들이 물과 함께 빠져나감을 느껴라. 물이 전부다 빠져나간 후 욕조에서 나와 깨끗한 수건으로 몸을 닦는다. 마지막으로 법복이나 특별히 준비된 옷을 입는다.

만약 마법 도구가 준비되었으면 제단(제단이 없으면 탁자나 의자 혹은 바닥)에 마법 원소를 상징하는 네 가지 도구를 놓는다. 명심할 것은 전부 준비되지 않았다고 일부만 놓는 것은 삼가하라. 메이저 타로 카드를 제단에 놓는다. 앉을 의자를 준비한다.

아래 그림에서 보듯이 동쪽을 바라본다. 초가 있으면 촛불을 밝히고 전등은 끈다. 만약 밝은 낮이라면 커튼을 치는 것이 좋다. 목적은 방을 촛불로만 밝히기 위함이다. 원한다면 향을 피워도 좋다. 의자에 앉아 동쪽을 바라보며 이완 의식을 행한다. 여전히 동쪽을 향하면서 일어선다. 오른손에 단검을 쥐고 혹은 앞장에서 설명하였듯이 집게손가락을 내민다. 신 앞에 있음을 알라. 의식은 시작된다.

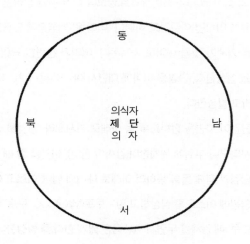

1. 카발라 십자가

1단계 : 방 천정 위로 우뚝 솟아오를 때까지 자신이 점점 확대되고 커지고 있음을 심상한다. 살고 있는 도시가 발아래로 작게 보일 때까지 계속한다. 자신의 육체와 비교할 때 대륙이 작아 보일 정도로, 더 나아가 지구가 발아래 있는 것처럼 심상한다. 지구가 아무리 작아 보여도 여전히 단단하고 안정적이며 당신을 땅에 묶어두므로 당신은 공중으로 떠다니지 않을 것이다. 다음으로 태양계의 행성들이 당신 발아래 돌고 있는 작은 장난감 고무공처럼 보이게 더욱 육체가 확장되도록 심상한다. 곧 행성은 너무 작아져서 은하계가 당신 발아래 작은 빛처럼 보이게 한다. 그 작은 빛이 머리 위에 오도록 심상한다. 이것은 근원에서 오는 작은 빛이다. 만약 작은 빛이 아니라 밝게 빛나는 원래의 빛을 보게 되면 당신은 즉시 이 빛과 합쳐져서 아마 정신을 잃을지도 모른다. 끝없이 무한히 빛나는 작은 빛은 머리 위에서 박동하는 찬란한 백색광을 형성한다. 직경이 약 20cm의 접시 크기다. 1만 개의 태양보다 더 밝지만 신성한 영적인 백광의 근원에 비하면 아무것도 아니다. 머리 위 백색광에 단도(혹은 집게손가락)를 가져가 빛을 이마로 가져온다. 머리가 찬란한 광명으로 채워지는 것을 심상한다. 단검을 이마에 대면서 아―타(Ah-Tah, '타'에 강세를 둔다)라고 발성한다.

2단계 : 단검이 지면을 향하도록 몸 아래로 가져오라. 단검을 잡은 손과 칼날은 사타구니 부위에 위치한다(감싸야 한다). 이것을 할 때 머리에 있는 빛이 단검과 함께 몸을 통하여 아래로 내려와 발에 이르고 여기서 더 나아가 영원에 이르도록 심상하고 말―쿠트(Mal-Koot, '쿠트'에 강세를 둔다. 즉 '쿠'에 강세를 두면서 'ㅌ' 음은 짧게 한다)를 발성한다.

3단계 : 단검을 오른편 어깨로 가지고 오면서 몸 아래로 흐르는 빛이 가슴 부위에서 오른편 어깨를 지나서 나가는 것을 심상한다. 백색광선이 우주 끝까지 그리고 그 너머로 확장하도록 심상한다. 이 빛에 집중하고 비—그부—라(Vih-G' Boo-Lah, '라' 에 강세를 둔다)를 발성한다.

4단계 : 왼쪽 어깨에 대고 백색광선이 무한 공간을 통하여 왼쪽으로 확장하는 것을 심상한다. 이 광선에 집중하고 비—그두—라(Vih-G' Doo-Lah, '라' 에 강세를 둔다)를 발성한다.

5단계 : 기도하듯이 가슴에 양손을 모은다. 단검 끝이 위로 향하게 한다. 가슴 안에 찬란한 황금빛이 자라남을 심상한다. 리—오—람(Lih-Oh-Lahm, 강세는 '람' 에 둔다), 아—멘(Ah-Men, '멘' 에 강세를 둔다)을 발성한다.

이 첫번째 의식이 의미하는 바는 다음과 같다. 아—타는 히브리어로 '그대는' 이다. 단검을 사용하면서 하는 심상은 자신의 신성 자아가 신과 연결되어 있음을 보여주려는 목적이다. 말—쿠트는 '왕국' 을 의미하며 카발라에 따르면 물질세계를 의미한다. 단도를 아래로 향하는 이유다. 비—그부—라는 '그리고 힘' 을 의미하며 비—그두—라는 '영광' 을 뜻하며 리—오—람은 '영원히' 를 의미한다. 그리고 아—멘은 우리가 알고 있는 아멘이다(그러나 나중에 아멘의 감추어진 의미를 배울 것이다).

의식의 첫 번째 부분은 "그대는 왕국이며 힘이며 영광입니다. 영원히, 아멘" 으로 번역된다. 친숙하게 들리지 않는가? 이것은 주님의 기도에 나오는 부분이다. 이것이 성경 복음서 기도문에 사용된다는 것은 최소한 초기 기독교인 일부는 카발라의 비밀을 알였다는 증명이 될 수 있을 것이다. 여기에 사용되는 단어들은 카발라 생명나무에서 아주 중요한 상징을 나타낸다.

지금 배운 의식에는 많은 변종이 있다. 2단계에서 황금새벽회는 단검을 가슴에 댄다. 크로울리의 가르침을 따르는 사람들은 1단계와 2단계 사이에서 단검을 가슴에 댄다. 그리고 '아이와스(Aiwass)'라고 발성한다. 크로울리는 아이와스를 자신의 신성한 수호천사의 이름이라고 믿었으며 외계지성이라 믿었다. '알렉산드리아 위카'의 설립자 알렉스 샌더스는 1단계에서 '케테르'로 발성하며 2단계에서 단검을 위에 둔다. 아멘 대신에 어떤 사람들은 아움(Aum)이나 아움근(Aumgn) 혹은 아움-엔(Aum-En)을 사용한다(역주 : 가슴에 대는 경우가 많다. 편한 대로 할 것).

강조하고 싶은 것은 행법을 하면서 자신을 신성한 빛이 흐르는 우주의 중심으로 심상하는 것이다. 힘을 느끼기 위하여 몇 분 동안 이 자세를 유지할 수도 있다.

2. 펜타그램 그리기

1단계 : 제단이 있는 중심에서 원의 동쪽 끝으로 가서 선다(그림 72쪽 참조). 앞장에서 설명한 흙 원소 결계 펜타그램을 그린다. 펜타그램을 그릴 때 푸른 빛으로 불타오르는 형상을 심상한다.

2단계 : 코로 숨을 들이마시면서 우주의 끝으로부터 에너지가 코와 육체 그리고 발을 통하여 내려와서 지구의 중심까지 흘러가는 것을 느껴라(이제는 마법 서클 중심에 있는 것이 아니라 우주의 중심에 있다). 숨을 들이마시면서 양손은 관자놀이/귀까지 쳐든다. 칼끝은 앞으로 향해 있어야 한다. 주먹 진 왼손의 집게손가락도 마찬가지로 앞을 향해 있어야 한다.

3단계 : 왼발을 한 걸음 내디디며 양손을 앞에 있는 불타오르는 푸른 오각형별의 중심을 찌른다(이것이 '입장자 싸인[Enterer]으로 알려진 'God form' 자세다. 앞으로 자주 사용되는 자세다). 이것을 할 때 숨을 내쉬며 에너지가 몸을 통해 들어와서 팔과 손 그리고 펜타그램을 통하여 우주 끝까지 흐르는 것을 느껴라. 숨을 내쉬는 동안 신의 이름 요드-헤-바브-헤(Yud-Heh-Vahv-Heh)를 발성한다.

4단계 : 왼발을 원위치로 돌리면서 양손을 관자놀이로 가져온다. 왼손을 내리고 단검을 잡은 오른손은 펜타그램 중심에 둔다. 그 상태에서 단검으로 동일한 높이로 선을 그리며 시계방향으로 돌아 남쪽 끝에 선다. 단검 끝에서 찬란한 백색광이 방출되는 것을 심상한다. 공중에다 흙 원소 결계 펜타그램을 그린다. 마찬가지로 2단계 3단계를 하며 이때는 아-도-나이(Ah-Doh-Nye, '나이'에 강세를 둔다)를 발성한다.

5단계 : 마찬가지로 서쪽으로 선을 그으며 돌아서서 흙 원소 결계 펜타그램을 그린다. 2, 3단계를 하면서 이번에는 에-헤-예(Eh-Heh-Yeh, '예'에 강세를 둔다)를 발성한다.

6단계 : 마찬가지로 북쪽으로 선을 그으며 돌아서서 흙 원소 결계 펜타그램을 그린다. 2, 3단계를 하면서 이번에는 아-글라(Ah-Glah, '아'에 강세를 둔다)를 발성한다.

7단계 : 처음 위치인 동쪽으로 돌아오면 원이 완성된다. 의식이 처음 시작되었을 때 위치인 제단 뒤로 와서 동쪽을 바라본다(만약 원을 그리기에 공간이 좁으면 제단 뒤에 서서 그 자리를 축으로 돌면 된다).

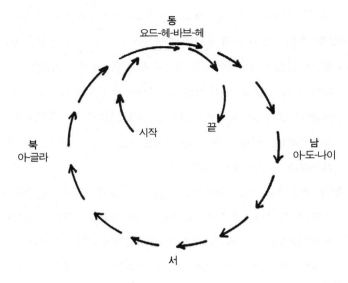

동
요드-헤-바브-헤

북
아글라

시작

끝

남
아도-나이

서

에-헤-예

8단계 : 빛나는 백색 원이 당신 주변을 공처럼 둘러싸게끔(구체[球體]) 위아
래로 확장되는 것을 심상한다. 이것은 신의 이름으로 충전되고 봉인된
네 방위에 푸르게 빛나는 펜타그램과 함께 당신 주변을 온통 찬란히 빛
나는 백색 구체로 둘러싸게 만든다.

   미국 대부분의 도시에는 지역사회 행사를 안내하는 지역신문
이 있다. 신문을 보고 랍비라고 칭하는 유대 학자의 카발라 강연
에 두 번이나 참가한 적이 있었다. 두 번 다 시간 낭비였고 강사는
카발라에 대하여 아는 것이 별로 없었다. 심지어 한 강사는 주로
유대인이었던 청중들에게 기독교는 우리에게 세 분의 신을 주고

(기독교 삼위일체인 성부, 성자, 성신을 언급) 카발라는 우리에게 열 개의 신(생명나무에 있는 열 개의 신의 이름을 언급함)을 준다 며, 유대인은 단지 하나의 신을 믿기 때문에 카발라에 대하여 신경쓰지 말 것을 이야기하였다. 이것은 카발라에 대해 완전히 잘못 이해하고 있음을 보여준다. 이 학자는 이삭 루리아(Isaac Luria 1534~1572, 2장 4편 참조)나 발 쉠 토브(역주 : 1698?~1760, 우크라이나 태생으로 현대 하시디즘의 설립자였다. 어렸을 때 고아가 되어 히브리 종교학교에서 사환으로 생계를 유지하며 성장했다. 그는 기적의 치료사란 명성을 얻었고 그의 가르침의 핵심은 종교 활동뿐만 아니라 일상생활에서 신에게 헌신하고 경배하여야 하며 슬픔 속에서가 아니라 기쁨 속에서 신을 경배하여야 한다고 주장하였다. 경이로운 치료사로 그리고 모든 종교적 삶을 껴안는 사상가로서 그의 명성은 교육받지 못한 일반 대중은 물론 학자들에까지도 퍼져 많은 추종자를 낳았다) 같은 역사적으로 아주 유명한 랍비들이 '다신론적' 카발라를 신봉하는 이유를 설명해야 한다.

카발라는 일신론이다. 카발라에서 모든 것이 나온 궁극적 존재는 우리 마음이 이해할 수 있는 영역 너머에 있다. 그러나 우리는 전체의 어떤 부분이나 속성을 알 수 있으며 그것과 조화롭게 될 수 있다. 이 다양한 면들이 여러 신의 이름으로 상징된다. 이해를 쉽게 하기 위하여 존 스미스라고 불리는 사람과 신의 여러 이름을 비교 유추해보자.

1. 그의 어머니는 '아들' 이라고 부른다.

2. 그의 부인은 '여보' 라고 부른다.

3. 그의 딸은 '아빠' 라고 부른다.

4. 그의 아들은 '아버지' 라고 부른다.

5. 그의 상사는 '스미스' 라고 부른다.

6. 그의 친구는 '존' 이라고 부른다.

7. 그의 동료는 '스미티' 이라고 부른다.

8. 그의 오랜 친구는 '빈키' 라고 부른다.

9. 그의 애인은 '하니 푸' 라고 부른다.

10. 그의 고객은 '스미스 씨' 라고 부른다.

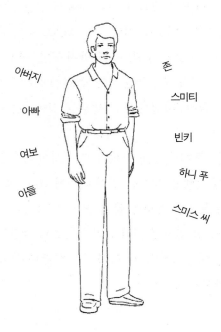

이렇게 우리는 한 사람이 열 개의 이름을 가진다. 더 나아가 사람들이 부르는 이름은 스미스와의 관계를 반영한다. 만약 아들이 '아빠' 대신 '아버지'라고 부르더라도 스미스는 알아차린다. 이와 마찬가지로 신에게는 많은 이름이 있다. 그러나 단지 하나의 근원만이 있다. 신의 이름이 반영하는 것이 무엇인지 주의를 기울여 이들 속성에 대하여 배우게 되면 신에 대하여 더 많은 것을 알 수 있다.

요드-헤-바브-헤(YUD-HEH-VAHV-HEH)는 신성하고 궁극적이며 말할 수 없는 신의 이름으로 알려져 있다. 정확한 발음은 알려지지 않는다. 영어로 그것은 Y-H-V-H 문자로 표현된다고 말할 수 있다. 유대인들은 절대 이 단어를 발음하지 않는다. 대신에 아도나이(Ah-Doh-Nye, '주님'을 의미)라고 부른다. 또한 테트라그라마톤(YHVH)으로 알려진 4자 문자 사이에 아도나이(Adonai)에 나오는 모음을 끼워 넣어 야호바(Yahovah), 혹은 예호바(Jehovah)로 대체하여 불렀다. 그러므로 이들 이름은 신성 이름에 대한 완전한 오해의 산물이다. 야흐베(Yahveh) 혹은 야훼(Yahweh)도 또한 모음없이 단어를 발음하려는 시도이며 그릇된 명칭이다.

YHVH는 긴 단어의 축약일 수도 있고 혹은 다른 문자를 나타내는 코드일 수 있다. 이 문자의 어떤 부분은 반복되는 것도 가능하다. 확실히 아는 사람은 아무도 없다. 요드-헤-바브-헤는 히브리 문자를 소리나는 대로 영어로 음역한 것이다.

히브리어로 YUD(요드)로 발음되는 Y는 원초 남성(도교에서 양[陽])을 상징한다고 하며, 상위 HEH(헤)로 불리는 첫번째 H는 원초 여성(도교에서 음[陰])을 상징하며 히브리어로 VAHV(바브)로 불리는 V는 확장된 요드처럼 보이는데(역주 : 히브리 문자 요드[ˌ]와 바브[ˈ]를 비교하면 알 수 있다. 여기에 숨어 있는 깊은 마법 신비는 나중에 설명된다) 물질 차원의 남성을 상징하고 아래 HEH(헤)로 불리는 H는 물질 차원의 여성을 상징한다고 한다. 신의 궁극적 이름인 테트라그라마톤(YHVH)이 의미하는 것은 신은 모든 계(카발라에 따르면 4계가 있음)에 있는 이중성(남성-여성 상징으로 나타나는)이 완전히 하나로 합일된 궁극적 단일자라는 것이다.

에-헤-예(EH-HEH-YEH)는 "나는 이다" 혹은 "나는 일 것이다"를 의미한다. 이것은 시나이 산에서 불타는 관목 속에서 모세에게 나타난 신의 이름이다. 신은 모세에게 이집트에 가서 히브리인들을 해방시키라고 말한다. 모세는 묻는다. "누가 나를 보냈다고 말하오리까?" 그러자 신은 "나는 존재의 존재다" 혹은 "나는 영원히 존재하는 자다"로 번역되는 "에헤예 아쉐르 에헤예(Eh-heh-yeh ah-share Eh-heh-yeh)"라고 말한다(역주 : 출애굽기 3장 14절에 나오는 내용이며 대한성서공회 발행 공동번역 성서(1977)에서는 "나는 곧 나다"라고 번역되었다. 그러나 이전에 나온 대한성서공회 발행 성서(1956)에는 "나는 스스로 있는 자"라 번역되었다. 카발라 입장에서 신은 균형 속의 균형에 존재한다고 하며 그래서 이것을 "나는 균형 속의 균형이다"로 이해하기도 한다).

AH-GLAH는 가장 일반적으로 아글라로 발음된다. 이것은 Ah-tah, Gee-boor, Lih-oh-lahm, Ah-doh-nye 의 축약이다. 이것은 "그

대는 위대하도다, 영원히, 나의 주님이여!" 의 의미다. 네 개의 신의 이름은 4방위, 마법 원소와 연관된다.

3. 대천사 에보케이션(Evocation)

1단계 : 중심으로 돌아와서 양팔을 옆으로 펴 십자가 모양을 만든다. 단검이 있다면 끝은 위로 향한다. 잠시 다시 한 번 에너지가 당신을 통하여 흐르는 것을 느끼고 자신을 우주의 중심에서 빛나는 빛의 십자가로 심상한다. 십자가는 네 개의 원초 원소인 공기, 흙, 불, 물을 상징한다(나중에 다룬다).

2단계 : 당신 앞에 작은 언덕과 그 위에 대천사를 심상한다. 대천사는 약간 자줏빛을 띤 노란색 로브를 입고 있다. 커드시어스 지팡이(caduceus, 그리스 신화에 나오는 헤르메스의 지팡이, 생명력을 상징하는 뱀으로 휘감겨진 지팡이다)를 들고 있으며 로브는 바람에 물결친다. 그 천사 뒤로부터 불어오는 미풍을 느껴라. 그리고 "내 앞에 라-파이-엘(Before me, Rah-fay-EI, 대천사 이름은 진동시킨다)" 이라고 말한다.

3단계 : 뒤에 대천사 모습을 심상하는데 약간 오렌지빛을 띤 푸른 로브를 입은 모습을 심상한다. 그 천사는 컵을 들고 폭포에 둘러싸여 있다. 습기를 느끼도록 하라. "내 뒤에 가브-라이-엘(Behind me, Gahb-ray-EI)" 이라고 말한다.

4단계 : 오른편에 약간 녹색을 띤 주홍색 로브를 입고 있는 대천사를 심상한다. 그 천사는 불타오르는 검을 가지고 있으며 오른편으로부터 열기를 느껴야 한다. "내 오른편에 미-하이-엘(On my right hand, Mee-chai-EI, 발음시 ch는 독일어의 'ach' 에서처럼 소리가 난다(역주 : 이 발음은 독일어의 매우 독특한 발음으로 '가래 끓는 소리' 라고 표현한다. 우리말로 표기하면 '흐-' 라고 하겠지만 '흐' 를 발음하면서 바람 새는 소리를 꼭 내줘야 하는데, 그렇게 발음하면 원 발음은 '흐' 보다는 오히려 '크' 에 가깝다. 히브리어에는 ה [헤, 음가 H]와 ח [헤트, 음가 ch로 독일어 bach의 ch 음] 소리가 있으며 한국어로 적을 때 편의상 전부 'ㅎ' 로 표기 하지만 명백히 구별되는 소리다).

5단계 : 왼쪽편에 녹색과 갈색 로브를 입은 대천사를 심상한다. 그 천사는 밀 한 단을 가지고 있다. "내 왼편에 오ㄹ-리-엘(And on my left hand, Ohr-ree-El)" 이라고 말한다.

6단계 : 왼발을 왼편으로 움직인다. 그리고 또 다른 아름다운 푸른 펜타그 램이 당신을 밝히면서 주변에 있음을 심상하고 "내 둘레에 오각별이 불 타오르고(For about me flames the pentagram)" 라고 말한다(역주 : 다른 마법서에는 "내 앞에 오각별이 불타오르고" 로 되어 있다).

7단계 : 황금빛 헥사그램(유대인 별로 불리는 육각별)을 당신 심장이 있는 바로 그곳에 심상하라. "그리고 내 안에 육각별이 빛나도다(And within me shines the six-rayed star)" 라고 말한다(역주 : 다른 마법서에는 "내 뒤에 육각별이 빛나도다" 로 되어 있다).

4. 카발라 십자가 의식을 반복한다.

사람들은 대천사 에보케이션에서 약간 다른 버전을 사용하기도 한다. 예를 들면 "내 주변에 오각별이 불타오르고 내 위로 육각별 이 빛나도다" 또는 "내 앞에 오각별이 내 뒤에 육각별이 있도다." 같은 문장을 사용한다. 약간의 차이점은 있으며 원한다면 시도할 수 있다(역주 : 여러 단체의 LBRP의 전체 순서는 차이가 없으나 세부적으로 들어가면 많이 다르다. 이 책에 나오는 내용은 다른 체계와 비교한다면, 아주 자세하고 에너지 심상을 많이 강조한다. 실제로 마법에 에너지 심상 능력은 필수적이고 마음을 신성 에너지로 채워 마법이 일어날 수 있는 육체적, 심리적 상태를 만드는 데 탁월하다. 신의 이름을 발성하는 시점도 책마다 약간 다른데 오각별 중심을 찌르면서 하는 경우와 오각별을 그리면서 신의 이름을 발성하는 경우도 있다. 어떤 방법이 좋은지는 각자가 실행해보고 판단할 문제다). LBRP를 하고난 후 의자에 앉아 타로 카드 응시 의식을 한다. 매일 실행하는 의식 순서는 다음과 같다.

이완 의식,
펜타그램 소 결계 의식,
타로 응시 의식이다.

다음은 펜타그램 소 결계 의식에 대한 요약이다. 의식은 '암기' 하여야 한다.

펜타그램 소 결계 의식 요약

1. 단검을 이마에 대면서 아-타(Ah-Tah, '타' 를 강세한다)라고 발성한다.

2. 단검을 지면을 향하도록 몸 아래로 가져오라. 단검을 잡은 손은 사타구니 부분에 있어야 한다. 말-쿠트(Mal-Koot, '쿠트' 에 강세를 둔다)를 발성한다.

3. 단검을 오른편 어깨에 대고 비-그부-라(Vih-G' Boo-Lah, '라' 에 강세가

온다)를 발성한다.

4. 단검을 왼쪽 어깨에 대고 비-그부-라(Vih-G' Doo-Lah, '라' 에 강세를 둔다)를 발성한다.

5. 기도하듯이 가슴에 양손을 움켜쥔다. 리-오-람(Lih-Oh-Lahm, 강세는 '람' 에 둔다), 아-멘(Ah-Men, '멘' 에 강세를 둔다)을 발성한다.

6. 동쪽을 보고 펜타그램을 그리고 중심에 단검을 찌르면서 **요드-헤-바브-헤**(Yud-Heh-Vahv-Heh)를 발성한다.

7. 남쪽으로 가서 펜타그램을 그리고 중심에 단검을 찌르면서 **아-도-나이**(Ah-Doh-Nye)를 발성한다.

8. 서쪽으로 가서 펜타그램을 그리고 중심에 단검을 찌르면서 **에-헤-예**(Eh-Heh-Yeh)를 발성한다.

9. 북쪽으로 가서 펜타그램을 그리고 중심에 단검을 찌르면서 **아-글라**(Ah-Glah)를 진동시킨다.

10. 동쪽으로 돌아가서 원을 완료하고 중심에 돌아온다.

11. 손을 바깥으로 벌리고

　　"내 앞에 라파이엘(Before me, Rah-Fay-El)

　　내 뒤에 가브-라이-엘(Behind me, Gahb-Ray-El)

　　내 오른편에 미하이엘(On my right hand, Mih-chai-El)

　　내 왼편에 오리엘(And on my left hand, Ohr-Ree-El)

　　내 주변에 오각별이 불타오르고(For about me flames the Pentagram)

　　내 안에 육각별이 빛나도다(And within me shines the six-rayed star)"

　　라고 한다.

12. 1번에서 5번을 반복한다.

진동의 법칙

LBRP 의식에서 강력한 권위를 가지고 말해야 하는 단어가 있다. 예를 들면 "내 주변에 오각별이 불타오르고" 같은 문장이다. 그러나 또한 히브리어에서는 "진동되어야 하는" 단어가 있다. 앞에서 잠깐 얘기했었는데, 지금 자세히 설명하려 한다.

모든 물질은 진동으로 구성되어 있다는 것은 오랜 세월 오컬트 세계의 비밀이었다. 오늘날 많은 과학자들은 연구를 통하여 사실로 받아들인다. 모든 물질이 진동에너지라고 가정한다면 마법은 사람이 진동에 영향을 줄 수 있는 과학이 된다. 진동에너지를 어떻게 통제해야 하는지 이해하고 능력을 발전시키는 것은 매우 가치 있는 일이 된다.

'공명 현상'이라고 하는 물질 현상이 있다. 이것은 간단히 설명하면 두 개의 물체가 서로 조화로운 진동율을 가질 경우(고유 진동수가 같다면) 한 물체가 강하게 진동하면 옆에 있는 다른 물체도 진동을 시작하는 현상이다. 그러므로 우리가 자신의 진동을 통제할 수 있으면 다른 계의 존재들과 진동을 통해 연결될 수도 있다. 이런 이유로 단어를 진동시키는 법을 이해하는 것은 마법에 필수적이다.

단어를 진동시키는 두 가지 법칙이 있다. 첫 번째는 내부 법칙인데 이것은 육체의 특정 부분(실제로는 아스트랄체)을 진동시키는 것이다. LBRP의 카발라 십자가 의식에서 그 한 예를 볼 수 있다. 아-타(Ah-Tah)를 보자. 여기서 해야 할 것은 완전히 최대한 숨을 들이쉬었다가 완전히 숨을 내쉬면서 단어를 진동시키는 일이

다. 아-타는 "아아아아ㅎㅎㅎㅎㅎㅎㅎ타아아아아아아ㅎㅎㅎ
ㅎ(AAAAHHHHHH-TAAAAAAAHHHH)" 식으로 길게 발성한
다. 노래하듯 큰 소리로 진동시킨다. 음의 소리가 보통 때보다 높
으며, 거의 큰 소리로 말하는 수준이다. 이것을 발성할 때 머릿속
에서 진동 혹은 공명을 느껴야 한다. 마찬가지로 말쿠트는 사타
구니에서 진동이, 비그부라는 오른편 어깨에서 진동이 느껴져야
한다.

두 번째 진동 법칙은 외부 법칙이다. 이 진동의 목적은 주변의
대기(실제로는 아스트랄계라 불리는 세계)를 자극시키는 것이다.
LBRP의 펜타그램 그리기에서 그 예를 볼 수 있는데, 방법은 내부
법칙과 아주 유사하다. 숨을 최대로 들이쉬었다가 숨을 전부 내
쉬면서 크게 신의 이름을 진동시킨다. 예를 들면 아글라(AH-
GLAH)는 "아아아아아아ㅎㅎㅎㅎ 글라아아아아ㅎㅎㅎ
(AAAAAAAHHHH-GLAAAAAHHH)" 처럼 길게 발성된다. 한번의
숨에 신의 이름을 발성한다. 외부 법칙에서는 당신 앞에 온 우주
가 당신 진동과 조화롭게 공명하도록 해야 한다. 온몸과 온 우주
가 당신의 소리에 진동하는 경험을 해야 한다. 이것이 내부 법칙
과의 차이점이다.

이 두 가지 진동 법칙에 근거하여 변화된 법칙들이 있다. 예를
들면 발성과 함께 단어가 불타오르게 심상한다거나, 진동으로 불
타오르는 단어에 힘을 부여하는 경우다. 또 다른 방법으로는 단
어를 몸 안으로 가지고 와서 진동시키는 방법도 있다. 이런 변화
된 방법들은 앞에 주어진 두 가지 법칙에 비하면 그렇게 중요한

것은 아니다.

　큰 소리로 위엄을 가지고 신의 이름이나 힘의 단어를 진동시킬 수 있는 장소를 마련하지 못한 사람이 있을 수 있다. 사실상 이 의식은 비밀리에 할 필요가 있다. 장소가 문제라면 '위대한 목소리' 라고 불리는 일종의 위장된 방법을 사용할 수 있다. 이것은 거의 속삭이는 정도로 아주 조용히 혹은 말없이 진동 법칙을 작동시키는 것이다. 마찬가지로 진동 현상을 경험해야 한다. 내부 진동 법칙을 작동시킬 때 몸의 여러 부분이 진동하는 것을 느껴야 한다. 외부 진동 법칙을 작동시킬 때는 우주가 조화롭게 진동함을 느껴야 한다. 큰 소리로 발성하든 아니면 '위대한 목소리' 를 사용하든 같은 결과를 가져야 한다.

　장소 때문에 거의 늘 '위대한 소리' 를 사용해야 한다면 가끔은 큰 소리로 말할 수 있는 장소를 구하여 소리내어 발성해볼 것을 당부한다. 혼자서 할 수 있는 장소를 구하라.

　주변에 모든 것이 약간 '변화' 하는 것처럼 보이면 당신이 정확히 단어를 진동시키고 있음을 의미한다. 이런 변화는 물질적 변화는 아니지만 장소가 좀 다르게 느껴질 것이다. LBRP를 실행한다면 주변이 좀 더 깨끗해지고 신선해짐을 느낄 것이다. 또한 정확하게 진동시키기 위하여 목소리 높낮이를 조정할 필요도 있다. 적합한 음높이를 찾을 때 목소리는 좀 더 크고 좀 더 위엄있게 들릴 것이며 주변 공기는 아주 좋은 에너지와 함께 살아 있는 것처럼 느껴질 것이다. 그때 "참된 마법사의 목소리는 사람에게 경외심을 준다" 라는 말을 이해할 것이다.

LBRP와 관련하여 마지막으로 부탁하고 싶은 것은 마법 일기에 모든 것을 기록하라는 것이다. 그리고 가장 중요한 것은 다음과 같다.

진실된 마음으로 LBRP를 행하라!
자주 행하라!
자신을 기도로 불타오르게 해야 한다!

제 2 편

많은 오컬티스트(신비학도)들이 가장 두려워하는 것 중 하나는 '사이킥 공격'이다. 그러나 진짜 사이킥 공격은 아주 드물다. 과거 10년 동안 100여 명의 사람이 자신들이 사이킥 공격을 받고 있다며 도움을 요청하였다. 또한 여러 형이상학 교사들이나 영매들에게 도움을 요청하는 사람들의 이야기도 들었다. 사이킥 공격을 받고 있다고 주장한 100여 명의 경우 다섯 건이 진짜였고, 나머지는 모두 개인들의 상상이었다.

그럴지라도 사이킥 공격을 받고 있다고 느끼는 사람의 경우 그것은 아주 절실하고 진실한 느낌일 수 있다. 또한 우리의 '영혼(psyche)'은 사회로부터 끊임없는 공격(본인이 알든 모르든 심리적으로 우리를 조정하고 영향을 미치려고 시도하는 판매원, TV광고, 친구, 가족, 심지어 이방인 등)을 받고 있다. 진짜 사이킥 공격이 일어나면 대처하기 위하여 무엇을 할 것인지 지식이 필요하며, 우리가 받고 있는 매일 매일의 세뇌를 자각할 필요가 있다.

진짜 사이킥 공격은 당신을 해하려고 주문을 외우는 사람에 의해서만 일어나는 것은 아니다. 오히려 어떤 이유로 당신에게 화가 나 있는 사람에 의하여 일어난다. 그들은 알아차리지 못하지만 분노로 차 있는 에너지 흐름을 당신에게 보낸다. 더욱 가능성

있는 것은 사실이 아닌데 마치 어떤 부정이 당신을 향하여 오고 있다고 '믿는' 것이다. 이런 경우에도 당신은 공격받고 있는 것처럼 느낄 것이며 진짜든 가상이든 동일한 방법으로 처리될 수 있다.

사이킥 공격 다루기

사이킥 공격을 물리치는 이 뛰어난 방법은 데닝과 필립의 《사이킥 자기방어와 안녕에 대한 실제적 가이드(Practical Guide to Psychic Self-Defense and Well-Being)》라는 책에서 가져온 것이다. 눈을 감고 부정적인 에너지 흐름이 오고 있는 방향을 찾을 때까지 원을 그리며 빙 돈다(상상이든 진짜든). 방향을 감지했으면 그 방향을 용감하게 바라본다(옆의 그림 참조).

마법사의 길은 겁쟁이를 위한 길이 아니다. 자랑스럽게 똑바로 선다. 그리고 이마에 밝고 푸른 오각별을 심상한다. 빛나는 별을 둘러싸기 위하여 손을 이마로 가져온다. 양 엄지는 눈썹에서 만나고 나머지 손가락들은 손바닥이 바깥으로 향하게 하고 이마에 평평하게 놓는다. 이 형태는 '삼각형의 현시(Triangle of Manifestation)' 라 불리는 트라이앵글이다. 엄지가 삼각형 밑변을 구성하고 오각별을 둘러싸는 형태다.

심호흡을 하고 숨을 내쉴 때 왼발을 앞으로 내밀고 손을 앞으로 향하여 찌른다. 동시에 이마에 오각별이 당신이 향하고 있는 방향으로 나가는 것을 심상한다. 이것은 상상이든 진짜든 부정적인 사이킥 공격을 몰아내는 결과를 가져온다. 부정이 돌아오지 못하

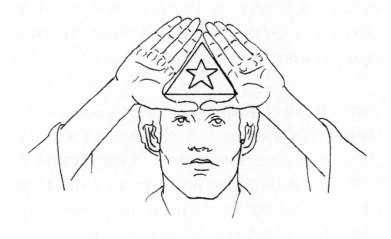

도록 즉시 LBRP를 행한다.

여러 곳에서 오는 일상의 사이킥 공격을 다루는 일은 또 다른 문제다. 일상의 사이킥 공격에는 LBRP가 도움이 된다. 그러나 문제는 우리의 자각이다. 우리 대부분은 실제로 깨어 있지 않은 상태로 하루를 보낸다.

잠자는 자(깨어 있으나 깨어 있지 않은 일반인들)를 깨우는 것은 게오르그 구르지예프(역주 : G. I. Gurdjieff 1872?~1949, 아르메니아 출신의 명상가이자 신비사상가)의 중요한 일 중의 하나였다. 심리학에 대한 책을 많이 읽기를 권한다. 왜냐하면 심리학은 마음이 어떻게 작동하고 사람들이 어떻게 다른 사람의 마음을 조정하는지에 대해 당신을 깨어나게 하기 때문이다.

마법 차원에서 주변 세계에 대하여 좀 더 자각할 수 있는 방법으로는 우주와 긴밀하게 연결되어 살아가는 일이다. 마법 일기장에 날짜, 요일, 달 위치를 기록하는 것은 한 가지 방법이 된다. 또한 매일 하늘을 운행하는 태양과 조화롭게 연결되는 것을 도와주는 네 가지 의식(각각 30초 정도)이 있다.

예배 의식 네 가지 '크로울리의 '리베르 레쉬 벨 헬리오스(Liber Resh vel Helios)' 에서 가져옴

아침예배 : 해가 떠오를 때(혹은 일어났을 때) 동쪽을 보고 '입장자 싸인(Enterer Sign, LBRP에서 설명함. 즉 왼발을 내밀면서 양손을 앞으로 찌르는 것)' 을 행한다. 그리고 똑바로 서서 마치 위에 무거운 막대를 들고 있는 것처럼 팔을 들어 올린다(아래 그림 참조). 큰 소리로(가능하면, 아니면 조용히) 기도한다.

"떠오르는 당신, 라(Ra)에게 경배드립니다. 태양이 떠오를 때 배를 타고 하늘을 여행하시는 권능 속에 있는 라에게 경배드립니다. 뱃머리에는 타후티(Tahuti)가 광휘 속에 서 있고 키에는 라후르(Ra-Hoor)가 계십니다. 밤의 거처로부터 오시는 당신께 경배드립니다."

마지막으로 왼발을 한 번 구르고 마치 누군가에게 조용하라고

말하듯이 왼쪽 집게손가락을 입술에 갖다댄다. 이것은 '침묵의 사인' 또는 '호루스의 사인'으로 불린다.

타후티는 토트로 알려진 이집트 신이다. 나머지 심벌은 이집트 신에 대한 책을 읽어보면 쉽게 이해할 수 있다.

정오예배 : 남쪽을 보고 입장자 사인을 한다. '삼각형의 현시'를 만든다. 이번에는 머리 약간 위에(앞에서 보여준 것은 공기 원소를 상징하고 이것은 불의 원소를 반영한다) 삼각형을 유지한다(아래 그림 참조).

"승리의 하투르(Hathoor)에게 경배드립니다. 아름다움 속에 있는 그대에게 경배드립니다. 태양이 중천에 떠오를 때 배를 타고 하늘로 여행하시는 그대에게 경배드립니다. 뱃머리에는 타후티가 광휘 속에 서 있고 키에는 라후르가 계십니다. 아침의 거처로부터 오시는 당신께 경배드립니다."

침묵의 싸인을 한다.

저녁예배 : 해질녘에 서쪽을 향하여 입장자 사인을 한다. 손으로 '삼각형의 현시'를 만든다. 이번에는 손바닥을 몸쪽으로 하고 손가락은 아래로 향하게 하여 배 위에 역삼각형을 만든다(그림 참조). 이것은 배 앞에서 아래로 향하는 삼각형으로 물 원소를 상징한다.

"저무는 툼(Tum)에게 경배합니다. 즐거움 속에 있는 그대에게 경배드립니다. 태양이 저물 때 배를 타고 하늘을 여행하시는 그대에게 경배드립니다. 뱃머리에는 타후티가 광휘 속에 서 있고 키에는 라후르가 계십니다. 낮의 거처로부터 오시는 당신께 경배드립니다."

침묵의 싸인을 한다.

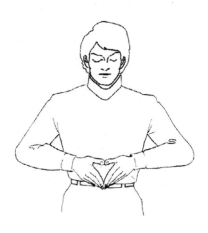

자정예배 : 한밤중에(혹은 잠자기 전에) 북쪽을 보고 입장자 사인을 한다. 왼쪽 발을 한 걸음 앞으로 내디딘다. 그리고 손을 들어 인사하듯이 오른손은 머리 위로 올리며 손바닥은 바깥쪽으로 향한다(그림 참조). 이것은 흙의 원소를 상징한다.

서부영화에서 인디언들이 오른손을 들며 '안녕' 이라고 말하는 자세다.

"숨어 있는 케페라 (Khephera) 그대에게 경배 드립니다. 침묵 속에 있는 그대에게 경배 드립니다. 한밤중에 배를 타고 하늘을 여행하는 그대에게 경배 드립니다. 뱃머리에는 타후티가 광휘 속에 서 있고 키에는 라후르가 계십니다. 저녁의 거처로부터 오시는 당신께 경배 드립니다."

침묵의 싸인을 한다.

진보된 예배 의식 : 이 네 가지 예배가 쉬워지면 다음의 내용(심상)을 추가할 수 있다.

1. 태양의 변화에 동조
2. 4대 마법 원소에 동조
3. 우주와 그리고 신과의 동조가 그 목적이다.

추가할 심상 :

1. 아침에 동쪽을 보면서 노란색으로 물드는 자신과 공기 원소인 열과 습기로 채워지는 자신을 심상한다.

2. 정오에 남쪽을 보면서 붉은색으로 물드는 자신과 불의 원소인 열과 건조함으로 채워지는 자신을 심상한다.

3. 저녁에 서쪽을 보면서 푸른색으로 물드는 자신과 물의 원소인 차가움과 습기로 채워지는 자신을 심상한다.

4. 한밤중에 북쪽을 보면서 기름진 흙색으로 특히 녹색과 갈색으로 물드는 자신과 흙 원소인 차가움과 건조함으로 채워지는 자신을 심상한다.

2장 2편을 끝내기 전에 사이킥 공격은 아주 드물다는 것을 다시 한 번 강조한다. 그러나 상상이더라도 사이킥 공격을 받고 있다고 생각하는 경우에 그 느낌은 실재적일 수 있다. 그러므로 제2장의 여러 수련법을 배우도록 권한다. 또한 네 가지 예배도 매일 실행하는 것을 잊지 말라. 참고로 나는 설사 몸 상태가 좋지 않아도 이 의식을 한다.

제 3 편

지금부터는 카발라(Kabalah)의 역사와 기본 이론에 대하여 말하려고 한다. 여러 사람들에게서 자주 듣는 불평은 카발라 내용이 혼란스럽다거나 지루하다는 말이다. 사실 카발라 내용은 지루하지도 그렇다고 혼란스러운 것도 아니다. 그러나 카발라 사상의 광대함을 느끼려면 다음 페이지에 나오는 여러 책들을 읽어야 할 것이다.

이완 의식, LBRP, 타로 응시 의식, 이집트 신에 대한 예배 의식, 사이킥 공격 차단 의식으로 구성되는 여러 기본 의식들을 실행하면서 여유가 있을 때 지금 논할 카발라를 공부하기 바란다. 카발라와 그 역사에 대하여 수많은 강연을 했지만 강연의 내용을 이해 못하는 사람들이 나오곤 했다. 지금까지 배운 의식을 실행하고 의식용 법복을 만들면서 1~2주를 보내라. 그리고 필요할 때면 언제든지 지금 공부할 카발라에 대하여 숙독을 하라.

고대 히브리인에게는 3대 문학이 있었는데 《토라》(Torah, 구약의 모세오경)와 《탈무드》(Talmud, 토라에 대한 주석) 그리고 《카발라》(토라에 대한 신비 해석과 신과 우주에 대한 고찰)다.

토라는 "히브리 전통의 본체"로 알려졌으며 무지한 사람이 토라를 읽으면 경험을 통하여 도움을 얻게 된다 하였다. 탈무드는 "유대인의 이성적 혼"으로 알려졌으며 학식이 있는 사람은 탈무드 연구를 통하여 도움을 얻는다고 하였다. 카발라는 "유대인의 불사의 영"으로 불리며 현명한 사람은 카발라에 대하여 명상하도록 권유받았다.

카발라에 관한 여러 책에서 '카발라'라는 단어가 여러 가지로 표기되는 것을 보았을 것이다. 이것은 '카발라'라는 단어가 히브리어에서 직접 왔으며 영어와 히브리어 사이에 정확한 음역이 없기 때문이다.

이것은 히브리어에 대하여 많은 생각을 하게끔 한다. 이 책에 나오는 여러 의식들은 히브리어에서 온 단어를 사용한다. 히브리어를 포함하여 모든 언어는 많은 세기를 거치면서 발음이 변했다. 예를 들면 오늘날 나이트로 발음되는 'Knight'라는 단어는 원래는 '크니히트'로 발음되었다. 이런 식으로 영어도 수백 년을 거치면서 변해왔다. 그러므로 과거 2천 년 동안 히브리어가 변해왔다는 것은 당연한 일이다.

오늘날 이스라엘과 세계 여러 유대교당에서 사용되는 히브리어는 정확한 히브리어 발음을 찾는 사람에게 도움이 되지 못한다. 현대 히브리어는 성경에 기록된 히브리어와 '같지 않다.' 1백 년 전 엘리에제르 벤 예후다(Eliezer ben Yehudah)라는 사람이 히브리 언어가 다시 살아나야 한다고 생각을 하였다. 당시 히브리어는 오늘날 라틴어가 그러하듯 종교 문서나 학문 연구로만 사용되는 실정이었다. 그의 노력을 통하여 불사조처럼 히브리어는 죽은 언어에서 살아 있는 언어가 되어 이스라엘의 언어로 채택되었다. 이 사건은 이탈리아에 있는 모든 사람들이 고대 라틴어를 배워 일상 언어로 사용하는 것에 비유될 수 있다.

그러나 죽었던 언어를 다시 살리는 과정에서 언어 속성상 많은 변화가 일어났다.

1. 두 음가를 가지고 있었던 어떤 문자들은 더 이상 두 음가를 가지지 않는다(원래 두 개의 음가를 가진 히브리 알파벳 문자를 보려면 《세페르 예치라(Sepher Yetzirah, 창조의 서)》를 참고하라).

2. '바(vah)' 혹은 '바브(vahv)'로 불리는 주로 'v' 음가로 가지는 히브리 알파벳은 원래는 오늘날 'w'처럼 소리가 났으며 'waw(와우)'로 불렸다.

3. 오늘날도 어떤 히브리 알파벳은 여러 음가를 가질 수 있다. 첫 번째 알파벳 알레프(Aleph, 영어발음 A에 해당)는 '아' '에' 혹은 '오'처럼 소리날 수 있다. 요드(Yud, 영어 Y에 해당)는 '이' '에이' 혹은 '에'처럼 소리날 수 있다. 에즈라(Ezra)가 토라를 편찬(대략 B.C. 400~300년)하고나서 수백 년이 지난 다음에야 모음을 표시하는 체계가 생겨났기 때문에 정확하지 않을 수 있다(역주 : 히브리어는 자음만 있지 모음은 없었고, 그래서 옛날 구약은 자음만으로 기록되어 있다. 읽을 때는 기억하고 있던 모음을 자음 사이에 넣어 읽고 의미를 말하였다. 그러다 보니 어떤 모음을 넣고 발음하고 이해하느냐에 따라 전혀 다른 의미를 가질 수 있

었다. 그래서 A.D. 500년경 바벨론 유대인 종파가 모음 체계를 고안하기에 이른다. 그러므로 발음이 구전으로 전해 내려오면서 많이 변했고, 더러는 잘못 이해하여 전해질 가능성이 높았다. 당시 최고의 종족이었던 히브리인이 왜 모음을 창조하지 않았는가에 대해서는 우주와 관련하여 숨겨진 깊은 비밀이 있다고 한다).

4. 신비주의적 관점에서 가장 최악의 사례는 예후다가 현대 히브리어를 만들면서 단어의 정밀한 의미를 가지고 오지 못하였다는 것이다. 예를 들면 '오-람(Oh-lahm)'은 원래는 '세계(world)' '우주(universe)' '영겁(aeons)' '영원(forever)'을 의미하였다. 이 말은 고대 히브리인들 마음속에는 이들 단어가 서로 긴밀히 부합되었다는 것을 의미한다. 불행히도 오늘날 히브리어는 단어의 의미가 좀 더 구체화 되면서 많은 지식이 사라졌다.

5. 많은 히브리어가 아람어로 대체되었다. 예를 들면 고대 히브리어에서 'Av' 'Ab'는 아버지를 의미하였다. 현대 히브리어에서는 아버지에 대한 단어는 아람어인 'Abba' 다(역주 : 아람어는 유대인들이 바빌론-페르시아 포로생활 때 사용하던 현지 언어며 예수 생존 당시 갈릴리 지방의 방언으로 폭넓게 사용됐다. 셈어 계통의 언어다. 구약 성경 중 다니엘서 2장 4절 후반절-7장 28절과 에스라 4장 8절-6장 18절과 7장 12-26절과 예레미야 10장 11절, 또 창세기 31장 47절은 아람어로 되어 있고, 구약 성경의 나머지 부분은 모두 히브리어로 적혀 있다).

우리가 생각할 수 있는 질문은 "왜 고대 히브리 발음을 찾아야 하는가"다. 단어가 어떻게 발음되는가는 중요하다. 그러나 고대 히브리 발음을 찾는 일이 가치가 있냐고 묻는다면 그렇지는 않다고 말하고 싶다. 오늘날 사용되는 대부분의 마법 의식은 구약을 기록한 히브리어가 잊혀지고 오랜 시간이 흐른 후에 창조된 것이다(역주 : 여러 마법서에 사용되는 발음은 거의가 옛날 히브리어가 아니다. 마법에 사용하는 신 이름이나 천사 이름 그리고 히브리 알파벳의 정확한 발음은 동양에서 만트라 같은 역할을 한다. 저자는 많은 마법 의식이 히브리어가 사라진 후에 만들어져서 정확한 히브리 발음에 대하여 관대함을 보이나―사실 정확한 발음을 알 수도 없고―카발라는 구전되어 수많은 세월을 내려왔으며 문자로 드러난 카발라말고 여전히 준비된 단체나 사람을 통하여 정확한 신비 지식과 발음이 전수되었다고 본다. 이 책에서 공부하는 의식 마법은 카발라에서 나온 것이고 마법에 사용되는 발음은 어느 정도는 정확해야 한다고 본다).

이 책에서 사용되는 히브리 발음은 현대 발음이다. 고대 히브리어가 어떻게 발음되었을까를 추측하기보다는 지금 이 발음을 사용하는 수백만 명의 에너지를 이용하는 편이 좋을 것이다.

다시 단어 '카발라'로 돌아가자. 카발라(Kabalah, Kabbalah, Qabalah, Qabbalah, Kabala, Cabala 혹은 Q.B.L. 등)는 '받다'를 의미하는 히브리어에서 왔으며 카발라가 신으로부터 '받은' 가르침을 내포하고 있다. 이것은 또한 개인 대 개인으로 특히 구전으로 전해져 왔음을 의미하기도 한다. 참된 카발라는 수천 년 동안 세속적인 것에서 조심스럽게 지켜 내려온 구전의 비밀 전통이었다.

타로와 마찬가지로 카발라에도 두 종류의 역사가 있다. 첫 번째는 신화적 역사, 둘째는 역사적 사실이다.

카발라의 신화적 역사

카발라는 우주 창조 전에 신과 천사에게 알려진 비밀 과학이었다. 아담과 이브의 실락 후 천사는 아담이 영광과 순수성을 되찾도록 지혜를 가르쳤다(이 이야기와 그리스 신화 프로메테우스—천상에서 불을 훔쳐 인간에게 주었기 때문에 제우스의 노여움을 사서 큰 바위에 사슬로 묶여 매일 큰 독수리에게 간을 먹히는 고통을 당하다가 나중에 헤라클레스에게 구원되었다—사이에 유사성을 발견한다). 아담은 그 지혜를 후손들에게 전하고 그러다 나중에 잊혀져 버렸다. 노아의 홍수 후 신은 인간과 서약의 징표로 무지개를 주었을 뿐 아니라 노아와 아들들에게 비밀 지식을 가르쳤다. 그러나 이전처럼 이 지식은 잊혀져 사라졌다. 다시 천사들은 아브라함에게 지혜를 가르쳤으며 아브라함은 이삭에게 이삭은 야곱에게 전수하였다. 그러다 이집트에서 노예로 있을 때 다시 이 지혜를 잃어버렸다.

그 지식은 모세가 다시 찾게 된다. 모세는 시나이 산에서 40일간 보냈다. 전통학자들은 모세가 신으로부터 얻은 것은 10계명이 새겨진 두 개의 석판이라고 사람들이 믿기를 바란다. 그러나 신비주의적 해석은 처음 모세가 산에 올라갔을 때 신에게서 카발라 비밀을 받았으나 우상 숭배를 목격하고는 카발라 지혜를 파괴하였다고 한다. 모세는 다시 산에 올라갔으며 신은 아직 준비되지 못한 일반인과 카발라 비밀을 공유하지 말도록 하였다. 대신에 이스라엘 어린 자녀들('이스라엘의 자녀들'이라는 단어는 여기에 아주 적합하다)에게는 수준에 맞는 10계명과 토라의 규율을 전해주라고 명령받았다. 카발라를 이미 받았던 모세는 그 비밀을 아우 아론과 미래의 히브리 고위사제가 될 사람들에게만 전해주었다.

잠시 이야기 흐름을 벗어나서, 19세기 후반과 20세기에 이집트에서 대단한 고고학 발견이 있었다(역주 : 1945년 12월, 이집트에 있는 나그함마디란 마을 근처에서 땅을 파던 한 이집트 농부가 붉은 토기 항아리를 발견했다. 그 항아리에는 가죽으로 제본된 13개의 사본들 즉 파피루스 책들—두루마리—이 들어 있었다). 세상 사람들, 특히 오컬리스트들은 고대 이집트의 비밀에 매료되었다. 그들은 모세가 이집트에서 교육받았다는 글을 읽었을 때 카발라가 이집트에 기원을 가진다고 추측했다. 이집트에 비밀 학교가 있었던 것은 사실—피타고라스도 이집트의 한 비밀 학교에서 공부하였다—이었지만 그것이 카발라가 이집트 지혜에서 직접 나온 것이란 증거는 없다.

카발라의 신비 비밀은 히브리 사제들에 의하여 많은 세월을 비밀리에 내려왔다. 그러나 일반 국민들은 신이 주었던 여러 규칙과 모세 10계를 따르지 않았다. 그래서 신은 A.D. 70년 두 번째 사원이 파괴될 때까지 여러 번 이스라엘 사람들을 벌하였다. 로마는 파괴를 명령하였고 민중 선동가와 골치 아픈 자유주의자를 잡아가두려고 하였다.

이 중에 시메온 벤 요하이(Simeon ben Yochai)라는 랍비도 있었다. 그는 로마군의 검거를 피하여 13년간(이 숫자는 나중에 드러나겠지만 특별한 의미가 있다) 동굴 속에서 아들과 숨어 지냈다. 동굴 속에서 두 사람은 《조하르(The Zohar, 광휘의 서)》라는 방대한 양의 책과 작은 분량의 《세페르 예치라(Sepher Yetzirah, 창조의 서)》라는 책에 처음으로 카발라의 비밀을 글로 기록하였다. 나중 일이지만 쿠텐베르그 덕분에 출판이 실용화되고 전세계 사람들이 이 책을 이용할 수 있게 되었다. 두 번째 사원이 파괴된 후 유대인이 세계 곳곳으로 흩어진 사건은 유대인들에게 불쾌한 일이었지만 신비주의적 경향의 사람들에게는 모든 인류에게 신이 주는 선물이었다. 왜냐하면 흩어지게 되어 유대인들은 중동이란 작은 지역에 숨어 있기보다는 오히려 전 세계에 신의 지혜를 전할 수 있게 되었기 때문이다.

지금이 나의 개인적인 이야기를 할 수 있는 좋은 기회라고 생각한다. 내가 태어나기 전에 아버지는 성을 바꾸기로 결심하였다. 성은 캐츠(Katz)였는데 아버지가 어렸을 때 학교에서 'pussy Katz'(역주 : Pussy는 주로 어린이가 사용하는 언어로 고양이란 말이며 Pussy cat이라고도 한다. 성이 Katz였고 캐츠로 발음되니 자연스럽게 고양이[cat]라는 놀림을 당하였다는 뜻)라고 놀림을 당하였다. 그래서 형이 태어나고 아들이 놀림을 당하지 않도록 아버지는 성을 바꾸었다. 그러나 캐츠라는 성은 축약된 단어였다(나중에 배우겠지만 카발라에서는 이것을 노타리콘(Notarikon)이라 한다). 이것은 'Kohain Tzeh-deck'이라는 긴 이름의 축약어

(두 단어 첫 번째 문자 사이에 모음을 넣어 만든)였고 의미는 '정의로운 사제'였다. 아마 나는 고대 사제 계급의 후손이었을 수 있으며 그래서 자연스럽게 카발라를 배우고 있는지 모른다. 약간의 지식을 가지고 작가가 건방을 떨고 있다고 독자들이 생각하기 전에 이 말은 카발라의 '신화적' 역사를 논하는 자리에서 나온 것임을 상기시키고 싶다. 즉 주제가 신화적 역사이므로 개인 이야기도 그런 차원이라고 이해를 하기 바란다.

카발라의 역사적 사실

카발라가 실제로 어디에서 근원하는지는 거의 알려져 있지 않다. 잘 알려지지 않은 어떤 셈족의 요소뿐만 아니라 고대 칼데아(바빌로니아 지배의 기초를 닦은 고대 셈족)나 이집트 심지어 고대 인도 아리안족의 신비주의 요소도 있어 보인다. 좀 더 역사를 내려오면 카발라는 신 플라톤주의(역주 : 그리스 철학자 플로티노스가 대표적 인물. 플라톤의 전통에 입각하여 2~6세기에 유럽에서 흥성하였던 그리스 철학. 교리는 만물의 본원인 '근원자'로부터 모든 것이 계층적으로 '유출'하여 나왔으며 보다 낮은 계층은 그 상위의 것을 모방하려 한다고 한다. 영혼을 육체에서 정화하여 신과의 직접적인 교류를 주장하였다)에 영향을 크게 받았거나 아니면 신 플라톤 학자들에게 큰 영향을 미친 것 같다.

최초 유대 신비주의는 '상승'을 의미하는 '헤하로트(Heh-cha-loht)' 또는 메르카바 신비주의로 알려졌다. 메르카바(Merkabah)는 히브리어로 신의 왕좌를 의미하며 메르카바 신비주자들의 목적은 왕좌에 앉아 있는 신을 보는 것이었다.

　불행히도 '메르카바 기수(신비가)'에 대한 대부분의 작품은 분실되었고 그들의 수행법에 대한 지식을 얻는 것은 불가능하다. 우리가 가지고 있는 작은 자료를 가지고 판단하건대 그들의 이론적 근원은 창세기 앞장과 에스겔의 비전(역주 : 에스겔 1장 참조할 것)에 대한 신비적 명상에 바탕을 둔다. 그 방법은 각각 마아세 베레이쉬트(Mah-ah-seh Beh-ray-sheet)와 마아세 메르카바(Mah-ah-seh Mer-kah-bah)로 알려져 있다.

　아직 남아 있는 단편적인 메르카바 신비주의 자료로부터 알 수 있는 이들 신비주의자들의 수행은 자기 황홀경 상태(아마도 자기 최면이나 마약 혹은 섹스를 통한)에서 주문(비밀 만트라)과 탈리스만 그리고 비밀 싸인을 가지고 일곱 장소(혹은 계)를 통과하는 '아스트랄 여행'으로 추측된다. 메르카바 수행자는 오늘날 알려지지 않은 방법으로 일곱 천궁을 지키는 수호자들을 만족시키기 위하여 수호자 이름을 말해야 했다. 여기에 일반 도서로는 처음으로 내가 아는 만큼 《퍼케이 헤할로트(Pirkei Heichaloth)》라는 책에 나오는 수호자들(천사들)의 정확한 이름을 알려주겠다.

첫 번째 천궁 : 데하비엘(Dehaviel), 카쉬리엘(Kashriel), 가호리엘(Gahoriel), 보티엘(Botiel), 토프히엘(Tofhiel), 데하리엘(Dehariel), 마트키엘(Matkiel), 슈이엘(Shuiel, 더러는 쉐비엘[Sheviel]이라 말함).

두 번째 천궁 : 타그리엘(Tagriel), 마트피엘(Matpiel), 사르히엘

(Sarhiel), 아르피엘(Arfiel), 쉐하라리엘(Sheharariel), 사트리엘(Satriel), 레가리엘(Regaiel), 사헤비엘(Sheviel).

세 번째 천궁 : 쉐부리엘(Shevooriel), 레추치엘(Retzutziel), 슐무이엘(Shulmooiel), 사브리엘(Savliel), 제하자히엘(Zehazahiel), 하드리엘(Hadriel), 베자리엘(Bezariel). (책에는 일곱 명의 이름만 있으나 다른 천궁에는 여덟 개씩 이름이 있는 것을 고려해보면 하나는 분실된 것으로 보임.)

네 번째 천궁 : 파흐디엘(Pachdiel), 게부르티엘(Gevoortiel), 카주리엘(Kazooiel), 쉐크히니엘(Shekhiniel), 샤트키엘(Shatkiel), 아라비엘(Araviel), 카피엘(Kafiel), 아나피엘(Anaphiel).

다섯째 천궁 : 타히엘(Tachiel), 우지엘(Uziel), 가티엘(Gatiel), 게타히엘(Getahiel), 사프리엘(Safriel), 가라피엘(Garafiel), 가리엘(Gariel), 다리엘(Dariel), 파라트리엘(Falatriel). (여기는 아홉 개의 이름이 있다. 하나가 많음.)

여섯째 천궁 : 카츠미엘(Katzmiel), 게하그히엘(Gehaghiel), 루미엘(Roomiel), 아르사브라스비엘(Arsavrasbiel), 아그루미엘(Agroomiel), 파라치엘(Faratziel), 메하키엘(Mechakiel), 토파리엘(Tofariel).

일곱 번째 천궁에는 의미가 명확하지 않은 '올라가고' '내려가는 데' 사용되는 천사 이름이 있다. 나는 일곱 번째 장소를 들어가고 나가기 위하여 다른 이름들이 사용되었다고 추측한다. 다른 테크닉(황홀경으로 들어가는 법, 아스트랄 여행법, 적합한 비밀 주문, 필요한 탈리스만)은 알려지지 않았기 때문에 잘못된 실험으로 이끌 수 있는 나머지 수호자들의 이름은 생략한다. 수호자들의 이름을 보여준 목적은 메르카나 체계의 복잡성을 알려주기 위함이었다.

메르카바 기수의 최종 목적은 신의 왕좌를 보고 신 자체를 보는 것이었다. 앞에서 내가 보여준 작은 정보를 가지고 판단하면 알겠지만 그것은 쉬운 일은 아니었다. 심지어 모세도 신의 얼굴을 볼 수 있게 허락되지 않았다. 왜냐하면 인간이 신의 얼굴을 보고는 살아날 수 없다고 전해지기 때문이다.

《이집트 사자의 서(Egyptian Book of the Dead)》에 나오는 지식과 유사하다. 특히 여러 장소(이집트에서는 지옥. 이집트 지옥은 기독교의 지옥과는 다르다)를 통과하면서 테스트를 통과해야 하는 내용은 그러하다. 누가 이 내용을 모방하였는가? 히브리인들이 이집트 가르침을 모방한 것인가 아니면 그 반대인가? 아니면 더 오래된 근원에서 가져온 것인가? 아니면 두 문화가 우연히도 같은 신비주의적 흐름을 이용하였는가?

아무도 모른다.

유대 신비주의에서 실제적인 카발라 기간을 조사하면 첫 번째 카발라 책인 《세페르 예치라》와 만나게 된다. 이 책은 초기 메르카바 신비주의와 좀 더 현대식 카발라의 결합처럼 보인다. 또 다른 작품 《바히르(Bahir)》와 함께 《세페르 예치라》는 서기 수세기 경에 나타난 것으로 추적된다.

책 안에서 신의 방출을 통한 우주 창조가 나온다. 이런 내용은 오늘날 신플라톤주의로 알려져 있다. 그러나 만약 카발라가 유대인들에 의해 이집트에서 들어온 것이라면, 또는 유대인들이 이집트에서 노예로 지내기 이전에 이집트인이 가지고 있었던 지식이라면 신플라톤주의는 카발라가 발전된 것으로 볼 수도 있다.

앞에 진술하였듯이 피타고라스 정리(직삼각형에서 두 변의 제곱의 합은 빗변의 제곱과 같다)로 유명한 피타고라스는 신비주의를 공부하였고 이집트 신비학교에서 비전을 받았다고 한다. 피타고라스가 이집트에서 초기 카발라를 배워서 그리스에 가지고 왔을 가능성도 있다. 플라톤과 그의 제자들이 피타고라스 신비교단에서 공부한 결과로 이런 방출 이론이 채택되었을 수도 있다. 물론 이것은 추론이지만 가능성이 있는 이야기다.

유대인의 디아스포라(Diaspora, 헬레니즘 문화시대와 초기 기독교 시대를 통해 유대인이 세계 각지로 흩어진 것을 의미)는 역사적 사실이고 카발라 신비주의는 이 시기에 발전을 계속하였다. 카발라는 마법과 관련되는 부분이 있으며, 많은 사람들이 마법을 두려워한다. 유대인이 미움을 받고 두려움의 대상이 된 이유 중의 하나가 마법 때문이다.

14세기에 모세스 데 레온(Moses de Leon)이 처음으로 《조하르(The Zohar, 광휘의 서)》를 인쇄하였다. 오늘날 모세스 데 레온과 동시대에 살았던 일부 사람들과 일부 카발라 학자들은 이것이 사기라고 주장하였다. 그가 인쇄한 것은 시메온 벤 요하이(Simeon ben Yochai)가 저술한 원래의 《조하르》가 아니라는 것이었다. 모세스 데 레온이 전체 작품을 위조하였다고 주장하였다.

내가 비록 유명한 고고학자는 아니지만 이들 주장을 받아들이기는 어렵다. 여러 형태로 되어 있는 작품 일부는 이미 14세기 이전의 다른 작품에서 발견되었다. 그러나 모세스 데 레온이 《조하르》를 편집하고 자신의 신비철학 일부를 삽입한 것처럼 보인다. 그럴지라도 오늘날 우리가 볼 수 있는 《조하르》(완전한 번역본은 다섯 권이다)를 모세스 데 레온이 만들었다고 잠시 가정해보자. 만약 그렇다면 이것은 신비 사상에 대한 기념비적인 작품이다. 책을 두고 누가 저술하였는지 문제보다는 내용이 무엇인지 연구되어야 한다.

요약한다면 '카발라는 한 권의 책도 혹은 단순한 하나의 신비 사상도 아니다. 오히려 이것은 신비 사상에 대한 종합 체계' 다. 이것은 유대교, 기독교, 이슬람교(어느 정도)를 위한 신비사상의 기초이다.

중세 유럽의 많은 장소가 카발라 중심지가 되었다. 가장 중요한 중심지는 스페인에서 시작되었다. 그러나 1492년 콜럼버스가 대서양을 항해하여 미 대륙에 도달했던 해에 유대인들은 스페인에서 추방당하였다. 어떤 사람들은 그 이유가 콜럼버스(실제 이름은 스페인어로 크리스토발 콜론[Cristobal Colon]이었고 콜론은 코헨[Cohen]이라는 단어가 변형된 것일 수 있다)가 유대인이기 때문이었다고 주장한다(역주 : 코헨은 대표적인 유대인 성이다. 그러나 이탈리아 출신 콜럼버스가 유대인이라고 해서 스페인 거주 유대인이 추방되어야 하는 이유가 무엇인지 모르겠다. 콜럼버스는 스페인 이사벨 여왕의 도움으로 항해를 하여 신대륙에 식민지를 건설하여 스페인의 영웅이 되었다. 위대한 탐험가의 항해를 지원했던 이사벨라 여왕은 당시 이베리아 반도에 남아 있던 회교도들을 격파하였고, 카톨릭을 국교로 삼았으며 스페인 종교재판소를 세우고 20만 명의 유대인을 스페인에서 추방하였는데 이것은 자신의 종교에 대한 맹신에서 시작되었다). 많은 유대인들이 중동으로 돌아갔으며 사페드(Safed)(역주 : 갈릴리 지방에 있는 높은 산봉우리로 둘러싸인 산상도시)가 중요한 카발라 중심지로 발전하였다.

유대교의 주류에서 카발라가 소외당하는 사건이 일어났다. 하나는 존경받던 랍비 모세스 마이모니데스(Rabbi Moses Maimonides)(역주 : 1135~1204, 중세시대 유대교의 대율사[大律士]이며 사상가)가 쓴《난처한 사람들을 위한 안내(A Guide for the Perplexed)》라는 책이 문제였다.

이 책은 유대교의 이론적 철학적 문제에 대한 '합리적' 해결을 제시하였다. 마이모니데스의 '합리적' 접근(여전히 그의 '합리성' 에는 많은 신비주의와 마법이 있다)을 추종하는 자와 카발라를 믿는 사람간의 실제적인 논쟁이 발전하였다. 이 '논쟁' 은 오랫동안 지속되었으며 카발라의 옹호자로는 유명한 랍비 나마니데스(Nhamanides)가 있었다.

한편 카발라의 이론과 실제에 대하여 다른 생각을 가진 여러 카발라 학파가 생겨났다. 이런 학파 중에는 이삭 루리아(Issac Luria)와 이삭 더 블라인드(Issac the Blind) 학파가 있었다. 마이모니데스 책에 이어 유대교와 카발라 관계를 결정지었던 사건은 사바타이 즈비(Sabbatai Zvi, 1626~1676)라는 사람에게서 왔다.

즈비(Zvi, 혹은 제비[Zebi] 또는 즈위[Zwi])는 아주 강력한 카리스마를 가지고 있었다. 그는 정통 유대교와 유대 카발라에 대하여 많이 알고 있는 자였다. 중동에서 점점 인기가 커져갔으며 마침내 추종자들이 그를 유대인의 구원자인 메시아로 선언하였다. 그는 자신이 메시아라는 것을 결코 부정하지는 않았다. 그의 마법 힘과 지혜, 경건함은 무역상을 통하여 중동, 아시아, 유럽의 유대사회로 퍼졌다. 그는 중동에서 대부분의 삶을 보냈으며 많은 추종자가 생겨났다. 이슬람의 술탄도 더 이상 그를 무시할 수 없어서 즈비와 만났으나, 이슬람에 대한 즈비의 견해에 불신을 가진 술탄은 그를 알바니아 감옥으로 추방하였고 즈비는 거기서 죽었다.

구세주로 믿어 왔던 그가 죽자 유대인들은 속은 것을 알고는 그를 상기시키는 모든 것을 잊으려고 하였다. 사실 유대 서적에는 '즈비'가 아니라 '그 사람'으로 나온다. 즈비가 카발라와 마법에 정통하였으므로 이 또한 배척당하게 되자 유대교에서 마이모니데스의 위치는 확고해졌다. 작은 비밀 추종자 그룹 이외에, 유대교는 카발라를 기억에서 지웠다.

예수가 유대인의 구세주였음을 증명하여 모든 유대교인들을 기독교로 전향시킬 목적으로 유대 비밀 가르침을 공부하였던 기독교인에 의하여 카발라는 보존되었다. 그렇지 않았다면 카발라는 아마도 전혀 남아 있지 못했을 것이다.

오늘날 여전히 세계 곳곳에 유대인들이 있고 기독교인들의 시도는 실패하였다. 그러나 이런 시도 덕분에 히브리어나 아람어에서 번역된 적이 없었던 많은 문서들이 번역되었다. 신성하고 본질적으로 악하지 않은 카발라 마법은 엘리파스 레비(Eliphas Levi, 본명은 아르퐁 루이 콘스탄[Alphonse Louis Constant], 유명한 19세기 마법사)를 포함한 많은 학자와 성직자들의 마음에 들었다. 레비의 가장 유명한 작품은 미흡하긴 하나 지금 영어로 번역되어 있는 《초월 마법(Transcendental Magic)》이다. 레비의 책과 가르침은 19세기 '프랑스 오컬트 부흥' 의 시작이었다.

그 당시 많은 오컬트 그룹이 프랑스에서 발전하기 시작하였고 오스트리아, 독일, 영국으로 퍼져나갔다. 이들 일부 그룹은 미심쩍은 윤리문제를 옹호하기 위하여 자신들의 오컬티즘을 사용하였고, 이것은 프랑스 오컬트 그룹 간에 '마법 전쟁' 의 원인이 되었으며 독일에서는 사악한 나치즘으로 발전하였다.

오컬티즘의 좀 더 '밝은 면' 을 본다면 영국에서 황금새벽회가 나타난 것을 들 수 있다. 이 단체는 자신들의 오컬티즘을 근간으로 카발라의 가르침을 받아들였고, 이집트 마법 체계, 이노키안(Enochian) 마법 체계(2장 5편 참조), 아브라메린(Abramelin) 마법(역주 : 독일에서 처음 나온 의식 마법 책이며 1898년 매더스가 번역 발행하였다. 유명한 카발라학자 게르숌 솔렘[Gershom Scholem]이 평하기를 이 마법서는 유대 사상에 부분적인 영향을 받았음을 보여주며 엄밀하게는 카발라와 일치하지 않는다고 하였다), 인도 신비주의 그리고 여러 원천에서 가지고 온 오컬트를 자신들의 체계와 합체하였다. 이 책에서 우리는 이들을 공부하게 된다.

이 책에서 공부하는 카발라는 상대적으로 현대 카발라다. 카발라는 마법 체계 뿐만 아니라 삶의 철학 체계다. 그리고 이것은 수세기를 거쳐 현대 사회의 사람들 요구를 충족시키려고 변해왔다. 여러 학파에 근거한 카발라 해석의 차이점 이외에도 오늘날 카발라는 크게 두 가지로 나뉜다.

첫째 '코셔르 카발라(Kosher Kabalah)' 라 불리는 것이 있다. 이것은 유대인의 영적인 부흥을 위한 필요성 때문에 나왔다. 당장 미국만 하더라도 유대인의 수는 급속히 감소하고 있다. 숫자상 많은 유대인이 있을지 몰라도 많은 유대인에게 유대교는 단지 친목협회일 뿐 그 이상은 아니다. 이것은 부분적으로 유대교에서 발견되는 극도의 영성 부족 때문이라고 생각한다. 영성 부족 때문에 유대인은 정통 유대교에서 멀어졌고 많은 유대인들이 여러 이교집단에 이끌리게 되었다. 그러나 어떤 유대인들은 자신들의 영적인 뿌리를 찾고 있으며, 자신들의 카발라 유산을 다시 찾고 있다. 코셔르 카발라는 특히 유대문화 특색을 강하게 내포한다. 이들 때문에 서구 언어로 번역되는 카발라 작품이 많아지고 신비주의를 공부하는 사람들에게 도움이 된다.

그럼에도 코셔르 카발라는 너무 한 가지 견해에 치우쳐 있어 우리의 관심 사항은 아니다.

둘째 '와스프 카발라(WASP Kabalah)' 는 황금새벽회의 전통을 따른다. 이 카발라 체계는 카발라 지혜를 보편화시키며 신앙에 상관없이 모두에게 받아들여질 수 있게 한다. 이 카발라의 융합 체계가 우리가 공부할 카발라다. 카발라는 수천 년을 유대문화

속에 보호되어 왔으므로 유대인의 특색을 가지고 있는 것은 확실하다. 의식에 히브리어가 많이 사용되는 이유 역시 그것이다. 와스프 카발라를 공부할 것이기 때문에 전통적 의식 마법과 카발라 철학 그리고 마법 수행을 위하여 특정 종교를 따를 필요가 없다.

카발라는 크게 다음 네 가지로 분류할 수 있다. 서로 겹치는 부분도 있다.

1. **교의적 카발라**(Dogmatic Kabalah) : 《토라》, 《세페르 예치라》, 《바히르(Bahir)》, 《조하르》 등 카발라 문헌에 대한 연구다. 이들 책을 연구하는 것은 즐거운 일이지만 이 책에서는 다루지 않는다. 책 이름과 내용은 필요할 때마다 소개되겠지만 이 책의 주요한 관심 분야는 아니다.

2. **실천적 카발라**(Practical Kabalah) : 카발라에 의거 탈리스만(talisman)과 애뮬릿(amulet, 7장 참조)을 만드는 것이다. 다음에 나오는 두 가지 카발라와 합쳐져서 사용될 때 카발라 마법의 근간이 된다. 실천적 카발라는 선도 악도 아니나 '긍정적' 혹은 '부정적' 목적으로 사용될 수 있다. 그러므로 부정적인 목적으로 마법을 하려는 욕망을 갖지 않도록 하고, 부정적인 목적으로 마법을 사용한다면 일어날 무서운 결과를 알게끔 준비시키는 일이 필요하다. 그래서 얼마동안 실천적 마법에 대해서는 언급하지 않을 것이다. 카발라 우주법칙에 대한 이해없이 맹목적으로 행동하기보다는 가르침을 따르고 필요한 정보를 배움으로써 당신은 현명

한 사람, 즉 빛의 전사가 될 수 있다. 실천적 카발라나 회색마법에 본격적으로 들어가게 되면 마법사가 될 수 있다는 희망이 솟구칠 것이다. 내용은 카발라 마법에만 한정되지 않는다. 예를 들면 탈리스만을 만드는 7장에서는 이교도에 대한 역사와 저급마법을 통한 탈리스만 제작, 수비학, 장미십자단 그리고 여러 체계를 공부하게 된다.

3. **문자 카발라(Literal Kabalah)** : 히브리 알파벳의 문자와 숫자에 대한 관계를 다룬다. 고대 히브리인들은 수를 나타내는 독립된 숫자를 가지지 않았다. 그래서 그들은 자신들의 알파벳 문자를 사용하였다. 만약 두 단어가 같은 숫자의 합을 가진다면 두 단어는 서로 긴밀한 관계를 가지는 것으로 믿어졌다. 어떤 경우에는 동의어로 간주될 수 있었다. 예를 들면 히브리 알파벳에 부여된 숫자를 가지고 계산하면 aheva=13 이고 echod =13 이다. 그러므로 aheva는 echod와 같은 뜻이 된다. Echod는 히브리어로 '하나'다. 유대교에서 단지 하나의 신만이 있으므로 이것은 또한 신을 의미한다. Aheva는 히브리어로 '사랑'이다. 그러므로 이 체계에 따르면 '신은 사랑'이라는 말이다. 더 나아가 신의 가장 신성한 이름은 4자문자 YHVH이다. 이것을 숫자로 계산하면 26이 되며 26은 13+13이므로 '사랑(Aheva, 13)'과 '하나(Achod, 13)'는 신의 속성이 된다.

이 과정이 게마트리아(Gematria)로 알려진 체계이다. 좀 더 진도가 나가면 의식 마법에서 게마트리아의 중요성을 알게 된다.

다음 장에서 좀 더 자세히 설명된다.(어쨌든, 앞에서 숫자 13의 의미를 설명할 것이라고 말한 것을 기억하고 있는가?)

노타리콘(Notarikon)은 문자 카발라의 또 다른 면이다. 이것은 두문자어(頭文字語, 예 WAC = Women's Army Corps)를 찾아내는 체계다. 예를 들면 Ah-tah, Gee-boor, Lih-oh-lahm, Ah-doh-nye는 '그대는 위대하도다 영원히, 나의 주님이여!'의 의미며 노타리콘에 의하면 아글라(AGLA)가 된다. 펜타그램 소 결계 의식에서 나오는 단어다. 히브리어로 아멘(Amen/ןםא)은 세 문자인 AMN(aleph[א], mem[ם], nun[ן])이다. 이들은 Al(신을 의미), Melech(왕을 의미함), Neh-eh-mahn(충실한)의 두문자어이다. 그러므로 아멘은 Al(신을 의미, 엘로 발음된다), Melech(왕을 의미함), Neh-eh-mahn(충실한)의 노타리콘이며 '신은 우리의 충실한 왕이다'라는 의미가 된다. 이것이 아멘이라는 단어에 숨겨진 비밀이다.

'테무라(Temurah)'는 암호법에서 사용하는 것처럼 문자의 위치를 바꾸는 전위(轉位) 체계이다. 이것의 중요성은 토라의 해석과 탈리스만을 만들 때 드러난다. 테무라에는 몇 가지 방법이 있다.

(a) 아부가드(Avgad) : 아주 간단한 테무라로 여기에서 문자는 히브리 알파벳에서 이어지는 문자에 의하여 대체된다. 즉 예를 들어 영어에서라면 'a'는 'b'로 'b'는 'c'로 대체된다.

(b) 에이크 베카르(Aik Bekar) : 히브리 알파벳 22문자와 단어 뒤에만 사용되는 다섯 개 문자(역주 : 카프[k], 멤[m], 눈[n], 페[p], 차데[tz]는 하나의 음에 두 개의 문자가 있고 그 중 하나는 단어 끝

에만 사용. 문자 모양은 다르지만 소리는 같은 두 개의 문자가 사용된다는 뜻. 그러므로 전부 22+5=27이 됨)의 혼합이다. 이들 문자는 세 개 문자로 된 아홉 개의 박스에 놓여진다. 그리고 박스에 있는 세 개 문자는 서로 치환이 가능하다. 그러므로 다른 의미의 단어가 나온다.

(역주 : 설명만으로 이해가 어려워서 아래는 구체적으로 사용하는 방법이다. 보면 세 개로 구성된 문자모임이 아홉 개로 배열되어 있다. 세 개 문자는 서로 치환이 가능하다. 예를 들면 A, Q, Y로 서로 치환되어 사용될 수 있다.)

Sh	L	G		R	K	B		Q	Y	A
300	30	3		200	20	2		100	10	1

M	S	V		K	N	H		Th	M	D
600	60	6		500	50	5		400	40	4

Tz	Tz	T		P	P	Ch		N	O	Z
900	90	9		800	80	8		700	70	7)

(c) 아하스 브타아(Achas B' tay-ah) : 아이크 베카르와 비슷하나 여기서는 세 개 문자로 구성된 일곱 개의 박스가 만들어진다(전부 21개 문자). 히브리 문자 하나를 뺀다. 마찬가지로 박스 안에서 문자끼리 치환이 가능하다.

[히브리 문자와 상응하는 숫자 그리고 음가]

히브리 문자	읽기	숫자	음가
א	알레프(Aleph)	1	A
ב	베트(Beth)	2	B, V
ג	기멜(Gimel)	3	G, J
ד	달레트(Daleth)	4	D
ה	헤(Heh)	5	E, H
ו	바우/와우(Vau/Waw)	6	W, V
ז	자인(Zayin)	7	Z
ח	헤트(Cheth)	8	Ch
ט	테트(Teth)	9	T
י	요드(Yodh)	10	I, J, Y
כ ך	카프(Kaph)	20 or 500	K
ל	라메드(Lamed)	30	L
מ ם	멤(Mem)	40 or 600	M
נ ן	눈(Nun)	50 or 700	N
ס	사메크(Samekh)	60	S
ע	아인(Ayin)	70	O
פ ף	페(Peh)	80 or 800	P, F
צ ץ	차디(Tzaddi)	90 or 900	Tz
ק	코프(Qoph)	100	Q
ר	레쉬(Resh)	200	R
ש	신,쉰(Shin)	300	S, Sh
ת	타우(Tau/Tav)	400	T, Th

(주 : 카프, 멤, 눈, 페, 차디는 두 개 문자가 있고 뒤에 것은 단어 뒤에만 사용)

테무라에는 이것말고도 첫 번째 문자는 마지막 문자, 두 번째 문자는 뒤에서 두 번째 문자로 대체하는 간단한 방법을 포함하여 여러 다른 방법이 있다.

4. 기록되지 않은(Unwritten) 카발라 : 생명나무로 알려진 신성한 그림과 대응물에 관한 것이다. 전체 카발라 체계의 열쇠다. 다음 4편에서 생명나무를 공부하게 된다(역주 : 스승이 준비된 제자에게 구전으로 비밀리 전수되는 것이 원래 카발라의 전통이었다. 생명나무를 거슬러 올라가 근원자와 합일되는 것이 목적이다. 우리가 접할 수 있는 여러 카발라에 대한 책은 대단한 체계며, 영적 각성으로 인도하지만, 그러나 여전히 중요한 핵심은 책에 없다고 한다. 신에 이르는 메르카바의 수련법은 글로 전해지지 않으며 각성이나 수련에 필요한 정확한 히브리어 발음도 그러하고 그 밖에 많은 것이 그러할 것이다). 4편으로 가기 전에 며칠 쉬면서 카발라 역사를 다시 음미하라. 마법 의식을 행하고 일기 쓰는 것을 잊지 말라. 지금까지 2장에서 배운 내용을 공부하면서 원한다면 제단과 로브를 만들어도 좋다.

제 4 편

4편에서는 생명나무로 알려진 신비한 심벌을 공부한다. 창세기에 나오는 에덴동산에서는 동식물과 함께 자라는 아주 중요한 두 그루의 나무가 있었다. 하나는 '선악의 지식 나무' 였다. 비의적인 해석에 의하면 아담과 이브가 낙원에서 쫓겨난 것은 이 나무의 선악과를 따먹어서라고 한다. 그때 신은 에덴동산에서 아담과 이브를 쫓아냈다. 왜냐하면 또 다른 나무인 '생명나무' 가 에덴동산에 있었고 신이 '인간이 선과 악을 알게 되면 우리와 같이 된다. 그러므로 인간이 손을 뻗어 생명나무 열매를 먹고 영생하지 못하도록 하리라' 고 결심했기 때문이라 한다. 이것이 좋은 인용문이 아니지만 '생명나무가 아주 중요했으며 영생을 가져올 수' 있음을 보여주는 예이다.

상징을 표현하기 위한 여러 도형이 사용되는데, 태양계를 표시하는 미니어처 도형은 원자의 모습을 보여주기 위하여 사용될 수 있다. 핵을 중심으로 활동하는 전자의 궤도는 공전하는 행성들을 상징하며 원자핵은 태양을 상징한다. 사실 우리는 원자를 본 적도 없고 핵을 중심으로 궤도를 도는지 알 수도 없다. 현대 물리학은 원자의 태양계 모형을 무시하는 경향이 있으며, 전자를 원자 중심으로부터 떨어져서 끊임없이 이리저리 움직이는 작은 에너지 물결로 대체한다. 그러나 실용적인 목적을 위하여 원자의 태양계 모형은 유효하며, 학교에서 과학시간에 가르친다. 그러나 단지 하나의 모델일 뿐이다.

상징을 위한 여러 모델들이 있는데, 그 중 하나는 삼각형의 밑변은 음(陰, Yin)과 양(陽, Yang) 그리고 꼭지점은 도(道, Tao)를 상징하는 모형이다. 음은 원초 여성을 상징하고 차가움, 축축함, 겨울, 수용성, 감정 등을 나타낸다. 양은 원초 남성을 나타내며 따뜻함, 메마름, 여름, 공격성, 논리 등을 나타낸다. 도는 이 두 개의 균형을 상징한다. 도교 철학에 보면 균형은 인간이 바라는 상태다. 사람이 균형 상태에 있으려면 음과 양 '두 가지'를 갖추어야 한다.

그 외에도 이 삼각형에는 다른 의미들이 반영될 수 있다. 성부, 성자, 성령(성령은 영지주의에서 여성으로 간주되고 있다)이나 자유, 보수, 중도 또는 육체, 마음, 영이 그 예다.

독일 철학자 헤겔이 처음 사용한 유명한 정반합(Thesis-Antithesis-Synthesis) 이론은 현대 철학에서 아주 중요한 개념이다. 정반합 이론에 의하면 어떤 문제나 상황에 직면하고(Thesis) 그것을 다른 것으로 변화시키기를 원한다면(Antithesis) 그 결과는 새롭거나 옛것이 아니라 서로 반대되는 것의 합성이다 (Synthesis). 혁명이 좀처럼 목적을 이루지 못하는 이유가 설명된다. 혁명은 기존의 것과 의도했던 것의 혼합으로 끝난다. 자연(自然)이 따르는 방법은 진화지 혁신은 아니다.

무엇보다도 카발라에 가장 중요한 도형은 다음 그림에 나오는 생명나무(The Tree of Life)다. 보면 알겠지만 이것은 세 개의 삼각형을 형성하는 열 개의 원으로 구성되며, 가장 위의 삼각형은 꼭지점이 위로 향하고 두 개의 삼각형은 아래로 향하며 마지막으로 원은 바닥 아래에 매달려 있다. 생명나무에는 각각의 원들을 연결하는 11에서 32까지 숫자가 부여된 22개의 길이 있다.

이 원들은 세피로트(SEPHIROHT)로 알려졌으며 세피로트의 단수는 세피라(SEPHIRA)다. 1에서 10까지 내려가는 선을 그으면 아래 보이는 '번갯불' 혹은 '불타오르는 검' 의 모양을 띤다.

이것은 신이 우주를 창조하였을 때 에덴동산의 동쪽에 케루빔(Kerubim)과 스스로 회전하는 불꽃 검을 두어 생명의 나무를 지키게 하셨다고 하는데 바로 그 검이다.

어떻게 우리가 근원자 즉 신을 알 수 있는가? 우리는 한정된 마음을 가지며 이원성(나와 타인, 위와 아래, 안정과 불안정, 움직임과 정지)으로 모든 것을 본다. 신의 속성은 모든 한계를 초월한 존재이므로 이중성을 가질 수 없다. 신성이 남성이라면 신성은 여성이 아닌 것이 되며 이런 식으로 신성은 한정된다. 신성은 궁

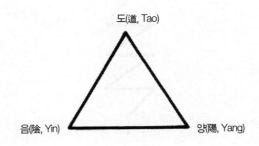

극적 합일이며 이원성 너머에 있다. 유한한 마음으로 무한인 신성을 알 수는 없다. 우리가 말할 수 있는 것은 신성은 무(nothing)라는 것이다. 히브리어에서 무는 에인(Ain)이다.

신성에 어떤 속성을 부여하자마자 우리는 모든 근원인 신을 한정시키는 것이다. 진술하였듯이 신을 남성으로 보면 신의 여성 속성을 무시하게 된다. 자비로운 신으로 한정하면 정의로운 신의 모습을 무시하게 된다. 신에 대하여 부여할 수 있는 유일한 속성은 신은 무한하다는 것이다. 히브리어로 '무한'은 에인 소프(Ain Soph)다.

앞에서 말했지만 신의 얼굴을 본 자는 살 수 없다고 한다. 구름 한 점 없는 아주 맑은 날에는 태양을 거의 정면으로 바라볼 수 없다. 밝은 빛을 볼 수 없듯이 무한 빛인 신의 얼굴을 볼 수 없다. 신은 우리가 지각할 수 있는 광휘 너머에 존재한다. 이것은 무한 빛이다. 히브리어로 '무한 빛'은 에인 소프 오르(Ain Soph Or)다.

불타오르는 검

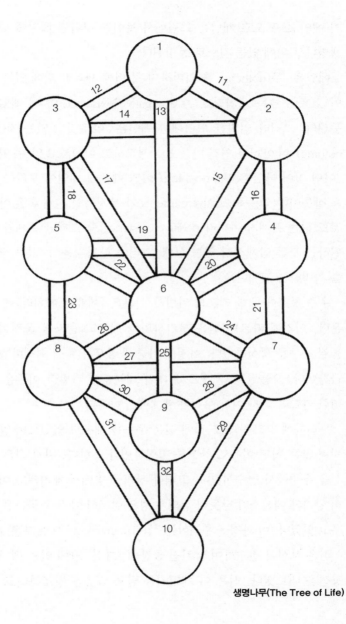

생명나무(The Tree of Life)

이 에인 소프 오르 개념은 그림에서 보이는 것처럼 베일에 덮여 생명나무 위에 있는 것으로 설명된다.

에인은 '무(nothing)'를 의미하며 첫 번째 세피라 위에 있는 에인 소프 오르는 네거티브 존재(negative existence)의 세 베일로 불린다. 그러나 엄밀한 의미에서 에인은 '아무것도 없는 것(無, nothing)'이 아니라 인간 마음으로 생각하고 이해하고 알 수 있는 '어떤 것이 아닌 것(空, no-thing)'이기 때문에 에인이 무라는 말은 잘못이다(역주 : negative existence가 부정적인 존재 혹은 아무것도 없는 존재가 아니라 positive existence 즉 드러난 존재가 근원하는 모든 잠재성이 있는 상태, 그러나 한정지을 수 없는 상태를 의미하는 것이다).

우주 창조에 대한 최초의 카발라 이론은 《세페르 예치라》에 나온다. 여기에 따르면 신은 불가사의한 히브리 문자를 움직여서 물질 우주를 형성하였다. 이것이 나중에 공부하게 될 회색마법의 근간이다. 오늘날 우주 창조에 대한 대부분의 카발라 이론은 유명한 카발라 학자 이삭 루리아 체계에서 나온다.

루리아에 따르면 창조 전에 신은 우주를 채우고 있었으며 알려지지 않은 어떤 이유로 창조를 결심하였다고 한다. 먼저 신은 자신을 우주에서 철수시켰다. 그러나 장미를 방에서 제거해도 여전히 향기와 에센스가 남듯이 신의 속성은 여전히 이 우주 공간을 채우고 있었다. 이 과정을 루리아는 '침춤(tzim-tzum)'으로 부른다.

신은 자신이 철수하여 남겨진 공간에 '자신' 안에 있는 에너지 광선을 내보냈다. 신은 이 에너지를 담을 그릇을 창조하려고 하

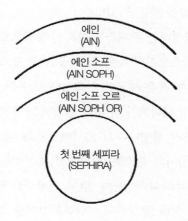

에인
(AIN)

에인 소프
(AIN SOPH)

에인 소프 오르
(AIN SOPH OR)

첫 번째 세피라
(SEPHIRA)

였으나 우리가 알지 못하는 이유로 실패하였다. 그러자 에너지를 담는 그릇은 깨어졌고 이것이 악마의 거주지로 알려진 킬리포트 (Kellipoht)를 '형성하였다.' 신은 다시 시도하여 성공하였으며 에너지는 에인으로부터 에인 소프와 에인 소프 오르를 통하여 내려와 첫 번째 세피라로 들어갔다. 에너지로 채워진 세피라는 두 번째 세피라로 흘러넘쳤고, 두 번째 세피라는 세 번째 세피라로 흘러 넘쳐내려갔다. 에너지는 생명나무를 따라 흘러가서 마침내 열 번째 세피라(물질계)에 도착하였다.

에너지가 열 번째 세피라인 물질계에 현시할 때까지 그 성질은 영적이며 비물질적이었다. 에너지는 계속 흘러내려와 우주를 창조하고 있는 것으로 보인다. 이 에너지는 신에서 직접 내려오는 것이며 이 에너지가 없다면 모든 것은 즉시 존재를 멈출 것이다. 이런 식으로 생명나무를 이해하는 과정을 통해 우리가 신의 사랑으로 계속 존재함을 엿볼 수 있다.

생명나무가 상징하는 존재를 수학적인 방법으로 이해하는 사람들도 있다. 즉 공으로부터 무한(외부 공간)이 오고 무한을 채우는 것은 무한 빛(빅뱅 혹은 시공간 연속체)으로 본다. 그러나 이것은 너무 추상적이다. 에너지가 좀 더 구체화되는 과정이 필요하다.

기하학 입장에서 생명나무의 10세피로트를 설명해보자. 한 점(첫 번째 세피라)이라 부르는 위치에서 모든 것이 시작된다. 한 점은 스스로 생각하여 두 번째 점(두 번째 세피라)을 창조한다. 두 점을 합쳐서 선을 형성한다. 그러나 길이를 측정할 아무것도 없다. 그래서 길이 측정을 위한 세 번째 점(세 번째 세피라)을 창조한다. 이것이 하나의 삼각형 혹은 계를 형성한다. 이것은 두께도 없는 상상의 2차원 표면 위에 존재한다. 물질 우주를 창조하기 위하여 재료와 3차원이 필요하다. 그러므로 2차원에서 3차원에 도달하는 데 놓여 있는 간격을 넘기 위한 지식(다트, 상위 세 개의 세피로트와 하위 일곱 개의 세피로트 사이에 존재한다는 이론상 세피라)이 필요하다.

이 지식과 함께 우리는 네 번째 점(네 번째 세피라)을 창조한다. 네 번째 점은 이전의 세 개 점과 함께 부피를 형성하여 3차원이 된다. 그러나 이 3차원적 점들은 정적이고 움직이지 않는다. 그래서 우리는 움직임(다섯 번째 세피라)과 시간(여섯 번째 세피라)을 보여주는 점들이 필요하다. 왜냐하면 물질계에서 시간과 공간은 함께 존재하고 하나없이 다른 하나가 존재할 수 없기 때문이다.

지금 우리는 3차원과 3차원 안에서 움직일 수 있는 것을 가진다. 그러나 여전히 그 존재를 인식할 수 있는 것이 없다. 여기서 다음의 세 개의 점(일곱, 여덟, 아홉 번째 세피라)을 더한다.

　a. 존재(Being, 산스크리트어에서 사트[Sat])라 불리는 삶의 에센스
　b. 의식(Consciousness, 산스크라트어에서 치트[chit])이라 불리는 생각 능력
　c. 지복(Bliss, 산스크라트어에서 아난다[ananda])이라 불리는 자신 외부에 존재하는 어떤 것을 감각으로 경험하는 능력

　그러므로 마음이 감지할 수 있는 존재에 대한 첫 번째 생각은 지복 개념을 통하여 세워지고 최종적으로 열 번째 점인 열 번째 세피라에서 존재하게 된다. 여기에 묘사된 내용이 아주 복잡하고 혼란스럽다는 것을 나도 알고 있다. 그러나 타로 카드와 마찬가지로 공부를 통하여 생명나무에 대하여 익숙해지는 방법밖에 없다. 생명나무에 대한 좀 더 실용적인 사용법을 배우게 되면 이해는 쉬워진다. 한편 다음 내용으로 넘어가기 전에 지금 내용을 얼마간 공부하기 바란다. 이 단원은 쉽지 않다.
　2장을 끝낼 쯤이면 생명나무에 대하여 기본적인 이해를 할 수 있을 것이며 생명나무는 당신의 삶과 사고의 한 부분이 될 것이다. 그렇게 될 때 당신은 진실로 신비가가 된다. 생명나무가 보여주는 우주를 이해할 때 그리고 원하는 대로 생명나무 위에서 자유롭게 돌아다닐 수 있을 때 진실한 마법사가 될 것이다.

제 5 편

진도를 나가기 전에 펜타그램 소 결계 의식을 완벽하게 기억하고 있어야 한다. 이 말은 의식에 요구되는 심상을 명료하게 하는 것이며 전 과정을 기억하고 있음을 의미한다.

지금 배우게 되는 것은 미들 필라 의식(Middle Pillar Ritual)이다. 이 의식을 적절히 수행하면 엄청난 활력이 생기고, 자기지배에 도움이 되고, 영적인 통찰력이 배양되고, 백마법 탐구와 신성본질과 합일을 구하는 데 도움이 된다.

생명나무는 앞에서 본 종이 위에 그려진 도표나 철학적 개념만으로 존재하는 것이 아니라 어느 곳에나 존재한다. 다양한 수준의 인간 내면에도 존재한다. 생명나무가 몸에 어떻게 존재하는지에 생각해보자.

첫 번째 세피라는 머리 바로 위에 있고 두 번째는 얼굴 오른편에 위치하고 세 번째는 얼굴 왼편에, 이런 식으로 각각의 세피라는 계속 내려와서 열 번째 세피라는 발아래 온다. 다음 장에서 생명나무와 이들 관계에 대하여 더 많이 다루게 된다.

잠시 카발라에 대한 관심을 접고 인도로 관심을 돌려보자. 대부분의 인도 고대서에는 육체에 존재하는 차크라(Chakra)로 알려진 사이킥 센터에 대하여 말한다. 이 사이킥 센터를 통하여 흐르는 쿤달리니(Kundalini)라고 하는 에너지 흐름에 대해서도 언급하고 있다. 가장 오래된 탄트라 책에서는 배꼽, 가슴, 목 그리고 머리 위 부위에 있는 네 개 차크라를 언급하며 뒤에 나온 책들은 여섯 개 혹은 일곱 개 차크라를 말하는데 종종 그 위치를 둘러싸고 의견 충돌이 있다. 그러나 이들 책에서 말하는 가장 중요한 것은 센터를 통하여 쿤달리니 에너지를 올리는 것은 위험하다는 것이다. 그 이유를 알기 위해서는 영국 빅토리아 시대(1832~1901)로 돌아가야 한다.

이 시대는 프로이트(S. Freud, 1856~1939)가 활약하던 시기였다. 프로이트가 빅토리아 시대 후에도 살았지만 그의 철학의 상당 부분이 빅토리아 시대에 형성되었다. 유대인이었던 프로이트는 피상적으로 카발라를 공부하였음이 분명해 보인다. 심리학에 대한 초기 작품에서 프로이트는 자신이 '리비도(libido)'라 불렀던 실제적이며 육체적인 성적 본능 에너지가 있다고 믿었다. 그는 이 에너지가 육체의 모든 부분에서 나오며 육체의 한 곳으로 움직인다고 믿었으며, 이 과정을 '카섹시스(cathexis, 일정한 관념이나 인간 혹은 경험 등에 자신의 감정이나 정신적 에너지[리비도]를 집중시키는 일이나 그 상태)'로 불렀다.

프로이트는 모든 심리 문제를 이런 성적 본능 에너지인 리비도의 장애로 돌렸다. 프로이트는 자신의 견해가 옳다고 한다면 심리문제를 해결하는 방법은 성 에너지를 풀어주는 것이라 생각하였다. 이것은 물론 사람들에게 성관계를 갖도록 용기를 주는 것을 의미하였다. 그러나 피아노 다리가 여성 다리를 닮았다고 덮

개를 할 정도로 성에 대해 억압적이었던 빅토리아 시대에서 그의 주장은 받아들여질 수 없었다.

프로이트는 실용주의자였다. 사람들을 도울 수 있도록 자신의 이론을 바꾸어야 할 필요성을 느꼈을 것이다. 프로이트가 이런 방향으로 생각을 했는지 확신할 수 없지만 이 에너지를 움직이도록 하는 것이 장애를 해소시킨다면, 장애를 해소하면 또한 에너지가 자유롭게 움직이리라고 확신한 것처럼 보인다. 그가 어떤 결론에 도달하였든 리비도에 대한 정의를 실제적인 에너지에서 여러 방향으로 집중될 수 있는 단순한 하나의 욕망으로 바꾸었다. 그는 에너지가 다른 방향으로 집중되는 과정을 '심리 승화(sublimation)'로 불렀다.

실제적 에너지가 부정되었기 때문에 프로이트는 욕망인 리비도(생의 본능)에 반대되는 것을 내세울 필요가 있었다. 그는 이것을 '죽음에 대한 소망(death wish)'으로 불렀다. 사실 설명하면서도 내용의 혼란스러움을 느낀다. 그것은 프로이트가 리비도를 실제적인 에너지로 채택하지 않았기 때문이다.

한편 프로이트의 가장 창의적인 제자 빌헬름 라이히(Wilhelm Reich)는 프로이트의 리비도에 대한 처음 주장을 옹호하였다. 그는 프로이트가 말한 성 본능 에너지를 찾아서 측정하려고 하였다. 프로이트는 라이히가 사기꾼이거나 아니면 심리분석 운동의 개척자일 것이라고 평하였다. 나중에 프로이트는 라이히의 이론을 비난하기 위하여 《문명과 문명의 불만(Civilization and Its Discontents)》이라는 책을 썼다.

라이히의 연구는 프로이트 이론과는 다르게 진행되었다. 라이히는 성 본능 에너지를 '오르곤(Orgone)'으로 불렀으며 자신이 그 밝은 푸른빛을 띠는 에너지를 보았으며 측정하였다고 믿었다. 라이히 집단 요법, 재생, 프라이멀 스크림 요법(역주 : Primal scream, 유아기의 외상 체험을 재체험시켜 신경증을 치료하는 정신요법), 생물에너지학, 그리고 자신의 교육 체계를 발명하였고, 또한 마스터스(Masters)와 존슨(Johnson)(역주 : 성 암흑기에 인간 성반응의 다양한 성 생리학적 기초 자료를 제공하여 인간 성 과학 분야에 지대한 업적을 남겼다. 성에 대한 모든 궁금증을 실험을 통하여 증명하려 했다. 1973년 마스터스와 존슨 연구소를 건립하였으며 저서로는 《동성애의 실체》, 《인간의 성》, 《이성간의 성》이 있다)이 성에 대한 연구를 하기 전에 이미 유사한 연구를 하였다. 라이히는 자신의 이론에 대한 여러 권의 책을 저술했으며 치유 목적으로 대기에서 오르곤 에너지를 얻을 수 있는 장치를 만들었다고 주장하였다. 그러나 라이히는 자신의 일과 관련하여 감옥에 가게 되고 책은 소각되는 불운을 겪었다(역주 : 라이히는 평생 오르곤 에너지의 특성들을 조사하고 치유력을 이용하는 일을 연구하는 데 매달렸다. 말년에 라이히는 오르곤 에너지를 가시적으로 측정할 수 있으며 오르곤 에너지 저장소에 넣을 수 있다면서, 히스테리에서 암에 이르는 질병까지 모든 정신적·신체적 질환을 치료하는 데 사용할 수 있다고 주장하였다.

이러한 주장은 신문 매체 및 과학자들에게 맹렬한 공격을 받기 시작했다. 1954년 미국 연방 식량 및 의약품 관리국은 라이히가

기만적인 치료기구인 오르곤 에너지 집적기를 사용한다고 주 법원에 제소하였고, 1956년 재판에 회부되어 2년형을 선고받고 감옥에서 복역 중 1957년 11월 연방 형무소에서 심장마비를 일으켜 사망하였다).

약간 주제에서 벗어나지만 예전에 이스라엘 리가디(황금새벽회 회원으로 크로울리의 비서를 지냈었다)와 만나서 라이히의 책 《오르가즘의 기능(The Function of the Orgasm)》은 모든 오컬티스트가 읽어야 할 책이라고 내가 말하자 리가디는 내 말에 동의를 표하였다.

나의 요지는 독자에게 특정 작가 책을 읽으라고 말하려는 것도, 1950년 중반의 미국 정부 행동을 비판하려는 것도 아니다. 오히려 서양 과학이 성본능 에너지에 대하여 연구하여 왔고 잘 자각하고 있음을 보여주려는 의도다. 서양에서 리비도나 오르곤 에너지는 인도에서는 쿤달리니로 알려진 것이다(역주 : 쿤달리니는 우주 창조 에너지 샥티의 현시며 영적 에너지다. 쿤달리니 각성은 영적 각성으로 우리를 이끈다 한다. 여기서 쿤달리니에 대한 저자의 주장은 창조 에너지인 쿤달리니를 가장 낮은 차원에서 말하는 것으로 이해해야 함).

인도에서는 수천년 간 쿤달리니에 대한 연구가 있었다. 그러므로 서양과학보다는 아주 많이 알고 있다. 쿤달리니 에너지는 미저골(꽁무니뼈, 척추의 맨 아랫부분에 있는 뼈)에 잠자고 있다고 한다. 신체 표면에서 위치를 찾는다면 성기와 항문 사이에 위치한 회음부다. 상상과 특별한 호흡법, 심상법, 만트라 혹은 성을 통하여 에너지는 깨어나서 척추를 타고 올라가 차크라를 충전시킨다.

쿤달리니 각성과 관련하여 주의할 것이 있다. 에너지는 원활하게 올라가지는 않으며, 차크라에 도달하면 차크라를 에너지로 채운다. 그러나 적절한 사이킥 자각 수준에 도달해 있지 않으면 다음 둘 중의 하나가 일어날 수 있다.

1. 차크라가 에너지로 채워지면 이 갑작스러운 '에너지 유입'으로 당신은 미치게 되거나 아니면 깨달음을 얻게 된다.

2. 올라온 에너지가 나가야 할 장소가 없으면 문제가 생긴다. 결국은 길을 내야 한다. 에너지 장애는 모든 심리 문제의 원인이라고 한 프로이트의 말을 기억할 필요가 있다. 만약 쿤달리니가 낮은 차크라에서 갇힌다면 그것은 성적인 집착으로 나타날 수 있다. 적절한 가르침없이 쿤달리니를 상승시키려는 시도는 또한 심각한 육체 문제를 야기할 수 있다. 쿤달리니 요가를 하기 위해 스승이 필요한 이유가 바로 그것이다.

고대 카발라 수행자들도 이 에너지를 알고 있었다. 히브리어에서 가끔 루아흐(Ruach)로 알려져 있는 에너지다. 이것은 사이킥 센터를 순환하고 있다. 카발라에는 다섯 개의 중요한 센터가 있다. 각 센터는 세피라와 관련되고 또한 육체와 정신에 관련된다.

예히다(Yeh-chee-dah)는 머리 위에 있는 사이킥 센터다. 가장 깊은 잠재의식 수준이다. 이것은 늘 신성과 접촉하며 고급 자아로 알려져 있다. 이것은 신의 한 속성을 나타내는 신의 이름 에헤 예(Eh-heh-yeh)와 관련된다.

루아흐는 우리가 앞에서 이야기한 에너지 이름 이외에도 태양 신경총에 위치한 사이킥 센터의 이름이다. 이것은 위와 심장 사이의 몸통 중심에 위치한다. 이 센터가 최고로 확장되면 심장도 이 센터에 포함된다. 이것은 우리의 의식(자아)을 나타낸다.

여기서 우리는 동서양 신비 철학의 근본 차이점 하나를 발견한다. 동양에서는 이 세계는 진동 이외에는 아무것도 아니라고 말한다. 우리가 사는 물질계는 환영이다. '마야(Maya)'라 불리는 이 환영의 세계는 우리 의식에 의하여 지각된다. 그러므로 우리 의식이 마야를 보는 것만으로 참된 내면의 실재를 '죽이는' 것이 된다. 한편 우리가 명상과 테크닉을 통하여 이런 우리 의식을 제거하는 것은 '살인자를 죽이는 것'이 된다.

서양 오컬티즘에서는 동양보다는 좀 더 실용적인데 "살인자를 죽이지 말고 살인자를 '완전하게' 하여 더 이상 환영을 보지 못하도록 하자"라고 말한다. 이것에는 의지 계발이 필요하며. 마법 의식(ritual) 수행은 의지를 계발하는 과정이다. 이 센터와 관련되는 신의 이름은 요드헤바브헤 엘오아 브다아트(Yud-Heh-Vavh-Heh El-oh-ah V' dah-aht)다.

네페쉬(Nephesh)로 알려진 센터는 성기에 위치한다. 이것은 잠재의식의 가장 표면적인 수준을 나타낸다. 탐욕과 충동이 존재하며 예히다와 루아흐 사이에 에너지 흐름을 방해할 수 있다. 여기 신의 이름은 샤다이 엘 하이(Sha-dai El Chai)다.

카발라 개념과 심리학을 비교해보면 다음과 같다.

카발라 (Kabalah)	프로이트 심리학 (Freudianism)	교류 분석 (Transactional analysis)
예-히-다(Yeh-chee-dah)	초자아(Superego)	성인
루아흐(Ruach)	자아(Ego)	부모
네페쉬(Nephesh)	이드(Ild, 본능 충동의 근원)	어린아이

카발라 체계에서 언급할 필요가 있는 두 개의 다른 센터가 있다. 발에 위치하는 센터는 구프(G' uph)로 알려졌으며 육체를 반영한다. 서 있을 때 이것은 실제로 발을 기준으로 발 위에 반, 발 아래 반이 있다. 관련되는 신의 이름은 아도나이 하아레츠(Ah-doh-nye Ha-ah-retz)다.

목 센터는 히브리어로 된 이름은 없으나, '링크(link)'로 알려져 있다. 활성화될 때 이 센터는 고급 자아(예히다)와 의식(루아흐) 사이에 스스로 생겨나서 연결점이 된다. 연결점은 위와 아래 센터를 연결하므로 그럴싸한 이름이다(역주 : 여러 카발라 책에서는 그늘진 세피라인 이 센터를 다스[Dath]로 부른다). 이 센터의 신의 이름은 다른 세피라에서 차용하였는데 요드-헤-바브-헤 엘오힘(Yud-Heh-Vahv-Heh El-oh-heem)이다.

우리가 다룰 에너지는 성 본능 에너지이며 마음에 의해 충분히 통제될 수 있다. 우리가 성 에너지에 집중하기 때문에 성 센터에서 에너지를 올리려고 할 때 문제가 발생한다. 이 책에서는 에너지의 심리적·영적 속성에 초점을 두기 때문에 스승 없이도 아주 안전하게 사용할 수 있다. 책에서는 예히다에 있는 신성과 연결을 통하여 에너지를 받아들여 '미들 필라' 즉 우리 몸을 통하여 아래로 가지고 온다. 에너지가 성 센터에 도달하기까지 그것은 정화되고 영화된다. 만약 정화되지 않았다면 그냥 성적 방법으로 표현되었을 것이다. 이것은 성에 대한 욕망을 상실한다는 것이 아니라, 성관계를 가질 때 더 강한 경험 심지어 영적인 경험을 가질 수 있다는 것이다. 이 의식은 성에 대한 흥미 배가나 감소와는 상관없다.

미들 필라 의식(Middle Pillar Ritual)

1단계 : 이완 의식을 한다.

2단계 : LBRP 의식을 하고는 제단 뒤에 서서(있으면) 손은 옆에 놓고 눈을 감고 이완 호흡을 하면서 가능한 마음을 평온한 상태로 둔다.

3단계 : 의식을 머리 위에 집중한다. LBRP 의식의 결과로 머리 위에는 하얗게 빛나는 공 같은 구체(球體)가 있어야 한다. 없다면 그 빛을 심상한다. 이 빛나는 하얀 빛(백광)을 경이로움을 가지고 대한다. 이것은 당신 존재의 중심인 신과 연결점인 고급 자아에 해당하는 대응물이다. 머리 위의 빛은 더 밝아진다. 신의 이름 에헤예(Eh-heh-yeh)를 서너 번 발성한다(신의 이름은 진동시킨다). 머리 위의 빛은 계속 밝아진다(역주 : 에헤예를 발성할 때 한 호흡에 한 번 하므로 네 번 한다면 네 번 심호흡을 하는 셈이다. 숫자는 참고사항이며 충분한 느낌을 받을 때까지 해도 상관 없음).

4단계 : 빛이 조금 가늘게 머리 중심을 통하여 내려감을 심상하고 목에서 멈춘다. 여기서 광선은 머리 위에처럼 그렇게 크지는 않지만 광구(光球) 안으로 들어가 커진다(역주 : 빛이 내려와 광구를 형성해도 되고 이미 형태를 갖춘 구에 빛이 내려가 채우면서 광구를 확장시키는 것도 괜찮다. 이스라엘 리가디의 책에는 전자의 방식이다). 동시에 머리에 있는 백광과 목에 있는 조금 작은 백광을 광선이 연결하는 것으로 심상한다. 이 위치는 고급 자아와 의식의 연결점이고 목의 빛은 크기와 광도가 점점 커져야 한다. 신의 이름 요드헤바브헤 엘오힘(Yud-Heh-Vahv-Heh El-oh-heem)을 3~4번 정도 발성한다.

5단계 : 빛이 목에서 내려와 태양신경총을 밝히게 한다. 이것은 당신 의식을 반영하며 광구는 더욱 밝아지고 강해져야 한다. 마치 내면의 태양이 비치듯 따뜻함을 느껴야 한다. 신의 이름 요드헤바브헤 엘오아 브다트 (Yud-Heh-Vahv-Heh El-oh-ah V' dah-aht)를 서너 번 발성한다.

6단계 : 같은 방법으로 빛이 내려와서 생식기를 밝히게 한다. 여기서 자신을 '저급' 자아의 마스터로 생각하라. 신의 이름 샤다이 엘 하이(Shah-dai El Chai)를 서너 번 발성한다.

7단계 : 빛이 내려와서 발과 지면(반은 발 위, 반은 지면 아래)을 감싸게끔 광구를 형성한다. 신의 이름 아도나이 하아레츠(Ah-doh-nye Ha-ahr-etz)를 서너 번 발성한다.

8단계 : 머리 위, 목, 태양신경총, 생식기, 발에는 거대한 광구가 있어야 하며 각각의 광구는 빛의 선(광선)으로 연결되어 있어야 한다.

9단계 : 원하는 만큼 그 상태를 유지한다. 그리고 심호흡을 하고 숨을 내쉬면서 위의 이미지가 사라져서 보이지 않게 심상한다. 광구들은 여전히 존재하나 지금은 보이지 않을 뿐이다. 이것으로 미들 필라 의식은 완료된다.

10단계 : 단어를 진동시킬 때 진동 법칙에 따라한다. 각각 단어는 육체의 적절한 부위가 '진동하고 있음을 느낄 수' 있도록 발성되어야 한다.

11단계 : 광구나 광선을 심상하는 데 어려움이 있다면 억지로 하려고 하지 말라. 그 단계에서 멈추고 9단계를 완성한다. 여기에는 여러 이유가 있을 수 있다. 보통은 의식적 혹은 무의식적인 심리 문제일 수 있다. 아무런 문제 없이 자연스럽고 부드럽게 될 때까지 매일 반복하여 의식을 수행한다. 이 의식 수행을 통하여 이전보다 강하고 행복한 사람이 될 것이다.

12단계 : 타로 응시 의식을 한다. 최소한 지난 6주 동안 규칙적으로 이 의식을 해왔다면 22개 메이저 카드 전부를 사용하기 시작해야 한다(역주 : 카드 의식은 저자의 독특한 방식이다. 원래 미들 필라 행법에 타로 카드 응시 단계는 없다. 미들 필라 행법은 이스라엘 리가디의《미들 필라(The Middle Pillar)》를 참고하면 요가와의 차이점, 호흡법, 미들 필라 치유효과 등 좀 더 추가적인 정보를 얻을 수 있다).

13단계 : 의식 일기장에 결과와 느낌, 경험 등을 기록한다.

※**주의** : 2~3개월 규칙적으로 의식을 수행한 후 사람들은 특별한 현상을 보고하기 시작한다. 자신들이 이상한 것을 보고 듣고 심지어 느낀다고 생각할 수 있으나 '정상적인 것' 이다.

이것은 '아스트랄 감각(Astral Senses)' 이라고 부르는 것과 관련된다. 아스트랄 감각은 상위의 계(나중에 공부하게 된다)에 대하여 보고 듣는 능력을 포함한다. 당신이 경험하는 것은 늘 거기에 있어 왔고 지금 있다. 당신이 이것을 자각할 수 있게끔 처음으로 감각을 연 것뿐이다. 내가 처음 이 감각을 자각하게 된 것은 TV 프로그램을 지켜볼 때였다. 갑자기 흔적도 없이 큰 뱀 한마리가 바닥에서 나와서는 1피트(30.48cm) 지점에서 다시 바닥으로 들어가는 것처럼 보였다. 한 친구는 이런 것들을 '아스트랄 쓰레기(astral garbage)'로 부른다. 나는 이들을 '어린 심술쟁이'로 부른다. '그들은 당신을 해코지하지 않는다.'

이들은 당신을 다치게 할 수는 없으나, 성가시게 할 수는 있다. 가끔 나는 누군가 내 어깨너머로 보고 있다는 생각이 들어 돌아보면 빈 공간뿐이었던 적이 있다. 한번은 파티에서 어떤 사람과 대화를 나누는데 옛 친구가 걸어오는 것이 보였다. 친구에게 인사하려고 그쪽으로 급하게 시선을 돌렸는데 아무도 없었다. 대화 상대에게 다시 시선을 돌렸을 때 그녀는 이상한 표정으로 나를 쳐다보았다. 하여간 나는 이들 존재가 성가실 수 있다고 말하고 싶다.

나처럼 거기 없었던 친구들을 보았다는 사람도 있었고, 자신들을 부르는 목소리를 들었다는 사람도 있었으며, 어떤 사람들은 공중에 떠 있는 밝고 번쩍이는 빛을 보았다고도 하였다. 이들 존재를 볼 수 없어도 성공적인 마법사가 되는 데 문제는 없다. 만약 그들을 보았다면 혹은 미래에 보게 된다면 걱정하지 말기 바란다. 이것은 사이킥 공격이 아니며, 당신이 미친 것도 아니다. 그리고 당신을 해칠 수도 없다.

사실 이들 존재에 대하여 올바른 태도를 가진다면 그들은 특히 지겨운 파티에서 재미를 줄 수 있다. 이들 존재들이 약간 성가시게 하거나 화나게 하더라도 놀라지 말라.

　　솔직히 나는 이들 존재의 정체에 대하여 잘 모른다. 어떤 경우에는 '엘리멘탈(elemental)' 이라고 불리는 존재 같기도 하다(다른 장에서 다룬다). 한편으로는 심상을 통하여 아스트랄계에서 마법을 하기 때문에 우리가 우주 자석처럼 의미 없는 아스트랄 쓰레기들을 끌어당기는지도 모른다. '어린 심술쟁이' 는 사악한 존재 아니다. 많은 아이들이 '눈에 보이지 않는 놀이친구' 를 가지며 내 생각에는 상당수가 '어린 심술쟁이' 라고 믿는다.

　　다음 페이지에 미들 필라 의식을 요약하여 보여주는 그림이 있다.

Eh-heh-yeh

Yud-Heh-Vahv-Heh
El-oh-heem

Yud-Heh-Vahv-Heh
El-oh-ah
V'dah-aht

Shah-dai El Chai

Ah-doh-nye
Ha-ah-retz

미들 필라 의식(Middle Pillar Ritual)

복습 ....

다음 질문은 2장에서 주어진 내용을 충분히 이해하였는지 알기 위한 문제다. 되도록 책을 보지 말고 답하라. 답은 부록 2에 나와 있다.

  1. LBRP의 네 부분을 말해보라.

  2. 아글라는(AGLA) 무엇이 축약된 단어인가?

  3. 북쪽의 대천사는 누구인가?

  4. '위대한 목소리'는 무엇을 의미하는가?

  5. 물 원소 사인을 어떻게 만드는가?

  6. 고대 히브리 3대 문학은 무엇인가?

  7. 히브리어를 현대의 살아 있는 언어로 재창조한 사람은 누구인가?

  8. 히브리 문자 바브(Vahv)는 원래 어떻게 발음되었는가?

  9. 히브리 신비주의의 초기 형태는 무엇이었는가?

10. 프랑스 오컬트 부흥은 누가 시작하였는가?

11. 카발라를 네 가지로 분류하면?

12. '무한'은 히브리어로 무엇으로 표현되는가?

13. '어린 심술쟁이'는 무엇인가?

다음은 당신만이 대답할 수 있는 질문이다.

  1. 모든 의식(이완 의식, LBRP, 미들 필라 행법)을 하고 있는가?

  2. 카발라 심리학을 이해하는가?

  3. 카발라와 생명나무에 대하여 이해하기 시작했는가?

  4. 정반합(正反合)의 개념을 이해하는가?

인용 문헌

Aima, *Ancient Wisdom and Rituals, The,* Foibles Pub., 1979.

Crowley, A., *Magick in Theory and Practice,* Dover, 1976.

King, Francis & Skinner, Stephen, *Techniques of High Magic,* Warner
Destiny, 1976.

Mathers, S.L.M., *Kabbalah Unveiled, The,* Samuel Weiser, 1968.

Ponce, C., *Kabalah,* Straight Arrow Books, 1973.

Regardie, Israel, *Ceremonial Magic,* Aquarian Press, 1980.

       Foundations of Practical Magic, Aquarian Press, 1979.

       Garden of Pomegranates, A, Llewellyn Publications, 1970.

       Golden Dawn, The, Llewellyn Publication, 1970.

       Middle Pillar, The, Llewellyn Publication, 1970.

       One Year Manual, The, Samuel Weiser, 1981.

Various, *Sepher Yetzirah.* There are several versions available. All are good
for our studies except those by Suarez or Mordell.

Torrens, R.G., *Golden Dawn : Its Inner Teachings, The,* Spearman, 1969.

Wippler, Migene Gonzalez, *Kabbalah for the Modern World, A,* Llewellyn
Publication, 1987.

       Zohar, the, 5 volumes, Soincino Press.

제3장

제 1 편

'일요일 아침만 기독교인(Sunday Morning Christian)'이라는 말을 들어본 적이 있을 것이다. 일요일마다 교회에 가서(보이도록) 크게 찬송가를 부르고(들리도록) 헌금함에 거액의 지폐를 넣는 사람을 말한다. 그리고는 사업을 하면서 남을 속이기 위하여 여러 나쁜 짓거리를 한다. 친구와 적에게 거짓말을 하고 부인 몰래 바람을 피운다. 일요일 몇 시간 동안은 기독교인의 모습을 보이나, 실제 삶에서는 예수님의 가르침을 따르지 않는다.

이것과 의식 마법이 무슨 관련이 있냐고 의아해할지도 모르겠다. 대부분의 사람들은 마법을 이런 식으로 생각한다. 일주일에 한 번 예배에 참석하고 스스로가 기독교인이라고 생각하는 사람들처럼 말이다. 이것은 완전히 잘못된 생각이다. 마법은 당신이 하는 어떤 것이 '아니다.' 마법은 당신 그 자체다!

진실로 마법사가 된다는 것은 '사고방식(mindset)'이 완전히 마법에 집중되어 있음을 말한다. 이 말은 생각을 하든 말을 하든 그것이 무엇이든 늘 모든 것을 마법과 관련하여 생각하는 것을 의미한다.

예를 들면 만약 당신이 정치에 대하여 이야기한다면 정치가가 정책을 말하지 않고도 유권자들의 표를 얻는 방법에 대하여 생각하는 것이며, 이것은 어떤 명백한 이유 없이도 사람들이 무엇인가를 하도록 확신시키는 것이므로 아주 강력한 마법이다. 또한 요리하면서 불의 원소가 고기와 야채에 어떻게 영향을 주는지 생각할 수도 있다. 마법이 당신이 생각하고 숨쉬고 행동하는 방식이 될 때 비로소 당신은 마법사가 될 것이다.

잠시 황금새벽회에 대해서 알아보자. 황금새벽회에는 여섯 개의 등급이 있었는데, 회원이 준비가 되면 내면 그룹인 R.R. et A.C.로 들어갈 수 있게 허락하였다. '황금새벽회는 마법 단체가 아니었다' 라는 말을 들으면 좀 놀랄 것이다. 이 단체의 내부 그룹인 R.R. et A.C(Red Rose and Gold Cross)가 실천 마법을 실행하였다. 외부그룹인 황금새벽회는 마법을 하지 않았다(역주 : 크로울리의 배신으로 황금새벽회의 비밀 마법 의식은 공개되어 거의 와해되었는데 나중에 이런 문제를 극복하고자 옛날 장미십자회 규칙에 의거하여 황금새벽회가 재결성되게 된다. 공개된 비밀 의식은 외부 그룹으로 이전시키고, 장미십자회의 새로운 비밀 과정과 비밀 자료를 내면 그룹(R.R. et A.C.)으로 가져왔다. 내면 그룹은 장미십자회 마법과 알케미 수련을 한다. 황금새벽회 단체는 여럿 있다. www.golden-dawn.com에서 인용).

황금새벽회는 큰 틀 안에 여러 목적을 가지고 있었다. 회원들이 만나 서로 신뢰를 가지도록 하였고 나중에 실천 마법으로 안내할 이론과 철학을 배우도록 하였다. 가장 중요한 점은 회원을 비전으로 안내하여 네 가지 마법 원소에 동조하도록 하였다.

확실히 밝히지만 책을 통하여 당신을 입문시킬 수는 없다. 누구도 마찬가지다. 그러면 입문의 필요와 목적은 무엇인가?

입문은 실용적인 면과 신비적인 면이 있다. 실용적인 차원에서 입문은 당신에게 아무것도 주지 않는다. 오히려 이것은 어떤 규정된 체계를 시작하도록 허락한다. 예를 들면 황금새벽회의 초보자 과정으로 입문을 받은 자는 히브리 알파벳, 행성과 12황도대의 상징을 배우기 시작하고 펜타그램 소 결계 의식을 시작한다. '입문(initiation)' 이란 단어는 '시작하다' 라는 뜻의 라틴어에서 온 말이다.

입문의 신비적 측면은 좀 다른 이야기다. 예를 들어 들어가기를 원하는 개인적인 모임이 있다고 가정해보자. 문을 두드리자 당신을 알지 못하는 경비원이 당신을 내쫓는다. 그때 당신과 경비원 모두를 아는 사람이 나와서는 두 사람을 서로 인사시킨다. 이때부터 당신은 모임의 환영받는 손님이다. 비유했듯이 강한 힘을 가진 경비원을 소개받는 것이 입문이다. 실제로 입문의 신비적 면은 상위의 힘에(혹은 다른 상징으로 고급 자아) 당신을 소개하는 것이고, 또한 당신 내면의 영적·감정적·물질적 힘이 앞으로는 상위의 힘에 쉽게 알려지도록 한다.

상위의 힘에 인정을 받는 또 다른 방법이 있다. 필요하다면 매일 경비원에게 갈 수 있으며 그와 이야기를 하고 선물을 주고 우정을 쌓아 마침내 모임 안으로 들어가게 된다. 이 방법이 이 책에서 실행하는 방법이다.

황금새벽회의 '입문자 과정'으로 안내하는 입문은 회원자격과 교우자격을 주었고 회원간의 협력 기회를 주었다. 당신은 특정 단체의 회원이 될 필요가 없으므로 특별한 입문이 당신 발전에 중요한 것은 아니다. 황금새벽회의 이어지는 네 가지 등급은 네 가지 마법 원소와 대비된다. 그리고 이것은 '초급 등급'으로 말해진다. 나중에 이 네 가지 마법 원소인 흙, 공기, 불, 물에 대하여 순서에 따라 한 가지씩 배울 것이다.

황금새벽회의 입문자 등급은 마법 원소와 관련되지 않는다. 사실 그것은 첫 번째 등급이 아니라 0등급으로 불렸다. 첫 번째 등급으로 혹은 1=10(첫번째 등급은 생명나무의 가장 아래에 있는 열 번째 세피라)로 알려진 등급은 흙의 원소와 관련되며 우리는 여기서부터 시작해야 한다. 우리는 이 원소와 완전한 조화에 있어야 한다.

네 가지 마법 원소 각각은 온도와 습도의 변화하는 속성을 나타낸다. 흙 원소 속성을 알아보자. 흙은 습한 것도 아니고 따뜻한 것도 아니다(마그마처럼 불의 원소가 주입된 경우는 제외). 그러므로 '흙 원소는 건조하고 서늘하다'고 말할 수 있다.

다음 단계는 일상에서 흙 원소를 자각하고 통제하는 법을 배우는 일이다.

수련 1: 건조하고 서늘한 속성을 가진 것들을 열거하라. 그러나 외부에서 찾기보다 매일 보는 것에서 찾아내라. 일주일간 연습한다. 마법 일기장에 기록한다.

수련 2: 운동장이나 공원처럼 흙 원소로 채워진 장소를 찾는다. 가능하면 옷은 가볍게 입고(알몸으로 하는 것이 최고다) 피부가 가능한 한 지면에 많이 닿도록 앉거나 눕는다. 이것은 특히 여성에게 쉬운데 왜냐하면 여성의 경우는 속옷 없이 긴 치마를 간편하게 입을 수 있고 땅에 앉을 때 치마를 펼 수 있기 때문이다. 이런 경우는 피부와 지표 사이에 아무것도 놓이지 않는다. 흙의 건조함과 서늘함을 느끼면서 얼마간 명상한다. 일주일에 최소한 세 번은 이것을 해야 한다.

만약 풀이 있는 장소나 최근에 물이 뿌려진 장소를 발견하게 되면 흙 원소에 습기를 느낄 수 있다. 이것에 대하여 두 가지 고려할 것이 있다. 첫째, 온도와 습기는 상대적이다. 사막에 비하면 지금 장소는 습하고, 만약 습지의 흙과 비교하면 지금의 장소는 건조하다. 그러나 흙에 어느 정도 습기가 있다는 생각은 당신이 지상의 흙을 원초 원소인 흙으로 오해한다는 것을 의미한다. 둘째 물질적으로 현시된 것은 원초적인 순수성이 늘 부족하다. 우리는 물질계에 살며 물질감각을 통하여 배우기 때문에 물질계의 불완전한 대상에서 순수한 원초 상태로 움직여야 한다. 이런 식으로 우리는 원초 물 원소의 지식을 얻는다.

수련 3 : 하루에 한 번하고 시간은 3분이다(더 이상은 안 됨). 이것을 할 때 '당신이 흙 원소라고' 상상한다. 흙의 무거움, 느림, 서늘함, 메마름을 느낀다. 세상의 고통과 문제를 흡수할 수 있음을 느낀다(그러나 실제로는 그렇게 하지 말라). 흙이 되라. 이 수련을 다른 수련으로 넘어가기 전에 적어도 일주일은 연습한다.

수련 4 : '흙이 되는 것'을 배웠다면 다음 단계는 흙 원소를 통제하는 것이다. 앞선 수련에서 얻은 느낌을 의식으로 가져온다.

그리고 손바닥을 마주보게 하여 양손을 약 20~30cm 떨어지게 한다. 손 사이에 놓인 용기나 상자를 상상한다. 숨을 내쉬면서 안에 있는 모든 흙 원소가 호흡과 함께 나가서 양손 사이에 용기로 들어가는 것을 심상한다. 3~5회 호흡으로 용기를 채울 수 있을 것이다. 그리고 세 번 호흡으로 그것을 들이마시고 정상 의식(意識)으로 돌아온다.

시험 : 이것은 당신이 흙 원소와 조화롭게 되었는지 그리고 그 원소를 통제할 수 있는지 확인하기 위함이다. 현기증이 나고 어지럽고 불안정하고 일을 잘 할 수 없다고 느낀다면 수련 4에서 설명한 흙 원소 용기를 다시 한 번 심상하고 한 번 크게 숨을 마시면서 용기 속의 내용물을 끌어당긴다. 5분 안에 안정이 되어야 한다.

다음에 팽창감과 무거움 그리고 느려짐을 느낀다면 마찬가지로 용기를 형성하고 이번에는 땅에 큰 구멍을 심상하고 용기를 구멍 안으로 던지고 재빨리 구멍을 닫는다. 수분 내로 가벼움을 느껴야 한다. 그러나 가벼움과 활력을 느끼기 위하여 5번 정도 이것을 되풀이하는 것이 필요할 수도 있다.

이 시험에 성공하면 흙 원소를 마스터한 것이다. 그러나 수 주일을 했음에도 성공하지 못한더라도 걱정하지 말라. 계속 연습하라. 흙 원소를 완전히 마스터할 때까지 멈추지 말고 계속하라. 결과가 좋든 나쁘든 마법 일기장에 실험 결과를 기록하라.

제 2 편

3장 2편을 시작하기 전에 2장에 나오는 카발라를 다시 한 번 읽어
보라. 얼마만에 읽는 것이라면, 놀랍게도 처음 읽었을 때보다 더
많은 것을 느낄 것이다. 이것은 잠재의식적으로 마음이 그 정보
를 소화할 시간을 가졌기 때문이며, 마음은 이 내용에 대하여 통
찰력을 가지고 이해하는 수준에 도달한다. 주기적으로 레슨을 복
습하는 것이 좋은 이유가 여기에 있다.

우리는 카발라의 중심 도형인 생명나무를 다시 연구한다. 생명
나무를 연구하는 많은 방법이 있고 이 장에서는 상징을 분석하는
몇 가지 방법을 보게 된다.

세 개의 기둥(필라) : 책에 나와 있는 생명나무(다음 페이지 그림
참조)를 보면 크게 세 개의 기둥으로 분리되어 있는 것을 보게 된
다. 왼쪽 기둥은 3, 5, 8번 세피로트로 구성되어 있으며 정의의 기
둥으로 알려져 있다. 오른편에는 2, 4, 7번의 세피로트로 구성되
며 왼편 기둥과 대칭을 이루며 자비의 기둥으로 알려져 있다. 두
개의 기둥을 균형잡는 것이 미들 필라(중간 기둥)이다.

정의의 기둥은 여성이고 자비의 기둥은 남성이다. 속성상 자비
가 여성, 정의가 남성으로 생각할 수도 있으나, 만약 융의 심리학

에서 원형(archetypes, 조상 때부터 전해 내려온 개인 정신에 편재하는 무의식의 관념이나 사고) 이론을 공부한다면 거기에는 도와주며 자선을 베푸는 친절한 '위대한 어머니(Great Mother)'가 있듯이 '무서운 어머니(Terrible Mother)'로 알려진 반대되는 여성 요소가 있다.

예를 들면《헨젤과 그레텔》에 나오는 늙은 마녀 신화나 키르케(역주 : Circe, 그리스 로마 신화에 나오는 태양신 헬리오스와 바다 신 페르세이스의 딸 그녀는 마법에 뛰어났고 적과 자신을 진노하게 하는 자는 모두 동물로 변신시켰다) 같은 힘 있는 여자들이 그러하다.

또 다른 생명나무 그림이 있다. 이 생명나무에서 각각의 세피라는 히브리어를 음역한 이름과 이를 영어로 번역한 이름이 있다. 생명나무 두 개를 비교하고 기둥의 의미가 무엇인지 살펴보라.

자비의 기둥 : 자비롭기 위해서는 우리 행동의 결과를 볼 수 있는 '지혜(Wisdom)'를 가져야 하며 '승리(Victory)'가 단지 힘만을 통해서가 아니라 '지혜'와 인내력(급한 성질 대신에 '자비[Mercy]'를 보여주는 인내력)을 통하여 올 수 있음을 깨달아야 한다.

정의의 기둥 : 정의롭기 위하여 우주 법칙에 대한 '이해(Understanding)'와 우주법칙을 작동시키는 '힘(Strength)'이 있어야 한다. 자비에 양보하지 않고 단지 정의로워야 한다. 이것은 외부로 향하는 힘(Power)과 인간의 부족함을 감추는 '영광/광휘(Splendor)'이 드러나고 그 표면하에 존재하는 자비가 나타난다.

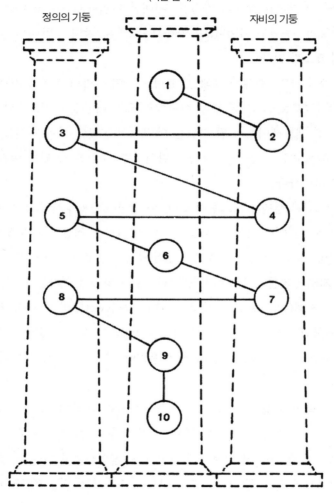

중간의 기둥
(미들 필라)

정의의 기둥

자비의 기둥

생명나무와 세 개의 기둥

중간의 기둥(미들 필라) : 중간에 있기 위하여 우리는 '왕국/지상 (Kingdom/Earth)'에 살면서 우리가 신이 아님을 알아야 한다. 우리는 무엇을 하든 과도한 정의나 자비의 극단을 피함으로써 '아름다움'의 '토대'를 찾아야 한다. 이렇게 하여 우리 노력에 성공의 '왕관'을 씌울 수 있다.

세 개의 기둥을 가지고 생명나무를 이해하는 또 다른 방법이 있다. 어떤 특별한 목적을 성취하려다 실패한다면 우리는 불균형 상태에 놓이게 된다. 불균형 상태란 생명나무 한 면에만 집중하는 것이 된다. 그때 우리는 생명나무의 반대 면에서 균형을 잡을 수 있는 특성을 구할 수 있다. 그 결과로 우리는 참된 현시의 기둥으로 불릴 수 있는 중간 기둥으로 움직이게 된다.

세 개의 삼각형 : 생명나무에 대한 다른 체계로는 '세 개의 삼각형'으로 알려진 방법이 있다. 오른쪽 그림에서 보듯이 생명나무는 세 개의 삼각형으로 나뉠 수 있다. 꼭대기 삼각형은 위로 향하며 다른 두 개는 아래로 향한다.

천상의 삼각형(The Celestial Triangle) : 첫 번째 세 개의 세피로트로 구성된 가장 위에 있는 삼각형은 천상의 삼각형으로 알려졌다. 하나의 점에서 시작하고 신의 단일성에서 나온 것이며 두 개로 나뉜다. 이것은 신성은 단일하지만 현시하는 모든 것은 남자 여자, 위 아래, 안과 바깥의 이원성으로 나타날 수 있음을 보여준다. 신과 합일하기 위하여(이것이 고대 카발라의 비밀이다) 이원성 극복을 배우는 것이 마법사의 의무 중 하나다. 예를 들면 마법사는 낮과 밤은 반대가 아님을 배워야 하며, 오히려 낮과 밤은 지구가 자전하는 자연스러운 부분임을 알아야 한다. 또한 가장 위에 있는 삼각형 안에 진실로 천상의 속성을 가진 존재들을 볼 수 있다. 그들은 '지혜(Wisdom)'와 '이해(Understanding)'를 가지며, 그렇게 해서 창조의 '왕관(Kingdom)'을 쓸 수 있고 보이는 물질세계와 상위의 계를 통치한다.

도덕적 삼각형(The Moral Triangle) : 끝이 아래로 향하는 중간에 있는 삼각형은 도덕적 삼각형이라고 불린다. '힘(정의, Strength)'과 '자비(Mercy)'의 결합은 '아름다움(Beauty)'의 성장을 가져온다. 자비가 너무 많으면 약해져서 목적을 성취하기 어렵다. 사람들은 우리를 이용할 것이며 빨리 죽을 수 있다. 한편 단지 힘만 보여주고 무자비하다면, 목적을 이룰 수도 있겠지만(어려움은 있겠지만) 친구도 진실한 사랑도 없을 것이며 '성공'은 의미가 없게 된다. '힘'과 '자비'를 계발시켜서 우리는 목적을 이루는 데 도움이 되고 성취한 것에 행복을 주는 '아름다움'이 드러난다.

세속적 삼각형(The Mundane Triangle) : 가장 아래에 있는 삼각형은 세속적 삼각형이라 불린다. 아주 적절한 용어다. 이것은 도덕적 삼각형이나 천상의 삼각형의 속성인 신성 마음이나 영적 본질이 아니라, 단지 물질계에서의 성공에 관한 것이다. 너무 많은 '자비(Mercy)'는 '승리(Victory)'를 패배로 이끌며, 반면에 적절한 '자비'가 없이는 '승리'의 '영광'은 혁명이나 파괴로 이끈다. 균형이 있을 때 이 세계에 성공의 '기초'가 존재하고 세 개의 생

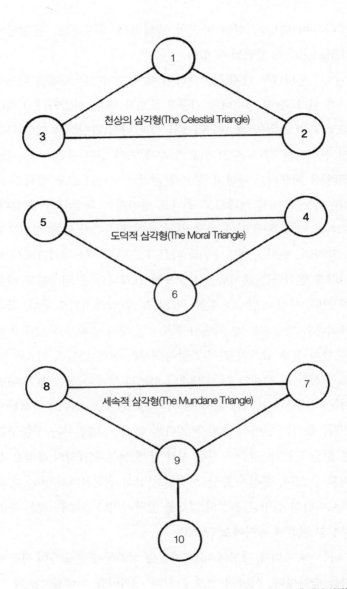

천상의 삼각형(The Celestial Triangle)

도덕적 삼각형(The Moral Triangle)

세속적 삼각형(The Mundane Triangle)

세 개의 삼각형

명나무에 매달려 있는 마지막 세피라가 상징하는 '물질왕국 (Kingdom)'이 설립될 수 있다.

여기 생명나무 체계를 이해하면 다른 생명나무 체계를 이해하기가 쉽다. 잠시 생명나무 기둥을 보도록 하자. 카발라에서 케테르로 알려진 첫 번째 세피라에서 신과 다시 합일하는 것이 목적인 신비가의 길 혹은 요기(요가 수행자)의 길은 중간 기둥(미들 필라)을 따른다. '화살의 길(Path of the Arrow)'로도 알려진 이 길은 말쿠트에서 케테르로 똑바로 날아가는 화살의 모양 같다. 요기는 명상 속에 앉아 가장 낮은 차원에서 가장 높은 차원으로 도약하려 '한다'. 생명나무를 따른다면 마법사는 세피라에서 세피라를 연결하는 뱀처럼 구불구불한 22개의 길을 경험하고 배우게 된다. 사실 마법사의 길은 '뱀의 길'로 알려지기도 한다. 각각 세피라와 연결되는 길 위에서(역주 : 열 개의 세피라와 22개의 길을 합쳐 전부 32개의 길이 카발라에서는 신과 합일에 이르는 길로 상징한다. 22개의 길은 22개의 히브리 문자와 상응한다) 마법사는 신비가나 요기가 알지 못하는 새로운 것을 배우고 경험하게 된다. 요기는 앉아서 도약을 기다릴 뿐이나, 마법사는 구불구불한 길을 걷는다. 각각은 같은 시간 안에 신성과 합일의 목적을 성취할 수 있다. 신성과 합일, 신성한 자신의 수호천사와 만남, 혹은 니르바나의 신비 황홀경의 성취를 앞당기거나 늦추는 것은 우리 자신의 결심과 능력에 달려 있다.

나는 세 개의 삼각형에 대한 지식을 심리학에 응용하여 사용하기를 좋아한다. 사람이 현재 위치한 세피라를 이해함으로써 그

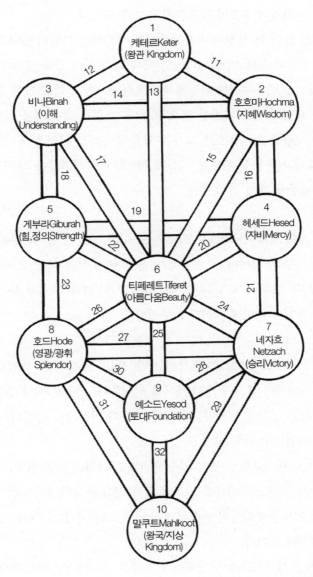

생명나무

사람의 발전에 무엇이 필요한지 충고할 수 있다.

예를 들면 늘 자신이 이용당한다고 생각하는 사람이 있다고 하자. 그는 아마 네 번째 세피라인 헤세드(자비)에 있을 것이다. 그는 자신을 이용하려는 사람에게 단호하게 '안 돼' 라고 말할 수 있게끔 내면의 힘을 계발할 필요가 있다. 그렇게 되면 그를 이용하려는 사람들은 처음으로 그가 무엇을 좋아하고 무엇을 생각하는지 그리고 무엇을 원하는지 알게 될 것이다. 사람들은 그에게서 아름다움을 보게 될 것이다.

네 개의 세계 : 생명나무를 보는 또 다른 방법은 생명나무를 네 개로 나누는 것이다. 오른쪽 그림을 보면 4계(四界)를 보여주는 생명나무 도형이다. 4계는 3개의 삼각형과 '세계(World)'를 상징하는 마지막 10번째 세피라로 구성된다.

1, 2, 3 세피로트로 구성되는 첫 번째 삼각형은 아칠루트(Atziloot)계라 하고 원형의 세계를 의미한다. 이것은 신의 생각이 존재하는 신성한 세계다. 이 세계에 신의 이름으로 상징되는 힘이 존재한다고 말해진다.

4, 5, 6 세피로트로 구성되는 두 번째 삼각형은 브리야(B' riyah)계라 하고 창조의 세계를 의미한다. 물질감각 차원에서는 감지할 수 없으며 현재의식의 인식너머에 있다. 대천사가 거주하는 곳이 이 세계라고 한다.

7, 8, 9 세피로트로 구성되는 삼각형은 예치라(Yetzirah)계라 하

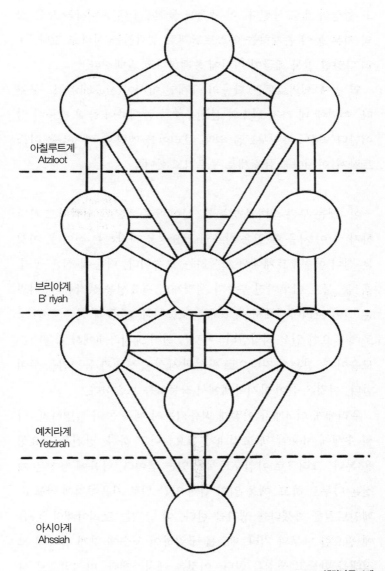

아칠루트계
Atziloot

브리야계
B' riyah

예치라계
Yetzirah

아시아계
Ahssiah

생명나무 4계

고 형성의 계로 불린다. 이 세계를 물질우주에 존재하는 모든 것의 기본 틀이 존재하는 아스트랄계로 생각하는 사람도 있다. 여러 다양한 천사 계급이 여기에 존재한다고 말해진다.

열 번째 세피로트는 활동의 세계인 아시아(Ahssiah)계로 불린다. 여기에 네 가지 원소와 물질우주가 존재하며 물질 활동이 일어난다(역주 : 아칠루트를 영계, 브리야를 멘탈계, 예치라를 아스트랄계, 아시아를 물질계로 부르기도 한다).

이 4계는 무슨 의미가 있는가? 신이 우주 창조를 원한다고 가정하자. 신이 처음 할 일은 창조의 필요성을 자각하는 것이다. 이것은 신이 아칠루트계에서 활동하는 모습이다. 다음에 신은 공기, 흙, 불, 물로 이루어진 우주와 생명체의 필요성을 생각한다. 이것은 신이 브리야계에서 작동하는 모습이다. 다음에 신은 우주 창조에 필요한 일을 시작한다. 이것은 신이 예치라계에서 활동하는 모습이다. 신은 마지막으로 형성된 세상에 생명과 움직임을 부여한다. 이것은 신이 아시아계에서 작동하는 모습이다.

우리에게 이 4계가 어떻게 적용되는지 예를 들어 설명하자. 의식 수행에 사용할 책 고정대가 필요하다고 하자. 당신은 필요성을 본다. 그러므로 아칠루트계에 있는 셈이다. 다음에 당신은 재질은 나무로 하고, 책을 읽기 쉽게 약간 뒤로 기울어지게 만들고, 페인트칠을 하겠다는 생각을 한다. 이 단계는 브리야계다. 다음에 필요한 나무와 기타 재료를 구입하여 치수에 맞게 잘라서 고정대를 만들고 색칠을 한다. 이것은 예치라계다. 마지막으로 사

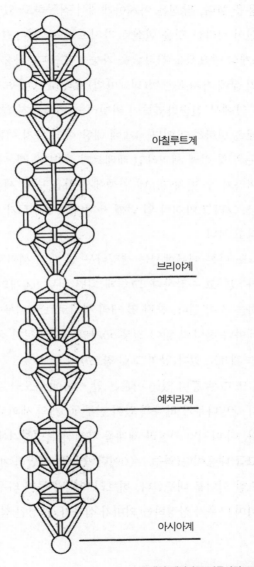

아칠루트계

브리야계

예치라계

아시아계

40개의 세피라로 이루어진 4계

용을 한다. 당신은 아시아계에서 작동하고 있다. 살아가면서 당신이 바라는 것을 현실로 가지고 올 수 없다면 아마도 당신은 이 4계의 중요성을 간과했을 가능성이 크다. 나중에 바라는 것을 우리 삶에 가져오는 법(회색마법)에 대하여 배우게 된다.

앞에서 진술하였듯이 카발라는 변화하지 않는 체계가 아니라 계속 변화하고 있다. 4계에 대한 여러 가지 이론들이 있다. 한 이론은 첫 번째 세피라인 케테르가 첫 번째 계, 다음 두, 세 번째 세피라가 두 번째 계, 네 번째에서 아홉 번째 세피라가 세 번째 계를, 그리고 마지막 열 번째 세피라인 말쿠트가 네 번째 계를 이룬다고 한다.

또 다른 이론에서는 생명나무 열 개의 세피로트마다 생명나무가 있다고 주장한다. 그렇게 되면 전부 100개의 세피로트가 존재하는 것이 된다. 한편 열 개의 세피로트로 이루어진 생명나무가 4계마다 하나씩 있어 전부 40개의 세피로트가 존재한다고 가르치는 체계도 있다(앞의 그림 참조).

또 다른 흥미 있는 이론은 앞 이론에 나오는 40개의 세페로트마다 생명나무가 하나씩 있어 전부 400개의 세피로트가 있다고 말한다. 이 마지막 카발라 체계를 자세히 설명하기에는 너무 복잡하고 고급 내용이다(역주 : 400이란 숫자는 카발라 체계에서 상당히 중요한 의미를 내포한다. 히브리 마지막 문자 타우의 숫자 값이 400이며 타우가 상징하는 의미가 십자가, 완성인 점을 명상해보자).

제 3 편

이 3편은 아주 특별한 부분이다. 명상이 무엇이며 명상을 어떻게 하는지에 대한 간단하고 안전한 실용적인 정보로 구성된다. 영적인 발전을 위하여 매일 명상하도록 권하지만 여기 소개되는 명상법의 실행 여부는 당신 자유다. 이것은 매일 해야 하는 의식은 아니나 최소한 7개월 동안 매일 수행하거나 아니면 매일 수행하는 의식에 포함시키기를 강력히 바란다.

최근에 명상법과 명상이 가져오는 이익에 대하여 상당한 관심의 증대가 있었다. 15년간 '명상법', '101가지 명상법' 혹은 이와 비슷한 명상 관련 책이 많이 발간되었다. 대부분의 책은 장단점이 있으며 명상이 무엇인지 정확히 정의하는 것으로 시작한다. 명상에 대한 정의 없이 명상을 배울 수는 없다. 여러 작가들은 명상을 집중/숙고(Contemplation)와 동일시하려 한다. 이것은 아마도 책 저자들의 스승이 명상에 대하여 잘 모르거나, 저자들이 명상을 잘 모르거나 혹은 그들은 사전 속의 명상 정의를 따랐기 때문이다.

대부분 영어 사전은 명상을 숙고의 일종으로 본다. 두 단어는 겉보기에 동의어처럼 보인다. 그래서 명상을 숙고와 동일시하는 사람들은 아마 당신에게 어떤 목적물을 쳐다보게 하거나, 소리에

귀 기울이게 하고 곰곰이 생각하게 하고 이것을 명상이라 부른다. 이것은 명상이 아니다.

명상은 숙고가 아니라 마음의 침묵이며 침묵에 근거한 동양에서 근원하는 개념이다. 아르예 카플란의 《명상과 성경(Meditation and the Bible)》이란 책에 보면 고대 히브리 신비가와 예언가들이 유사한 테크닉을 사용하였음을 보여준다. 불행하게도 대부분의 히브리 명상법은 메르카바 신비주의 서적과 함께 분실되었다. 그러나 《명상과 성경》에 나오는 명상에 대한 기본 이론을 보자.

완전한 정적 속에 있도록 마음에서 모든 생각을 제거하려고 하라. 참된 명상과 방법을 모른다면 당연히 이 간단한 지시도 따르지 못할 것이다. 머릿속에는 "내가 지금 조용한 것인가?" "바로 하고 있는가?" 혹은 "얼마 동안 조용히 있어야 하는가?" 이런 말들이 떠다닐 것이다. 참된 명상의 목적은 마음속에 일어나는 이런 목소리를 침묵시키는 것이다.

5장에서 우리의 잠재의식은 신성과 직접적으로 연결되어 있음을 배우게 된다. 정의에 따른다면 신은 모든 것을 알아야 하므로 (그렇지 않다면 신보다 더 위대한 존재가 있다는 말이다. 만약 그런 존재가 있다면 당연히 더 위대한 존재가 신이어야 하며, 우리가 부르는 신은 거짓 신이거나 아니면 하위 신일 것이다), 우리 잠재의식은 우주에 모든 지식, 모든 앎, 깨달음에 연결점이 되어야 한다.

계속하여 머릿속에 재잘거리는 작은 속삭임들은 더 작게 들려오는 잠재의식의 소리를 차단한다. 꿈에서 일어날 수 있는 것 중의 하나가 우리 잠재의식이 간혹 이해하기 어려운 상징을 통하여 우리에게 말한다는 것이다. 참된 명상에서 우리 잠재의식은 직접적으로 우리 현재의식에게 말할 수 있고 지혜를 공유할 수 있다.

참된 명상에 대하여 알아보자. 명상에 대한 테크닉을 가르쳐 준다며 고액의 수강료를 받는 유명한 명상 센터들이 있다. 몇몇 곳은 자신들의 명상법이 혈압을 낮추고 IQ를 높인다고 자랑한다. 이런 자랑은 터무니없는 말이다. 모든 이완 의식은 혈압을 낮추는 결과를 가져온다. 사람의 IQ는 평생 변하지 않는다고 말하던 한 사회과학자는 연구와 집중을 통하여 IQ를 높이는 법에 대하여 강연을 하고 있다.

참된 명상이 가져오는 이익은 우주의식 혹은 깨달음으로 알려진 신성과 합일 경험이다.

참된 명상은 세 가지 단계가 있다.

1. **이완** : 이완의 목적은 육체의 긴장이나 고통을 제거하여 육체가 다음 단계로 나가는 데 방해가 되지 않도록 하는 것이다.

2. **집중** : 이 단계의 목적은 의식을 소리, 물체, 아이디어, 그림 등과 완전히 하나가 되도록 하는 것이다. 이완과 집중은 둘 다 참된 명상의 부분이나 명상 전체를 구성하지는 않는다.

3. **제거** : 이 단계에서(명상에서 일반적으로 제외되는 단계) 마음에서 당신이 집중한 모든 것을 제거한다. 의식은 당신이 집중

한 것들과 하나가 되었기 때문에 집중한 대상을 제거할 때 당신의 의식도 또한 떠난다. 이 결과로 의식이 당신과 신성 사이에 존재하는 연결점을 가로막지 않는다. 이것이 백마법이며 축복이며 참된 삶의 최종 목적이다. 참된 명상 상태를 경험하지 못한 사람에게 그 상태를 말로 충분히 설명할 수는 없는 일이다. 이것은 현재의식을 가지고 표현할 수는 없다.

이 책의 명상 기법에서는 친숙한 물체에 집중을 한다. 전통에 입각한 어떤 책들은 타트바(Tatva) 심벌―원소를 상징하는 삼각형, 사각형, 달걀형을 포함하여 특별히 색칠된 기하학적 형상―에 집중을 하도록 한다. 시각적 자극이 영화나 TV를 좋아하는 서양문화와는 달리 복잡하지 않는 문화에서는 이 방법은 괜찮으나 내가 강연을 하면서 연구를 통하여 알아낸 바로는 서양인들은 좀 더 시각적으로 복잡한 것을 필요로 한다는 것이다.

참된 명상 기법

1단계 : 이완 의식을 한다.

2단계 : 펜타그램 소 결계 의식을 한다. 명상 전에 늘 한다.

3단계 : 메이저 타로 카드를 잘 섞어(이 행법에는 6, 7, 10, 13, 15, 18번 카드를 사용한다) 무작위로 한 장의 카드를 뽑는다. 이것이 집중에 사용된다.

4단계 : 필요성을 느낀다면 이완 의식을 다시 한다.

5단계 : 여기서는 TV가 영상을 만드는 방법과 유사하다. 브라운관에 '전자총'이라는 장치가 스크린에 빔을 쏘아서 브라운관 앞에 주사(역주 : 走

査, 텔레비전에서 이차원의 화면을 바둑판의 눈과 같이 여러 개의 미세한 화소[畵素]로 분해하거나, 화소를 조립하여 화면을 구성하는 일)한다. 전자총은 이 과정을 되풀이한다. TV가 켜 있을 때 화면을 자세히 보면 선들을 볼 수 있다. 이 과정은 너무 빨리 진행되어 눈으로는 따라갈 수 없으며, 하나의 영상으로 보인다.

이 단계에서 주사 기법은 다음과 같이 진행된다.

1. 선택한 카드 상단 오른편 끝을 보는 것에서 시작한다.

2. 위에서 아래로 0.5인치(1.27cm) 정도 폭을 생각하고 마음으로 카드를 수평으로 길게 나누고 응시 한다. 0.5인치 폭으로 하여 카드 오른편에서 왼편으로 시선을 움직인다. 이렇게 하여 마음속에 0.5인치 폭의 카드 조각을 보고 있다.

3. 다시 오른편으로 돌아와 첫 번째 카드 조각 아래에서 같은 방식으로 응시한다.(다음 페이지 그림 참조)

4. 이 과정을 되풀이하여 선택된 한 장의 카드가 전부 주사될 때까지 한다.

당신이 하는 것은 위에서 아래로 0.5인치 가격으로 카드를 지켜보는 것이다. 할 수 있는 한 많이 하라. 완전성을 걱정하지 말라. 실습을 통하여 점점 나아질 것이다.

6단계 : 집중—이 단계에서 당신은 대상 물체(카드)와 충분히 친숙하게 된다. 여기서는 앞선 주사 기법을 마음의 눈으로 한다.

1. 더 이상 볼 수 없게 카드를 덮는다.

2. 기억으로 앞의 5단계를 수행한다. 한 번에 하나의 조각을 주사하여 심상 속에 카드가 완전한 한 장이 될 때까지 한다.

카드 주사

카드 이미지 제거

처음에는 많은 조각과 색상을 놓치고 아마도 카드 위에 있었던 형태의 윤곽만 기억하여 마음으로 창조할 것이다. 심상 속에 아주 정확하게 창조하는 것이 중요한 것은 아니다. 그러나 이 수련을 통하여 심상능력이 증가할 것이다. 이 단계를 대충 해도 된다는 의미는 아니다. 최선을 다해야 한다. 이 단계에 3~4분 정도 시간을 사용한다. 물론 원한다면 길게 할 수도 있다.

7단계 : 제거

1. 주사 과정을 통하여 심상한 카드의 오른편 상단에서 시작한다. 5단계처럼 하되 이번에는 이미지를 제거하는 일이다. 이미지가 사라지게 하라. 마음의 눈은 카드를 보고 있으나 상단의 첫 번째 0.5인치 그림 조각이 제거되어야 한다.

2. 다시 오른편에 돌아와서 다음 카드 이미지 조각을 제거한다.

3. 마음속에 카드가 사라질 때까지 계속한다. 여기에 걸리는 시간은 1분 30초 정도다.

8단계 : '명상의 상태'. 이 상태에서 아주 흥미로운 현상이 일어날 것이다. 카드 이미지를 제거하는 데 몰입된 의식이 또한 카드와 함께 '사라진다'(실제로는 단지 침묵한다). 의식은 침묵하고 머릿속에 떠오르는 생각은 멈춘다. 이것은 잠재의식이 당신에게 말하도록 기회를 주며 아마도 중요한 메시지나 정보를 줄 것이다.

위의 과정을 처음 시작하는 사람은 참된 명상 상태를 아주 짧게 경험하는 것이 일반적이다. '내가 침묵하고 있는 건가?' '내가 올바르게 하고 있는 건가?' 같은 생각이 드는 순간 명상은 끝난다.

이 명상 기법을 계속 실행하면서 참된 명상 상태를 1분, 5분, 그 이상 지속할 수 있을 것이다. 이 상태가 지속되면 우주와 완전한 조화의 느낌, 모든 지식과 앎을 가지는 느낌이 다가온다. 이것은 우주의식, 깨달음으로 알려진 것이다. 존재의 상태인 이 느낌을 표현한다는 것은 정말 불가능하다. 시도해야 하며 그 상태의 아름다움을 발견해야 한다.

3장에 3편 앞부분에서 말했듯이 명상 기법을 꼭 해야 하는 것은 아니다. 그러나 조만간 명상이 매일 삶의 한 부분이 되어야 함을 알게 될 것이다.

규칙적으로 명상 실행을 결심하면서 이 기법과는 다른 명상 체계를 사용하여 집중이나 이완을 실행한다면 그것을 참된 명상이라 생각하지 말라. 앞에 언급한 기법이 참된 명상이다.

참된 명상을 함으로써 모든 마법 의식과 행법의 효과는 크게 증진된다.

제 4 편

여기서는 '기록되지 않는 카발라'에 초점을 둔다. 생명나무 세피로트와 대응하는 여러 다양한 개념이 목록으로 나와 있다. 여기서는 이 목록을 이해하는 데 필요한 정보를 배우게 된다.

번호 1에서 10은 생명나무 세피로트 숫자 값을 나타낸다. 첫 번째 세로 난은 히브리어로 발음되는 세피라의 이름이다. 다음 난은 세피로트의 의미가 주어진다. 세 번째 난은 세피로트의 색깔을 보여준다. 카발라에서는 세피로트와 관련한 네 세트의 색이 있다(카발라 네 개의 세계에 한 세트씩). 이들 세트의 명칭은 타로의 마이너 카드(역주 : 각각 14장으로 된 슈트 카드[heart, wand, sword, pentacle]로 구성되며 전부 56장이 된다. 각각의 슈트는 왕(King), 여왕(Queen), 기사(Knight), 소년(Page)의 각 인물 카드와 숫자 카드라고 불리는 10, 9, 8, 7, 6, 5, 4, 3, 2, 에이스로 구성되어 있다. 여기서 왕, 여왕, 기사, 소년을 코트 카드라고 한다)에 나오는 코트 카드의 이름을 빌렸다.

황금새벽회에서 비전가는 모든 색상(4세트)을 알아야 했다. 그러나 이 책에서는 열 개 세피로트 색깔에 가장 중요한 퀸 색상표를 사용한다.

[생명나무 세피라와 대응물]

	세피라	의미	색상(퀸)	차크라	신 이름
1	케테르(Keter)	왕관	빛나는 백색	왕관	에헤예
2	호흐마(Hochma)	지혜	회색	3의 눈	야
3	비나(Binah)	이해	검은색	목	요드헤바브헤-엘오힘
4	헤세드(Hesed)	자비	푸른색	——	엘
5	게부라(Giburah)	힘/정의	주홍색	가슴	엘오힘 기부르
6	티페레트(Tiferet)	미(아름다움)	황금색	——	요드헤바브헤-엘오아 브다아트
7	네차흐(Netzach)	승리	에머랄드색	태양신경총	요드헤바브헤-츠바오트
8	호드(Hode)	광휘/영광	오렌지	배꼽	엘오힘 츠바오트
9	예소드(Yesode)	기초/토대	자주색	성기	샤다이 엘 하이
10	말쿠트(Mahlkoot)	왕국	레몬색, 갈색, 올리브, 검정	——	아도나이 멜에흐

	신체	냄새	행성	금속	보석
1	머리	용연향	소용돌이	——	다이아몬드
2	왼쪽 얼굴	사향	황도대	——	스타루비, 터키옥
3	오른쪽 얼굴	몰약	쌔턴(토성)	납	진주, 스타사파이어
4	왼팔	삼나무향	주피터(목성)	주석	사파이어, 자수정
5	오른팔	담배향	마스(화성)	철	루비
6	가슴	올리바눔향	썬(태양)	금	토파즈
7	허리, 히프	장미향	비너스(금성)	구리	에메랄드
8	허리, 다리	소합향	머큐리(수성)	수은	빨간 오팔
9	성기	자스민향	문(달)	은	석영
10	발	크레타의 박하향	지구	4원소	무색 수정

	YHVH	형상	도구	식물
1	요드의 끝	신	왕관	아몬드
2	헤(위)	인간	법복(안)	애머랜스
3	――	여자	법복(밖)	실편백
4	――	유니콘	지팡이	올리브
5	――	바실리스크	검	선인장
6	바브	피닉스	라멘	해바라기
7	――	스라소니	램프	장미
8	――	양성인간	이름	난초
9	――	코끼리	향	컴프리
10	헤(아래)	스핑크스	원	백합, 버드나무

	대천사	의미	혼	의미	천사 계급	의미
1	메타트론	신의 천사	예히다	고급자아	하이-오트-하 카데쉬	살아있는 신성한 자
2	라치엘	신의 전령사	하이-야	생명력	오파님	수레
3	차프키엘	신의 명상	네샤마	직감	아라림	왕좌
4	차드키엘	신의 정의			하스마림	빛나는 자
5	카마엘	신의 엄격함			세라핌	불타오르는 뱀
6						
7	라파엘	신의 의사	루아흐	지성	말라힘	메신저
8	하니엘	신의 은총			엘로힘	신
	미하엘	신의 보호자			베네이-엘로힘	신의 자녀 강한 자
9						
10	가브리엘	인간-신	네페쉬	저급 자아	케루빔	
	샌달폰	메시아	구프	육체 자아	아쉼	불의 혼

퀸 색상표는 브리야계와 관련된다. 전통적으로 다른 색상표 보다는 퀸 색상표가 더 중요하다고 믿어진다. 열 번째 세피라에는 네 개의 색이 대응함을 주의하라. 왜냐하면 열 번째 세피라는 지구와 관련되고 네 개의 원초 원소(공기, 흙, 불, 물)의 세계다. 앞 장에서 흙 원소에 대한 행법을 했으므로 많이 친숙해져 있을 것이다. 뒤에서 다른 원소에 대해서도 공부하게 된다.

생명나무 세피라와 여러 대응물을 항목별로 만들어 보관하는 것이 암기에 도움이 된다. 열 개 세피로트와 대응하는 색상표를 만드는 경우 열 번째 세피라는 아래 그림처럼 네 개의 색깔이 있어야 한다.

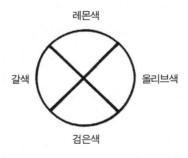

자주색과 녹색을 혼합하면 올리브색이 되고, 오렌지와 녹색을 혼합하면 레몬색이 되며, 오렌지와 자주색을 합하면 여기에 사용하는 특별한 색조를 가진 갈색(적갈색으로 알려짐)이 된다.

다음은 차크라다. 오늘날 사람들이 차크라 개념에 익숙하기 때문에 세피라와 대응하는 차크라를 포함시켰다. 차크라에 대한 깊이 있는 연구는 여기서는 필수적인 부분이 아니다. 차크라에 관심이 있고 좀 더 공부를 원한다면 뒤에 나오는 도서목록을 참고하여 연구하기 바란다.

다음 난은 세피라와 신의 이름이다. 신의 이름은 많지만 이것이 여러 신을 인정하는 것이 아니라 하나의 신에 나타나는 여러 속성을 말하는 것이다. 다른 말로 단일 신의 잠재성을 상징한다.

세피라와 신체 대응은 이미 설명하였다.

다음 난은 냄새와 세피라의 대응이다. 다섯 번째 게부라에 대응하는 냄새는 담배로 되어 있음에 주의한다. 오늘날 담배에는 원래의 순수성과 가치를 의심케 하는 다른 성분이 첨가된다. 알리스터 크로울리에 따르면 담배향은 열심히 일하는 남자들이 가장 좋아하는 냄새며, 게부라가 힘을 상징하므로 선택되었다고 한다. 사실 나는 좋은 냄새가 나지 않는 담배가루를 마법 수행에 사용하는 것에 대하여 의심을 가졌었다. 그러던 어느 날 파이프 담배를 파는 가게에 들르게 되었는데 여기서 아주 괜찮고 상대적으로 성분이 순수한 담배를 찾았다. 게부라의 힘을 느끼게 하는 그런 담배를 구해보라. 쓸모없는 형식을 맹목적으로 따른다면 결코 진실한 마법사가 될 수 없다.

전통은 단지 안내의 역할을 할 뿐이다.

사실상 담배를 포함하든 안 하든 당신에게 힘과 에너지를 느끼게 하는 냄새를 사용하는 것이 적합할 것이다. 비슷한 방식으로 당신에게 맞게끔 표에 보이는 세피라 대응물들을 정정할 수도 있다.

나는 취사선택하는 경향이 있으며 변화와 새로움을 반긴다. 그러나 어떤 대응물은 수천 년 전부터 사용된 것이 있다. 수천 년간 계속 사용된 이유는 그것을 사용해온 사람들이 그 가치와 효과를 발견했기 때문이다. 그러므로 모든 대응물들을 자세히 조사하는 것은 좋으나 만약 오랫동안 사용해온 대응물을 바꾸려면 유효하고 그럴싸한 이유가 있어야 한다.

다음 난은 행성이다. 첫 번째 세피라는 물질 우주가 탄생한 빅뱅 또는 물질이 모아져 소용돌이치는 거대한 가스 구름을 말한다. 이것은 나중에 은하계와 태양계를 형성하였다. 그러나 또한 다른 의미가 있을 수도 있으나 여기 마법체계에서 중요한 부분은 아니다. 두 번째 세피라는 전체 황도대와 대응한다. 지구와 대응하는 열 번째 세피라는 또한 네 개의 원초 원소와 대응한다.

다음 난은 세피라와 금속 대응이다. 첫째, 둘째, 열 번째 세피로트는 상응하는 금속이 없다. 다음은 보석이다.

마법에서 중요한 것은 히브리 문자 요드-헤-바브-헤(YHVH, 테트라그라마톤)다. 이미 이야기하였지만 여기서는 좀 더 새로운 내용을 더하고자 한다. 요드(Yud)는 히브리 문자로 ’이다. 이 문자의 윗부분은 첫 번째 세피라와 대응하고 아래 부분은 헤(Heh, ה)와 함께 두 번째, 세번째, 네 번째 세피라와 대응한다. 바브(Vahv, ו)는 요드가 확장된 모습인데 네 번째 세피라에서 아홉 번째 세피라까지 대응한다. 헤와 바브 사이에 겹치는 부분이 있다. 두 번째 헤(Heh, ה)는 열 번째 세피라와 대응한다.

히브리어는 오른편에서 왼편으로 읽는다. 테트라그라마톤

(YHVH)은 다음 모양이다.

יהוה

יהוה   (세운 형태)

다음 항목에 나오는 형상은 실제 하는 것도 있고 안 하는 것도 있다. 다음 난의 도구는 마법 도구를 말한다. 라멘은 어떤 힘을 나타내기 위하여 목 주변에 거는 등근 장식이다. 전통적인 중세 마법사는 두 벌의 법복을 입었다. 하나는 마법사에게 필요한 침묵을 상징하는 겉에 입는 법복과 숨겨진 내면의 진리를 상징하는 안에 입는 법복이다. 오늘날 대부분의 마법사는 단지 한 벌만 입으며, 두 벌의 법복은 실제적이기보다 상징적이다.

다음은 세피라와 식물의 대응물이 나온다.

상위에 존재하는 세계에 대한 카발라 이론은 아주 질서가 있는 우주의 모습을 보인다. 간단히 우주의 모형을 본다면 다음과 같다.

알 수 없는 신성
신의 여러 면 (신의 이름)
대천사
천사 (천사 계급)

신의 여러 면(속성)은 신의 이름으로 상징되며 천사는 여러 계급으로 나뉜다. 천사는 대천사의 '명령을 받고' 대천사는 신의 명령을 따른다. 신은 대천사에게 각자 성격에 맞는 일을 부여한다. 대천사는 신의 이름으로 상징되는 신의 속성을 통하여 신과 연결된다. 모든 것은 알려지지 않는 알 수 없는 신성, 즉 에인(Ain)이 통제한다. 대천사 히브리 이름과 그 의미가 표에 나와 있다.

다음에는 혼과 관련되는 히브리 음역과 의미인데 미들 필라 수련에서 대략 설명하였다. 짧게 나와 있으나 자세한 설명은 나중에 공부한다. 이어서 천사 계급에서 히브리 천사 이름이 음역되어 있고 의미가 부여되어 있다. 천사 계급에 사용되는 몇몇 이름은 에스겔의 계시에서 사용되었던 이름이다. 전통 히브리 신비주의를 이해한다면 《에스겔서》의 의미를 이해하기 쉬울 것이다. 그렇지 않다면 나사(NASA)의 한 과학자가 에스겔이 본 것은 외계 우주선이라고 주장하는 터무니없는 이론을 도출할 수 있다. 그 과학자는 에스겔이 우주선을 보고 묘사한 것이 《에스겔서》라 한다.

이 카발라 생명나무 세피라 대응물은 아직 완전하지 않다. 자신이 생명나무 세피라에 여러 대응물을 만들 수도 있다. '지금' 이 대응물을 깊이 연구하기 바란다. 이 대응물의 중요성은 회색 마법으로 들어가면 알게 된다. 좀 더 완전한 세피라 대응물을 알고 싶으면 크로울리의 저서 《777》을 참조하라. 이 책은 실천 마법사를 위한 백과사전이다.

제 5 편

미들 필라 의식을 성공적으로 수행했으면 좀 더 진보된 내용(고급 버전)을 공부할 수 있다. 세피라를 심상할 때 대응표에 나타난 색깔을 사용한다. 다트는 연한 자주색을 사용하고 말쿠트는 검정색을 사용한다. 세피로트는 백색 광선의 빔으로 연결되어야 한다. 또한 신의 이름을 진동시킨 후 대천사의 이름을 진동시킬 수도 있다. 다트는 대천사 이름이 없으므로 이노키안 마법(역주 : Enochian Magick, 이 마법은 왕정 점성술사이며 마법사인 존 디[Dr. John Dee 1527~1608]와 동료 에드워드 켈리[Sir Edward Kelley 1555~1597]에 뿌리를 두고 있다. 그들과 에녹 천사와의 만남은 1581년으로 추정된다. 그들이 많은 정보를 얻었으나 깊게 연구된 것 없이 분실되거나 잘못 전해졌다고 한다. 이노키안 알파벳과 이름이 따로 있으며 천사를 불러내는 열쇠로 사용된다)에 나오는 언어를 차용하여 사용하며 그 이름은 엘-엑스-아르-페(El-ex-ar-peh) 코-마-나-누(Co-mah-nah-nu) 타브-이-토-엠(Tahb-ih-toh-ehm)이다.

신체 빛 순환 의식

미들 필라 고급 버전의 실행 여부와 관계없이 이 기법은 매일 실행해야 한다. 2~3분 정도 걸리며 세 부분으로 구분된다.

매일 해야 하는 의식의 순서는 이완 의식, 펜타그램 소 결계 의식 그리고 미들 필라 의식이며 신체 빛 순환 의식을 위하여 미들 필라 행법 마지막에 9단계(빛을 사라지게 것)는 하지 않고 다음 단계를 시작한다.

1단계 : 미들 필라에서 빛을 계속 유지하면서 케테르에 다시 집중한다. 즉 바로 머리 위에 찬란히 빛나는 백광을 최고 밝기로 심상하고 더 많은 에너지를 방출할 필요가 있다. 숨을 내쉬면서 이 에너지(빛)를 머리에서 왼쪽 어깨로 해서 왼발까지 보낸다. 그리고 숨을 들이쉬면서 이 빛을 오른발에서 오른편을 통하여 위로 올려서 어깨로 해서 다시 머리를 거쳐 케테르 위치에 돌아간다. 빛(에너지)의 원이 당신 주변을 휘도는 것을 느껴야 한다. 이것을 여섯 내지 열 번 정도 반복한다.

원한다면 에너지가 양옆에서 우주 끝까지 확장하도록 느껴보라. 대개는 몸에서 90cm 정도 확장되는 것처럼 보인다. 또한 이것을 축소하여 에너지가 왼편 척추를 따라 내려가고 오른편 척추를 따라 올라오도록 심상할 수도 있다.

2단계 : 첫 번째 단계와 비슷하다. 에너지를 옆으로 순환시키는 대신에 몸 앞을 통하여 내려 보내고 뒤를 통하여 케테르까지 올린다. 마찬가지로 호흡은 날숨에 내리고 들숨에 올린다.

신체 빛 순환 의식

3단계 : 전체 미들 필라를 다시 심상한다(즉 머리/케테르부터 발/말쿠트까지 빛으로 연결된 상태) 이번에는 발(말쿠트)에 집중한다. 오른쪽에서부터 이 에너지가 촘촘하게 나선형을 그으며 왼편으로 올라가게 한다. 나선형 움직임으로 시계 반대 방향으로 계속 회전시키며 올라가게 한다. 이것은 발에서 머리까지 이집트 미라처럼 그러나 옷이 아닌 빛으로 감싸지는 모양이다.

순수한 영적인 빛과 에너지가 케테르까지 나선형으로 올라감으로써 영적인 힘이 회전하는 것을 느껴야 한다. 케테르에서 에너지가 분수처럼 모든 방향으로 폭발하는 것을 심상한다. 이 에너지는 발까지 내려와서 다시 나선형으로 올라간다. 숨을 마시면서 에너지가 올라가는 것을 느끼고 숨을 내쉴 때 에너지가 발에 있는 말쿠트로 쏟아지는 것을 느껴라. 1, 2단계에서처럼 이것을 여섯 내지 열 번 정도 반복한다. 이어서 심호흡을 하고 숨을 내쉬면서 에너지가 시각적으로 사라짐을 심상한다. 그러나 보이지는 않지만 여전히 에너지는 주변에 존재함을 알라.

마지막으로 타로 응시 의식을 하고 마법 일기장을 작성한다.

경고 : 빛 신체 순환은 아주 강력한 의식이다. 앞뒤로 흔들릴 수도 있고 어지러움을 느낄 수도 있으며 심지어 영적인 에너지의 움직임 때문에 쓰러질 수도 있다. 동양의 가르침에서 이런 느낌과 육체적 현상은 '크리야스(kriyas)'로 알려지며 크리야 요가 수행법의 일부분이다.

중국 요가 책인 《황금 꽃의 비밀(The Secret of the Golden Flower)》을 보면 이런 말이 나온다.

"빛이 순환할 때 모두가 왕의 절대 권력의 명령을 따르는 것처럼 육체의 모든 힘은 옥좌 앞에 배열한다. 그러므로 빛을 순환시켜야 하며 이것은 가장 심오하고 경이로운 비밀이다. 빛은 쉽게 움직이며 오랫동안 순환시키면 빛은 형태를 띤다. 이것이 '아침에 말없이 그대는 하늘로 날아오른다' 고 말해지는 것이다."

신체순환에 사용되는 에너지는 아주 강력하여 치유에 사용될 수 있다. 간단히 이 에너지를 팔과 손을 통하여 흐르도록 하면 된다. 이 치유법은 특히 에너지가 고갈된 사람이나 아니면 낮은 수준의 에너지를 가지고 있는 사람에게 유용하다. 거의 병에서 회복하고 있는 사람에게도 좋다. 심각한 만성질환을 가진 사람에게도 사용할 수 있다. 그러나 다음 규칙을 따라야 하다.

1. 치유받는 사람의 허락 없이 치유를 하지 말라.
2. 가벼운 감기 환자라면 치유를 하지 말라. 그들은 자신들의 신체에 있는 독소를 제거하기 위하여 질병/불편함(역주 : 원문은 질병 disease를 dis-ease로 풀어썼다. 그 의미는 질병은 편안하지 않음/불편함을 준다는 뜻을 강조하기 위함이다)이 필요하기 때문이다. 만약 질병이 일정기간 진행되었고 환자가 여전히 아직 약한 상태이나 서서히 회복 중이면 회복을 촉진시키기 위하여 돕는 것은 바람직하다. 한 손은 이마에, 다른 한 손은 배에 놓고 에너지를 보낸다.

3. 만약 생명을 위협하는 질병이라면 손과 주의력을 증상이 심하게 나타나는 부위에 둔다. 새로운 생명에너지로 환자 신체를 채우는 동안 질병이 몸에서 떠나서 사라짐을 심상한다. 환자가 에너지로 채워짐을 감지할 때 다시는 아무것도 돌아오지 못하도록 펜타그램 소 결계 의식을 행한다.

4. 고열이 있는 환자에게는 이 기법을 사용하지 말라. 대신 환자의 손을 잡고 병이 그들의 몸을 떠나가고 있음을(그리고 당신 몸에서 멀리 떨어져 머물도록) 심상한다. 병이 무(無)로 사라짐을 심상한다. LBRP를 행하고 원한다면 서늘한 푸른색을 띤 에너지를 보낼 수 있다.

5. 항상 자신을 위하여 LBRP, 미들 필라, 신체 빛 순환 의식으로 치유를 끝내라. 그리고 서늘하고 신선한 물로 최소한 1분간 손을 씻는다. 이것은 우발적으로 어떤 질병이 들어오는 것을 방지한다 (역주 : 모든 에너지 치유에 있어 환자의 질병이나 그 부정적 생각 패턴이 치유하는 사람에게 영향을 주므로 반드시 치유 후에는 방지 수련을 해야 한다).

6. 의사와 협조하여 일하라. 어떤 조건에서도 환자에게 의사의 충고를 따르지 말라고 해서는 안 되고, 전문 치유사의 도움을 구하지 말라고 해서도 안 된다. 그러나 만약 어떤 의료 행위가 도움이 되지 않는다고 느낀다면 환자에게 다른 의사를 찾아보라는 의견은 줄 수 있다.

다음 페이지에 생명나무 위에 존재하는 타로 카드를 보여주는

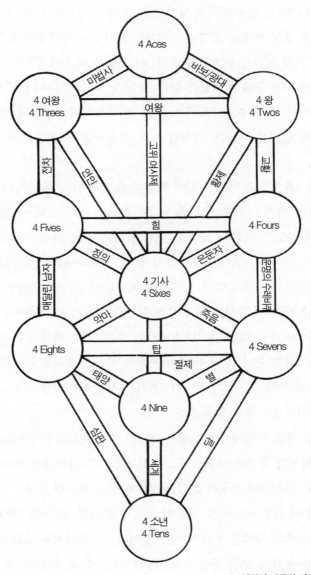

생명의 나무와 타로 카드

그림이 있다. 지금은 어떤 설명도 하지 않을 것이다. 나는 당신이 그림을 보고 카발라 생명나무 세피라와 타로 사이에 관계를 알아내기 위해 시간을 쏟기를 원한다. 이 그림은 나중에 주어질 마법 기법에 가장 중요한 역할을 할 수도 있다. 이 그림은 나중에 설명 되겠지만, 지금 친숙해져서 나중에 그 중요성이 드러났을 때 당황하지 않기를 바란다. 그림을 보며 타로 카드를 연구하고 비교 하라.

3장 6편으로 들어가기 전에 확실히 해둘 것이 있다. 당신이 매일 하는 여러 의식에 계속 추가되는 의식이 있어도 되는지를 궁금해할지도 모르겠다. 당신이 배워야 하는 기본 의식은 이제 하나만 남아 있다. 그러니 포기하지 말라. 가능하다면 기본 의식은 어떤 것도 생략하지 말며, 하루라도 빠뜨리지 말기를 바란다.

지금 하는 것은 당신을 신성과 합일로 이끄는 백마법이다. 또한 회색마법을 위한 준비단계이기도 하다. 전체 의식에 15분 정도 투자하면 된다. 언제 어디서든 짧은 시간에 의식을 하도록 방법을 제공하는 것이 이 책이다. 걸리는 시간에 비하면 의식 수행은 개인에게는 많은 힘을 준다.

가끔 마법 수업에서 학생들이 대단한 주의력으로 의식(ritual)을 수행하지만 결과는 아무것도 느끼지 못한다고 나에게 말한다. 학생들은 자신들이 잘못하고 있는 것은 아닌지 궁금해 한다.

잘못된 것은 아무것도 없으며 의식과 관련된 에너지는 계속하여 물질계와 영계를 통하여 작동 중이다. 그 에너지는 물질과 비물질을 통하여 모든 곳을 흐르며 어디에도 있다. 이전에 에너지 흐름을 감지하지 못했다면 지금 이 의식을 하고 나서 에너지 흐름을 감지하리란 보장은 없다. 마법은 일반인이 이해할 수 없는 방법으로 이 힘들을 이용하는 것이다.

여기 나오는 의식을 하고 어떤 특별한 느낌이나 불가사의한 경험을 가지는 것이 꼭 필요한 것은 아니다. 의식이 적절하게 행해지면 바라는 결과는 당연히 일어난다. 만약 공중에 공을 던진다면 땅에 떨어져야 하는 것과 같은 이치다. 이것은 중력의 법칙이다. 적절히 실행되면 바라는 결과를 얻어야 한다. 이것이 마법의 법칙이다.

가끔 이상한 경험이나 기분은 사이킥 발전에 방해가 될 수도 있다. 어떤 사람은 사이킥 현상을 일으키려고 시도하다 정도의 길에서 벗어나기도 한다. 그들은 공중부양이나 카드 뒤에 그려진 도형을 볼 수 있는 능력 등 상대적으로 별 소용없는 일에 시간을 보내게 된다.

숟가락을 구부리는 데 시간을 보내면서(도대체 숟가락 구부리는 것이 무슨 이익이 있는가?) 마법 의식에 부주의하게 되고 마법과 영적인 능력은 쇠퇴한다.

어떤 독자들은 여기에 묘사된 에너지를 느끼거나 감지할 수도 있다. 어떤 독자들은 한동안 그런 경험이 없을 수도 있다. 이것이 '중요한 것은 아니다.' 적절하게 의식(ritual)을 한다면 마법은 작동한다. 의식을 성공적으로 할 수 있음을 '알라.' 의식을 과감히 하고 성취에 대하여 '침묵' 하라.

제 6 편

여기서는 흙 원반으로 알려진 마법 도구와 제작에 대하여 주로 다루게 된다. 먼저 마법 원소 체계에 대하여 이야기할 필요가 있다.

서양에서는 '4원소' 체계를 가진다는 말을 들어봤을 것이다. 그러나 지금은 사실이 아니며 내가 알기에는 예전에도 그렇지 않았다. 이 체계를 '마법 4원소' 체계로 부르는 것은 지혜의 사원 바깥에 있는 사람들을 속이기 위한 눈가림에 불과하다.

늘 다섯 가지 원소가 있었다. 가장 오래된 카발라 책인《세페르 예치라》에 보면 순서는 다음과 같다.

신의 '영(靈, Spirit)'

영으로부터 방출된 '공기(Air)'

공기에서 나온 '물(Water)'

물의 한 부분인 '흙(Earth)'

그리고 물에서 나온 '불(Fire)'

더러는《세페르 예치라》에 나오는 원소 체계를 '3원소' 체계로 부른다. 영의 원소는 무시되고 흙 원소는 따로 분리된 원소로 보지 않고 물 원소의 부분으로 보기 때문이다. 어떤 카발라 체계는 흙 원소가 공기와 물의 결합 혹은 공기, 물, 불의 혼합이라고 주장한다. 흙 원소가 전통 카발라에서 부차적인 원소로 간주되더라도 여전히 흙은 하나의 원소이다. 영과 흙을 3원소에 포함하면 전부 다섯 개의 마법 원소를 가지게 된다.

　서양에서 네 개의 마법 원소는 오각별 주변에 자주 그려진다. 오각별의 각 점이 마법 원소와 관련되기 위해서는 다섯 번째 원소가 있어야 함은 분명해 보인다. 빠진 원소는 다른 네 가지 원소의 근원인 영(Spirit)이다. 영은 존재하는 모든 것의 근원이며 케테르 너머에서 오는 신성 빛이다. 다음은 다섯 가지 원소의 상징이다.

영 : ⊛

공기 : △

흙 : ▽

불 : △

물 : ▽

다음은 오각별과 5원소의 관련성을 보여주는 심벌이다.

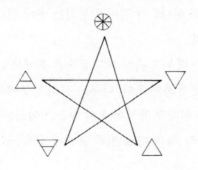

원소가 어떻게 서로 관계되는지 알기 위하여 중국 철학을 참고할 필요가 있다. 중국 신비주의에서 우주의 기본 원소는 다섯 개다(역주 : 중국의 오행[五行], 즉 우주의 다섯 가지 기운으로 지구 위에서 발생하는 모든 현상을 오행이라는 다섯 가지를 바탕으로 설명함). 명칭은 다르지만 서양 체계와 대응하는 중국의 원소를 보자.

중국	서양
불(火, Fire)	불(Fire)
흙(土, Earth)	흙(Earth)
금속(金, Metal)	공기(Air)
물(水, Water)	물(Water)
나무(木, Wood)	영(Spirit)

아래에는 오각별 주변에 중국 오행의 위치가 앞에서 보여준 서양의 배치와 약간 다름을 보여준다. 그러나 중국 체계는 잘 고안된 것이다. 중국 5대 원소를 시계 방향으로 돌면 '창조 순환(우리는 상생[相生]이라 한다)'의 길이라 불리는 원이 된다. 이 원의 상징적 설명을 보자.

불은 모든 것을 태우고 흙이 되고 금속은 흙에서 만들어지고 물은 금속 파이프를 통하여 온다. 나무는 물의 양분에서 생긴다.

분명히 이것은 현대적 해석이나 이 원을 기억하는 데 도움이 된다. 오각별의 팔의 길을 따르면(즉 불에서 금속, 금속에서 나무,

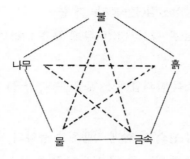

나무에서 흙, 흙에서 물, 물에서 불로 이어지는 길) '파괴 순환(상
극[相剋]이라 한다)' 의 길을 따르는 것이다. 이 상극의 현대적 해
석을 보자.

불은 금속을 용해하고 도끼날의 형태 속에서 금속은 나무를 파
괴하며 나무는 흙을 통제하는 데 사용되고 흙댐은 물을 가두고
물은 불을 끈다.

동양 체계에서는 하나의 마법 원소가 세 가지 중 하나에 사용될
수 있음을 보여준다.

첫째, 자체를 향상시킴(불+불=두 개 불)

둘째, 다른 요소를 향상시킴(나무에 불을 더하면 흙을 증가시킴, 상생)

셋째, 다른 요소를 파괴함(물은 불을 끈다, 상극)

원초 원소(마법 원소)와 함께 작동하는 동양의 사유 체계를 잠시 보았으며 서양 체계는 좀 더 쉬운데 특히 원소 도구와 관련하여 그러하다. 흙 원반은 두 개의 중요한 목적이 있다. 그것은 흙 원소의 에너지를 모아서 통제하고 지시한다. 그 에너지를 사용하는 목적과 방법은 당신에게 있다. 만약 현기증이 난다면 흙 원소 에너지는 당신을 안정시킬 수 있다. 누군가 영, 공기, 불, 혹은 물 원소를 통하여 당신에게 사이킥 공격을 한다면 이들 에너지를 에너지가 온 곳으로 되돌릴 수 있다. 만약 흙 원소로 공격한다면 그 에너지를 반사하거나 아니면 미래를 위하여 보존할 수도 있다. 이런 식으로 실천 마법사에게 흙 원반은 중요한 방어무기다. 이것은 또한 앞에서 말했듯이 흙 원소 에너지를 원하는 목적을 위하여 보내거나 저장하기 위하여 사용할 수 있다.

다음은 만드는 방법이다. 전통적으로 직경 약 20cm에 나무나 금속으로 된 원반을 사용할 것을 권한다. 이 도구는 방어무기다. 방어를 위하여 직경이 20cm나 되는 나무나 금속판을 사용하는 것은 불편하고 좋은 무기는 아니다.

권하고 싶은 흙 원반은 첫째 일반인들의 손 크기를 고려하여 직경 15cm 정도가 사용하기 편하다. 둘째로 원반은 평평한 것보다

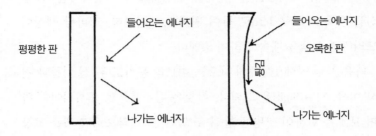

평평한 판   들어오는 에너지

나가는 에너지

오목한 판   들어오는 에너지

나가는 에너지

는 오목한 것이 좋다. 이것은 에너지가 온 어떤 방향으로 그것을 되돌릴 수 있으며, 공격자는 '즉각적인 카르마(Instant Karma)'를 받을 것이다.

　준비물은 얇은 나무 주발을 사거나 만드는 일이다. 안쪽은 가능한 한 오목하게 되어야 하며 뒤쪽은 제단이나 테이블에 균형 있게 놓이도록 평평해도 좋다. 작은 반지를 제단 위에 놓고 원반을 올린다면 밑면이 둥글어도 균형이 유지된다. 금속을 사용할 수 있으나 나무보다 페인트칠 하기가 힘들 수 있다.

　표면을 가볍게 사포로 닦고 흰색으로 밑칠을 한다. 정교한 선을 그리는 붓으로 앞뒤 표면에 'X' 자를 그린다. 이것은 앞뒤 표면을 네 개의 삼각형으로 나누는 것이 된다. 여기에 3장 4편에서 설명한 레몬, 올리브, 검정, 갈색을 칠한다.

　앞뒤 색 위치는 양면의 검정색이 등을 맞대는 식이다. 원반 아래 부분을 잡으면 양면에 같은 검정색을 잡게 된다. 컴퍼스를 사용하여 원반 바깥 끝에서 약 1cm 들어와서 원을 긋는다. 링이 생기면 그 안을 흰색으로 칠한다. 손으로 그리든 컴퍼스를 사용하든 펜타그램 꼭지점들이 링 안쪽에 접하도록 그린다. 펜타그램 선들은 폭을 대략 1cm로 하여 흰색으로 칠한다. 밑바탕 색상이 드러나면 흰색을 계속 칠하여 없앤다.

다음은 링 안에 196쪽에 나오는 히브리 문자로 된 신 이름과 천사 이름, 시길(Sigil)을 그린다. 이것은 검은색으로 표시되어야 하며 보호를 위하여 코팅을 할 수도 있다. 마지막으로 전체를 고광택제로 칠한다.

더 많은 정보가 필요하면 로버트 왕(Robert Wang)의 《비밀사원(The Secret Temple)》을 참조하기 바란다. 그 책에는 황금새벽회 마법 도구를 만드는 방법이 소개되어 있다. 책을 보면 황금새벽회는 원반 안에 오각별을 그린 것이 아니라 육각별을 사용하였음을 알 수 있다. 그들이 이 원반을 오각을 의미하는 '펜타클(원반)'이라고 부르는 이유는 나도 모르겠다. 당신이 황금새벽회 스타일의 원반을 원한다면 그렇게 하라.

황금새벽회 원반(made by Chic Cicero)

'펜타그램'은 오각형별이고 '펜타클'은 펜타그램이 그려진 물건이다(역주 : 흙 원반의 영어명은 '펜타클'이고 원반 위에 '펜타그램' 즉 오각별이 그려져 있다. 형태가 원반이기 때문에 원반으로 번역하여 부르기도 한다).

흙 원반에 사용하는 상징과 히브리 문자를 보면 '모토(motto)'를 위한 공간이 있다. 위의 그림에 보이는 것은 황금새벽회 원반이다. 법복에 모토나 마법 이름을 새기는 것이 특별한 무엇이 일어난다고 잠재의식에게 알리는 역할을 하듯, 마법 이름이나 모토도 마찬가지다. 많은 사람들은 마법 능력을 위하여 자신들이 존경하는 인물—상상의 인물이든 실재하는 인물이든—의 마법 이름을 사용한다. 그러나 이름보다는 오히려 당신이 믿는 것이나 지지하는 글을 사용할 수 있다. 황금새벽회는 주로 라틴어로 모토를 썼으나 '어떤 문자도 괜찮다.' 여기 견본이 있다.

Anima Pura Sit(Let the soul be pure, 혼을 순수하게 하소서).

Demon Est Deus Inversus(The Devil is the Converse of God, 악마는 신의 반대다).

Deo Duce Comite Ferro(With God as my leader and the sword as my companion, 나의 안내자인 신과 나의 친구인 검).

Perdurabo(I will last through, 끝까지 견딜 것이다/인내하리라).

Sacrementum Regis(The sacrament of a King, 왕의 성찬).

Sapere Aude(Dare to be wise, 현명하여라).

Iehi Aour(Let there be light, 빛이 있으라).

[원반을 위한 상징과 히브리 문자]

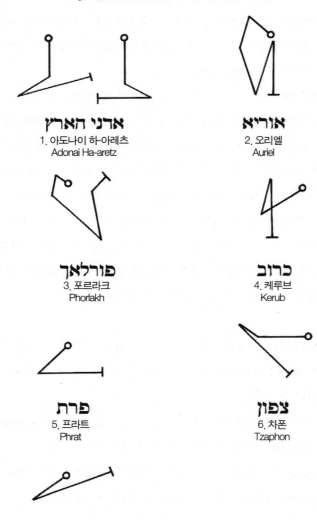

אדני הארץ
1. 아도나이 하-아레츠
Adonai Ha-aretz

אוריא
2. 오리엘
Auriel

פורלאך
3. 포르라크
Phorlakh

כרוב
4. 케루브
Kerub

פרת
5. 프라트
Phrat

צפון
6. 차폰
Tzaphon

ארץ
7. 아레츠
Aretz

8. 모토

황금새벽회 사람들은 보통 자신들이 사용하는 모토의 첫 글자를 가지고 서로를 불렀다. 예를 들면 'Deo Duce Comite Ferro' 라는 모토를 쓰는 남자라면 Frater(Brother) D.D.C.F, 여자라면 Soror(Sister) D.D.C.F로 불렀다.

　영어, 라틴, 히브리어 또는 다른 어떤 언어도 마법 이름이나 모토에 사용될 수 있다. 어떤 이름을 사용할 것인지 깊게 생각해야 한다. 언제나 바꿀 수 있지만 선택은 중요하며, 당신의 마법 능력이 증진해감에 따라 당신에게 모토나 이름이 더욱 의미 있고 중요함을 깨닫게 된다.

제 7 편

같은 의식 마법이라도 '세레모니얼(Ceremonial)' 마법과 '리추얼(Ritual)' 마법의 차이는 무엇이라고 생각하는가? 많은 사람들은 이를 같은 뜻으로 사용하고 있으며 사전도 거의 비슷한 정의를 내린다. 그러나 마법 철학에서는 중요한 차이가 있다.

누구도 의식(儀式)은 할 수 있다. 그것은 면도를 일정한 형식에 따라 하는 것처럼 하나의 관례일 수 있다. 면도 등의 관례가 상당 기간 계속되면 습관이 된다. 관례를 깨뜨리기 위하여 습관이 아닌 다른 형식을 따를 경우 문제를 야기시킬 수도 있다. 그럴 경우 불편해지고 해가 될 수 있다. 내 말을 믿지 못하겠다면 한번 평소와는 다른 방식으로 면도를 해보라. 아마도 얼굴 여러 군데에 상처가 생길 것이다. 이것은 아주 중요한 경고가 된다. 결코 마법 의식이 습관이 되어서는 안 된다. 심지어 수년간 의식을 해왔을지라도 항상 최고의 자각을 가지고 행하라.

'세레모니(Ceremony)'에 대한 나의 정의는 '집단 리추얼(group ritual)'이다. 한 사람과 관련되는 것은 '리추얼'이고 여러 사람이 수행하는 것은 '세레모니'다. 그러므로 의식 마법을 하기 위해서는 집단이 있어야 한다.

개인이 혼자서 수행할 수 있도록 모든 마법 기술이 이 책에 소개되지만 뒤에 집단과 함께 하는 몇몇 의식 마법이 나온다. 이것은 그룹의 가치와 결점에 대하여 생각하게 한다.

마법 그룹의 장점은 세 가지가 있다.

1. **우정(Camaraderie)** : 마법사는 고독한 사람일 수 있다. 같은 분야에 관심이 있는 친구를 안다는 것은 좋은 일이다.

2. **전문화(Specialization)** : 마법집단 구성원이 어느 정도 유사한 지식을 가져야 하나 모든 분야에 전문가가 될 수는 없다. 그룹 안에서 어떤 사람은 타로 카드 전문가일 수 있고(물론 멤버는 어느 정도 타로에 친숙하여야 한다), 다른 사람은 어스트랄러지(Astrology) 전문가일 수 있으며, 또 다른 사람은 오컬트 역사나 다른 분야 전문가일 수 있다. 그룹의 사람이 많을수록 더 많은 정보를 공유할 가능성은 커진다.

3. **힘(Power)** : 부정하는 사람이 있지만 사람이 많을수록 발생되는 사이킥 에너지 수준이 올라간다는 사실이다. 미식축구 경기장이나 록 콘서트에서 에너지 흐름을 경험한 적이 있을 것이다. 이것은 조잡하게 통제되는 사이킥 에너지일 뿐이다. 마법과 함께 우리가 배운 기술을 통하여 이 에너지를 통제하는 법을 배운다. 확실히 참가한 사람의 숫자 비율에 따라 에너지의 힘은 증가한다. 더 나아가 에너지의 양은 단순한 합산이 아니라 기하학적으로 증가한다. 예를 들면 한 사람이 사이킥 에너지 'E'를 발생시킨다면, 아래와 같이 인원수에 따라 발생시킬 수 있다.

2명은 2E,

3명은 4E,

4명은 8E,

5명은 16E,

6명은 32E,

7명은 64E · · · ·

함께 모여 일하는 소수의 사람들이 개별적으로 일하는 많은 사람들보다 더 강할 수 있다. 이것은 내가 만든 이론이 아니라 아인슈타인의 장이론에 근거하며 내가 알고 있는 대부분 오컬리스트들은 동의한다.

이것은 집단에 있으면 자동적으로 당신의 마법 수행이 성공한다는 것은 아니다. 한 명의 마법사가 그룹보다 사이킥 에너지를 더 많이 통제할 수도 있다. 때때로 개인이 그룹보다 더 성공하는 이유가 여기에 있다. 그래서 집단이 개인보다 더 많은 사이킥 에너지를 발생시킬 수도 있다는 가능성을 말하는 것이지 절대적인 것은 아니다. 확실한 것은 무능한 그룹은 아주 잘 훈련된 한 명의 마법사만 못할 수 있다.

이런 점이 그룹의 단점이다. 아주 친한 친구가 있는데, 마법에 대한 여러 책을 쓴 유명한 작가기도 하다. 그는 그룹으로 일하는 것은 이제는 쓸모없고 실용적이지 않다고 믿는 사람이다. 이 견해는 어떤 그룹과의 개인적인 경험 때문이다. 나 또한 유사한 경험을 해왔다. 그룹과 관련된 문제는 한 가지밖에 없다. 그것은 개

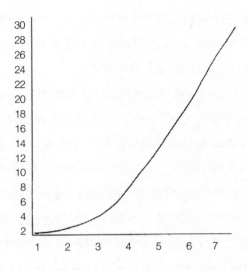

에너지 필드

인의 심리 문제다.

그룹에 파벌이 형성되고 파벌에서 소외당한 사람은 상처를 입고 혼자 남겨진다. A라는 사람은 B라는 사람이 너무 (1) 똑똑하고 (2) 멍청하고 (3) 못 생겼고 (4) 아름답다는 이유로, 혹은 (5) 다른 이유로 일하지 않으려 할 수 있다. 누군가는 자신을 그룹에 맞추려고 하는 대신 그룹이 자신에게 맞추기를 원한다. 이 모든 것이 어리석은 짓들이며 그룹의 단결을 와해시킨다.

이런 종류의 터무니없는 일이 여러 단체에서 일어났다. 스스로를 장미십자회라 부르는 여러 단체들은 자신들만이 유일한 장미십자단원들이며 나머지 그룹은 모두 사기꾼이라고 주장한다. 여러 위카 단체도 유사한 논쟁을 한다. 한 유명한 마법 그룹에는 자신이 조직의 진짜 리더라고 주장하는 사람이 5~6명이나 있는 실정이다. 비슷한 관심을 가진 사람들과 모임을 가지고 일하기를 원하는 사람이 알아야 할 것을 생각해보자.

첫째, 인원이 늘어나면 프리메이슨처럼 모든 회원이 동의를 해야 가입이 허락된다. 먼저 신참은 마법 수준의 모임에 참가하기 전에 사교 수준의 모임에서 회원들을 만나야 한다. 그룹은 작은 친구 모임 정도여야 한다. 어떤 위치(Witches)는 13명 정도가 적당한 크기라고 한다. 13이란 숫자는 코벤(coven, 위치 그룹으로 12명의 마녀와 1명의 리더로 구성된다) 단체의 구성원 숫자다.

둘째, 마법 그룹의 모든 구성원의 목적은 통일되어야 한다. 구성원에게 어떤 숨은 동기가 있어서는 안 된다. 이스라엘 리가디는 오컬티즘에 관계하는 모든 사람은 심리요법을 받아야 한다고 강력하게 주장한다. 오랫동안 나는 리가디가 라이히안 요법가(역주 : Reichian Therapy, 1897년에 오스트리아에서 태어나 1939년부터는 미국에서 활약한 정신분석학자 빌헬름 라이히[Wilhelm Reich] 박사가 창시한 이 방법은 정신분석이나 심리적인 측면에 치중하는 경향을 피하고 오히려 직접적으로 신체적인 면과 성격적인 면을 다루면서 비정상적으로 억제되었던 성적 · 정서적 에너지를 효율적으로 분출시킴으로써 치료 효과를 도모하였다)였기에 그렇게 생각하였으리라 느꼈다. 그러나 여러 그룹과 함께한 경험과 다른 사람들에게 들은 경험을 통하여 지금은 그의 의견에 동의하는 편이다.

불행하게도 우리 대부분은 정신분석가에게 갈 시간도 없고 가고 싶어 하지도 않는다. 또한 정신분석가는 수준 차이가 많다. 누가 올바른 정신분석가인지 알 수 없다.

다행스럽게도 여기 답이 있다. I.O.B.라고 부르는 아주 강력한 심리분석과 마법 기술이 그것이다.

I.O.B.

I.O.B. 기법은 새로운 것은 아니라 황금새벽회 마법 기법과 중세 심리분석을 새롭게 해석한 것이다. 황금새벽회 기법은 '텔리스메틱 이미지(Telesmatic images)' (역주 : 천사나 요정, 추상적인 개념같이 물질 형상이 없는 존재를 마음으로 창조하는 것)와 어떤 결계 의식으로 되어 있다. 중세 심리 기법은 흔히 엑소시즘으로 불린다.

아마 영화 〈엑소시스트〉를 본 독자들은 이것이 무엇인지 잘 알 것이다. 이것은 사람에게 빙의한 악마나 마귀(존재한다면)를 쫓아내는 방법이다. 분명히 빙의는 오늘날 아주 드문 일이다. 그러면 과거에 빈번하던 악마에 의한 빙의가 오늘날 거의 사라진 이유, 즉 '이들 악마에게 무엇이 일어났는지' 궁금할 것이다. 결론은 악마들이 사람을 괴롭히는 짓을 그만두었거나 아예 존재하지 않았거나 아니면 오늘날 이들 '악마'에 대한 해석이 다를 수 있다는 것이다. 중세시대에 사람을 빙의하였다는 악마가 변화였다고 믿을 증거는 없으며 그 기간에 일어난 엑소시즘 기록을 조사하면 이 모든 기록이 거짓이라고 추측할 이유는 거의 없다. 그러므로 오늘날 '악마'는 다른 방법으로 다루어지고 있다고 추측할 수 있다.

엑소시즘 기록을 조사하면 빙의된 사람과 오늘날 육체적 문제나 정신적 문제를 가진 사람들 사이에 유사성에 놀랄 것이다. 악마의 빙의를 다룬 엑소시즘도 있었다고 추측되지만 상당수 엑소시즘은 오늘날 '심리드라마'로 알려진 일종의 초기 심리요법으로 보인다.

이들 기법은 중세 기독교 철학에만 연관되는 것이 아니다. 유사한 기법이 몇몇 비전 단체에서 사용되었으며 중요한 것은 이 엑소시즘 기법이 많은 경우에 작동하였다는 것이다.

황금새벽회의 텔리스매틱 이미지는 미리 정해진 방법에 따라 이미지를 창조하는 복잡한 기법이다. 여기서 자세히 설명하기에는 너무 복잡하다. 요점은 형태가 없는 이미지를 창조하는 것이다. 그러므로 예를 들면 '정의'는 특별한 이미지로 만들어질 수 있다. '자유'는 특정 천사나 대천사 이미지로 '편협'은 악마 이미지로 만들어질 수 있다. 일단 이미지가 창조되면 한정된 범위 내에서 '생명'이 주어질 수 있다. 마지막으로 그것은 마치 살아있고 숨쉬는 존재로 다루어질 수 있다.

'편협' 같은 개념도 형태가 주어질 수 있다고 말했다. 그러므로 좋든 나쁘든 그 속성에는 형태가 주어질 수 있다. 형태가 주어지면 이것을 결계하여 내쫓는 I.O.B. 기법은 엑소시즘과 여러 면에서 비슷하다.

경고 : 오컬트 연구에 거부감이 없는 긍정적이며 성장 지향적 심리분석가를 찾아가는 것이 I.O.B. 기법을 실행하는 것보다 나을

수 있다. I.O.B. 기법은 이 책에 나오는 모든 기법에서 위험하다고 생각될 수 있는 유일한 것이다. 악마가 당신을 공격하거나 병나게 한다는 의미는 아니다. 내가 말하는 것은 이 기법을 통하여 당신의 진실한 속성에 대하여 더 많은 것을 배우게 되리라는 것이다. 고대 신비학교 문 앞에는 '너 자신을 알라(Know Thyself)'라는 문구가 있었다. 자신을 아는 것은 상상할 수 있는 최고의 경외감과 두려움을 주는 경험일 수 있다. 이 기법을 시도하여 두렵다거나 몸이 아프거나 감각을 잃어버린다면 즉시 멈춘다. 마음은 우리가 준비되지 않으면 내면의 진리를 드러내지 않는 안전장치를 가지고 있다. 이 기법을 행하려면 서두르지 말고 자신에게 부드럽고 친절해야 한다. 이 기법은 아주 강력하다.

I.O.B.에서 'I'는 '아이덴티티를 확인하는 것(Identify)'을 의미한다. 이 기법에서 가장 힘든 일이 자신이 싫어하는 여러 속성을 확인하는 것이다. 당신은 완고한가, 이기주의적인가, 자기중심적인가, 불안정한가, 우유부단한가? 그것이 무엇이든 당신의 첫 번째 임무는 그것을 확인하는 것이다. 처음에는 당신 자신의 결점이라고 생각되는 것들을 인정하기가 쉽지는 않지만 그렇게 위험한 일은 아니다. 현재의식 수준에서 결점을 인정하는 것은 쉬워지나 잠재의식은 현재의식에 저항한다. 이때에는 편하게 다루어야 한다. 결코 강요하지 말라. 이 과정은 시간이 많이 걸리나 프로이드 심리분석보다는 짧고 쉽게 작동한다.

두 번째 단계는 가장 쉽고 재미있는 단계다. I.O.B.의 'O'는 '객관화시키는 것(Objectify)'을 의미한다. 여기서는 당신이 확인한 것을 드러내어서 이미지를 만드는 것이다. 이미지로 생명이 선호되지만 어떤 형태도 가능하다.

　자신에게서 제거하고 싶은 것 중 하나를 변화에 저항하는 '완고함'으로 선정하였다고 가정하자. 이 단계에서 이 완고함을 객관화하여 어떤 형상으로 만든다. 어떤 이미지도 만들 수 있다. 여기서는 목적을 위하여 남자 형상을 한 이미지를 생각하자. 얼굴은 윤곽이 뚜렷하며 머리에는 군모를 쓰고 있다. 냉혹한 갈색 눈에 키가 크고 건장하나 다리 관절이 작동하지 않아 강한 힘은 소용없어 보인다. 튼튼한 갈색 낙하산복을 입고 그 속으로는 강한 근육이 보인다. 굳어 있는 근육 때문에 괴로워한다. 이런 식으로 완고함의 이미지가 만들어질 수 있다. 언급한 모든 것은 완고함의 원형을 객관화한 것이다. 이 이미지와 방식이 마음에 든다면 계속 진행할 수 있다. 피부색, 머리 색깔 등(일반적인 기준에 한정되지 말라)을 이미지로 선택할 수 있다.

　나중에 이 창조물에 이름을 부여한다. 당신이 아는 타인의 이름이나 임의의 어떤 이름도 가능하다. 늘 사용하는 일반적인 이름일 필요는 없다.

　마음으로 좀 더 구체적인 이미지를 만드는 데 시간을 보내라. 그림에 재능이 있으면 그릴 수도 있다. 꼭 인간의 형상일 필요는 없다. 기묘한 동물 같은 형상도 괜찮다. 사실 이것이 더 나을 수도 있다.

　일단 이미지를 창조했으면 다음 단계는 그것에 생명을 주는 것이다. 형상을 심상하고 당신과 창조된 형상 주변에 LBRP를 한다.

이미지를 그림이나 조각으로 만들었다면 그것을 중심으로 LBRP를 한다. 마음으로 창조한 이미지를 물질로 만든 것(그림이나 조각 등)과 합친다.

다음 단계는 미들 필라 의식을 한다. 미들 필라 수련에서 에너지를 끌어냈으면 심호흡을 하고 완전히 숨을 내쉬면서 생명 에너지를 팔과 손을 통하여 마음으로 창조한 이미지에 보내라. 이미지가 물질로 만들어졌으면 그 형상에 에너지를 보낸다.

I.O.B.에서 'B'는 '결계(Banish, 내쫓다, 정화하다)'를 의미한다. 이것은 엑소시즘과 비슷한 마법이다. 결계 방식은 펜타그램소 결계 의식에 근거하지만 약간 까다롭다. 왜냐하면 우리 자신의 원치 않은 부분을 내쫓고 정화하는 것이기 때문이다.

1단계 : 목욕 의식과 함께 자신의 외부를 정화한다.

2단계 : 이완 의식을 행한다.

3단계 : 객관화한 그림이나 조각이 있으면 얼마간 그것을 응시한다. 그리고 그것을 치우고 상상 속에서 형상을 만들고 지켜본다. 물질로 만든 것이 없다면 모든 것을 상상 속에서 한다.

4단계 : 심상화의 일부분으로서 당신과 형상 사이에 연결된 가는 줄이나 선을 보아야 한다. 태양신경총에서 서로 연결되어야 한다. 형상이 태양신경을 가지지 않는 것이라면 심장이나 머리에서 연결되어야 한다. 심상능력이 부족하면 단순히 이미지가 거기에 있음을 알면 된다(생각하거나 믿지 말고 그냥 있다고 아는 것). 사이킥 비전이 좋으면 당연히 볼 수 있는 것이다.

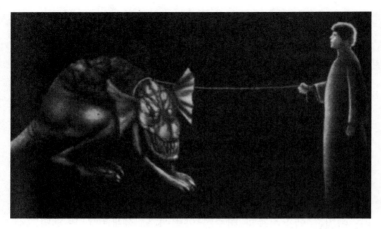

I.O.B 기법

5단계 : 단검을 꺼내 연결선을 끊는다. 만약 단검이 없으면 가위질하듯이 오른쪽 손가락 두 개를 사용하라.

6단계 : 즉시 분리된 형상에 대고 입장자 사인(팔이 앞으로 나가면서 왼발을 앞으로 하고 단검이나 양손의 집게손가락으로 앞을 찌르는 동작)을 한다. 동시에 손가락으로부터 밝게 빛나는 푸른색 펜타그램을 형상에 투사한다. 그리고는 "OOO(이름을 말한다)여! 사라져라"고 외친다. 이것은 형상이 조금 떨어지도록 야기한다. 그러면 형상은 조금 떨어지게 된다.

7단계 : LBRP를 한다. 이것이 완료될 때 창조된 형상은 보호서클 밖에 있어야 한다. 당신과 형상 사이에 존재했던 절단된 흔적이 없어야 한다.

8단계 : 형상을 파괴하는 데 어떤 장비가 적합한지 결정하라. 예를 들면, 완고함을 위해서는 컵, 변덕에는 원반(펜타클), 나태함에는 지팡이, 명료한 사고에는 단검을 사용한다. 적합한 도구는 제거하고자 하는 것의 반대 속성을 나타낸다. 물은 늘 변하고 컵은 변화하지 못하는 것에 좋은 무기가 된다. 원반이 상징하는 흙의 견고함은 계속 변하는 마음에 대해 좋은 무기다. 불 지팡이가 상징하는 에너지는 게으름에 좋은 무기다. 공기는 우리의 높은 능력을 상징하므로 공기 도구인 단검은 불분명한 생각에 좋은 무기가 된다.

9단계 : 적합한 무기를 선택하여 창조된 형상을 바라본다. 원반을 사용하는 법은 검은 부위를 잡고 오목한 면을 원하는 방향으로 향하게 한다. 지팡이와 단검은 앞을 향하게 한다. 컵 바닥이나 굽을 잡고 물을 담는 부분이 앞으로 향하게 한다. 아직 이런 도구를 준비하지 않았다면 손바닥을 바깥으로 향하게 하여 사용한다.

그리고 다음 주문을 말한다.

"샤-다이-엘 하이(Sha-dai-El Chai : 진동시킨다)의 이름과 권능으로 그대(창조된 이미지 이름을 말한다)가 용해되어 없어져서 여기에서 사라지도록 명령하노라. 그대는 영원히 사라져서 돌아오지 않을지어다. 그렇게 될지어다."

이것은 강력한 힘을 가진 왕이나 여왕이 부하에게 명령하듯 권위를 가지고 말해야 한다. 당신이 원하지 않는 것을 파괴한 것은 당신이 아닐지라도 당신을 통하여 신의 힘이 파괴하였음을 기억하라.

10단계 : 미들 필라 의식을 짧게 행한다. 그리고 신체 빛 순환 의식에서처럼 에너지가 위에서 내려옴을 느껴라. 그러나 이번에는 이 에너지를 팔과 손을 통하여 나가서 앞에 있는 펜타그램 중심을 통하여(펜타그램은 항상 앞에 있어야 한다) 형상(만든 이미지)이 흐르게 한다. 이 에너지가 점점 강해짐을 심상하고 형상은 점점 약해져서 투명해짐을 심상한다. 형상이 완전히 압도되어 무(無)로 사라질 때까지 숨을 내쉴 때마다 나오는

에너지가 점점 강력해져야 한다. 형상이 완전히 사라진 후에도 최소한 1
분 동안 신의 이름으로 에너지 보내기를 계속한다.

11단계 : V 자가 되도록 양손을 공중에 올린다. 마법 도구를 사용한다면
오른손 안에 도구가 위로 향해야 한다. 다음을 말한다.

"우주의 신인 그대에게 경배 드리나이다. 형상과 속성 너머 있는 그대
에게 경배 드리나이다. 제가 아니라 그대에게 영원히 권능과 영광이
있으시길 기원하나이다."

12단계 : 다시 한 번 LBRP를 한다. 그리고 마법 서클(원진)이 사라짐을 심
상하라. 그러나 여전히 거기 있음을 알라. 이것으로 의식은 끝나고 마법
일기를 작성하면 된다.

I.O.B. 기법은 여러 문제에 도움이 될 수 있다. 그러나 아직도
당신은 훈련 중인 마법사임을 기억하라. 요리를 배우는 주방장은
음식을 아직 완전하게 요리할 수는 없다. 그대의 I.O.B. 기법 또
한 마찬가지로 처음에는 완전하지 않을 수 있다. 원하지 않은 것
을 제거하기 위하여 여러 번 되풀이할 필요가 있다. 만약 이미지
를 물질 형상으로 만들었거나 구입하였으면 이 기법을 하고난 후
완전히 파괴하여야 한다. 어떤 속성을 제거하다가 잘 되지 않으
면 바꾸고 싶은 다른 속성을 제거하고 다시 돌아와서 하면 된다.

당신과 그룹 회원이 I.O.B. 기법을 규칙적으로 행한다면 그룹
이 조화롭게 함께 살아가는 것도 가능하다. 개인적으로는 이
I.O.B. 기법은 당신을 훨씬 나은 사람으로 만들 것이다.

복습 ....

다음 질문은 3장에서 주어진 내용을 충분히 이해하였는지 알기 위한 문제다. 되도록 책을 보지 말고 답하라. 답은 부록 2에 나와 있다.

1. 흙 원소의 속성은 무엇인가?
2. 생명나무의 세 개 필라(기둥)를 나열하라?
3. 생명나무의 세 개 삼각형은 나열하라?
4. 카발라에 나오는 4계(四界)를 나열하라?
5. 참된 명상의 목적은 무엇인가?
6. 참된 명상의 세 단계는 무엇인가?
7. 자신이 참된 마법사가 될 수 없음을 어떻게 알 수 있는가?
8. 카발라에서 우주의 체계는 어떻게 구성되는가?
9. 허락 없이 사람을 치유하는 것은 어떤 경우에 괜찮은가?
10. 자신의 외부나 내면에 직접적인 변화를 감지하지 못한다면 실패한 의식인가?
11. 흙 원소 원반 안쪽 면을 오목하게 만드는 이유는 무엇인가?
12. 마법을 그룹으로 하는 경우 얻게 되는 세 가지 이익을 나열하라?
13. I.O.B.의 의미는 무엇인가?

다음 질문은 당신만이 답할 수 있는 질문이다.

1. 규칙적으로 모든 의식을 하고 있는가?
2. 명상을 하고 있는가?
3. 흙 원소를 통제하고 있는가?

4. 생명나무 세피라와 그 대응물들을 기억하는가?

5. 이 장에서 잘 모르는 단어의 의미를 조사하고 있는가? 예를 들면 바실리스크(전설상의 괴사[怪蛇])가 가시가 있는 뱀의 꼬리와 수탉의 머리와 날개 그리고 발을 가지고 있음을 알고 있는가? 바실리스크는 두꺼비나 뱀이 앉았던 장소에 놓인 달걀에서 태어난다고 한다. 노려보거나 입김을 쏘면 치명적이었다고 한다. 카커트리스(cockatrice)로 불리기도 한다.

인용 문헌 ....

Conway, David, *Ritual Magick*, Dutoon, 1972.

Crowley, A., *Magick*, Weiser, 1973.

       777, Weiser, 1973, 1977.

Fortune, D., *Mystical Qabalah, The*, Benn, 1935.

Gray, W.G., *Ladder of Lights, The*, Helios, 1968.

Judith, Anodea, *Wheels of Life*, Llewellyn Publications, 1987.

Halevi, Zev ben Shimon, *Kabbalah.*, Thames and Hudson, 1979.

Knight, G., *Practical Guide to Qabalistic Symbolism, A, 2 Vols.*, Helios 1969

Leadbeater, *Chakras, The*, Quest.

Ponce, Charles, *Kabbalah*, Straight Arrow Books, 1973.

Regardie, I., *Garden of Pomegranates, A*, Llewellyn Publication, 1970.

       Golden Dawn, The, Llewellyn Publications, 1971.

       Middle Pillar, The, Llewellyn Publications, 1970.

       Tree of Life, The, Weiser, 1973.

Rendel, P., *Introduction to the Chakras*, Aquarian, 1974.

Sturzaker, James, *Kabbalistic Aporisms*, Theosophical Publishing House,

   1971.

제4장

제 1 편

여기서는 흙 원소에서 공기 원소에 대한 연구로 넘어가며 이것은 황금새벽회 입문 단계의 연속이다. 3장에 나오는 흙 원소 수련 후 흙 원소와의 합일감이나 이해에 만족하지 못한다면 2주 정도 더 연습을 해야 한다. 그러나 아래에 나오는 수련은 즉시 해야 한다.

공기 원소는 따뜻함과 습함을 가진다.

다음 수련을 통하여 일상에서 공기 원소에 대하여 더 많이 자각하게 될 것이다.

수련 1 : 주변에 따뜻함과 습함을 가진 것들을 관찰한다. 원소 속성은 상대적임을 알아야 한다. 스팀은 공기 원소의 한 형태이고 드라이아이스에서 나오는 증기보다 훨씬 많은 습기와 따뜻함을 갖는다. 그러나 드라이아이스의 증기도 또한 공기 원소를 가진다. 여러 공기 원소를 경험할 때 공기 원소의 상대성을 조사하라. 이것을 마법 일기장에 기록한다. 일주일간 하루에 한 번씩 이 수련을 한다.

수련 2 : 혼자 있을 수 있는 장소를 찾아라. 옥외용 라운저를 준비한다(역주 : 이동용 긴 의자, 골격은 알루미늄 프레임으로 되어 있고 나일론 줄로 만들어진 등받이 각도가 있는 의자). 준비가 되지 않았다면 그냥 접는 의자로 충분하다. 이런 의자가 필요한 이유는 가능한 공기에 많이 둘러싸이고 지상에서 몸이 많이 떨어지게 하기 위함이다. 옷을 모두 벗고 라운저에 눕거나 의자에 앉는다. 이 수련에 적당한 장소를 찾지 못했다면 가볍게 옷을 입는다. 남자는 짧은 수영복이, 여자는 몸에 달라붙는 비키니 정도가 좋을 것이다. 나체가 목적이 아니라 가능한 한 많은 공기를 접촉하도록 하기 위함이다.

지금 해야 할 것은 '원소 기공 호흡' 이다. 먼저 이완 의식을 한다. 호흡에 대하여 깊게 자각을 한다. 공기가 천천히 들어오고 나가는 움직임을 자각한다. 코와 기도(氣道) 그리고 폐로 공기가 들어올 때 공기가 어떻게 느껴지는지 잘 살핀다. 폐 안에서 산소와 이산화탄소가 교환되는 것을 느끼거나 상상하고, 기도를 통하여 코와 입으로 공기가 나올 때 공기에 들어 있는 이산화탄소를 느껴라.

온몸이 거대한 숨쉬는 기관이라고 상상한다. 신체 모든 부위가 숨 쉬는 일만 하는 것으로 상상한다. 숨을 쉬면서 피부의 모든 구멍이 숨 쉬고 있음을 상상한다. 폐가 공기를 마시듯 피부가 공기 원소를 흡입해야 한다. 공기가 들어오고 나가고 온몸이 깨끗이 정화됨을 느껴야 한다.

가능하면 같은 날 다른 시간에 다른 장소에서 이 수련을 시도해 보라. 공기는 원소 중에 두 번째로 변하기 쉬운 원소이며 다른 여러 방법으로도 경험할 수 있다. 최소한 일주일 동안 매일 한다. 원한다면 더 오랜 기간 할 수도 있다. 그러나 일주일 후에는 다음에 주어지는 수련을 해야 한다.

수련 3 : 자신이 '공기 원소' 라고 상상한다. 이것은 하루에 한 번 하며, 시간은 3분 정도 소요한다. 공기의 가벼움과 떠다니는 현기증과 따뜻함과 습기를 느껴라. 물질에 초연함을 느끼고 '에어헤드(airhead, 머리가 빈, 멍청이)' 의 의미를 배우라. 농담으로 하는 말이 아니라 진지하게 하는 말이다. 공기가 되라.

일주일간 이 수련을 하되, 그 후로 최소한 한 달은 수련을 되풀이하지 말라. 한 번에 1주일 그리고 1년에 12주가 할 수 있는 한도다. 정상적인 일을 하는 데 '어려움이 있으면 즉시 수련을 멈춘다.' 하루나 이틀 후면 정상으로 돌아올 것이다. 또한 이전에 배운 흙 원소 행법에 나오는 수련 3은 너무 많은 공기를 흡수하여 생기는 문제(에어헤드)를 극복하는 데 도움이 될 것이다.

수련 4 : 일단 공기가 되는 법을 배웠으면(공기가 당신 삶을 점거함이 없이), 다음은 공기 원소에 대한 더 큰 의식적 통제를 하는 단계다. 잠시 자신이 공기임을 상상한다. 수련3의 느낌을 의식으로 가져온다. 양손바닥을 마주보게 하고 20~30cm 정도 떨어지게 유지한다. 양손 사이에 통이나 상자가 있음을 상상하라. 숨을 내쉬면서 당신 안에 있는 모든 공기 원소가 나가서 통 안에 갇히는 것을 심상한다. 세 번 내지 다섯 번 정도 숨을 내쉬면 가득찰 것이다. 그리고 세 번의 들숨과 함께 다시 공기를 마시며 정상 의식으로 돌아온다.

테스트 : 이것은 당신이 공기 원소와 조화롭게 되었는지 그리고 그 원소를 통제할 수 있는지 확인하기 위함이다.

무겁고 부풀어 오르고 느리거나 게으름을 느낀다면 수련 4에서 설명한 공기 원소 상자나 통을 다시 심상한 후 숨을 크게 한 번 마시면서 통 속의 내용물을 끌어당긴다. 5분 안에 이완과 가벼움과 신선함과 하고 싶은 일을 하려는 욕망을 느껴야 한다.

다음에 현기증이 나고 마음이 들뜨고 어리석음과 불안함을 느낀다면 마찬가지로 통을 형성하고 이번에는 공중에다 큰 구멍을 심상하고 상자가 공기 원소로 채워질 때 통을 구멍 안으로 던진다. 이것은 구멍에 통을 던지는 자신을 심상하는 것이다. 그리고 통이 구멍으로 들어간 후 구멍이 봉해지는 것을 심상한다. 수분 안에 좀 더 안정되고 균형감을 느껴야 한다. 그러나 정상적인 기분을 느끼기 위하여 두세 번 이것을 되풀이하는 것이 필요할 수도 있다.

만족스럽게 이 테스트를 통과하면 공기 원소를 마스터한 것이 된다. 흙 원소에서 설명했지만 수일이나 수주 안에 성공하지 못하더라도 '걱정하지 말라.' 계속 수련하라. 다른 원소들은 더 오래 걸릴 수도 있다. 그러나 포기하지 말라. 결과에 걱정하지 말고 계속하면 근면한 모든 사람들이 성공하였듯이 결국에는 성공할 것이다. 실험 결과를 마법 일기장에 기록한다.

제 2 편

앞에서 말했듯이 누구도 '리추얼'은 할 수 있으나 '세레모니'는 적절히 같이 수행할 그룹이 필요하다. 이 과정을 통하여 공부하는 사람들이 그룹으로 모였다고 가정하자. 여기에 그룹 의식이 있다.

치유 의식

치료에 도움이 필요한 사람을 돕는 의식이다. 여기에는 도움을 받는 사람 외에도 최소한 세 명의 사람이 참가해야 한다. 이 치유 의식은 열이 있는 사람에게 사용되어서는 안 된다. 또한 경미한 감기환자나 독감환자 역시 마찬가지다. 왜냐하면 이런 사람들에게는 나쁜 생활습관 때문에 생긴 몸의 독소를 정화할 필요가 있기 때문이다. 위 규칙에서 유일한 예외는 감기나 독감이 생명을 위협하는 경우다. 감기나 독감이 물러갈 시기에 환자는 매우 지치게 되며 이때 이 치유 의식은 아주 효과적이다. 만성병에도 효과적이다.

이 치유 의식은 의사의 치료 행위를 대체하지 않는다.

1단계 : 참가한 사람 중에서 타로와 같은 신성 점에 가장 익숙한 사람이 먼저 치료를 하는 것이 적합한지 알아보도록 한다. 신성 점의 결과가 좋지 않으면 치유를 하지 말라. 신성 점을 믿으라.

2단계 : 점에서 대답이 긍정적이라면 환자에게 치유를 허락할 것인지 요청하라. 허락하지 않으면 그만둔다. 심지어 그 사람이 이전에 치유에 긍정적으로 요청하였더라도 허락은 치유하는 순간에 있어야 한다. 환자가 긍정적이라면 다음을 준비하라.

1. 의자 주변을 걸어 다닐 수 있을 만큼 간격을 충분히 넓게 하여 의자를 원 형태로 배치한다. 참가한 사람보다 더 많은 의자가 놓일 수도 있다.

2. 중심에 제단을 두고 일상적인 장비들을 올려 놓는다. 치유를 받을 사람이 앉을 의자를 제단(동쪽을 향한다) 앞에 둔다. 의식을 하는 동안 환자는 의자에 앉아 있어야 한다. 특히 환자가 그룹 회원이 아니라면 더욱 그러하다. 다른 사람들은 제단을 둘러싸고 있는 의자에 앉는다.

3단계 : 이완 의식을 주도할 사람을 선택한다. 어린아이를 재우듯이 저음의 깊고 이완된 목소리를 사용한다.

4단계 : 한 사람이 LBRP를 한다. 카발라 십자가(Kabalah Cross) 의식은 동쪽을 보고 제단 뒤에서 한다. 펜타그램 만들기는 모든 사람이 포함되도록 원을 이루는 의자 바깥으로 나가서 한다. 대천사 에보케이션과 마지막 카발라 십자가 그리기는 제단 뒤에서 동쪽을 보고 한다(제단을 상정하고 설명했으므로 제단이 없으면 환자 뒤에서 한다).

또한 한 사람이 카발라 십자가 의식을 하고 다른 사람이 대천사 에보케이션을 하는 것도 가능하며, 첫 번째 카발라 십자가 의식을 한 사람이 마지막 카발라 십자가 의식을 되풀이한다. 한 사람이 LBRP 전체를 하는 것은 개인 경험이지만 효과적이지 않았다. 그러나 자신이 좋아하는 방법을 선택하라. 환자는 LBRP를 하는 동안 할 일은 없다. 참가한 모든 회원들이 진행되는 의식에 집중하여야 하며 자신의 심상을 의식을 수행하는 사람에게 더해야 한다. 의식이 시작된 후에는 환자 이외에 모든 참가자는 원 안에서 아무것도 하지 말아야 한다.

5단계 : 한 사람을 제외하고 모든 참가자들이 앞으로 나와서 손을 잡고 환자 주변에 원을 형성한다. 이 위치에서 모두는 미들 필라 의식(Middle Pillar Ritual)을 한다. 남아 있는 한 사람(리더)은 동쪽에 서서 사람들을 보고 서쪽을 향하여 미들 필라 의식을 한다. 리더는 자신이 30미터나 되는 거인이라고 상상하면서 의식을 지켜보고 참가해야 한다.

6단계 : 동쪽에 있는 사람(리더)은 오른손에 단검(심각하지 않는 병) 혹은 지팡이(좀 더 심각한 질병)를 잡고 있어야 한다. 미들 필라 의식이 완료되면 마치 축복을 하듯이 팔을 위로 올리고 사람들이 형성하고 있는 원을 향하여 걸어가서 말한다.

"나는 빛의 힘, 지혜의 힘, 빛의 자비 안으로 들어 왔습니다.

빛은 그 날개 속에 치유의 힘이 있습니다."

7단계 : 이때까지 그 사람(리더)은 사람들이 만든 원 옆에 있어야 한다. 마법 도구는 아픈 사람의 머리 꼭대기나 치유되어야 할 신체 부위를 가리켜야 한다. 이 순간 원을 이루는 모든 사람은 원의 중심 위에 거대하고 밝은 빛을 생각한다. 이것은 개인의 케테르(Kether) 빛보다는 그룹의 케테르 빛이다. 이때 참가자들은 케테르에서 빛줄기가 마법 도구를 쥐고 있는 사람(리더)에게로 향함을 보아야 한다. 리더는 이것이 성취되었음을 느낄 때 참가자 전부의 합쳐진 힘과 영적인 에너지가 마법 도구를 따라 흘러 환자 몸으로 흘러 들어가도록 해야 한다.

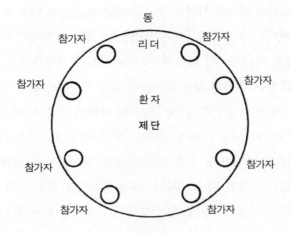

치료 의식

8단계 : 리더는 환자가 마법 도구를 통하여 흐르는 에너지를 받아들이고 있음을 감지하면 리더는 아주 낮은 음성으로 '아(A)' 진동을 시작해야 한다. 환자를 제외하고 모두는 이 소리에 참가하여 소리 볼륨과 음조를 높인다. 더 이상 음이 올라가지 않으면 리더는 다음 소리인 '글라' (GLAH, 이렇게 하여 AGLA를 만든다)를 발성하도록 '지금' 이라는 신호를 보낸다. 발성이 끝나면 참가자들은 크게 손뼉을 치며 에너지 서클을 푼다. 리더는 즉시 동쪽으로 돌아서서 양손을 올리고(여전히 오른손에 마법 도구가 있다) 다음과 같이 말한다.

"나에게가 아니라 그대에게 영원히 권능과 영광이 있기를."

모든 참가자들은 '아멘' 을 말하고 자리에 돌아간다.

9단계 : LBRP가 되풀이 된다. 의식의 끝이다.

손뼉을 치며 에너지 서클을 풀고 소리를 지르는 또 다른 목적은 사용된 에너지가 참가자들에게 돌아오는 것을 방지하기 위함이다. 긍정적 에너지이기 때문에 그 에너지가 참가자들에게 해가 되지는 않지만, 치유의 힘을 떨어뜨릴 것을 염려해서다.

이것은 또한 자연 치유 능력이 있으나 마법에 대한 지식이나 경험이 없는 치유사가 자주 겪는 '부정적인 반격(negative backlash)'을 방지한다. 간혹 경험이 없는 치유사는 일시적으로 환자와 같은 증상을 겪기도 한다. 이 부정적인 반격은 여기 의식에서 보여준 기법으로 피할 수 있다(역주 : 치유를 위해서는 환자와 동조가 되어야 하며, 이 동조 상태에서 환자의 부정적 상념이나 에너지가 치유하는 사람에게 남거나 흐르게 되며 그냥 방치하면 유사한 증상을 경험하게 된다. 그러므로 반드시 그 에너지를 차단하고 내보내는 행법을 해야 한다. 방법으로는 이것말고도 간편하고 아주 강력한 것들이 있다).

어떤 독자는 이 치유법에서 단검과 지팡이가 사용된 것에 대하여 궁금해 할 수 있다. 조금 뒤에 다룰 것이다.

제 3 편

3편에서는 상징에 대하여 다룬다. 먼저 가장 오래되고 잘 알려진 십자가를 살펴보자. 십자가는 기독교가 사용하기 훨씬 이전에 존재한 상징이다. 십자가는 늘 영적·종교적 상징으로 존경받아왔다. 그래서 초기 기독교인들이 십자가를 자신들의 상징으로 불법 사용하였다. 여러 비기독교 단체도 고대로부터 십자가 형태를 사용하였다. 기독교인들은 새로운 상징으로 십자가를 사용함으로써 자신들도 같은 상징을 가지는 유사한 신을 숭배한다는 것을 이교도에게 확신시키기가 쉬웠을 것이다. 비슷한 방식으로 기독교인들은 이교도의 성소를 불법 사용하여 자신들의 교회로 바꾸었다. 이교도가 성소/성지를 숭배하기를 원한다면 교회 안으로 들어가야 했다.

초기 기독교인들은 하나의 선으로 그려진 물고기 상징을 사용하였다. 어떤 기독교인들은 예수가 어부였기 때문에 그렇다고 하나 신약 어디에도 예수가 어부였다는 내용은 없다.

또한 물고기를 의미하는 그리스 단어 'Icthus'는 '예수는 신의 아들, 구세주다'라는 축약어(혹은 노타리콘)였기에 물고기가 기독교를 상징한다고 말한다. 어스트랄러지에 근거하면 예수는 어부(fisherman)는 아니었고 물고기자리 시대의 원형인 물고기자리

사람(fishman)이었다. 물고기자리 시대의 시작에 대하여 여러 시기가 언급되나 A.D. 1세기경이 가장 유력하다.

무지한 수많은 추종자와 강한 카리스마를 지닌 지도자가 물고기자리 시대의 상징이다. 알렉산더 대왕, 예수, 크롬웰, 여러 교황들, 아더왕, 무솔리니, 히틀러, 루스벨트, 케네디, 막스, 스탈린, 모택동, 폴웰(Falwell)(역주 : 저명한 TV 목회자이며, 모랄 머저리티의 대표), 짐 존스(Jim Jones)(역주 : 인민사원 창시자. 1978년 11월 18일 남아메리카 가이아나 밀림에 위치한 사교집단인 인민사원에서 총 914명에 달하는 신도들이 집단 자살), 간디 등이 이 시대의 대표적 인물이다. 앞에 언급한 사람들의 선과 악을 같은 차원으로 보려는 것은 아니다. 단지 사람들을 끌어 모으는 그들의 카리스마와 능력을 보여주기 위함이다.

잔다르크, 블라바스키, 베쟌트(Besant), 맥퍼슨(McPherson), 생거(Sanger), 페론(Peron) 같은 여성들도 빠져서는 안 되는 카리스마가 넘치던 인물이었다. 이들 여성들은 많은 추종자들을 끌어당겼고 지금도 끌어당기고 있다. 물고기자리 시대의 원형으로서 예수는 물고기 상징으로 아주 완벽하게 대표된다.

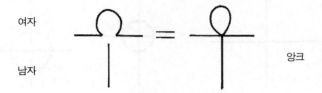

여자

남자

앙크

　초기 십자가의 한 형태는 고대 이집트에서 보인다(위의 그림 참조). 이것은 꼭대기에 고리가 달렸으며 고리 달린 십자가, 이시스의 신발 끈 또는 앙크(이집트 미술에서 볼 수 있는, 위에 고리가 붙은 T자형 십자, 생식, 장수의 상징)로 불린다. 영적인 길을 따르는 많은 사람들은 앙크 심벌이 상징하는 성 속성에 대하여 무시하는 경향이 있다. 수직으로 나 있는 선은 남성의 발기한 성기를 상징하고, 고리와 갈라진 선은 여성 성기를 상징한다. 두 개는 합쳐져서 남녀 성교를 가리키며 다산을 상징한다. 이런 배경 하에 앙크가 생명, 영원한 삶, 윤회와 재생의 상징으로 발전했음을 알 수 있다. 어떤 사람들은 이시스의 신발 끈(앙크)이 영생을 상징한다고 주장한다. 이 십자가는 친기독교 상징이면서 비기독교에서도 사용하는 상징이다. 앙크는 로마 카톨릭에서 사용되며 어떤 교회 성직자 예복에는 앙크가 앞에 하나 뒤에 하나가 새겨져 있다. 이 옷을 입을 때 고리는 머리 위에 놓인다. 성적인 상징과 영성에 대한 추측을 불러일으킨다. 근원을 따지면 어떤 경우에도 고리 달린 십자가는 기독교 상징은 아니다.

　고대 유럽 이교도들도 십자가를 가지고 있었다. 인기가 있었던

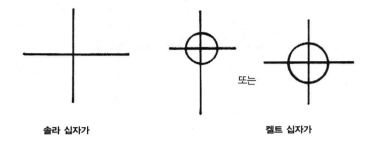

솔라 십자가   또는   **켈트 십자가**

형태는 가로 세로 똑같은 크기의 십자가였다. 또 다른 것으로 원
이 있는 십자가 혹은 켈트 십자가라고 하는 것이었다.

　전 유럽과 미국을 놀라게 한 또 다른 형태의 십자가는 스와스티
카(Swastika) 혹은 시계 방향으로 회전하는 십자가로 알려진 것이
다. 이 신성하고 신비스러운 상징이 히틀러가 회원이었던 독일의
흑마법 단체에 의하여 왜곡되어 사용된 것은 부끄러운 일이다.
위에 보이는 도형에서 나치 것은 시계 반대방향으로 회전하는 모
습이다. 나치가 가끔 올바른 스와스티카를 사용하였으나 나치의
공식적인 상징은 비뚤어진 스와스티카였다. 오늘날 대부분의 사
람들은 이 상징을 싫어하고 그 속에 있는 진짜 영적인 속성은 모
른다.

　위 단원의 목적은 상징을 조사하는 이외에도 당신 마음속에 십
자가는 기독교도 나치도 어떤 종교 단체에 속하지 않음을 확고히
심어주기 위함이다. 기독교가 자신들의 목적을 위하여 이 고대
신비 십자가 상징을 차용한 것이다. 그대가 유대인, 힌두교도 이
슬람, 기타 종교인이라도 켈트 십자가, LBRP의 카발라 십자가 의

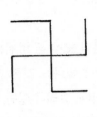

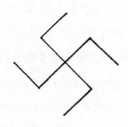

스와스티카(Swastika)　　　　　　　나치의 비뚤어진 스와스티카

식에 나오는 십자가 그리고 기타 여러 의식에 사용되는 십자가에 심리적 저항을 가질 필요는 없다. 십자가 사용은 기독교적인 것이 아니라 기독교를 넘어 있다. 또한 여러 전통에서 사용하는 상징들은 어느 한 종파에서 온 것이 아니라, 우주의 신비 근원에서 기원하기 때문에 기독교인들도 모욕감을 느끼지 않고 이 상징들을 사용할 수 있다.

또 다른 상징은 'INRI' 문자로 구성되는 십자가다. 이들 문자는 예수 십자가 위에 사용되었다고 추정된다. 문자의 뜻은 '나사렛의 예수, 유대인의 왕'을 의미하는 축약어(노타리콘이라고 하고 신약 구약에 많은 예가 있다)였다.

중세 암흑 시대에서 르네상스 시대 초기까지 현명한 사람들은 교회 권력에 고문당하거나 화형을 피하기 위하여 기독교 상징 안에 신비적 아이디어나 정치적 아이디어를 숨겼다. 이렇게 하여 문자 'INRI'에는 여러 의미가 부가되어 발전되었다. 연금술사에게 이것은 라틴어로 'Igne Naturae Renovatur Integra(불에 의하여 자연은 원래의 모습으로 다시 살아난다)'를 의미하였다. 나중에 마법 차원에서 이 말의 중요성을 보여주는 연금술의 여러 면에 대하여 공부할 것이다.

중세 연금술사에게 중요하였던 이 문자의 또 다른 버전은 라틴어로 'Igne Niturm Raris Invenitum(불 속에 빛나는 것은 거의 없다)'를 의미하였다. 이해하기 어려운 말이다. 그러나 일단 연금술에 대한 지식이 있다면 그 의미는 아주 명확하게 다가온다.

믿기 황당하지만 예수회(Jesuit Order)가 위험한 단체라고 생각하는 사람들이 많이 있다. 이들 단체가 '검은 교황(Black Pope)'으로 알려진 지도자를 추종할지라도 개인적으로 이런 견해에 동의하지 않는다. 이 단체의 지도자는 검은색 로브를 입고 있기 때문에 그렇게 불리는 것이지 영적으로 암흑 세력을 의미하는 것이 아니다. 또한 세계 지배의 음모론을 믿지 않는다. 그러나 예수회는 여러 종교 단체 성직자들의 정치 참여보다 더욱 활발하게 정치 활동을 한 시기가 있었다. 예수회가 정치에 개입하였을 때 INRI는 라틴어로 Iusticum Necare Regis Impium(It is just to kill an 'impious' king, 신앙심 없는 왕을 죽이는 것은 정당하다)를 의미하였다.

본론에서 벗어났지만 나는 단어 어원 연구에 아주 매료되어 왔다. 위의 '신앙심 없는(impious)'이란 단어는 '신앙심 있는(pious)'이란 단어에서 왔다. 구약에 히브리 남자들은 구레나룻을 다듬거나 자르지 못하도록 되어 있었다. 오늘날도 정통 유대인에게서 긴 구레나룻을 기른 사람을 볼 수 있다. 이것은 신성 혹은 경건함의 상징으로 간주되었다. 사실 'pious'라는 단어는 구레나룻을 뜻하는 히브리어에서 왔다.

이것을 말하다 보니 'holy' 라는 단어와 그 어원에 대하여 생각하게 된다. 예수 탄생 전 옛날에 많은 사람들이 따르던 종교 단체나 영적인 체계는 속성상 샤머니즘 성격을 띠었다. 여러 샤머니즘 문화에서 돌에 자연적으로 구멍이 나 있으면 아주 신성하다고 간주하였다. 또한 바다 조가비처럼 자연적인 구멍을 가진 물건도 마찬가지였다. 이것으로부터 '자연적인 구멍이 나있는 것' 은 신성한 물건의 상징 중 하나로 간주되었다. '구멍이 있는(holy)' 물건은 신성하게 되었고 'holy' 라는 단어는 여기에서 기원한다.

카발라 철학에서 문자 INRI는 훨씬 더 많은 것을 상징한다. INRI는 히브리 문자로 Yud, Nun, Resh, Yud를 의미하며 또한 INRI는 히브리 원초 원소(Yam, Nour, Rech, Yebeshas)를 상징한다(J.S.M. Ward의 책《프리메이슨과 고대 신들》에 따름).

세페르 예치라에 따르면 히브리 문자는 또한 별자리의 12싸인과 대응한다.

영어	히브리 문자	히브리 원소	원소 의미
I	Yud	Yam	물
N	Nun	Nour	불
R	Resh	Ruach	공기
I	Yud	Yebeshas	흙

어스트랄러지에 친숙하지 못한 사람들을 위하여 아주 간단히 이것에 대하여 설명을 하겠다.

영어 문자	히브리 문자	12 별자리
I	Yud	버고(Virgo, 처녀자리)
N	Nun	스콜피오(Scorpio, 전갈자리)
R	Resh	썬(태양)
I	Yud	버고(처녀자리)

버고는 순수한 처녀의 상징이다.
스콜피오는 에너지, 죽음, 변형의 상징이다.
썬은 지상에 있는 모든 것에 생명과 빛을 주는 원천이다.
태양계의 중심이므로 우리 삶의 중심이다.

역사상 많은 '구세주 신'이 있다. 노르웨이 사람들에게는 발두르(Baldur), 이집트인에게는 오시리스(Osiris)가 있다. 고대 켈트족에게는 루(Lough)가 있고 힌두에게는 크리슈나(Krishna)가 있다. 기독교에 나오는 신의 독생자처럼 모든 '구세주 신'은 죽었다가 인간의 선(善)을 위하여 생명을 얻어 다시 돌아온다. 부활의 신들은 태양과 관련 있다. 그들은 겨울에 '죽고' 봄의 온기속에 봄에 나타나는 동식물과 함께 다시 태어난다. 아쉽지만 구세주 부활에 대한 주제는 이 책에서 깊게 다루기는 너무 방대하다. 이 주제에 흥미가 있으면 뒤에 나오는 도서목록을 참조하기 바란다.

이집트의 신들을 별자리와 관련시켜보면 풍요의 상징 이시스(Isis) 여신은 버고를 상징하고, 죽음과 파괴자인 아포피스(Apoohis)는 스콜피오를 상징하며, 부활과 대지의 신 오시리스는 태양을 상징한다.

'INRI' 에서 'I' 가 두 번 나오며 두 개의 마법원소를 상징하듯이 이집트의 이시스, 아포피스, 오시리스는 지상에 모든 것이 구성되는 원초 4원소를 상징할 수 있다.

이시스, 아포피스(세트 혹은 티폰으로 알려짐) 그리고 오시리스의 첫 문자로 만들어진 노타리콘(축약어) 'IAO(발음은 이-아-오며 길게 발성한다)' 는 초기 기독교 일파인 영지주의에 나오는 최고 신의 이름이 된다.

부활의 신은 늘 태양과 관련된다. 태양은 지구에 빛을 주는 존재이므로 빛은 늘 부활의 신과 연관된다. '백색(white)' 신비단체가 늘 빛(영적인 빛)을 인류에게 가져오려고 하는 까닭이 여기 있다.

라틴어에서 빛을 의미하는 단어 LVX는 'tube' 에 'u' 처럼 Lux(룩스)로 발음된다. 여러 자세를 취하면서 LVX를 발성하여 영적인 룩스 혹은 '빛' 에 대한 생각을 나타내는 일은 쉽다.

L : 손바닥을 펴서 왼팔을 옆으로 뻗는다.

V : 양팔을 머리 위로 들어 올려 'V' 자를 만든다. 손바닥은 마주보게 한다. 팔의 각도는 60도를 유지한다.

X : 양팔(오른팔이 왼팔 위로 간다)을 가슴에서 교차한다.

이 자세는 룩스(LVX) 자세의 기본이다. 우리는 빛(LVX)을 얻기 위하여 이런 자세를 사용할 수 있다.

LVX에 관한 흥미로운 것이 또 하나 있다. 로마 숫자 체계에서 L은 50, V는 5, X는 10을 의미하며 합치면 65다. 히브리에서 알레프는(Aleph, א) 1, 달레트(Dalet, ד)는 4 눈(Nun, נ)은 50, 요드(Yud, י)는 10이며 합치면 65다. 이 히브리 단어는(אדני)는 신의 이름의 하나인 아-도-나이(주님)로 발음된다. 이 이름은 LBRP에서 사용되고 있다. 게마트리아 이론에 따르면 영적인 빛(LVX=65)과 신(아도나이=65)은 필연적인 관계가 있어야 한다. 그러므로 이 두 단어는 하나며 같은 것이다. 모든 근원자인 신은 히브리어의 에인 소프 오르(Ain Soph Or, 무한 빛)로 알려진 무한한 영적 빛이다. 신이 케테르에 현시하기 전에 '현시하지 않은 존재'의 세 번째 베일이 바로 에인 소프 오르다(2장 4편 참조).

4편으로 넘어가기 전에 다루어야 할 내용이 있다. ARARITA (아라리타)의 의미가 그것이다. 이 단어는 노타리콘이며 히브리어 Eh-chahd Rash, Eh-chu-doh-toh Rash Ye-chu-doh-toh, The-mur-ah-toh Eh-chahd가 축약된 것이다(ch는 독일어 'ch' 소리다). 아라리타의 의미는 "하나는 신의 시작이며 하나의 원칙은 신의 속성이며 신의 변한 모습도 하나다." 이 말은 신을 어떻게 지칭하여도 단지 하나의 신, 하나의 신성 원천이 있음을 주장하는 카발라 철학을 분명히 드러낸다. 모든 것은 신성이며 신이 아닌 것은 없다.

우리가 배워야 할 여러 가지 헥사그램(육각별)이 있다. 이들은 육각별이기보다는 잘 짝지어진 삼각형으로 보인다. 이스라엘 리가디(Israel Regardie)는 《의식 마법(Ceremonial Magic)》에서 전통적으로 사용하는 네 개의 짝지어진 삼각형보다는 크로울리의 유니커설 헥사그램(Unicursal Hexagram)을 사용할 것을 권하였다. 나는 두 가지 방법을 배웠으며 전통적인 방식을 더 선호한다.

앞의 허공에다 조금 크게 헥사그램을 그리는 연습을 한다. LBRP에 나오는 펜타그램과 비슷한 크기다. 이 헥사그램을 그릴 때 방위와 헥사그램과 관련되는 원소에 주의한다. 첫째로 알아야 할 것은 원 주변을 둘러싸는 방위와 관련되는 원소가 LBRP와 다르다. 이것은 물질계와 상위계의 원초 원소는 다른 방위를 가지기 때문이다.

그릴 때 삼각형은 꼭대기에서 시작한다(만약 삼각형이 거꾸로 되었으면 꼭대기는 밑에 있다). 시작점에서 시계 반대 방향으로 그린다. 그림에서 보듯이 1번을 그리고 2번을 그린다. 주의할 것은 서쪽의 공기 원소 헥사그램을 그릴 때 공동으로 사용하는 선이 있음을 알라.

4편으로 넘어가기 전에 타로 응시 의식에 지침을 변경해야 한다. 메이저 카드를 모두 사용한다. 이 고급 타로 카드 응시의식에서 카드를 선정하면 자신을 카드의 인물로 상상한다. 카드 인물이 자신과 반대 성이면(예를 들면 당신이 남자인데 여사제가 나오면) 카드 인물의 성을 바꿀 수도 있다. 카드에 주인공이 없는 카드거나 인간의 형상이 아니면 그냥 자신을 그 카드 안에 집어

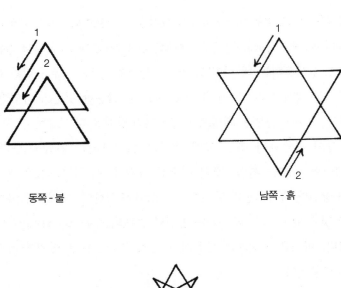

동쪽 - 불   남쪽 - 흙

유니커셜 헥사그램

공동 선

(실제 모습)

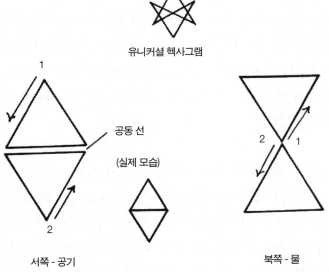

서쪽 - 공기   북쪽 - 물

헥사그램

넣는다. 자신이 그 카드 안에 있음을 심상한다. 일단 카드 안에 있다고 느끼면 눈을 뜨려고 의지한다. 강제로 눈을 뜰 필요는 없다. 사이킥 눈으로 주변을 본다. 카드 안에서 모든 것을 보라. 앞에서는 정상적으로 볼 수 없는 카드 디자인 뒤에 무엇이 있는지 보려고 시도한다. 카드 한계 너머 무엇이 있는지 보려고 시도하는 것은 중요하다.

　단지 보기만 하라. 움직이거나 다른 곳으로 가려고 하지 말라. 그리고 사이킥 눈을 감고 정상으로 돌아온다. 특이한 소리, 모습, 냄새, 맛, 느낌이나 감각을 경험하였으면 그 경험을, 아니면 무경험을 일기장에 기록한다. 7일간 이 4장에서 공부한 것을 복습하고 고급 타로 응시 의식을 실행하고 다음 4편으로 간다.

제 4 편

지팡이(wand)와 단검(dagger)의 차이점을 이야기하겠다. 전통적으로 지팡이가 불 원소를 상징하고 단검은 공기와 관련되어 왔다. 최근에 어떤 사람들은 이것을 바꾸어 사용한다. 이것은 주로 위카(Wicca) 혹은 위치크래프트(Witchcraft)라 불리는 마법을 사용해온 사람들 때문이다. 위치크래프트가 수천 년간 존재해온 것은 사실이지만 오늘날 위치크래프트라 불리는 마법은 제럴드 B. 가드너(Gerald B. Gardner)(역주 : 《현대 위치크래프트(Witchcraft Today)》(1954), 《고등마술편람(High magic' s Aid)》(1949)을 저술하였으며 마녀의 복권에 노력하였다. 현대 위카의 아버지로 여겨진다)가 창조하거나 재구성한 것들이다.

여러 페이건(Pagan, 이교도)의 길을 걷는 사람들을 경시하려고 하는 말은 아니다. 이교도의 길을 따르는 사람 중에 인간과 자연 간에 연결 능력을 얻은 것처럼 보이는 사람도 있다. 사실 이 능력은 말만 하고 수행은 하지 않는 많은 의식 마법가가 은근히 부러워하는 능력이다. 이 책에서 강조하는 가장 중요한 것은 원소와의 동조다. 원소에 대한 내용은 대부분의 고급 마법서나 마법 강연에서 잘 설명되지 않는 부분이다.

가드너가 복잡하게 보이는 마법 기법과 철학(크로울리로부터

'차용한' 철학)을 단순화한 것은 확실하다. 그리고 도린 벨리언트(Doreen Valiente)의 도움으로 현대 위치크래프트 체계를 창조하였다. 그가 주장하듯 숲속의 위치에게서 비전을 받았는지 아닌지는 중요하지 않다. 왜냐하면 가드너가 일을 시작하였을 때 어디에서도 발견할 수 없는 영성으로 많은 사람들을 안내하였기 때문이다.

그러나 앞에서 이야기했지만 가드너 작품 중 일부는 전통 마법 철학을 단순화한 것이었다. 이 단순화 중에 검을 단검과 동일시한 것이다. 검이 긴 단검으로 보이는 것은 이해할 만하다.

마법 의식을 단순화하기 위하여 마법사가 사용하는 여러 지팡이의 목적을 동일시하는 것은 올바르지 않다. 불 지팡이는 연꽃 지팡이(The Lotus Wand)와 같지 않고 오컬트 단체에서 비전 주재자가 사용하는 지팡이와도 다르다. 형태는 비슷하지만 기능은 다르다. 그러므로 마법검과 단검은 디자인과 기능에서 다르다.

좀 더 명확한 이해를 위하여 예를 든다면 단검과 검을 같다고

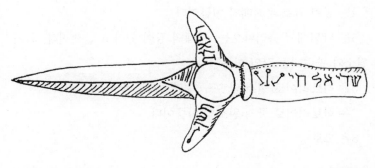

공기 단검

보는 것은 단검과 창끝이 같다고 생각하는 것과 같다.

　전통적인 공기 단검은 아래에서 보듯이 T자형 손잡이에 양날을 가진 아주 단순한 형태다. 공기 단검은 결코 살아있는 것을 자르기 위해 사용되어서는 안 된다. 그러므로 T자형 손잡이가 밑칠이 되고 칼날 보호를 위하여 페인트칠 된 새 칼이 좋다. 페인트를 칠하기 전에 지침서를 따른다. 그리고 밑칠이 된 부분을 밝은 노랑으로 칠한다.

　다음 페이지의 그림을 보면 T자형 손잡이에 밝은 자주색으로 그려질 히브리 문자와 시길(sigil, 신비한 도형·표지)이 나와 있다. 흙 원소 원반에서처럼 여덟 개의 시길과 히브리 단어가 나와 있다.

　1은 이 도구와 관련되는 신 이름이다.

　2는 공기 단검과 관계되는 대천사 이름이다(단검의 대천사는 라파엘이며 원초 공기 원소 대천사이다).

　3은 공기 단검과 관계되는 천사 이름이다.

　4는 공기 원소의 지배자 이름이다.

　5는 낙원에서 흘러나오는 네 개의 강이 있다고 말해진다. 공기 원소와 관련되는 강의 이름이다.

　6은 히브리어로 원소 및 도구와 관련되는 방위 이름이다.

　7은 히브리어로 공기 원소의 이름이다.

　8은 모토

[공기 단검에 사용되는 상징과 히브리 문자]

שרי אל חי
1. 샤다이 엘 하이(Shaddai El Chai)

רפאל
2. 라파엘(Raphael, 발음은 라파이엘)

חשן
3. 하샨(Chassan)

אריאל
4. 아리엘(Ariel)

הדקל
5. 히디켈(Hiddikel)

מזרח
6. 미즈라흐(Mizrach)

רוח
7. 루아흐(Ruach)

8. 모토(The Motto)

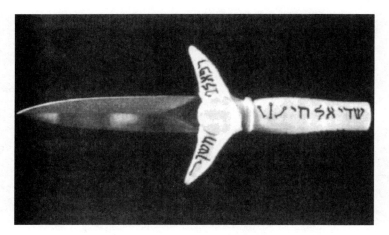

공기 단검(made by Chic Cicero)

이것이 완료되면 손잡이를 무색의 고광택제로 코팅한다.

우리가 배우는 마법은 전통적인 서양 오컬티즘이다. 이 전통 입장에서 본다면 다른 체계가 부정확하게 보일 수도 있다. 반대로 다른 체계에서는 전통적인 방법이 잘못되었다고 생각할 수 있다. 공부하고 있는 이 체계를 완전히 이해하지 못한다면 다른 체계와 혼합하여 사용하지 말라. 이 말은 충분히 이 체계를 이해한다면 다른 체계를 혼합할 수도 있다는 뜻이다.

황금새벽회가 여러 체계를 혼합한 것은 대단한 업적이다. 한편 어떤 이유로 전통 마법 단체에 참가할 수 없어서 위카 마법 단체에 참가한 사람을 알고 있다. 그 사람은 전통 마법이 없다는 이유로 자신이 참가한 위카 단체를 좋아하지 않았다. 그에게 하나는 너무 복잡하고 다른 하나는 너무 쉬웠다. 나중에 그는 '고대 카발라 켈트 코벤'이라는 단체를 만들었다. 단체의 학생과 학생들이 미래에 직면할 문제를 생각하면 걱정스럽다. '학생이 준비될 때 스승은 나타난다'고 한다. 그러나 학생이 잘못된 가르침을 받을 준비가 되어 있으면 그릇된 스승이 나타나는 것도 사실이다.

4장에서 할 일은 앞에 설명한 공기 단검을 만드는 일이다. 다빈치나 미켈란젤로 같은 뛰어난 예술 작품을 원하는 것은 아니며 자신의 능력이 닿는 만큼 최선을 다하면 된다.

제 5 편

심리학은 크게 정상 심리학과 이상 심리학으로 나눌 수 있다. 이
상 심리학은 여기서 취급할 내용이 아니다. 오컬트 관점에서 이
분야에 관심 있으면 다이온 포춘(Dion Fortune)의 책《타버너 박
사의 비밀(The Secret of Dr. Taverner)》를 읽기 바란다.

　프로이트와 함께 출발하는 정상 심리학을 보자. 심리학은 프로
이트의 삶에 영향을 주었던 빅토리아 시대가 끝나갈 무렵 발생한
시대적 배경 이외에도 프로이트가 유대인 출신이라는 인종적 배
경도 있었다. 프로이트 작품에서 그의 생각과 앞서 살펴본 카발
라 심리학 사이에 존재하는 일치에 대해 무심한 독자라도 어느
정도는 감지할 것이다.

　카발라에 잠재의식이 언급되고 프로이트가 잠재의식에 대하여
이야기를 하였지만, 프로이트와 동시대 사람들은 잠재의식을 믿
지 않았다. 프로이트는 말년에 다시 인생을 산다면 심리학보다는
초심리학 연구에 매진하고 싶다는 말을 하였다. 프로이트가 의식
적이든 무의식적이든 카발라에 영향을 받았다고 추측하는 것은
당연하다고 생각한다.

　3장에서 프로이트는 마음을 이드(Id), 자아(Ego, 에고), 초자아
(Superego, 슈퍼에고)로 분류하였다. 1970년대에 교류분석

(Transactional Analysis)이라는 좀 더 단순화된 프로이트 심리학이 등장하였다. 이것은 일반인이 이해할 수 있게끔 쉬운 용어로 추상적인 프로이트 철학을 해석하려고 시도하였다. 이드, 자아, 초자아는 쉬운 단어인 어린아이, 부모, 성인으로 대체되었다. 대부분의 사람들은 이드에 대한 개념을 쉽게 이해할 수 없으나, 아이가 원하는 것을 얻지 못할 때 화를 내고 자신의 방식을 원하는 모습에서 이드가 의미하는 바를 쉽게 이해할 수 있다. 그러나 카발라에 비하면 프로이트나 융의 인간심리에 대한 이해 정도는 초보자 수준이다.

심리학이 출생 이전을 다룰 수 없다는 것이 가장 큰 문제 중의 하나이다. 이것은 "임신되기 전에 내 마음은 무엇이었는가? 윤회가 사실이라면 왜 과거 삶을 기억하는 데 어려움이 있는가? 윤회가 사실이 아니라면 왜 과거 생의 떠다니는 기억을 가지는가? 현재 상태보다 더 큰 무엇인가를 위하여 신과 합일하려는 세상 사람들의 열망은 무엇인가?(융은 이것을 프로이트가 알지 못한 인간의 기본 욕구인 종교에 대한 열망으로 보았다)"라는 질문에 답을 할 수 없다. 카발라는 이것에 답을 할 뿐만 아니라 더 많은 것을 보여준다. 나중에 윤회에 대한 토의에서 좀 더 자세히 다루어진다. 오랫동안 카발라 안에 숨겨져 왔던 비밀이 완전히 분석되어 나온다. 지금 죽음에 대하여 생각해 보자.

당신이 죽어서 어린아이로 태어났다고 가정하자. 카발라에 따르면 첫 숨과 함께 혼이 육체로 들어온다고 한다. 당신은 죽기 전에 읽고 있었던 책을 마저 끝내거나 평소 즐기던 산책을 원할 수도 있다. 그러나 당신이 기억하던 방식으로 근육이 움직이지 않음을 알게 된다. 이것은 심리 문제가 아니라 생리적 문제다. 신경과 뼈, 근육은 발달되지 않아 스스로 먹을 수도 없고 말하거나 글을 쓸 수도 없다. 심지어 똥오줌도 스스로 제어할 수 없다. 얼마 전에 할 수 있었던 일들이 순식간에 전혀 할 수 없는 상태에 놓이게 된다.

이 상황에 대처하기 위하여 신속하게 새로운 의사소통 모델을 계발해야 한다. 당신이 즐거워하면 사람들은 행복한 얼굴에 미소를 띠면서 따듯하게 안아준다는 것을 알게 되고, 울면 사람들이 걱정스런 표정으로 지켜보고 어머니는 젖을 물리거나 기저귀를 갈아준다는 것을 알게 된다. 생존하기 위하여 당신의 진짜 의식은 잠수하고 그릇된 의식이 떠오른다. 결국은 이 그릇된 의식이 자리를 잡고 의식 즉 자아가 된다. 우리가 존재할 수 있도록 고안된 장치다. 이것은 필요하나 참된 자아는 아니다.

우리의 참된 자아는 무엇인가? 대부분의 사람들은 거의 참된 자아를 인식하지 못할 정도로 참된 자아는 깊게 숨겨져 있다. 문명 사회에서 특히 그러하다.

우리의 부분인 참된 자아는 속성상 영적이고 물질이 아니다. 신과 우리를 연결하는 고급자아다. 그릇된 자아인 외부자아에 비하면 감추어져 왔다. 신성과 연결된 참된 자아는 우리의 잠재의식이다. 진실로 우리가 바라는 것은 현재의식과 잠재의식과의 연결이다. 이것이 우리가 하는 마법의 주요 목적이며 백마법의 핵심이다.

아마 추측했겠지만 카발라는 마음을 세 부분으로 나누는 것이 아니라 열 개로 나눈다. 다음 페이지에 '생명나무와 마음'의 관계를 보여주는 그림이 있다. 상위 세 개 세피로트와 하위 일곱 개 세피로트를 나누는 선이 있다. 위의 세 개는 영원하며 신이 그들이 존재하기를 바라는 한 지속된다. 아래 일곱 개는 사라질 존재이며 육체가 죽으면 존재가 사라진다. 그림을 보면 알겠지만 기억은 사라질 존재이며 과거 생의 기억은 아주 미세한 부분만 남아 있어서 우리가 과거 생을 잘 기억하지 못하는 이유가 된다.

'예히다(Yechidah)'는 신과 우리를 연결하는 초월자아, 우리의 참된 자아이다. 프로이트가 '초자아'라고 부르는 것과 관련된다. '히아(Chiah)'는 우리의 참된 의지다. 지금보다 더 나아지도록 우리를 안팎으로 활동하게 하는 창조적이며 탐구적인 내면의 충동(임펄스)이다. 우리가 전보다 더 나아지게끔 최선을 다하도록 만든다. 이것은 경쟁을 의미하기보다 서로의 진보를 의미한다. 이 자극은 깊게 숨겨 있으나 늘 힘을 가지고 돌아온다. 이것은 암흑시대에 뒤이어 이어지는 탐구의 시대와 우리가 살고 있는 우주 탐사 시대가 증명한다. 이것은 또한 신과 대화하고, 백마법을 실행하려는 내면의 충동을 설명한다.

'네샤마(Neschamah)'는 통찰력이다. 인간의 사이킥 능력 자리다. '소크라테스 교육법'이라고 불리는 교육 방법이 있다. 이것은 소크라테스가 가르쳤던 방법이다. 소크라테스는 사람들이 새로운 것을 배우는 것이 아니라, 오히려 임종시 잃어버렸던 전생의 기억을 되살린다고 믿었다. 소크라테스는 질문을 하여 학생이

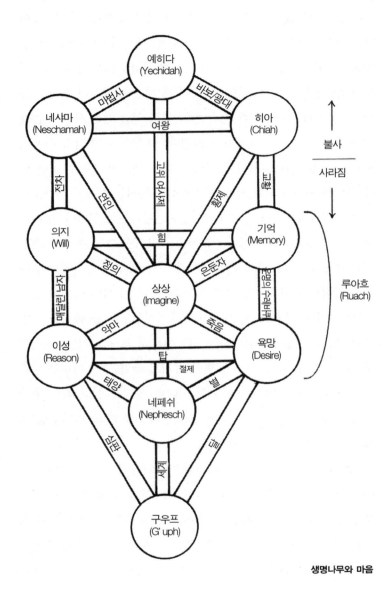

생명나무와 마음

알 수 없었던 생각이나 원칙을 찾게 하는 답을 이끌어내었다. 오늘날 가장 효과적인 교수법은 학생을 수업에 적극적으로 참여시키는 것이다. 이 교수법은 학생을 성장시키고, 탐구력과 통찰력의 급격한 향상을 가져오며 학생을 창조적인 인간으로 만든다.

마법의 정의에서 과학이라는 말이 사용된다. 마법사로서 우리는 현대 과학 이론을 이해해야 한다. 과학 이론에 진화의 법칙이 있다. 진화는 많은 사람들이 생각하는 것처럼 일직선으로 평탄하게 진행되어온 것은 아니다. 진화는 급격하고 불규칙적이다. 현재의 진화론은 이것을 '단절된 평형(Punctuated Equilibrium)'으로 부른다. 마찬가지로 마음과 인간의 진화는 종종 급격하게 온다. 레이저 광선은 의사소통 연구에서 우연히 발견된 것이다. 오늘날 레이저는 이전에는 불가능했던 뇌수술을 포함하여 많은 분야에서 사용된다. 이것은 무의식적인 의지를 통하여 신과 연결된 하나의 예다. 이처럼 신과 무의식적으로 연결된 것은 네샤마고, 신과 의식적으로 연결된 것은 히아(Chiah)다. 그러므로 히아는 활동적이고 네샤마는 수용적이다. 늘 반대되는 것을 하나로 합쳐 균형을 가져오는 것이 카발라 수행자의 목적이다. 네샤마를 자각하여 사이킥 능력을 계발할 수 있고 히아를 자각하여 마법을 할 수 있다.

'루아흐(Ruach)'는 우리 의식, 지성, 자아다. 이것은 프로이트의 자아와 같은 개념이다. 루아흐는 다섯 개의 부분¡ "기억, 상상, 이성, 욕망, 의지¡ "으로 되어 있다. 루아흐에 관련되는 의지는 히아의 의지와는 다르다. 히아는 우리의 진실한 의지이다. 그러므로 이것은 신성의지와 긴밀히 연결되어 있다. 루아흐의 의지는 표면적이고 일시적인 욕망에 따라 움직인다. 히아의 참된 의지는 신과 합일을 구하는 것이고, 루아흐의 의지는 성적인 배설, 좋은 음식을 먹는 것, 주변 사람에게 파괴나 고생을 야기하더라도 그들보다 더 나아지려는 의지를 반영한다.

'네헤쉬(Nephesch)'는 저급자아다. 잠재의식의 가장 표층적인 부분이며 여기에 우리의 어두운 면이 존재한다. 루아흐가 엄격히 이것을 통제하고 있다. 앞에서 이 저급자아를 프로이트의 이드와 동일시하였는데 맞기는 하지만 정확한 것은 아니다. 이드는 과정이지 마음의 단면이 아니다. 이드는 빈번히 잠수하여 네헤쉬 안에 숨어 있다. 그러나 이드는 정확하게는 네헤쉬가 아니다. 네헤쉬로 잠수할 때 이드로 불리는 과정은 루아흐에 의하여 통제된다. 그러나 루아흐가 통제하지 않고 네헤쉬가 지배적인 위치에 있을 때 이드는 자유롭게 마음을 배회하고 때때로 문제를 일으킨다.

이 책에 나오는 마법 기법 중에 합일된 예히다와 루아흐의 지배 하에 원할 때 사용할 수 있게끔 이드 에너지를 통제하는 법이 있다. 네헤쉬는 또한 아스트랄체의 근원이며 프라나 에너지 자리이다. 카발라에서 이 에너지는 루아흐로 알려졌으며 의식을 의미하는 루아흐와는 혼동하지 말아야 한다(역주 : 어떤 카발라 이론에 의하면 혼은 4계의 속성을 띠고 있으며 물질계에 작동하는 혼의 속성은 네헤쉬, 아스트랄계의 혼의 속성을 루아흐, 멘탈계(브리야계)의 혼의 속성을 네샤마, 영계(아칠루트)의 혼의 속성을 히아로 본다. 이 책에서 보듯이 카발라는 깊고 다양한 체계가 있다).

프라나와 이드 에너지는 차이점이 있다. 이드는 과정이고 움직임이며 프라나는 움직이는 에너지다. 리비도에 대한 프로이트의 초기 정의는 프라나 에너지와 같다고 볼 수 있다.

마지막으로 가장 밑에 있는 세피라는 육체인 구우프(G' uph)와 대응한다. 많은 사람들은 어떻게 육체가 마음을 나타낼 수 있는지 의문시한다. 나에게 이것은 여러 면에서 아주 분명하여 보인다. 첫째로 화신할 때 당신은 삶에 필요한 경험을 위하여 자신에게 어울리는 특별한 육체를 선택한다(더 깊은 내용은 윤회에서 다룬다). 정상적인 육체와는 달리 장애로 태어난 사람의 마음은 분명히 다르다. 사회에 따라 추하다고 생각되는 사람과 아름답다고 생각되는 사람의 마음 상태는 차이가 있다. 심지어 사회에 따라서는 날씬한 사람과 뚱뚱한 사람의 마음 상태는 다르다. 육체는 정신의 부분으로서 아주 중요한 역할을 하며 무시되지 말아야한다.

이 모든 정보에 흥미를 느끼기는 하나 이것이 왜 중요한지 궁금해 할 수 있다. 일단 카발라 심리의 기본을 알고 나면 이것과 함께 할 수 있는 것이 많이 있다. 첫째는 생명나무를 이해할 수 있고, 둘째 타로 카드에 대한 이해와 타로가 생명나무와 어떻게 어울리는지 이해하게 된다.

당신은 사랑의 욕망을 느낄 수 없으나 상대방은 당신에게 사랑의 욕망을 느끼는 사람과 관계를 오랫동안 지속해 왔다고 하자. 판단하건대 당신은 더 이상 상대방에 대한 사랑의 기억이 없다. 그래서 사랑의 기억을 불러 일으키는 것이 필요하다. '생명나무와 마음'을 보면 필요로 하는 것은 '상상력' (이것은 예히다, 즉 신과 직접 연결되어 있다) 고취임을 볼 수 있다. '은둔자'로 알려진 카드를 응시하는 것은 '기억' 안으로 '상상력'을 가져올 것이다. 일주일간 매일 은둔자 카드를 응시하라. 사랑의 '욕망'을 불러오는 목적이 이루어지지 않으면 실패해서 그런 것이 아니라 욕망의 수준까지 기억을 가지고 오지 않아서다. '운명의 수레바퀴' 카드를 하루에 몇 분 간 응시하면 목적이 이루어질 것이다.

아주 논리적이며 그리고 '이성' 능력을 자랑스러워하는 사람이 있다고 가정하자. 카발라 관점에서 잘못된 것은 아무것도 없다. 재능에 긍지를 느끼는 것은 당연한 일이며 그렇지 않는 것이 오히려 거짓일 것이다. 그러나 아마 그 삶은 그렇게 '창조'적이지 않을 것이다. '악마' 카드에 매일 잠깐만 응시한다면 크게 도움이 될 것이다. 이것은 악에서 영감을 받는다는 것이 아니라 논리와 이성에 '악마처럼' 매혹된 자신을 알게 하고 거기에서 벗어나도록 한다.

만약 '창조'적이기는 하나 비논리적이고 시간을 낭비하는 아이디어로 차 있다면 같은 카드를 응시하면 '이성'이 들어온다. 그러나 이성이 상상을 과도하게 통제하지는 않는다.

이런 방식으로 생명나무는 심리요법뿐 아니라 일상의 문제를 다루고 삶을 개선시키는 완전한 체계다. 또한 생명나무와 타로 카드에 친숙해지는 것은 삶에 있어 경이로운 사건이다.

언젠가 사람들은 지금 유행 중인 전구 시리즈 유머는 잊게 될 것이다. 이 유머의 답은 늘 웃음을 준다. 이 유머 중에 '전구 하나를 바꾸는 데 몇 사람의 정신의학자가 필요할까? 답 : 한 명이나 전구가 원해야 한다'(역주: 환자 허락 없이 아무것도 못하는 정신의학자를 빗댄 조크다. 다른 재미있는 전구 유머로, '전구 하나를 바꾸는 데 경찰이 몇 명 필요한가? 답 : 전구가 알아서 돈다').

이 유머를 소개하는 이유는 사람의 마음을 바꾸기 위하여 마법을 사용하려면 늘 먼저 상대방의 허락을 받아야 한다는 것을 주지시키기 위해서다. 상대방이 원하지 않으면 설사 그 사람의 이익을 위해서 하더라도 당신에게는 권리가 없다. 이것을 말하는 이유는 당신 판단으로 친구에게 변화가 필요하다며 친구에게 가서 이유와 작동 원리를 말하지도 않고 '이봐 친구, 일주일간 하루 3분씩 이 타로 카드를 응시해 봐'라고 말하지 않도록 하기 위함이다. 친구는 당신이 생각하는 변화를 원하지 않을 수 있다.

도움을 요청한다면 그때는 좋다. 의도를 말한 후 친구가 동의하면 괜찮다. 허락 없이 사람의 마음을 바꾸는 것은 흑마법이며 그 대가를 받는다. 당신이 남을 돕기보다는 자신을 개선시키는 일을 하라.

제 6 편

이기주의! 우리 모두는 정도의 차이는 있지만 이기적이다. 많은 사람은 이 말에 부정적으로 반응하며 자신들은 이기적이지 않다고 주장한다. 당신이 강한 에고(자아)를 가지고 있지 않다면 무엇인가 잘못된 것이다. 사실 우리는 생존 경쟁에서 살아 남고 성장하기 위하여 강한 에고, 강한 자아의식을 필요로 한다.

우리가 필요로 하는 것은 에고의 여러 속성을 분리하고 우리가 원하지 않는 에고 속성을 제거하는 것이다. "나는 이런 점에서 대단하고 다른 사람은 저런 점에서 역시 대단해"라고 속삭이는 에고의 긍정적인 면은 조장되고 길러져야 한다. 반면 "나는 대단한 사람이고 모든 사람은 잘못되었어"라고 속삭이는 에고의 부정적인 면은 극복되어야 한다.

나는 에고의 부정적인 면을 극복하여 왔는데 다행스럽게도 그것은 부정적인 면을 자각할 때 이것을 극복할 수 있게끔 도와준 스승과 수련법이 있었기 때문이다. 불행히도 형이상학을 가르치는 사람들은 제자들의 아첨 때문에 존재하지도 않는 자신의 위대함을 믿게 되는 경우가 많다. 이 책에서 다루는 여러 주제와 관련되는 책을 최소한 한 권은 읽도록 권유하는 이유는 이 책에서 제시되는 내용과 반대될 수 있는 의견이나 아이디어를 알라는 의도 때문이다.

동양의 신비 단체에서는 물질 즉 현상 세계를 '마야(Maya, 환영)'로 간주하며 현상 뒤에 참된 영적인 실체가 있다고 한다. 고급자아는 참된 우주를 알 수 있으나 환영만 보는 자아에 의하여 차단된다. 이렇게 에고는 참된 내면의 실체를 '죽인다.' 깨달음을 얻기 위하여 이 '살인자를 살해하는 것', 즉 에고를 제거하고 내면의 실체를 보아야 한다. 크로울리는 자주 이것에 대하여 언급하였고 자신은 내면의 실체를 보았다고 주장하나 그가 진실로 자신의 에고에서 해방되었는지는 의문이다.

이스라엘 리가디에 따르면 서양 신비가의 목적은 에고를 제거하는 것이 아니라 에고를 완전하게 하여 고급자아와 조화롭게 되는 것이다. 서양의 신비가 중에서 몇 사람이 이런 상태에 도달했는지는 의심스럽다.

크로울리와 리가디는 마음이 기계장치인 것처럼 말한다. 그들은 어떤 가르침을 따를 경우, 그 지침에 따라 에고의 양이 높아지기도 하고 낮아지기도 한다고 생각하는 것 같다. 나는 이것에 동의하지 않는다. 마음은 그들의 생각보다는 훨씬 유동적이고 변화무쌍한 것이다. 우리는 신속히 혹은 점증적으로 에고의 부정적 성향을 변화시킬 수 있다. 에고의 부정적 성향은 날씨나, 건강, 물질 환경, 그리고 아마도 별자리에 좌우된다고 본다. 우리에게 필요한 것은 먼저 문제가 존재함(예를 들면 이기심 증대)을 감지하도록 우리를 도와주고 문제를 다루는 방법을 제공하는 장치다.

지금 이기주의에 대하여 설명하는 이유는 단체를 이끌면서 만나는 함정과 개인적인 실패에 대하여 말해주기 위함이다.

수년 전에 나는 다른 어떤 학생보다 마법사로서의 잠재성을 가지고 있다고 생각되는 한 학생을 문하에 두었다. 오컬트 철학에 근거한 훌륭한 마법사가 되도록 안내를 시도하였다. 불행히도 의견 차이 때문에 다른 길로 가게 되었는데 이유 중의 하나는 나의 교수법을 좋아하지 않았기 때문이다. 앞에서 이야기했지만 나는 소크라테스 방식을 좋아한다. 다음은 소크라테스 교수법의 간단한 예다.

> "일방적인 강의는 금방 잊혀지고, 보여주는 강의는 기억날 것이다. 그러나 학생을 수업에 끌어들이는 강의는 학생을 이해시킨다."

그 사람이 질문을 하였을 때 나는 단순히 '예스' , '노'로 답변한 것이 아니라 좀 더 깊이 이해하도록 고안된 방식을 사용하여 답변을 하곤 했다. 그는 이 방식을 좋아하지 않았다. 그는 복잡한 질문에 'Yes'나 'No'를 원하였다. 그가 원하는 것—개인의 노력 없이 마법 능력을 원하는 것—을 거절하였다.

그가 그만둔 지 1년 후에 한 국제 오컬트 단체에서 당시 내가 살던 지역에 지부를 개설하여 맡아달라는 요청받았다. 나를 떠났던 학생을 포함하여 여기에 흥미를 가진 사람들을 구성원으로 지부를 구성하게 되었다. 다시 그와 일하게 되면서 단체를 이끌기 위해서는 예전의 방침은 적합하지 않다고 생각하였다. 그는 다른 회원들보다 잠재적인 마법 재능과 카리스마가 강하였기 때문에 나는 그를 후계자로 선정하였다.

그는 아주 지성적이었고 여러 해를 내 비서로 일하였다. 그러나 그에게는 두 가지 문제가 있었다. 첫째는 일반적으로 비서들은 상사에게 지시받은 일을 하고 성공과 실패에 대한 책임은 자신들의 상사가 지는 것이 일반적이었는데, 마법 수행에 있어 그는 자신이 원하는 것은 무엇이든 할 수 있다는 태도였으며 마법이 잘못되면 다시 할 수 있다는 생각을 하고 있었다. 더군다나 마법에 실패하면 그 마법의식을 제거하는 마법을 사용할 수 있다는 생각을 가지고 있었다. 마법사가 그와 같은 태도를 지니는 것은 아주 위험한 일이다. 그와 가까운 동료들은 그가 엔터티를 에보케이션하여 원래 장소로 복귀시키지 못하였다는 말을 내게 하였다. 그가 좀 더 실력이 있었으면 에보케이션된 엔터티는 좀 더 물질적 모습을 드러냈을 것이며 그랬다면 그것은 생명을 위협할 수 있었다.

둘째로 비서로서 그는 지시받은 일을 하면서 자신이 무능하고 힘이 부족하다는 것을 느끼고 있었다. 당시에 나는 이것을 인식하지 못하였고 지부를 그에게 넘겨주었다. 이것이 큰 실수였다.

그가 좀 더 빨리 성장하도록 지부를 맡겼는데 지부 리더가 되자 자신은 무엇이든 할 수 있고 잘 해낼 수 있겠다는 생각을 하게 되었다. 그는 거짓말을 하기 시작하였고 조직의 서약을 어겼다. 그는 다른 조직의 내부 비밀을 배우려고 자신이 속한 조직의 비밀 일부를 넘겨주려고도 하였다. 결국에는 자신이 속한 조직이 전혀 영적이지 않다고 판단하고 유명한 한 유사 힌두 단체의 회원이되었다.

이 단체는 아침에 일어나는 시간부터 취침시간, 독서시간, 사색시간, 목욕시간, 옷 입는 시간, 섹스 하는 시간, 먹는 시간 등 아주세세하게 지시를 하기 때문에 명령에 익숙해져 있는 그 사람에게는 완벽한 단체로 보였으리라 나는 생각하였다. 그는 유사 힌두조직의 리더 자리를 차지하려고 술책을 부리고 있었으며 지부에있는 자신의 추종자들을 그 단체 회원으로 만들려고 하였다. 열명 정도로 시작하였던 지부는 지금 회원 두 명만 남았고 사라질운명이지만, 다행스럽게 그의 시도는 실패하였다. 그에게는 불행한 일이지만 그 후 들리는 소식에 의하면 마약중독과 퇴폐적인생활에 빠져 살고 있다고 한다.

잘 알려지지 않은 가르침 중 하나는 스승은 제자의 카르마를 진다는 것이다. 제자가 가르침을 현명하게 사용하면 스승의 카르마는 덕을 본다. 그러나 부정적으로 사용하면 스승의 카르마에 손해를 끼친다. 앞의 경우에 나는 그 사람의 카르마 일부를 받아야한다(내가 가르친 것을 그가 부정적으로 사용한 일). 그가 자신의몇몇 추종자를 혼란 상태에 빠뜨렸기 때문에 나는 또한 그 추종자들의 카르마 일부를 받아야 한다. 물론 이 카르마 연결을 끝내기 위하여 내가 하는 마법 수련이 있다.

이렇게 길게 이야기하는 이유는 마법 단체를 형성하거나 회원이 될 때 이기심이 불러 일으키는 문제점을 보여주려 하기 때문이다. 한때 황금새벽회의 확실한 지도자였던 맥그리거 매더스

(MacGregor Mathers)의 이기심은 조직의 붕괴에 일조하였다. 크로울리의 이기심은 황금새벽회 내부 조직의 약화를 가져왔다. 크로울리 생전에 그를 추종했던 사람보다 오늘날 더 많은 사람들이 그를 공부하고 우상화하고 있다. 이기심과 권력에 대한 갈망은 어떤 것보다도 마법 단체 붕괴의 주원인이었다.

그러므로 우리는 자신과 타인의 부정적인 이기심을 어떻게 피할 것인가를 생각해야 한다. 먼저, 표면적으로 드러나지 않으면 그것은 표면 아래 잠복하고 있음을 알아야 한다. 둘째, 그것을 알아채는 법을 배워야 한다. 알아채는 간단한 방법은 태도를 보는 것이다. 부정적이며 이기적 태도는 하레 크리슈나(Hare Krishnas)의 창시자가 쓴 《크리슈나 의식, 최고 요가 체계(Krsna Consciousness, The Topmost Yoga System)》란 책에 나온다. 책에서(40쪽) "탐구를 멈추고 권위 있는 원천에 순종하고 귀를 기울어라."라고 나와 있다. 물론 여기서 귀 기울일 권위 있는 원천과 순종할 단체는 하레 크리슈나(Hare Krishna) 조직이다. 이에 반해서 크로울리의 《Book 4》에 나오는 글을 보자.

다른 스승들은 말한다. "나를 믿어라!" 그러나 크로울리는 "나를 믿지 말라!"고 말한다. 크로울리는 스스로 연구하는 독립적이고 자기의존적인 제자들을 원한다.

그가 제자들에게 유용한 수단을 제공하여 제자들의 시간을 절약하게 하고 어려움을 덜어준다면 그것은 자기만족을 위하여 행하는 것이다.

이 견해에 나는 마음속 깊이 동의한다.

단체의 장으로서, 자신이 모든 답을 가지고 있으며 다른 방법은 잘못이라고 생각한다면 이기적 자아가 작동하는 때다. 카발라, 마법, 오컬티즘에 대하여 모든 것을 안다고 생각한다면 마찬가지로 이기적 자아가 작동하는 때다.

대부분의 사람에 있어 '자아' 즉 에고에 대한 감각은 의식과 육체 사이에 연결되어 존재한다. 우리는 '자신을' 심신(mind-body 마음-육체)으로 생각한다. 비물질인 마음은 신과 합일 속에 존재하고 합일을 구하는 것 이외에는 어떤 것도 소유할 수도 없고 어떤 것보다 높거나 낮거나 할 수 없다. 그러나 심신이 하나로 생각될 때 이것은 소유물을 가질 수 있고 물질적으로나 정신적으로 다른 심신보다 높거나 낮거나 할 수 있다. 부정적인 이기심을 극복하는 열쇠는 마음이 육체가 아니라는 것을 깨닫고 이것을 받아들이는 것이다(단순히 이해하는 것이 아님). 마음이 참된 자아이며 육체는 참된 자아가 물질세계에 살아갈 때 사용하는 도구일 뿐이다.

다음은 크로울리의 책에 나오는 육체와 마음을 이해하는 데 도움이 될 수 있는 수련법이다.

1. 허리를 똑바로 세우고 무릎은 모으며 발은 바닥에 평평하게 놓고 의자에 앉는다. 손바닥은 아래로 하고 양손 엄지를 서로 붙인 채 넓적다리에 놓는다. 이 자세를 유지한다. 짧은 시간 안에 몸은 흔들리고 다리는 벌어지고 엄지손가락은 떨어지기 시작한다.

이 단순하고 기본적인 자세는 아주 빠르게 불편을 야기한다. 육체는 어떤 자세에서도 금방 불편을 느낀다. 잠시 동안 어떤 자세든 한 번 누워보라. 그러면 이 말이 사실임을 알게 된다. 훈련을 통하여 고통과 불편을 극복하는 것이 가능하다. 육체는 어떤 자세에서도 만족하지 못하고 고통스러워하므로 이 고통을 극복하는 무엇인가 있어야 한다. 이것이 마음이다.

2. 이기심을 느끼면 최소한 2주 동안 '나'라는 단어를 말하지 않겠다고 자신과 약속을 한다. 그 기간 동안 필기도구를 가지고 다니며 '나'라는 단어를 말할 때는 언제든지 표시를 한다. 처음에 종이는 표시로 채워질 것이다. 그러나 2주일이 지나면서 숫자는 줄어든다. 여러 날 동안 '나'라는 단어를 사용하지 않는 효과는 아주 놀랄 만하다. 이것은 멋지게 심신에서 자아를 분리시키는 경향이 있다. 결과를 향상시키고 촉진하려면 '나'라는 말을 할 때마다 100원이나 500원 금액을 정하여 자선단체에 기부하는 것도 좋은 방법이다.

3. 하루에 두 번 타로 카드 응시 의식을 하라. 한 번은 고급 타로 응시 의식을 하고, 한 번은 원래 타로 응시 의식을 한다.

제 7 편

마법에 대하여 이야기하는 사람은 많으나 실제로 마법을 실행하고 마법대로 살아가는 사람은 아주 적다. 내가 만나본 마법사라고 주장하는 사람들은 LBRP 의식 이외에는 다른 의식에 대해서는 아는 것이 별로 없어 보인다.

이 말에 오해는 없었으면 한다. LBRP는 아주 중요한 의식이다. 마법에 숙달하기까지 마법은 위험한 일이며 LBRP가 작은 지주가 된다.

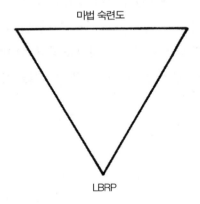

만약 LBRP에 익숙하지 않다면 모든 체계가 무너진다. 처음에 LBRP를 가르친 이유도 그 때문이다. 이 의식은 황금새벽회에서 내부 조직으로 들어갈 때까지 회원들에게 주어졌던 유일한 의식이었다. 이것은 1년 이상 수행을 요하였다. 미들 필라 의식 등 지금까지 배운 의식들을 수행하고 있다면, 말뿐이지 실제로는 수행은 거의 하지 않는 자칭 마법사라 부르는 사람들이 못하는 실천 마법을 당신이 하고 있는 것이다.

다시 한 번 강조하지만 마법 실행은 자기 기만도 '정신적 수음'도 아니다. 성적 자극이 있는 동안 신체의 화학성분은 변화를 일으킨다. 다양한 호르몬이 혈관으로 분출되고 이것은 성적 각성을 나타내는 증세를 일으킨다. 엔돌핀이 신체에서 만들어지고 혈관으로 들어가 뇌에 도착한다. 엔돌핀은 아편과 비슷하고 이것은 고통의 한계를 증가시켜 평소 같으면 고통스러웠을 육체 학대가 어떤 사람들에게는 즐거울 수 있다.

성적 각성에 의한 변화는 일시적이다. 의식 마법의 실행은 더 오래 지속되는 변화를 일으킨다. 장수, 젊음, IQ 증가 등이 그러하다. 그러나 규칙적으로 행하지 않으면 아무것도 일어나지 않는다. 마법은 경험적인 것이지 정신적인 것은 아니다.

여러 의식 중에서 LBRP 목적은 주변의 산만함(물질적 산만과 비물질적 산만)을 정화하는 것이다. 이것은 특히 '부정적 영향'을 줄 수 있는 진동이나 존재에 대한 방어 의식이기도 하다.

회색마법을 할 때 주변의 부정적 영향을 정화하는 것은 중요하다. 그러나 긍정적 영향을 제거하는 것도 중요하다. 왜냐하면 신성과 접촉을 원할 때 그것이 긍정적이든 부정적이든 방해가 되면 안 되기 때문이다.

살다보면 누군가 당신을 짝사랑하는 경우가 있을 수 있다. 그들은 당신 곁에 머물고 싶어 하며 돕기를 원하고 접촉을 원한다. 그들의 동기는 사랑이지만 당신에게는 짜증스러운 일이 될 수 있다. 사랑과 애정으로 당신에게 접근할지라도 부정할 수 없는 아주 확실한 것은 사생활과 직장생활에 방해가 될 수 있다는 것이다. 당신은 그들의 집착을 깨뜨리려고 시도하고 삶에 그들이 개입하는 것을 중지시키려고 시도한다. 비슷하게 마법 수행에서 긍정적 개입을 방지하는 것이 중요하다. 마법을 실행하는 장소는 부정적인 영향뿐 아니라 긍정적인 영향에서 정화되어야 한다. 즉 마법을 실행하는 장소는 모든 영향에서 정화되어야 한다.

LBRP는 부정적인 영향을 정화하고 헥사그램 결계 의식(Banishing Ritual of the Hexagram, BRH)은 긍정적 영향을 정화한다. LBRP와 함께 BRH는 마스터되어야 한다.

나는 LBRP를 아주 철저히 행하고 즐겨왔다. 그만큼 LBRP는 모든 마법 의식의 기본 단계다. LBRP 의식은 중요하며 규칙적으로 실행해야 한다. 그렇지 않으면 어려움에 처할 수 있다. 나는 아직도 하루에 두 번 실행하며 하고 나면 기분이 좋다. 그러나 매일 해야 하는 의식을 통하여 좋은 기분뿐만 아니라 더 많은 것을 경험해야 한다고 생각한다.

내가 처음 BRH를 배웠을 때 새로운 것을 경험하였다. LBRP에 나오는 대천사 에보케이션이 강력하고 늘 힘을 증가시키는 것처럼 보였지만, BRH의식은 나에게 엄청난 영감과 경외감을 주었다. 신성 빛이 내려오도록 명령한 후 잠시 멈추었을 때 굉장한 기운을 느꼈다. 의식 말미에 이것이 되풀이될 때 완전히 압도적인 기운을 느꼈다. 나는 장엄하고 아름다운 마법 의식에 감명받는 적이 종종 있다.

황금새벽회의 아래 글은 '우주와 공간의 주님을 찬미하는' 장엄하고 아름다운 문장이다.

우주의 주님이시며

모든 속성을 넘어서 있는 주님이시며

위대하고 위대하신 전능한 주님이시여! 신성하나이다.

오! 빛과 어둠을 주재하시는 주님이시여! 신성하고 신성하나이다.

LBRP를 설명할 때 이야기했지만 마법을 실행하는 장소는 신의 사원이다. BRH 의식은 주변을 결계하는 특성을 가지며 간단하지만 영광스럽고 정직한 경배 성격을 띤다.

헥사그램 결계 의식
(Banishing Ritual of the Hexagram, BRH)

준비 단계 : 1. 이완 의식을 한다.

2. LBRP를 한다.

3. 여기에 나오는 상징에 의문이 있으면 3편을 다시 읽어라.

Section 1 : INRI 분석(키워드 분석)

1단계 : 팔을 수평으로 들어올려 몸이 십자가 형태가 되도록 하여 동쪽을 보고 제단 뒤에 선다(제단이 있으면). 의식용 지팡이가 있으면 사용한다. 오른손에 지팡이를 잡고 끝이 위를 향하게 한다.

2단계 : 의미를 생각하면서 다음을 말한다.

I   N   R   I

요드   눈   레쉬   요드

살해당한 오시리스 싸인

히브리 문자를 말할 때는 오른편에서 왼편으로 문자를 그린다. 지팡이 끝이나 오른쪽 집게손가락을 사용하며 그릴 때 밝게 빛나는 푸른빛 문자를 심상한다. 문자는 다음과 같이 보인다.

יניר

3단계 : 오른손을 어깨 위로 똑바로 올린다. 지팡이가 있으면 마찬가지로 끝이 위를 향하게 하여 손에 쥔다. 왼손은 수평으로 들어 올리며 손바닥은 앞을 향한다. 머리를 약간 숙이면서 왼손을 바라본다. 그리고 'L 슬퍼하는 이시스 싸인' 이라고 말한다.

4단계 : 양팔을 머리 위로 들어 올려 양팔 각도가 60도 정도 되도록 한다. 이것은 'V 자를 형성한다. 손바닥은 서로 마주본다. 머리를 뒤로 기울이고 위를 보며 'V 티폰과 아포피스의 싸인' 이라고 말한다.

5단계 : 가슴에 양팔로 십자가 형태를 만든다(오른팔이 왼팔 위로). 손가락 끝은 어깨에 닿게 한다. 이것은 'X 를 만든다. 머리를 앞으로 숙이고 'X

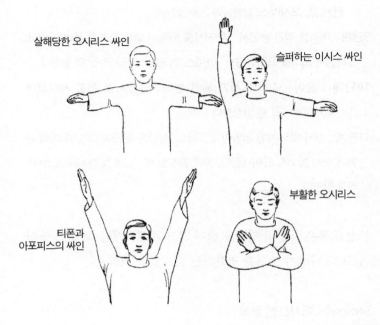

살해당한 오시리스 싸인

슬퍼하는 이시스 싸인

티폰과
아포피스의 싸인

부활한 오시리스

L.V.X 싸인

부활한 오시리스' 라고 말한다.

6단계 : 앞에서처럼 몸으로 문자를 만들면서 문자 이름을 말한다. 그리고

단어 '부-츠, Boots' 를 발음할 때처럼 비슷한 리듬감을 가지고 단어 룩-

스를 말한다. 즉 L···V···X···LUX.

7단계 : 그리고 팔을 가슴에서 쭉 펴서 다시 십자가를 만들면서 머리를 숙

이고 '십자가의 빛' 이라고 말한다.

8단계 : 다시 1단계 자세에 돌아와서 앞을 보면서 말한다.

"버고, 이시스, 위대한 어머니,

스콜피오, 아포피스, 파괴자,

썬(태양), 오시리스, 살해당하고 부활한 자."

9단계 : 머리를 약간 들면서 'V' 자세를 위하여 팔을 점차로 들어 올린다. 그러면서 의미를 음미하면서 '이시스, 아포피스, 오시리스' 라 말한다.

10단계 : 손이 'V' 자 위치가 되면 앞의 4단계처럼 위를 쳐다보며 'I.A.O(이…아…오)' 를 발성한다.

11단계 : 잠시 빛(LVX)을 열망한다. 그리고 심상을 통하여 그 빛을 머리 위에서 아래 발까지 끌어내린다. 빛이 감지될 때 '신성 빛이 내려오소서!' 라고 말한다.

부정적 혹은 긍정적 영향을 받지 않고 존재하게끔 그 빛이 당신을 덮고 더 나아가 당신을 정화하는 것으로 느껴라.

Section 2 : 헥사그램 형성

12단계 : LBRP에서처럼 원의 동편으로 간다. 충분한 공간이 없으면 서 있는 자리에서 동쪽을 향한다. 지팡이나 오른손 집게손가락으로 불 원소 헥사그램을 만든다(헥사그램 만드는 것은 이전에 설명한 3장 3편 참조). 준비 단계에서 LBRP를 하면서 만든 펜타그램은 푸른빛이며 헥사그램은 이 펜타그램과 겹치게 되며 황금빛 불꽃으로 심상한다.

13단계 : 코로 숨을 들이마시면서 우주의 끝으로부터 에너지가 코와 육체 그리고 발을 통하여 내려와서 지구의 중심까지 흘러가는 것을 느껴라(당신은 더 이상 마법 원의 중심에 있는 것이 아니라 우주의 중심에 있다). 숨을 들이마시면서 양손은 관자놀이/귀까지 쳐든다. 지팡이는 앞으로 향해 있어야 한다. 주먹쥔 왼손의 집게손가락도 마찬가지로 앞을 향해 있어야 한다. 왼발을 한 걸음 내디디며 양손을 앞에 있는 불 원소 헥사그램의 중심을 찌른다(위에 있는 삼각형 밑변 중심). 이것을 할 때 숨을 내쉬며 에너지가 몸을 통하여 돌아와서 팔과 손 그리고 헥사그램을 통하여 우주 끝까지 흐르는 것을 느껴라. 숨을 내쉬는 동안 동시에 힘의 마법단어 아라리타(ARARITA)를 발성한다. 왼발을 원위치로 돌리면서 양손을 관자놀이로 가져온다. 왼손을 내리고 지팡이를 잡은 오른손을 헥사그램 중심에 둔다.

14단계 : 그 상태에서 지팡이를 동일한 높이로 선을 그리며 시계방향으로 돌아 남쪽 끝에 선다. 지팡이 끝에서 찬란한 백색광이 방출되는 것을 심상한다. 공중에다 흙 원소 헥사그램을 그린다. 전과 마찬가지로 들숨, 날숨, 입장자 사인을 한다. 여기서 중심은 정중앙이다. 마찬가지로 힘의 마법 단어 아라리타(ARARITA)를 발성한다.

15단계 : 마찬가지로 서쪽으로 선을 그으며 돌아서서 공기 원소 헥사그램을 그린다. 여기서 중심은 삼각형 공동선의 중간이다. 방법은 마찬가지다.

16단계 : 마찬가지로 북쪽으로 선을 그으며 돌아서서 물 원소 헥사그램을 그린다. 중심은 두 삼각형 점이 만나는 곳이다. 방법은 마찬가지다.

17단계 : 선을 그으며 동쪽으로 돌아오면 네 방향에 황금빛 헥사그램을 가진 찬란한 백색 원이 완료된다.

이때 앞서 만든 백색광으로 연결된 푸른빛의 펜타그램(오각별)도 주변에 있어야 한다. 펜타그램과 같은 위치에 황금빛 헥사그램(육각별)이 있어야 한다. 모든 색상은 아주 강렬하고 밝으며 에너지와 함께 맥동한다. 색상들은 강렬하게 맥동하나 섞이지는 말아야 한다.

18단계 : 여기서는 두 가지 선택이 있다.

a. 키워드 분석을 되풀이할 수 있다. 이것은 마지막에 바라는 만큼의 신성 빛을 쬘 수 있기 때문에 백마법 의식을 실행할 때 좋다. 이 빛의 광도는 헥사그램들을 형성해 나감으로써 점차 강해진다. 일반적인 목적을 위하여 내가 선호하는 방법이다.

b. LBRP에서처럼 카발라 십자가를 할 수 있다. 이 방법은 조금 짧게 걸리고 LBRP과 BRH 사이에 강한 연결을 가져온다. 회색마법 의식에 좋다. 실제로 긴 시간이 걸리는 의식에서 이것은 시간을 절약한다.

이것으로 헥사그램 결계 의식은 완료된다.

이 의식은 당신이 매일 하는 여러 의식에 요구되는 시간만큼이나 많은 시간이 요구된다. 지금까지 매일 규칙적으로 실행해야 하는 의식을 정리하여 본다.

1. 이완 의식
2. 펜타그램 소 결계 의식
3. 헥사그램 결계 의식
4. 미들 필라 의식
5. 신체 빛 순환 의식
6. 고급 타로 카드 응시 의식
7. 마법 일기장 기록

이 모든 기본 의식과 함께 헥사그램 결계 의식을 기억해야 한다.

의식 마법에서 성공하는 유일한 방법이 있는데 그것은 첫째도 실습, 둘째도 실습, 셋째도 실습이다. 실행해야 성공하는 법이다. 지름길은 없다. 의식에 서툴러도 괜찮으나 매일 마법 실행을 빠뜨리지 말고 해야 한다.

헥사그램 결계 의식 요약

1. 동쪽을 보고 손은 옆으로 올려 말한다.

　　" I 　 N 　 R 　 I

　　요드 　 눈 　 레쉬 　 요드

　　살해당한 오시리스 싸인"

2. 'L' 형태를 만들고 머리를 숙이고왼손을 보며 말한다.

　　"L······ 이시스의 슬픈 싸인"

3. 'V' 형태를 만들며 머리를 뒤로 하면서 위를 보고 말한다.

　　"V······ 티폰과 아포피스의 싸인"

4. 'X' 형태를 만들며 머리를 숙이면서 말한다.

　　"X······ 부활한 오시리스 싸인"

5. 모든 세 개의 싸인을 만들고 말한다.

　　"룩······스(LUX)······"

　　십자가의 빛(양팔을 펴면서 말한다)

6. 팔을 들어올려 십자가 형상으로 하고 말한다.

　　"버고, 이시스, 위대한 어머니,

　　스콜피오, 아포피스, 파괴자,

　　썬, 오시리스, 살해당하고 부활한 자"

7. 점차 팔을 위로 들어올리면서 말한다.

　　"이시스, 아포피스, 오시리스,

　　IAO(이...아...오...)!"

8. 빛을 열망하면서 머리에서 발아래로 빛(LVX)을 그리며 말한다.

　　"신성 빛이 내려오소서!"

9. 동쪽을 보고 황금빛 불 원소 헥사그램을 만들고 지팡이를 중심에 대고 '아라리타(ARARITA)!' 를 발성한다.

10. 남쪽으로 선을 그으며 돌아서서 흙 원소 헥사그램을 그린다. 중심에 '아라리타' 를 발성한다.

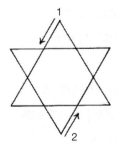

11. 서쪽으로 선을 그으며 돌아서서 공기 원소 헥사그램을 그린다. 지팡이를 중심에 대고 '아라리타' 를 발성한다.

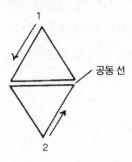

공동 선

12. 북쪽으로 선을 그으며 돌아서서 물 원소 헥사그램을 그린다. 중심에 '아라리타' 를 발성한다.

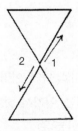

13. 원위치에 돌아오면 원을 완성한다. 1~8단계를 되풀이하거나 카발라 십자가 의식을 한다.

다른 사람과 함께 헥사그램 결계 의식을 원한다면 두 가지 좋은 방법이 있다. 이것은 LBRP를 하고나서 한다. 한 사람이 전체 BRH를 하거나 나누어서 한 사람은 INRI 분석을, 다른 한 사람은 헥사그램을 형성한다. 만약 충분한 사람이 있다면 가장 좋은 방법은 세 사람은 INRI 분석을, 다른 네 사람은 헥사그램을 그린다.

사람 1 : I
사람 2 : N
사람 3 : R
사람 1 : I
(잠시 멈추었다가)
사람 1 : 요드
사람 2 : 눈
사람 3 : 레쉬
사람 1 : 요드
모두 : '살해당한 오시리스 싸인' 이라고 말한다.
(히브리어로 철자 쓰기는 여기서 하지 않는다. 다음 단계에서 참가자는 정확한 싸인을 만든다)

사람 1 : L. ― 슬퍼하는 이시스 싸인
사람 2 : V. ― 아포피스와 티폰의 싸인
사람 3 : X. ― 부활한 오시리스 싸인
사람 1 : L. ― 슬퍼하는 이시스 싸인

사람 2 : V. — 아포피스와 티폰의 싸인

사람 3 : X. — 부활한 오시리스 싸인

모두 : LUX. 세 개의 싸인을 만들고 룩스(LUX)라고 말하며 양
팔을 펴면서 '십자가의 빛' 이라 말한다.

사람 1 : 버고, 이시스, 위대한 어머니

사람 2 : 스콜피어, 아포피스, 파괴자

사람 3 : 썬, 오시리스, 살해당하고 부활한 자, 라고 말한다.

(모두 천천히 팔을 올리며)

사람 1 : 이시스

사람 2 : 아포피스

사람 3 : 오시리스

모두 : 이아오(IAO), 그리고 '신성빛이 내려오소서!' 라고 말한
다.

헥사그램 형성을 위해서 네 방위에 한 명씩 선다. 동쪽에 서 있
는 사람은 헥사그램을 형성하고 아라리타를 발성하고 남쪽으로
선을 긋고, 남쪽의 사람은 마찬가지로 자신의 역할을 하고 서쪽
으로 선을 긋고, 이런 식으로 처음 시작한 동쪽으로 오게 되면 원
은 완성된다. 그리고 마지막으로 각자는 자신이 출발한 자리로
다시 돌아온다.

헥사그램이 완성되고 모두가 원래의 자리로 돌아오면 모두 안
쪽으로 돌아서서 얼굴을 마주본다. 함께 오른손을 위로 올린다
(이때 지팡이가 있으면 지팡이와 함께). 그리고 서서히 팔을 내려

지면과 평행하도록 하여 의식을 끝내는 역할을 맡은 중심에 있는 사람(들)을 향한다.

팔을 내릴 때 모음 '아(AH)'를 조용하게 저음으로 발성하기 시작한다. 팔을 움직임으로써 소리는 커지고 높아진다. 그래서 중심에 똑바로 향하게 되는 시점에서 '아' 소리는 상당히 크고 높아 고음이어야 한다. 미리 선정된 중심에 있는 사람은 적당하다고 생각할 때 갑자기 자신의 팔을 올리는데, 이것은 네 명의 사람에게 이제는 조용하라는 표시다. 그때 그들은 팔을 내리고(계속 지팡이는 위로 향하게 한다) 원 안에 자신의 자리로 돌아간다.

나는 이 방식의 헥사그램 결계 의식이 영적으로 강력하고 감동적이라 생각한다.

제 8 편

이 책에서 다루지 않은 주제 가운데 하나가 어스트랄러지 (Astrology, 천문해석)다. 그럼에도 지금 어스트랄러지를 언급하는 이유는 내가 그것에 부정적이라는 생각을 하지 않도록 하기 위함이다. 뛰어난 재능으로 나를 놀라게 한 천문해석가들이 몇 명 있다. 마법과 어스트랄러지가 아주 긴밀하게 연결되어 있다고 주장하는 친구도 있다. 그 친구는 예술과 어스트랄러지에 근거하여 자신의 마법 체계를 만들 정도였다.

　사실 이 책에 나오는 마법 의식에 어스트랄러지에 대한 지식은 거의 필요하지 않다. 카발라 생명나무의 이해가 필요한 마법 체계기 때문이다. 그러나 그에 대한 지식은 생명나무의 이해에 도움을 준다. 어스트랄러지에 대한 지식이 여기서 필요한 것은 아니지만 어느 정도 배우는 것은 좋다.

　많은 사람들이 쉬운 방법을 찾고 있다. 신문은 연일 명예, 기억, 돈, 사랑 그리고 성공을 즉각적으로 보장하는 광고로 차 있다. 여기에는 마법 훈련을 받지 않아도 이웃을 저주할 수 있는 '주술 도구' 도 있다. 그러나 즉시 마법 힘을 보장하는 그런 선물은 없다. 앞에서 이미 말했지만 마법 능력은 '실습, 실습, 실습의 결과다!'

마법사가 되고 사이킥 능력을 계발하기 위하여 실습과 연구가 필요하다. 지름길을 생각하면 실패한다.

마법과 관련한 잡지 광고를 여러 번 본 적이 있다. 그것은 전면 광고였으며 중심에는 작은 막대기를 들고 있는 손이 그려져 있었다. 그 광고는 '마법 막대기로 당신이 원하는 행운을 부릴 수 있습니다' 라고 써 있었다. 광고에 의하면 마법 막대기가 모든 것을 가지고 온다는 것이다. 좀 더 자세히 광고를 살펴보면 막대기는 향이었으며 그 향을 피우면 행운이 온다는 내용이었다. 가격은 일반 향의 몇 배나 되었다.

사람들이 그 향을 사지 않는다면 신문 전면에 광고를 내지는 않을 것이었다. 우편을 통하여 오컬트 물품을 구입할 때 아주 주의력이 필요하다. 주의력과 관련하여 주제를 고대 마법서로 옮기고자 한다.

나는 아직까지 '그리모아(grimoire)' 로 알려진 고대 마법서에 대하여 설명하지 않았다. 이용 가능한 유명한 마법서로《솔로몬의 큰 열쇠(The Greater key of Solomon)》,《솔로몬의 작은 열쇠(The Lesser Key of Solomon)》,《아르마델 마법서(The Grimoire of Armadel)》,《마법사 아브라-멜린의 신성마법(The Book of the Sacred Magic of Abra-Mellin the Mage)》,《투리엘 비밀 마법서(The Secret Grimoire of Tyriel)》 등이 있다. 이드리스 샤(Idries Shah)의 《마법 비밀 가르침(The Secret Lore of Magic)》 에드워드 웨이트(A. E. Waite)의 《의식 마법서(The Book of Ceremonial

Magic)》같은 책들은 앞에 언급된 마법서를 편찬한 수준이다.

언급한 이들 마법서가 강력한 효력이 있다면 독자에게 책을 구입하여 마법 수행을 권하고 싶지만 사실은 그렇지 못하다. 위에 언급된 마법서가 많이 팔리고 있지만 진실한 마법은 거의 일어나지 않는다. 그러나 이들 마법서를 성공적으로 사용하는 방법과 숨겨진 비밀 열쇠가 있다.

열쇠는 그리모아라는 단어 뒤에 숨어 있다. 그리모아는 프랑스어로 '문법서'라는 의미를 가진다. 마법 수련생은 우주 법칙과 지식을 통하여 자신들을 변형시키고 여러 존재 계에 대한 신비를 가르쳐줄 스승을 기대하였다. 그리모아는 모든 마법 지식을 담고 있는 책이 아니었다. 그것은 수련생들의 기억을 돕기 위한 도구로 고안되었을 뿐이었다. 어떤 의미에서 받아 적은 노트에 불과하였다.

이것을 이해한다면 책에 포함된 내용을 눈여겨 보는 대신 무엇이 빠졌는지 잘 살펴야 한다. 그리모아에는 회색마법을 하기 전에 필요한 카르마 지식과 신성 점이 언급되지 않는다. 스승은 아마 이 정보를 수련생들 머리에 깊게 주지시켰을 것이다.

그러나 더 중요한 것은 '회색마법에 필요한 세 가지' 내용이 그리모아에 빠져 있다는 것이다.

첫 번째는 긍정적 태도의 필요성이다: 마법의 작동에 부정적이라면 그 마법은 작동하지 않을 것이다. 마법이 단지 심리적 기법이라는 것을 말하려는 것은 아니다. 환자의 부정적 태도 때문에 대증요법(역주 : 직접 병인을 제거하지는 않으나 환자에게 나타나는 증세를 억제하거나 경감시킴으로써 환자의 고통을 덜어주고, 간접적인 치유 효과를 얻으려는 것)이 효력을 발생하지 않는 케이스가 많이 있다. 의료행위가 위약(僞藥) 효과라는 이야기가 아니라 마음과 육체가 아주 긴밀히 연결되어 한쪽이 치유되지 않으면 다른 한쪽도 치유될 수 없다는 말이다. 마찬가지로 자신이 하고 있는 마법에 긍정적이지 못하면 이런 마음 태도가 마법 수행에 방해된다. 마법 수행 결과에 부정적이라면 마법사로 성공하기는 불가능하다.

두 번째는 마법 에너지를 발생시키고 조정하는 법을 알아야 한다 : 당신은 이 책에 나오는 마법 의식 수행을 하면서 이것을 배워 왔다.

세 번째는 지식이다 : 에너지를 이끌어내어 통제할 수 있으면 다음은 이 에너지로 무엇을 할 것인가에 대한 지식이다.

고대 마법 수련생들은 긍정적 태도를 지녀야 했으며 에너지를 발생시켜 통제하는 방법(이것은 당신이 이 책에서 하고 있는 마법 의식이다)을 배우기 위하여 수련시간을 가졌다. 그러나 방대한 양의 지식을 암기하는 일은 어려웠을 것이다. 오늘날에 비해 암기법이 별로 발달되지 않았던 시기에 살았던 사람들에게는 사실이었을 것이다. 그리하여 되도록 실수를 피하고 수련에 도움을 주기 위하여 마법에 대한 지식을 기록하게 되었다. 이것이 바로 그리모아로 알려진 마법서다.

복습

다음 질문은 4장에서 주어진 내용을 충분히 이해하였는지 알기 위한 질문이다. 되도록 책을 보지 말고 답하라. 답은 부록 2에 나와 있다.

1. 공기 원소의 속성은 무엇인가?
2. 초기 기독교 상징은 무엇인가?
3. 참된 신비 스와스티카와 왜곡된 나치 스와스티카의 차이점은 무엇인가?
4. 공기 원소의 대천사는 누구인가?
5. 과거 생을 기억하기 어려운 이유는 무엇인가?
6. 펜타그램 소 결계 의식은 무엇을 위한 기본이 되는가?
7. 헥사그램 결계 의식은 당신 주변의 무엇을 정화하는가?
8. 집에서 규칙적으로 해야 하는 여러 의식들의 순서를 적어보라.
9. 의식 마법에서 성공하기 위하여 필요한 세 가지 항목은 무엇인가?
10. 회색 마법에 필요한 세 가지 항목은 무엇인가?

다음 질문은 당신만이 답할 수 있는 질문이다.

1. 모든 의식을 규칙적으로 수행하고 있는가?
2. 공기 원소를 통제하고 있는가?
3. 공기 단검을 만들었는가?
4. 이 장에서 동양과 서양의 마법 체계 차이점을 이해하였는가?
5. 모토를 선택하였는가?

인용 문헌 ....

Aima, *Ancient Wisdom and Rituals, The*, Foibles Publications, Hollywood, 1979.

Conway, Flo and Siegelman, Jim, *Snapping*, Dell, New York, 1978.

Farrar, Stewart, *What Witches Do*, Coward, McCann & Geoghegan, 1971.

Farrar, Stewart and Janet, *Eight Sabbats for Witches*, Hale, 1981.

Frazer, Sir James, *Golden Bough, The* (abridged edition), Macmillan, 1963.

Kuhn, A.B., *Lost Light, The*, (no publisher listed), 1940.

Massey, Gerald, *Gerald Massey's Lectures*, The Sanctuary of Gnosis, Sherman Oaks, CA, 1976

Regardie, Israel, *Ceremonial Magick*, Aquarian, 1980.

Golden Dawn, The Llewellyn Publications, 1978.

Middle Pillar, The, Llewellyn Publications, 1970.

제5장

제 1 편

많은 사람들이 스트레스를 받고 있으며 이 스트레스는 정치, 경제, 취업, 인간관계, 다른 여러 관심사에 대하여 신문을 읽거나 뉴스를 접하며 일어날 수 있다. 또한 말하는 중에 전화를 끊는다거나 교통체증 같은 사소한 일에서 일어날 수도 있다. 도시에 사는 사람들이 더 많은 스트레스를 받지만 스트레스는 시골이나 작은 도시에서도 일어난다. 식단 짜기, 물가 상승, 수입 감소, 자동차 수리 부품 구하기, 기타 사소한 일들이 스트레스를 야기할 수도 있다.

이완 의식은 스트레스를 제거하는 가장 좋은 방법이라고 생각하나 시간이 걸릴 수 있다. 이 문제를 해결하기 위하여 '즉각적 이완 의식' 이라 부르는 것을 소개한다. 이것은 이완 의식을 대체하려는 것이 아니라 시간이 없을 때 가끔 이용할 수 있다. 이것은 또한 매일 살아가면서 일어나는 스트레스를 제거하는 좋은 방법이다.

즉각 이완 의식

이것은 서서 하거나 혹은 앉거나 누워서 할 수 있다.

1단계 : 발과 발목에 근육을 긴장시킨다.

2단계 : 발에 긴장을 유지하고 종아리 근육을 긴장시킨다.

3단계 : 같은 방법으로 허벅지, 엉덩이, 배, 가슴, 등, 팔, 손, 목, 머리의 근육을 긴장시킨다.

　　즉 신체의 모든 근육—발에서 출발하여 머리까지—을 긴장시킨다. 5~10초간 완전히 긴장된 상태로 유지한다.

4단계 : 동시에 모든 근육을 이완한다. 몸을 완전히 축 처진 상태로 만든다.

5단계 : 마음으로 육체를 통하여 어떤 긴장이 있는지 본다. 특히 목, 이마, 어깨, 배, 허리 부위에 신경을 쓰고 보라. 긴장이 발견되면 즉시 그 부위에 이완 의식에서 사용하는 '황금빛' 을 보내면 긴장은 사라진다.

주의 : 이것은 심리적 기법일 뿐 아니라 생리학적 기법이다. 근육을 갑작스럽게 긴장했다가 급작스럽게 이완시키는 행동은 어떤 사람에게는 근육 경련을 야기할 수 있다. 경련이 발생하면 즉시 멈추고 경련이 멈출 때까지 마사지를 한다. 그리고 가능하면 정규 이완 의식을 하라. 근육 경련을 일으키는 사람이 있다면 이 기법을 사용하지 말라. 일단 육체가 급작스러운 변화에 익숙해지면 근육 경련은 일어나지 않으며, 아주 경이롭고 신속한 이완과 스트레스 감소가 일어난다.

제 2 편

흙과 공기 원소에 대하여 공부하면서 우리는 점차 원소에 대하여 친밀해지고 있다. 이들 원소에 대한 수련을 하고난 후 원소와의 합일감에 만족하지 않는다면 2주간 더 수련을 한다. 이때에는 자신의 뜻에 따라 시행하되 규칙적으로 할 필요는 없다. 이들 원소와 더 친숙해질 수 있는 수련법을 구할 수 있으면 기존 수련법에 이것을 추가하는 데 부담을 갖지 말라. 그러나 즉시 아래 수련법을 시작해야 한다.

물 원소 속성은 서늘함과 습함이다.

수련 1 : 주변에서 서늘함과 습함이 결합된 속성을 가진 것들을 관찰한다. 이들 원소의 속성은 상대적임을 기억하라. 오븐에다 무엇인가를 구울 때 때때로 오븐에서 나오는 따뜻하고(혹은 뜨거운) 축축한 공기는 습기를 함유하나 서늘한 속성이 없는 것처럼 보인다. 그러나 이것은 용광로에서 나오는 열보다는 훨씬 서늘하고 습기도 많다. 그러므로 오븐은 용광로보다 더 많은 물 원소를 가진다. 여러 물 원소를 경험할 때 물 원소의 상대성을 조사한다. 그리고 일기장에 기록한다. 일주일간 하루에 한 번씩 이 수련을 한다.

수련 2 : 옷을 벗고 시원한 물이 있는 욕조나 물 웅덩이에 몸을 담근다. 호수나 강은 가장 좋은 장소다. 수면 아래로 완전히 잠수할 동안 숨을 쉴 수 있도록 스노클을 준비하면 좋다. 이것은 작은 욕조나 얕은 물웅덩이에서 하기는 어렵다. 완전히 몸을 담글 수 있는 장소가 있다면 좀 더 빠른 성공을 기대할 수 있다.

스노클을 통하여 숨을 쉬면서 가능한 한 오랫동안 잠수하여 완전히 물에 잠기면 이 상태에서 이완 의식을 한다. 물의 부력 때문에 이것을 하기는 쉽다. 다음으로 호흡에 깊은 주의를 기울인다. 호흡을 지켜보는 동안 호흡이 자동적으로 느려지는 것을 알게 된다. 공기가 코(혹은 스노클과 입), 기관(氣管) 그리고 폐로 흘러 들어갈 때 공기가 주는 느낌에 주의한다. 폐 안에서 산소와 이산화탄소가 교환되는 것을 상상한다. 이산화탄소를 함유한 공기가 몸 밖으로 나가는 것을 느낀다.

다시, 온몸을 숨쉬는 기관으로 상상한다. 몸의 모든 부분이 숨을 쉬는 것으로 상상한다. 피부는 신체의 중요한 부분이다. 이 '기공 호흡' 수련에서 공기를 마실 때 모든 기공이 물 원소를 들이 마신다고 생각한다. 안으로 밀려왔다 나가면서 몸의 불순물을 씻어내는 것으로 느껴라. 물 원소를 눈에 보이는 일반 물과 혼동하지 말아야 한다. 그렇지 않다면 '물에 빠져 죽는 느낌'을 받을 수 있다. 이것이 일어나면 즉시 수련을 멈추고 다음에 다시 한 번 시도한다.

같은 날 다른 시간에 이 수련을 실험한다면 가능하면 다른 장소에서 하라. 물은 변화가 아주 심하다. 여러 변형된 방법으로 실험을 시도하라. 일주일 후에 다음 단계로 간다.

수련 3 : 하루에 한 번, 3분 동안(그 이상은 안 됨) 자신을 물 원소라고 상상한다. 물 원소의 유동성과 서늘함 그리고 기운을 새롭게 하는 습함을 느낀다. 어스트랄러지를 공부하고 있다면 물 원소에서 배운 것을 12싸인 중 세 개의 물 원소 속성을 나타내는 캔서(게자리), 스콜피오(전갈자리), 파이씨즈(물고기자리)와 비교하라. 여러 모습을 지닌 물 원소와 친숙해져라. 일주일간 물 원소가 무엇이며 느낌이 어떠한지 수련을 한다.

수련 4 : '물이 되는' 법을 배웠으면 다음은 의식적으로 물 원소를 통제하는 법을 배운다. 잠시 시간을 내어 다시 자신이 물 원소임을 상상한다. 마지막 수련에서 받은 느낌을 의식 안으로 가져온다. 다음으로 손바닥을 20~30cm 떨어져서 마주보게 하고 양손 사이에 병이나 원통형 통 혹은 작은 통을 심상한다. 숨을 내쉬면서 몸의 모든 물 원소가 숨과 함께 나가서 통 속에 쌓임을 심상한다. 네 번 내지 일곱 번 정도 호흡하면 통을 채울 수 있을 것이다. 채워지면 세 번의 호흡으로 그것을 안으로 마시고 정상 의식(意識)으로 돌아온다. 이 수련을 일주일 한다.

평가 : 이것은 당신이 물 원소와 조화롭게 되었는지 그리고 그 원소를 통제할 수 있는지 확인하기 위함이다. 아무도 당신의 수련 결과를 측정할 수 없으므로 종종 시험을 하고 수련을 하라.

완고함과 변화에 거부감이 느껴진다면 수련 4에서 설명한 물 원소 용기를 다시 한 번 심상한다. 용기가 채워지면 한 번 크게 숨을 마시면서 용기 속의 모든 내용물을 끌어당긴다. 5분 안에 안정이 되어야 한다.

다음에 우유부단하거나 이용당하는 느낌이 든다면 마찬가지로 용기를 만든다. 이번에는 물 원소를 채우고 공중에 큰 구멍을 심상하고 용기를 구멍 안으로 던지고 재빨리 구멍을 닫는다. 수분 안에 우유부단한 느낌은 어느 정도 사라지고 다른 사람이 당신을 이용하지 못할 것이라는 느낌이 들어야 한다. 그러나 성공을 위하여 여러 번 이것을 되풀이하는 것이 필요할 수도 있다.

이 시험에 성공하면 당신은 물 원소를 마스터한 것이다. 수련하면서 알았겠지만 통제하기 쉬운 원소와 그렇지 않은 원소가 있다. 결과에 매이지 말고 계속 수행하라. 결국 바라는 결과가 나올 것이다. 결과가 좋든 나쁘든 마법 일기장에 실험 결과를 기록하라.

컵

컵은 물 원소를 상징하는 마법 장비다. 몸통과 줄기가 있는 컵을 구입하여 페인트칠을 하면 되므로 가장 만들기 쉬운 장비다. 대부분 사람들이 은으로 된 잔을 선호하지만 황금새벽회는 몸통과 줄기가 있는 유리컵을 추천한다. 나무나 백랍으로 된 잔을 선호하는 사람도 있다. 유리잔은 깨어지기 쉬워서 문제가 될 수 있지만 선택은 당신에게 달려있다.

줄기 위의 몸통은 크로커스 꽃 형태다. 이것은 깔때기처럼 밖으로 퍼지는 모습이다. 실을 준비하고 몸통이 밖으로 퍼지는 위

물 컵

8부분으로 나눈 섹션

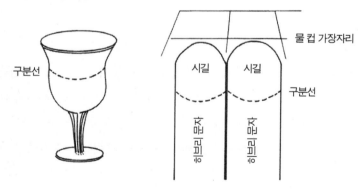

구분선

물 컵 가장자리

시길   시길

구분선

히브리 문자와 시길 그리고 외곽선은 밝은 오렌지색이며 그 밑바탕은 밝은 푸른색이다.
상징이 그려지는 부분 위쪽에 있는 곡선으로 이루어진 삼각형 사이 공간은 그냥 둔다.

[컵에 사용하는 상징과 히브리 문자]

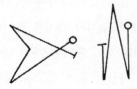

אלהים צבאות
1. 엘로힘 차바오스(Elohim Tzabaoth)

גבראל
2. 가브리엘(Gabriel)

טליהד
3. 탈리아하드(Taliahad)

תרשיש
4. 타르시스(Tharsis)

גיהון
5. 기혼(Gihon)

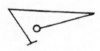

מערב
6. 메아라브(Maarab)

מים
7. 마임(Mayim)

8. 모토(The Motto)

치에서 컵 둘레를 실로 한 번 감아서 그 길이만큼 자른다. 실을 반으로 접고 그 위치를 수성 볼펜으로 표시한다. 다시 한 번 반으로 접어 위치를 표시하고, 이어서 또 한 번 접어서 위치를 표시한다. 그러면 전부 같은 길이로 표시된 여덟 개의 표시를 가진 실이 된다. 컵의 재질과 어울리는 페인트를 사용한다. 이 컵으로 물을 마시는 일은 별로 없겠지만 간혹 마실 수 있다. 그러므로 납 성분이 없는 페인트를 사용한다. 실을 컵 둘레(밖으로 퍼지는 지점)에 감고 연필로(나무의 경우는 펜도 괜찮다) 실의 표시된 여덟 군데를 컵 위에 표시한다. 밝은 오렌지색을 사용하여 표시된 점에서 직선으로 아래로 선을 그어 밑까지 그린다. 표시된 점에서 위로 선을 그어 곡선으로 서로를 연결한다. 이 안을 밝은 푸른색으로 칠한다. 히브리 문자는 직사각형 부분에 그리고 시길은 구부러진 삼각형 부분에 그린다. 이때는 오렌지색을 사용한다. 표면을 보호하기 위하여 여러 번 코팅을 한다.

제3편

3편에서는 장미십자가 의식(Rose Cross Ritual)을 배운다. 이것은 매일 하는 의식은 아니지만 수행하기에 쉽고 괜찮은 의식이다. 아마 자주 사용하게 될 것이다. 이 의식을 사용하는 다섯 가지 이유가 있다.

1. 펜타그램 소 결계 의식(LBRP)과는 효과는 다르지만 아주 뛰어난 결계 의식이다. LBRP의식은 당신을 보호하며 또한 선(線)과

보이지 않는 것으로부터의 보호

펜타그램을 가지고 전체 아스트랄계를 밝힌다. 이것은 아주 강력한 의식이다. 앞에서 이야기했지만 이 의식은 원하지 않는 아스트랄 존재(어린 심술쟁이)의 관심을 끌어당기는 결과를 가져올 수 있다. 한편 장미십자가 의식은 당신의 오라에 작동하여 커튼같이 작동한다. 이것은 LBRP와는 다른 방법으로 원치 않는 외부 영향에서 당신을 보호한다. 그러나 장미십자가 의식을 LBRP로 대체하지 말라. 어떤 마법 의식이건 하기 전에 LBRP를 수행하는 것을 잊지 말라. 자신을 둘러싸기 위하여 장미십자가 의식을 한다. 예를 들면 곤란함을 느낀다거나 집중할 수 없다면 먼저 주의력을 흩뜨리는 외부 영향을 결계하기 위하여 LBRP를 행한다. 그리고 이어서 마음의 평화를 얻기 위하여 장미십자가 의식을 수행한다.

2. 커튼 효과는 주변 세계에 당신이 보이지 않게 한다. 실제로 눈에 보이지 않은 것은 아니다. 당신을 찾고 있는 사람이 당신을 찾지 못하게 하는 것도 아니다. 그러나 특별히 누군가 당신을 찾고 있지 않으면 당신의 존재가 관심의 대상이 되지 않게 된다. 그러므로 보이지 않은 효과를 가지는 셈이다.

언젠가 약속에 늦을 것 같아 정시에 도착하기 위해서는 차의 속도를 올릴 수밖에 없었다. 나는 재빨리 LBRP와 장미십자가 의식을 하였다. 그리고는 아주 빠른 속도로 차를 몰았다. 갑자기 고속도로 순찰차가 뒤에서 다가와 경광등을 켜고는 빠른 속도로 내 옆으로 차를 몰았으나 그들은 마치 내가 존재하지 않는 것처럼 무시하였다. 규칙을 위반하라고 말하는 것이 아니라 내 개인 경험을 공유하고 싶어서다.

3. 이 의식은 명상에 좋은 준비가 된다. 당신의 고급자아를 불러내어 작동시킨다. 명상으로 문제를 해결하는 데 도움이 된다.

4. 육체적으로 또는 영적으로 상처받은 사람을 돕기 위하여 이 의식을 사용할 수 있다. 간단히 마음에 돕고 싶은 사람의 형상(이미지)을 만든다. 의식을 행할 방 중심에 그 이미지를 놓는다. 의식이 시작되면 돕고 싶은 사람의 이미지 위에 빛을 가져온다. 의식이 종료되면 마음으로 창조한 형상에게 명령을 하여 새롭게 더하여진 평화, 평온, 안녕을 가지고 실제 사람에게 돌아가게 한다.

물론 의식 전에 허락을 얻어야 하며 결과가 긍정적인지 부정적인지 신성 점을 쳐보아야 한다.

5. 가끔 '부정적인 사이킥 진동' 이 존재하는 장소에 있을 수 있다. 예를 들면 부정적인 사람이 살았던 집이나 과거에 끔찍한 일이 일어났던 집에 있으면 불편함을 느낄 수 있다. 이 의식은 부정을 몰아내기보다는 아스트랄체와 아스트랄 자아를 외부 침입에서 보호하는 기능을 한다.

여기서 잠시 헥사그램 결계 의식을 복습하라. 중요 단어(INRI) 분석에 초점을 맞추어야 한다. 왜냐하면 여기에서 다시 사용되기 때문이다. 테트라그라마톤(Tetragrammaton, 4자 문자)과 펜타그라마톤(Pentagrammaton, 5자 문자)을 설명한다. 테트라그라마톤은 이 책 여러 곳에서 설명하였지만 마법과 카발라의 중요성 때문에 다시 설명한다. 이미 알고 있겠지만 테트라그라마톤은 '요드, 헤, 바브, 헤(Yud, Heh, Vahv, Heh)'로 이루어지며 궁극적인 신의 이름으로 알려져 있다. 아무도 정확한 발음을 모른다. 이 문자 중 어떤 것은 오늘날의 발음과는 다르게 발음되었다.

이들 문자는 다른 문자를 위한 코드일 수 있다. 문자의 일부는 이중적으로 해석될 수도 있다. 유대인들은 이 단어를 발성하려고 시도하지 않는다. 대신에 그들은 '나의 주님'을 의미하는 '아도 나이'를 대신하여 부른다. 원래 히브리어에는 모음이 없었다. 모음은 나중에 자음 위아래나 안에 점이나 선 형태로 사용되었다. 실수로나마 사람들이 테트라그라마톤(YHVH)을 발음하지 못하도록 아도나이(AH-DOH-NYE)에 나오는 모음을 신성 4자 문자 사이에 끼워 놓았다. 이런 모음을 사용하여 4자 문자를 발음하면 야베브(Yahveh), 야훼(Yahweh), 예호바(Yehovah/Jehovah)로 발음된다. 이 모든 것은 히브리 문자에 대한 부정확한 이해에서 나온다. 테트라그라마톤의 비밀은 구성 문자의 의미에 있다. 요드는 원초 남성을 상징하며 첫 번째 헤는 원초 여성을 상징한다. 요드(ָ) 문자가 확장된 것처럼 보이는 바브(ֶ)는 물질 남성을 두 번째 헤는 물질 여성을 상징한다. 이렇게 테트라그라마톤을 분석하면 신은 물질적·영적으로 모든 이원성의 합일이라는 비밀을 드러낸다. 신은 모든 것이며 모든 것은 신에게서 나온다.

이것은 우주를 알면 신을 알게 된다는 뜻은 아니다. 신은 모든 것 너머 있으며 우리의 이해 너머 있다.

문자 쉰(ש)은 세 개의 작은 불꽃처럼 보인다. 이 문자는 신성 불꽃을 상징하며 성령 혹은 루아흐 엘-오-힘(Ruach El-oh-heem)

으로 불리기도 한다. 이것은 또한 치(Chi) 혹은 기(Ki), 프라나(Prana), 쿤달리니(Kundalini), 마나(Mana), 마니토(Manitou), 기타 여러 이름으로 사용된다. 문자 쉰이 테트라그라마톤 중심에 놓이면 펜트라그라마톤(5자 문자)이 된다. 이 단어(요드-헤-쉰-바브-헤)는 성령에 의하여 신성한 남성과 여성 그리고 물질 남성과 여성의 합일을 상징한다. 성경식으로 해석하면 자신에게 구원자이며 메시아인 사람은 성령에 의하여 신성과 물질성이 그리고 모든 반대 극성이 하나가 되도록 해야 한다. 그러므로 구세주는 이 5자 문자 즉 펜트라그라마톤이어야 한다. 이 5자 문자를 히브리어로 발음한다면 이것은 보통 여호수아로 번역되는 '예하슈아(Yeh-hah-shu-ah)' 다. 그러나 그리스어에서 이것은 예이-수(Yay-su) 영어로는 '지저스(Jesus)' 가 된다. 예수(Jesus)라는 이름은 타이틀이다. 누구도 이 타이틀을 가질 수 있다. 우리 모두가 신과 합일을 찾아야 한다는 것을 5자 문자는 보여주는 것이다. 우리 각자는 자신의 구세주가 되어야 하며 자신의 메시아가 되어야 한다. 우리 모두는 '예수' 가 될 수 있다.

이것은 카발라 이론이며 기독 신학과는 관계없다. 사실 기독 신학은 이 카발라식 5자 문자 해석에 동의하지 않는다. 전통 기독교에서 예수가 예수란 이름으로 불리는 유일한 이유는 그 이름이 어떤 예언을 완수하였기 때문이었다. 또 다른 형태의 5자 문자는 쉰을 바브와 두 번째 헤 사이에 놓는다. 그러면 이 단어는 '예-호-바-사(Yeh-hoh-vah-shah)' 가 되며 성령에 의하여 물질계의 남성과 여성의 합일을 상징하며 이것은 신성한 남성과 여성 합일에 의하여 지배된다. 이것은 탄트라 요가와 섹스 마법의 비밀 중 하나다. 이것이 성교를 의미하지는 않음을 확실히 해둔다. 남성, 여성이란 용어가 마음에 들지 않으면 음, 양이나 ＋, － 등으로 대체할 수 있다. 남성과 여성으로 사용하는 이유는 전통적으로 카발라에서 그렇게 사용되었고 사용되고 있기 때문이다. 이 용어는 속성상 모든 것에 존재하는 이원성을 다루려는 시도다.

마지막으로 십자가로 알려진 상징은 기독교가 존재하기 이전에 존재하였으며 마법에 사용할 때 기독교 상징으로 생각하지 말 것을 다시 한 번 강조한다. 기독교 이전에 사용되었던 200개 이상의 십자가 형태가 있었다. 이 의식에서 십자가(네 개의 선)는 4원소를, 그리고 수평으로 나 있는 선은 물질 합일을, 수직으로 나 있는 선은 영적 합일을 상징한다. 의식에서 원 안의 장미는 혼의 개화와 의식의 진화를 상징한다.

장미십자가 의식

1단계 : 이완 의식을 하여 준비를 한다.

2단계 : 필요하다면 LBRP를 한다.

3단계 : 여기에 사용되는 도구는 타고 있는 막대향이다. 어떤 향도 괜찮다.

4단계 : 먼저 남동쪽 모서리로 가서 바깥을 보면서 큰 십자가와 원을 아래 그림처럼 만든다. 원(장미)을 형성할 때 신의 이름 예-하-슈-아(Yeh-hah-shu-ah)를 발성한다. 원을 완성하면서 '슈'를 발성하고 '아'를 발성할 때 불타는 막대향의 끝을 원의 중심인 십자가의 두 선이 교차하는 점으로 향한다. 그리고 에너지가 나가서 이 심벌을 충전시키는 것을 느낀다.

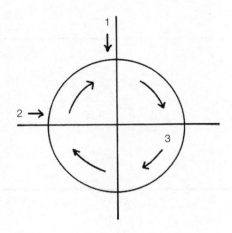

5단계 : 십자가 중심을 향하고 있는 향을 같은 높이를 유지하면서 남서쪽으로 움직인다. 남동쪽에서처럼 십자가와 장미(원)를 만들고 중심을 찌르고 4단계처럼 발성한다. 예-하-슈-아.

6단계 : 과정을 되풀이한다. 방향은 북서쪽이다.

7단계 : 마찬가지며 방향은 북동쪽이다.

8단계 : 같은 방법으로 남동쪽으로 움직이게 되면 공중에 원이 완성된다. 여기서는 장미십자가 그리기나 발성을 하지 않는다.

9단계 : 남동쪽에서 십자가가 중심의 향을 향하게 하고 돌아서서 시선은 북서쪽을 향한다. 향을 위로 들고 북서쪽으로 걷다가 사원의 중심에 멈추고 머리 위에 장미십자가를 만든다. 전과 마찬가지로 중심을 향으로 찌르고 4단계에서처럼 예-하-슈-아를 발성한다. 향을 위로 들고 북서쪽 모서리로 움직인다. 이 코너에 이미 만들어 놓은 십자가 중심에 향을 가져간다. 여기서는 장미십자가 그리기나 발성은 하지 않는다.

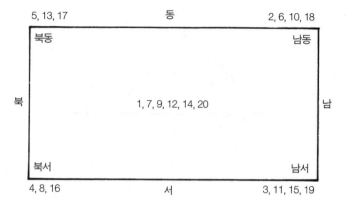

5, 13, 17 　　　　동　　　　2, 6, 10, 18

북동　　　　　　　　　　남동

북　　　　1, 7, 9, 12, 14, 20　　　　남

북서　　　　　　　　　　남서

4, 8, 16 　　　　서　　　　3, 11, 15, 19

10단계 : 다시 남동쪽으로 돌아서서 움직이되 이번에는 향이 지표면을 향하게 한다. 중심에 도착해서 이번에는 아래에다 장미십자가를 만들고 향을 찌르고 발성을 한다. 향 끝을 아래로 향하게 한 채 남동쪽으로 가서 이미 형성되어 있는 십자가 중심에 막대향의 끝을 향하게 한다. 여기서는 장미십자가 그리기나 발성을 하지 않는다.

11단계 : 시계방향인 남서쪽으로 향한다. 장미십자가를 다시 그리지는 말고 십자가 중심에 향을 찌를 때 예-하-슈-아를 발성한다.

12단계 : 향을 머리 위로 하고 북동쪽으로 가다가 중앙에 멈추고 머리 위에 장미십자가를 형성하지는 않고 그냥 위에다 예-하-슈-아를 발성한다. 북동쪽에 도착하면 이미 형성되어 있는 십자가 중앙에 향을 찌르고 나서 돌아선 후, 이번에는 향을 지표면으로 향하게 하고 남서쪽으로 가다가 중앙에 멈추고 아래에다 예-하-슈-아를 발성한다.

13단계 : 남서쪽에 와서 십자가 중심으로 향이 향하게 한다. 향은 계속 같은 높이를 유지하면서 시계방향으로 돌면서 각 십자가 중심으로 향이 향하게 한다. 장미십자가 그리기나 발성은 하지 않는다. 남서쪽에서 북서, 남동 그리고 남서쪽으로 돌아온다.

14단계 : 남서쪽에 돌아왔을 때 십자가 중심으로 잠시 향을 둔다. 그리고 십자가를 아주 최대한 크게 만들고 마찬가지로 원(장미)도 최대한 크게 만든다. 원이 아래로부터 서서히 그려지면서 예-하-슈-아(Yeh-hah-shu-ah)를 발성하고 원의 윗부분이 그려지면서 예-호-바-샤(Yeh-hoh-vah-shah)를 발성한다.

15단계 : 의식을 행하는 중심으로 가서 동쪽을 보고 주변(네 곳과 상하)에 형성된 여섯 개의 장미십자가를 심상한다. 십자가는 황금색이고 이들을 연결하는 선(4방위와 상하)은 빛나는 백광이다. '장미' 는 밝게 빛나는 빨간색이다. 이것으로 당신 주변에 보호 '구체(球體)' 를 세웠다.

16단계 : BRH에 나오는 INRI 분석을 한다. 즉 INRI의 발성에서부터 빛을 열망하면서 머리에서 발아래로 빛(LVX)을 그리며 '신성 빛이 내려오소서!' 까지 전부 한다.

주의 : 잘 된다고 느껴지면 16단계의 INRI 분석을 생략할 수도 있다.

동쪽을 향하여 의식을 하는 대신 위험이 오고 있다고 생각되는 방향을 보고 할 수도 있다. 집단으로 하는 경우 한 사람이 모든 의식을 하는 동안 다른 사람은 의식이 수행되는 안쪽에 놓여진 의자에 앉는다. 의식 수행자가 큰 원진(圓陣, 마법 서클)을 그릴 정도로 공간이 있어야 한다.

제 4 편

지금까지 이 책을 공부해온 사람들은 마법이란 연구하고 실행하는 것을 알게 되었을 것이다.

다음 6장을 공부하면 이어지는 분야는 7장 회색마법(Grey Magick) 영역이다. 지금까지 이 책을 공부하여 왔으므로 회색마법을 배울 자격이 있다. 당신은 기본적인 오컬트 철학과 카발라 그리고 여러 다른 주제에 대하여 숙달하게 되었다.

지금 여기까지 도달했으므로 아주 특별한 것을 주고자 한다. 이미 말했듯이 당신에게 비전을 줄 수는 없다. 비전은 꼭 필요한 것은 아니지만 성장을 촉진시킬 수 있다. 비전을 줄 수는 없지만 성장을 도울 수 있는 것이 있다. 이것은 자기헌신이라고 하는 것으로 이 의식(儀式) 안에서 스스로 위대한 일(Great Work)—신성과 합일, 우주의식, 깨달음을 얻고 영적 빛을 어두운 세계로 가져오는 것—에 헌신하게 된다.

이것을 하려면 제단이 있어야 한다. 네 방위에서 근원하는 4원소가 만나는 원 중앙에 제단을 둔다. 이 제단은 또한 물질 우주를 상징한다. 그러므로 원진(圓陣)이 상징하는 우주는 물질 우주보다 훨씬 크다는 것을 상징한다. 제단에 대하여 명상한다면 제단이 상징할 수 있는 많은 것들을 찾아낼 것이다.

제단 위에 빨간 삼각형과 흰 십자가가 준비되어야 한다. 종이나 펠트로 만들 수 있다. 십자가는 위대한 일(어떤 의미에서는 깨달음의 길은 우리가 '짊어져야 할 십자가'다)을 추구하겠다는 우리의 맹세를 상징한다. 공간이 없이 만들어진 삼각형 모양보다는 세 개의 기둥으로 만들어져서 중간이 비어 있는 삼각형은 삼위일체를 상징한다. 이것은 이시스, 아포피스, 오시리스 ; 도, 음, 양(道, 陰, 陽) ; 케테르, 호흐마, 비나 ; 특히 빛, 생명, 사랑을 상징한다. 제단 뒤에서 동쪽을 향할 때 두 개의 심벌은 제단 위에 놓여야 하며 십자가는 삼각형보다 동쪽에 더 가깝게 즉 삼각형 꼭대기 위에 놓는다.

의식을 하기 전에 헌신의식에 사용할 글을 읽어보고 모든 규정을 지킬 것을 확실히 한다. 또한 원 안에 작은 물컵과 불이 붙은

향을 준비해야 한다. 이것들은 제단 위에 두는 것이 아니라 양옆에 두어야 한다. 향은 남쪽, 물컵은 북쪽에 둔다. 향로는 불에 강한 재질이어야 한다.

자기 헌신 의식

1단계 : 이완 의식을 한다.

2단계 : LBRP를 한다.

3단계 : BRH를 한다.

4단계 : 원한다면 장미십자가 의식을 한다.

5단계 : 왼손에 물컵을 들고 물에 오른쪽 손가락을 담갔다가 왼쪽과 앞쪽 그리고 오른쪽에 물을 몇 방울 뿌린다. 오른손 검지를 다시 물에 담갔다가 이마에 십자가를 그린다. 십자가를 그리면서 '물로 내 자신을 정화합니다' 라고 말한다.

6단계 : 향로를 잡고 왼쪽, 중앙 그리고 오른쪽에 대고 흔든다. 그리고 향내음을 느끼면서 '불로 내 자신을 정화합니다' 라고 말한다. 향로를 원 위치에 둔다.

7단계 : 양손을 어깨 높이에 두고 손바닥은 앞으로 향하고 머리를 숙이면서 말한다.

> "우주의 주님이시며
> 모든 속성 너머 있는 분이시여!
> 위대하고 위대하신 분이시며
> 빛과 어둠의 주님이시여!
> 신성하고 신성하나이다."

8단계 : 제단 앞에 무릎을 꿇고 오른손은 삼각형과 십자가 위에, 왼손은 공중에 두고 천천히 다음 내용의 의미를 음미하면서 확신을 가지고 말한다.

> "나(당신의 마법 모토나 이름을 말한다)는 침묵 속에 역사하시고 침묵만을 드러내시는 우주의 주님 앞에서 아래 맹세를 하여 위대한 일(우

주 의식, 합일)을 성취하고자 하나이다.

제 자신의 자유 의지로 엄숙하게 서약합니다. 악한 의도나 거짓말을 하는 가치 없는 사람에게 저의 오컬트 지식 비밀을 지키겠나이다. 제 자신과 모든 인류의 선을 위하여 오컬트 과학 연구에 열의를 가지고 일할 것을 서약하나이다. 다른 사람이나 혹은 어떤 존재가 제 생각과 말과 행동을 통제하지 않도록 할 것입니다. 악한 목적으로 오컬트 힘을 사용하지 않겠습니다. 이 신성하고 숭고한 심벌을 두고 맹세하나니 어떤 핑계나 애매모호함이나 마음속에 감춤이 없이 이 서약을 지키겠나이다. 제가 의도적으로 이 서약을 위반한다면 맹세를 저버린 비열한 사람, 도덕적으로 가치 없는 사람, 사회에 적합하지 않는 사람, 진실하지 않는 사람으로 낙인찍힐 것을 알고 있나이다. 더 나아가 제가 이 서약을 위반한다면 저의 마법 무기는 무용지물이 될 것이며 모든 마법과 의식은 무력하게 될 것임을 알고 있나이다. 그러니 우주의 주님이시여 그리고 내 자신의 고급 혼이시여 저를 도우소서!'

9단계 : 미들 필라 의식과 신체 빛 순환 의식을 한다. 이것을 끝내면 찬란히 빛나는 백광으로 둘러싸여 있는 자신을, 그리고 그 빛을 쬐고 있는 자신을 심상한다.

10단계 : LBRP로 끝낸다.

이 마법 서약을 깨뜨리는 벌은 아주 엄하다. 이 서약을 하지 않을 수도 있으며 마음의 준비를 위해 좀 더 시간이 필요할 수도 있다. 그러나 지금 그것을 한다면 '존재하는 힘'은 당신의 서약과 과거 몇 달간 당신이 헌신한 일에 주목할 것이다. 당신의 노력과 헌신에 대하여 웃음 지을 것이다. 헌신 서약은 마법 수행과 영적인 일을 함에 있어 전보다 빠른 발전을 가져다 줄 것이다.

제 5 편

많은 오컬리스트들이 깊은 관심을 가지는 주제는 '마법 기억 (Magickal Memory)'이라고 부르는 것이다. 크로울리에게 있어 마법 기억은 오컬티즘에 중요한 부분이었다. 오컬티즘의 여러 다양한 분야처럼 이것은 다른 이름으로 대중에게 인기 있는 주제가 되어 왔다. 오늘날 윤회 이론이나 전생에 대하여 친숙하지 않은 사람을 찾기는 쉽지 않다.

조만간 당신의 오컬트 수련 결과로 과거의 생에 대한 경험을 기억해낼 것이다. 이것은 명상을 하는 동안 비전의 형태로 나타날 수 있다. 또는 그룹 의식 중간에 모습을 나타낼 수도 있고 함께 실행하는 사람의 옷이나 얼굴이 변해 보일 수도 있다. 이런 현상은 마법 기억(전생 기억)의 전조다.

윤회에 대한 카발라 이론을 토의하기 전에 전생 경험의 중요성을 확실히 하고 싶다. 솔직하게 말한다면 나는 윤회가 실제 한다고 확신하지 못한다. 이것에 대한 과학적 증거는 너무 부족하고 있는 증거도 진지하게 받아들이기에는 좀 미약해 보인다. 자신이 전생에 예수의 제자였다고 주장하는 사람들을 수십 명이나 만나 보았다. 신약에는 단지 12명만 언급되는데 그러면 이들은 도대체 어디에 숨어 있었는지 모르겠다.

한 여성은 진지하게 자신과 내가 예수의 발밑에서 카발라를 함께 공부하였다고 말하기도 하였다. 예수 시대까지 전생 퇴행을 하였지만 내 자신의 경험에 의한다면 중동에 살았던 적이 없었기 때문에 그 여자의 말은 아주 웃기는 일이었다. 심지어 연인 관계였던 두 여인이 알게 되었는데, 그 중 한 여인은 자신이 예수의 전생이라 말하였고 다른 여인은 유다라고 생각하고 있었다. 이것은 확실히 그들의 과거 삶보다는 지금 그들의 정신 심리 상태에 대하여 더 많은 것을 보여준다. 사실 그들의 현재 관계는 정신적으로나 영적으로 서로를 파괴하고 있는 상태였다.

　또한 나는 크로울리의 화신이라고 주장하는 사람도 여럿 안다. 크로울리 철학에 대해 아는 것도 별로 없고 영어도 잘 할 줄 모르는 사람이 자신이 크로울리의 화신이라고 주장하면서 내게 편지를 보내기도 하였다. 실제 크로울리의 영어 실력은 대단하였다. 크로울리라고 주장하는 많은 사람들이 실제로 크로울리일 수도 있다고 주장하는 친구 한 명이 있다. 그는 크로울리로 주장하는 사람이 33명 있어야 하며 그들은 크로울리 지성, 기법, 위트, 재능 등을 1/33 가지고 있다고 말한다. 다이온 포춘은 자신의 저서 《분별있는 오컬티즘(Sane Occultism)》(모든 오컬트 학생들이 읽어야 할 책)에서 "전생에 자신이 위대한 자였다고 주장하는 사람은 현재의 평범한 삶에 반영되는 전생의 영광 때문이 아니라, 자신들에게 일어나는 현재 생활에 대한 의심 때문에 그런 주장을 한다"고 말한다.

　전생 체험은 다음 세 가지 중 하나다.

1. 전생을 진실로 경험한 것.

2. 재미없는 현재 삶을 매력적으로 만들기 위한 환상.

3. 잠재의식이 현재의식에게 주는 메시지, 그러나 현재의식은 듣기를 거부하는 메시지. 이런 경우 잠재의식은 현재의식이 받아들일 수 있는 방식—전생 형태로 상징적으로 보여줌—으로 메시지를 제시한다.

전생 경험이 중요한 것이 아니라 전생으로부터 현재 삶에 필요한 교훈을 얻는 것이 중요하다. 4장에 나오는 혼 또는 개성에 대한 설명을 다시 읽어 보면 기억은 사망시 육체와 함께 사라진다. 만약 전생 경험을 가진다면 그것은 일반적으로 짧고 불완전하다. 그러나 그 전생은 우리 존재의 사라지지 않는 부분에 영향을 줄 만큼 중요한 기억이어야 할 것이다. 전생 경험이 잠재의식에서 오는 중요한 메시지든 에고가 만든 환상이든, 그 메시지는 같은 것이다. 그 메시지에서 우리는 무엇을 얻을 것인가?

더 나은 삶을 살기 위하여 전생 경험에서 배울 것이 있다. 가끔 전생 체험은 공포증이나 신경증에서 벗어나게 하는 카타르시스를 주기도 한다. 더러는 우리 내면의 허구와 욕망에 대하여 알려준다.

전생 체험은 속성상 아주 개인적인 형태를 띤다. 전생 기억에서 가치를 얻기 위해서는 전생을 개인적으로 경험해야 한다. 곧 회색마법 실행의 결과로서 전생 체험을 할 것이다. 일단 경험하면 이것은 삶에 극적이고 긍정적인 변화를 가져온다. 당신을 억누르는 문제에서 벗어나게 되어 마법 재능은 증진될 수 있다.

불행히도 전생 보기로 타인을 도와야 한다는(과정 속에서 돈도 쉽게 벌 수 있다) 자기 기만적인 사람이나 돈벌이를 시도하는 냉혹한 기회주의자가 있다. 이런 부류의 사람들은 '사이킥 박람회'에서 많이 발견된다. 이들은 전생 보기가 주요한 내용인 강연을 개최한다. 재미로 이들을 받아들인다면 문제는 없다. 그들이 실제로 당신의 전생에 대하여(만약 있다면) 정보를 말할 수도 있을지 모른다. 그러나 마법 목적을 위해서는 이들은 소용이 없다. 전생 이야기를 듣는 것이 아니라 당신 스스로 전생 경험을 해야 한다. 다행스럽게 과거 기억을 되살리는 것을 돕고 있는 사람들이 있으며 이런 강의에 참가하는 것은 권유한다. 시중에 전생 체험 방법을 설명하는 괜찮은 책도 많이 있다. 앞에서 이야기했지만 당신이 하고 있는 마법은 아마 언젠가는 전생 체험을 가능하게 할 것이다.

그러나 여기서 우리의 참된 관심은 윤회에 대한 카발라 이론이다. 카발라는 정적인 체계가 아니라 진화하는 형이상 철학임을 기억할 필요가 있다. 카발라는 시대에 걸쳐 발전해온 여러 윤회 이론을 가지고 있다. 황금새벽회 창시자 웨스트코트(W. W. Westcott)의 카발라 이론에 의하면 사람은 세 번 윤회할 수 있다고 하였는데, 사실 어느 윤회 이론도 그렇게 단순하지는 않다. 세 번 윤회한다는 이론은 황금새벽회 회원이었던 여러 작가들과 아무런 근거도 없이 이 윤회 이론을 채택한 카발라 작가들에 의하여 사용되어왔다. 사실 웨스트코트는 다른 책에서 좀 더 진보된 카발라 윤회이론을 소개한다. 이것은 상위와 하위 생명으로 혼이 윤회한다는 루리아 카발라 이론이다.

윤회에 대한 두 개의 주요한 이론이 있다. 첫 번째는 생명나무 4계와 관련된다. 이 이론은 4계와 상응하는 네 개의 수준을 언급하며 각각 수준에서 배워야 할 교훈이 있다고 한다. 한 생에 이것을 배우지 못하면 배울 때까지 윤회를 해야 한다. 가장 낮은 수준에 있는 교훈을 모두 배우면 이 가장 낮은 세계에서 상대적으로 영적인 존재가 되며, 다음 삶에는 4계의 두 번째 장소에서 태어나게 되며 여기서는 먼저 가장 영적 수준이 낮은 곳에서 교훈을 배우게 된다. 추측하겠지만 여기 교훈이나 경험은 생명나무와 관련되며 열 개의 기본 영역(10세피로트)이 있게 된다. 물론 열 개 영역에는 많은 하부 영역이 있을 수 있다. 이 체계에 따르면 윤회는 횟수에 상관없다.

이 체계에 의하면 윤회의 목적은 모든 4계를 여행하여 자신을 완벽하게 하여 신과 합일할 수 있도록 하기 위함이다. 그러나 대부분의 사람은 브리야계의 티페레트까지만 도달할 수 있다고 주장한다.

두 번째 이론은 앞에 언급된 이삭 루리아(Isaac Luria) 이론이다. 루리아는 유명한 카발라 학자였으나 저서를 남기지는 않았다. 그러나 제자들이 글을 남겨 오늘날 현대적 유대 카발라의 시조가 되었다.

혼의 이동 혹은 윤회는 현재의 삶이 우주와 조화롭게 작동하지 못하면 낮은 생명 형태로도 윤회할 수 있다는 생각이다. 그러나 루리아 이론은 이런 유의 이론보다 한 발짝 더 나아간다. 이 체계에 의하면 전생의 악행 때문에 소로 태어나서 벌을 받지는 않는다. 오히려 다음 삶은 배울 필요가 있는 것에 따라 결정된다. 만약 절도를 배울 필요가 있다면 다음 삶에서 도둑이나 도둑새인 까치로 태어날 수 있다. 이렇듯 '낮은' 생명 형태로 윤회하는 이유가 논리적으로 설명된다.

루리아 체계는 높은 수준의 논리와 깊이를 특징으로 한다. 예를 들면 인내를 배워야 한다면 심지어 바위로 화신할 수도 있다. 유연성을 배울 필요가 있다면 강 옆의 갈대로 돌아올 수 있다.

루리아 체계는 아주 매력적이다. 식물, 동물, 바위는 모두 살아 있고 혼을 가지고 있다는 의미를 함축하고 있다. 또한 행성과 소행성은 생명으로 충만하다는 것이다. 사실 우주는 경이롭게 살아 있는 존재며 우리는 우주의 아주 작은 부분이다.

이 체계에 의하면 필요한 교훈을 배울 때까지 그리고 상위의 생명 형태에 유용하게 사용될 때까지 낮은 생명 형태에 존재한다. 위에 주어진 예에서 인내심을 배울 때까지 그리고 유용하게 될 때까지(뱀이나 곤충에게 그늘을 제공하거나 사냥꾼이 앉아 쉬는 자리) 바위로 머물 수 있다. 머무는 기간은 짧을 수도 길 수도 있을 것이다. 마찬가지로 유연성을 배울 때까지 그리고 유용하게 될 때까지(동물의 음식, 갈대로 만든 배) 갈대로 남아있을 수 있다.

약간 벗어나는 내용이지만 다이온 포춘은 채식주의를 반대하는데 육류를 먹지 않으면 너무 빨리 사이킥 채널을 열게 되어 사이킥이나 육체적 손상을 입을 수 있기 때문이라 주장한다. 윤회에 대한 루리아 이론을 믿는 사람들은 동물로 윤회한 사람들이 진화하는 것을 돕기 위하여 육식을 해야 한다고 주장할 것이다. 자신에게 맞는 것을 해야 한다. 강요된 식생활은 불편하고 불행하며 사이킥 발전에 장애가 된다. 육식을 원하지 않는다면 먹지 말고, 원하면 먹으면 된다. 개인적으로 나는 육식을 하지 않는다. 그러나 필요하다면 죄의식 없이 육식을 할 것이다.

루리아 체계는 카르마를 특징으로 한다. 히브리어로 카르마는 티쿤(Tee-Koon)으로 불린다. 영어와 라틴어에서 단어는 특별한 하나의 의미를 가지는 경향이 있으나 산스크리트어는 그렇지 않다. 사실 초기 산스크리트어로 기록된 탄트라 관련 책은 자주 '모호한 언어(Twilight Language)' (역주 : 법칙을 오용하지 못하도록 의도적으로 고안된 언어)를 사용하는데, 이들 책은 숨겨진 의미로 가득 차 있으며 '모호한 언어' 코드를 이해하기 위하여 열쇠가 필요하다.

히브리어와 셈어는 단어에 대한 광범위하고 부정확한 의미를 가지고 있는 점에서 산스크리트어와 유사한 점이 있다. 티쿤이 '바로잡다' 를 의미하지만 그것은 원래 모습으로 혼이 복귀하는 것을 의미하기도 한다. 우리가 다른 삶의 형태로 윤회하는 이유는 이전 삶에서 만든 실수를 바로잡아야 하는 것이기 때문이다. 명확한 이유 없이 삶에서 나쁜 경험을 하는 이유는 이 티쿤 과정이 작동하기 때문이다. 성경에는 신이 죄을 지으면 3대에 걸쳐 벌하겠다는 말이 나온다. 윤회를 믿지 않으면 이 말은 터무니없이 사악하고 보복하는 신을 생각나게 한다. 한편 윤회를 믿는다면 이 구절은 일종의 '모호한 언어' 로 과거 행동을 바로잡기 위하여 세 번의 윤회를 해야 한다는 것을 의미하며, 이 성경 구절은 논리적이고 합당한 진술이다. 이것이 아마 웨스트코트가 말한 '세 번 윤회'의 근거가 되는 자료일 수 있다.

당신이 많은 생을 거쳐 왔고 인간이 도달할 수 있는 영적 완전성을 얻었다고 가정하자. 그러면 결과는 무엇인가? 먼저 혼이 어디에서 왔는지 알아야 답을 할 수 있다.

간단히 말하면 신은 혼이 물질계로 화신하기 전에 모든 혼들을 창조하였다. 우리는 신에서 근원하는 불완전한 부분들이다. 많은 혼들은 아직 화신하지 않았다. 어떤 혼은 결코 화신하지 않을지도 모른다. 이 원초 인간의 혼은 카발라 문헌에 따르면 '불꽃'으로 언급된다. 이 불꽃은 자웅 동체이다. 혼이 화신할 준비가 될 때 두 개로 나뉜다. 나뉜 혼은 태아가 형성되는 것을 지켜보며 첫 번째 숨과 함께 육체에 들어간다. 또한 이 체계에 따르면 인간은 낮은 생명 형태에서 시작하지 않는다.

일단 주어진 삶에서 영적인 상태에 도달했으면 다음 단계는 자신이 다른 반쪽을 발견하는 일이다. 다른 반쪽은 또한 일련의 경험을 해왔으며 당신과 합일을 기다리고 있을 것이다. 어떤 사람은 이미 반쪽과 합일 준비가 되었으나 잃어버린 반쪽이 도착할 때까지 여러 생을 기다려야 할지도 모른다. 적절한 때가 되면 '소울 메이트(soul mate)'가 나타나 서로 재결합 하게 된다. 이것이 윤회에 대한 카발라적 해석이다.

일단 소울 메이트를 만나 재결합하면 함께 지내는 동안 반쪽 혼들은 하나가 되며 비로소 창조주와 다시 결합할 자격을 얻게 된다.

제 6 편

의식 마법사(Ceremonial Magicians)라 주장하는 사람들의 무능력에 종종 놀란다. 내가 만난 많은 사람들은 LBRP를 의식 마법의 가장 높은 수준으로 생각하는 듯했다. 그리고는 이교도들이 자신들의 '복잡한 의식'을 비판하는 이유에 대하여 의아해 한다. 사실 스스로 마법사라 칭하는 일부 사람들은 펜타그램 소 결계 의식에서 '소(Lesser)'를 삭제하고 그냥 펜타그램 결계 의식으로 부른다. 이것은 잘못이다. LBRP는 황금새벽회 회원들(기억할 것은 이들은 마법 단체가 아니었다)이 황금새벽회 내부 단체에서 실행할 마법 준비단계로 주어진 마법 의식이었다.

여러 달 동안 LBRP를 수련하기 바란다. 펜타그램 최고 인보킹 의식(Supereme Invoking Ritual of the Pentagram ; SIRP)을 할 수 있도록 LBRP에 충분히 숙달하여 자격을 갖추는 것이 중요하다.

펜타그램 각 점은 5대 원소를 상징한다. 영은 꼭대기 그리고 시계 반대방향으로 공기, 흙, 불, 물이 위치한다.

LBRP에서 펜타그램을 그릴 때는 왼편 아래인 흙 원소 꼭지점에서 시작하나, 위에서 왼편 아래로 움직이면 펜타그램 소 인보킹 의식을 수행하게 된다. 어떤 사람은 아침에 인보킹(Invoking, 불러오기) 의식을 저녁에 배니싱(Banishing, 결계 · 소멸 · 정화하

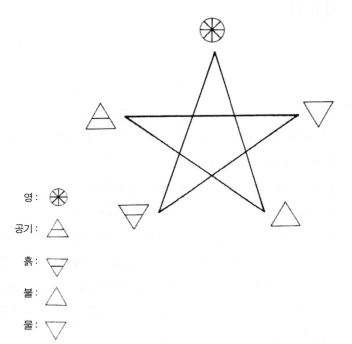

영 :

공기 : △

흙 : ▽

불 : △

물 : ▽

기) 의식을 해야 하다고 주장한다. 나는 이 방식은 위험하다고 생각한다. 결계 의식을 먼저 배워야 하고 이것에 익숙해져야 한다. LBRP는 책에 나오는 여러 의식에 필수적인 것이므로 LBRP를 능숙하게 할 수 있어야 한다.

영(靈, Spirit) 원소와 관련하여 네 개의 펜타그램이 있다. 인보킹에는 '균형잡기'에 해당하는 능동과 수동이 있고 배니싱에는 '닫기'에 해당하는 능동과 수동이 있다.

네 개의 영 펜타그램 이외에도 흙, 공기, 불, 물 원소 펜타그램

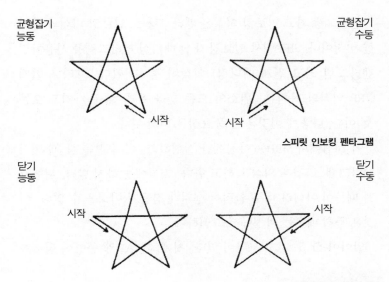

스피릿 인보킹 펜타그램

스피릿 배니싱 펜타그램

이 있다. 각 원소는 인보킹과 배니싱이 있어 전부 여덟 개의 펜타
그램이 존재한다.

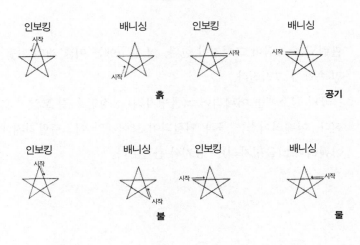

펜타그램 최고 인보킹 의식은 펜타그램 소 인보킹 의식의 강력한 버전이다. SIRP에서 인보킹 대신 배니싱 펜타그램을 사용하면 펜타그램 최고 결계(배니싱) 의식이 될 수 있다. 그러나 현재 SIRP 의식의 목적은 '원소의 모든 힘을 우리 삶에 가지고 오는 것'이다. 나중에 이것은 큰 중요성을 띠게 된다.

이 시점에서 SIRP를 아침에만 실행하라. 이 수련을 할 때 먼저 펜타그램 소 결계 의식을 하고 한다. 저녁에는 하지 말라. 위험하기 때문이 아니라 너무 활력이 생겨나 잠들기 어려울 수 있다. 이것은 특히 배우는 과정에서 그러하다.

알아야 할 두 가지 사항이 있다. 첫째, 펜타그램 중앙에 원소와

관련되는 그림이 그려져야 한다. 영 원소에는 여덟 개의 살을 가진 수레가 그려진다.

공기 원소에는 어퀘리어스(물병자리) 상징인 물결 모양이 그려진다. 어퀘리어스는 물과 연결되어 보이지만 어스트랄러지에서 어퀘리어스(물병자리)는 공기와 관련된다.

리오(사자자리)의 상징은 불 원소와 관련된다.

스콜피오는(독수리)는 물과 관련된다.

어쿼리어스 상징이 물과 관련되어 보이는 것처럼 스콜피오가 공기와 관련되는 것처럼 보인다. 그러나 스콜피오는 연금술에서 물과 관련되는 증류의 상징이다.

토러스(황소자리)의 상징은 흙 원소와 관련된다.

둘째, 이 의식에 사용되는 단어는 히브리어가 아니라 켈리 (Kelly)와 디(Dee)의 이노키안(Enochian) 마법에서 온 것이다. 이 들 이름은 신의 비밀 이름이며 나중에 이 이노키안 체계를 약간 언급한다. 여기에 사용되는 단어의 발음은 아래와 같다.

이노키안(ENOCHIAN)	발음
EXARP	엑스-아르-페이(Ex-ahr-pey)
ORO IBAH AOZPI	오-로 이-바-하 아-오-조드-피
	(Oh-row Ee-bah-hah Ah-oh-zord-pee)
BITOM	비-토-엠(Bee-toh-ehm)
OIP TEAA PEDOCE	오-이-페이 테이-아-아 페이-도-케이
	(Oh-ee-pay Tay-ah-ah Pay-doh-kay)
HCOMA	헤이-코-마(Hay-coh-mah)
EMPEH ARSEL GAIOL	엠-페이-헤이 아르-셀 가-이-올
	(Ehm-pay-hay Ahr-sel Gah-ee-ohl)
NANTA	엔-아-엔-타(Ehn-ah-ehn-tah)

EMOR DIAL HECTEGA 이-모르 디-알 헥-테이-가

(Ee-mohr Dee-ahl Hek-tay-gah)

이미 알고 있는 히브리 단어 YHVH는 발성시 요드 헤 바브 헤로 한다.

펜타그램 최고 인보킹 의식
(Supreme Invoking Ritual of the Pentagram)

1단계 : 이완 의식, LBRP, BRH를 한다. 선택 사항이며 꼭 할 필요는 없다. 이것은 균형을 잡게 하며 의식 준비에 좋다.

2단계 : (만약 준비되었으면) 동쪽을 향하여 제단 뒤에 서서 LBRP의 카발라 십자가 의식을 수행한다.

3단계(a) : 동쪽으로 가서 영 원소 '균형잡기' 의 '능동' 펜타그램을 그린다. '엑스-아르-페이(EXARP)' 를 발성한다. 오각별이 완료된 후 마지막 '페이' 가 발성되도록 한다. LBRP에서처럼 들숨에 에너지가 들어오는 것으로 느끼고 오각별을 형성하면서 숨을 내쉰다. 마지막 음절 '페이(pey)' 를 발성하면서 오각별 중심에 손을 찌를 수 있도록 충분히 숨을 유지하도록 신경 쓴다.

3단계(b) : 영의 상징인 수레바퀴를 오각별 중심에 만들면서 에-헤-예(EH-HEH-YEH)를 발성한다. 마지막 음절 '예' 를 발성하면서 수레 중심에 손을 찌를 수 있도록 마찬가지로 충분히 숨을 유지한다. 이 심벌은 먼저 시계방향으로 원을 만들고 위에서 끝난다. 다음에 수직선을 그리고 수평선, 이어서 대각선을 그린다(에너지를 보내고 손을 찌르고 왼발을 내미는 것이 기억나지 않으면 다시 LBRP를 읽어보라. 차이점은 신의 이름을 발성하는 시

점이 다르다).

4단계(a) : 여전히 동쪽을 보고 이미 만든 도형 위에 공기 원소 인보킹 펜타
그램을 그린다. 마찬가지로 오각별을 그리면서 '오-로 이-바-하 아-오-
조드-피(ORO IBAH AOZP)' 를 발성한다. 마지막 음절 '피' 는 중심을 찌
르면서 발성되도록 조절한다.

4단계(b) : 같은 방법으로 중심에 어퀘리어스의 상징을 그리면서 YHVH를

발성한다(이 의식에서 모든 힘의 진동 단어는 같은 방식으로 발성된다).

5단계 : LBRP에서처럼 흰선을 그리면서 남쪽으로 가서

6단계(a) : 비-토-엠(BITOM)을 발성하면서 영 원소 '균형잡기' 의 '능동' 펜
타그램을 그린다.

6단계(b) : 내부에 수레바퀴를 그리면서 '에-헤-예(EH-HEH-YEH)' 를 발성
한다.

7단계(a) : 남쪽을 보고 이미 만들어진 도형 위에 불 원소 인보킹 펜타그램
을 그리며 오-이-페이 테이-아-아 페이-도-케이(OIP TEAA PEDOCE)를
발성한다.

7단계(b) : 펜타그램 중앙에 리오 싸인을 그리면서 '엘-오-힘(EL-OH-
HEEM)' 을 발성한다.

8단계 : 마찬가지로 선을 그으며 서쪽으로 가서

9단계(a) : 영 원소 '균형잡기' 의 '수동' 펜타그램을 그리면서 '헤이-코-마
(HCOMA)' 를 발성한다.

9단계(b) : 영의 수레바퀴를 만들면서 '아글라(AGLA)' 를 발성한다.

10단계(a) : 서쪽을 보고 이미 만들어진 도형 위에 '엠-페이-헤이 아르-셀
가-이-올(EMPEH ARSEL GAIOL)' 을 발성하면서 물 원소 인보킹 펜타그
램을 만든다.

10단계(b) : 중심에 물을 상징하는 독수리 머리를 그리면서 엘(ㅌ)을 발성한다.

11단계 : 선을 그르며 북쪽으로 움직인다.

12단계(a) : 영 원소 '균형잡기' 의 '수동' 펜타그램을 그리면서 '엔-아-엔-
타(NANTA)' 를 발성한다.

12단계(b) : 영원소의 수레바퀴를 만들면서 '아글라(AGLA)' 를 발성한다.

13단계(a) : 북쪽을 보고 이미 만들어진 도형 위에 이-모르 디-알 헥-테이-가(EMOR DIAL HECTEGA)를 발성하면서 흙 원소 인보킹 펜타그램을 만든다.

13단계(b) : 토러스(황소자리) 싸인을 만들면서 '아-도-나이(AH-DOH-NYE)' 를 발성한다.

14단계 : 선을 동쪽으로 그으면서 원을 완성한다. 제단 뒤 원래 위치에 돌아가 동쪽을 향한다.

15단계 : LBRP에서처럼 대천사 에보케이션과 카발라 십자가를 행한다.

펜타그램 최고 인보킹 의식을 배우는 동안 늘 마지막에 LBRP를 하고 끝내라. BRH를 한다면 더 좋다.

참고 : LBRP에서처럼 펜타그램은 푸른빛이며 이들을 연결하는 선은 흰색이다. 영의 수레바퀴는 펜타그램 연결선처럼 밝게 빛나는 백광이다. 어퀘리어스 싸인은 공기 원소를 상징하는 노란색이며 리오는 불원소를 상징하는 붉은색, 독수리는(전갈자리)물 원소를 상징하는 푸른색, 황소는 흙 원소를 상징하는 빛나는 검은색이다.

이 의식을 결계 의식 형태로 하려는 경우(이 말은 펜타그램 최고 결계 의식이 된다) 펜타그램 안에 사용하는 상징은 같다. 그러나 영 원소 펜타그램은 '닫힘' 형태를 사용하고 나머지 흙, 물, 공기, 불 원소 펜타그램은 '인보킹' 이 아니라 '배니싱' 을 사용한다.

여기에서 사용하는 마법 도구에 대하여 언급하지 않았음을 알아차렸을 것이다. 여기서는 단검을 사용하라. 그러나 진도를 나가면 알겠지만 이 의식에는 펜타그램 소 결계 의식에 단검이 사용되는 식으로 특정한 도구가 정해진 것은 아니다.

아래에 펜타그램 최고 인보킹 의식 요약이 있다. 암기할 필요는 있으나 매일 하는 의식은 아니다.

펜타그램 최고 인보킹 의식 요약

1단계 : 동쪽을 향하여 제단 뒤에 서서 LBRP의 카발라 십자가를 수행한다.

2단계(a) : 동쪽으로 가서 영 원소 '균형잡기' 의 '활동' 펜타그램을 그린다. '엑스-아르-페이(EXARP)' 를 발성한다.

2단계(b) : 영의 싸인 수레바퀴를 오각별 중심에 만들면서 '에-헤-예(EH-HEH-YEH)' 를 발성한다.

3단계(a) : 공기 원소 인보킹 펜타그램을 그린다. '오-로 이-바-하 아-오-조드-피(ORO IBAH AOZPI)' 를 발성한다.

3단계(b) : 중심에 어쿼리어스 상징을 그리면서 YHVH를 발성한다. 선을 그리면서 남쪽으로 가서,

4단계(a) : 영 원소 '균형잡기' 의 '활동' 펜타그램을 그린다. '비-토-엠(BITOM)' 을 발성한다.

4단계(b) : 내부에 수레바퀴를 그리면서 '에-헤-예(EH-HEH-YEH)'를 발성한다.

5단계(a) : 불 원소 인보킹 펜타그램을 그린다. 오-이-페이 테이-아-아 페이-도-케이(OIP TEAA PEDOCE)를 발성한다.

5단계(b) : 펜타그램 중앙에 리오 싸인을 그리면서 엘-오-힘(EL-OH-HEEM)을 발성한다. 선을 그으며 서쪽으로 가서,

6단계(a) : 영 원소 '균형잡기'의 '수동' 펜타그램을 그리면서 '헤이-코-마(HCOMA)'를 발성한다.

6단계(b) : 영의 수레바퀴를 만들면서 '아글라(AGLA)'를 발성한다.

7단계(a) : 물 원소 인보킹 펜타그램을 만든다. '엠-페이-헤이 아르-셀 가-이-올(EMPEH ARSEL GAIOL)을 발성한다.

7단계(b) : 중심에 물을 상징하는 독수리 머리를 그리면서 '엘(EL)'을 발성한다. 선을 그으며 북쪽으로 움직인다.

8단계(a) : 영원소 '균형잡기'의 '수동' 펜타그램을 그리면서 '엔-아-엔-타(NANTA)'를 발성한다.

8단계(b) : 영 원소의 수레바퀴를 만들면서 '아글라(AGLA)'를 발성한다.

9단계(a) : 흙 원소 인보킹 펜타그램을 만든다. '이-모르 디-알 헥-테이-가(EMOR DIAL HECTEGA)'를 발성하면서,

9단계(b) : 토러스(황소자리) 싸인을 만들면서 '아도-나이(AH-DOH-NYE)'를 발성한다. 선을 동쪽으로 그으면서 원을 완성한다.

10단계 : 제단 뒤 원래 위치로 돌아가 동쪽을 향한다. LBRP에서처럼 대천사 인보케이션(invocation)과 카발라 십자가를 행한다.

11단계 : 펜타그램 최고 인보킹 의식 후 늘 마지막에 LBRP를 하고 끝내라.

제 7 편

이전에 배운 카발라의 4계를 다시 한 번 보기 바란다. 4계는 존재의 4계 혹은 수준을 상징하며 영어로 물질계, 감정계, 마음계, 영계로 말할 수 있다. 물질계는 가장 낮은 세계인 아시야(Ahssiah)를 말하며 감정계는 예치라(Yetzirah), 마음계는 브리야(B'riyah), 영계는 아칠루트(Atziloot)를 말한다.

더 많은 존재의 계가 있다고 주장하는 카발라 체계도 있다. 존재의 7계를 주장하는 가르침도 많이 있고 33계 혹은 그 이상을 주장하는 가르침도 있다. 물질주의 철학은 우리가 살아가는 물질영역만이 존재할 뿐이라고 주장한다. 우리는 곧 회색마법을 공부하게 되는데 백마법은 카발라 세계의 모든 것에 대한 지식(특히 아칠루트계인 영계)이 필요하지만 회색마법에서는 물질계보다 감정계(카발라로는 예치라계)가 특히 중요하다.

예치라계는 '아스트랄계'로 불리기도 한다. 아스트랄계는 물질우주에 존재하는 모든 것의 기초가 된다. 우리는 아스트랄계가 물질계의 사람을 포함한 모든 것의 기초가 된다는 말에 의아해할 수도 있다. 다시 한 번 이전에 배웠던 내용을 읽어보기 바란다. 읽을 때마다 더 많은 의미를 얻게 될 것이다. 이들 내용은 한 번 읽고 기억에서 사라져버리는 정보가 되어서는 안 된다. 진실로 이 내용에 대하여 깊게 생각해 보았다면 그 내용이 얼마나 중요한 것인지 깨닫게 될 것이다. 아마도 인생의 전환점을 줄지도 모른다.

그것은 간단한 방법으로 모든 회색마법의 기본 원리를 설명한다. 그 중요성과 의미를 충분히 이해하기 위하여 다시 윤회를 살펴보고 시작해야 한다. 그러나 이번에는 다른 각도로 접근할 것이다. 다음 질문을 생각해보자. "우리는 어디에서 온 것인가?"

분명히 인간은 육체 그 이상의 존재다. 또한 육체에 생명력을 주는 에너지가 있다. 앞에서 진술하였듯이 이 에너지는 카발라에서 루아흐로 알려진 에너지다. 그러나 루아흐에 의하여 생명이 불어 넣어진 고기가 인간이 되지는 않는다. 사람과 고기 조각의 차이는 사람은 개성과 혼을 가지고 있다는 것이다.

혼은 개성과 같은 것이 아니다. 개성은 에고 혹은 카발라의 루아흐(생명력을 주는 같은 이름의 루아흐 에너지와 혼동하지 말 것)와 관련되고 혼은 프로이트 용어로는 초자아며 카발라 용어로 고급 자아인 예히다다.

카발라에 의하면 사람이 죽을 때 육체는 즉시 부패가 시작되고 '쉬울(Shee-ool)'로 간다. 흥미로운 것으로는 쉬울이 구약에서는 '땅' 혹은 '흙'으로 번역되어 나타난다는 것이다. 그러나 어떤 경우에는(번역자가 사람이 죽을 때 벌 받는다는 '죄인'의 개념을 전달하려고 할 때) 같은 단어가 '지옥'으로 번역되어 사용된다. 카발라와 구약의 정확한 번역에 의하면 지옥은 없다.

카발라에 의하면 죽음을 경험하면서 개성(에고 혹은 루아흐)은 무엇이 일어나는지 깨닫지 못한다고 한다. 이것은 특히 돌연사,

쇼크사의 경우 그렇다. 죽은 자의 에고는 갑자기 육체에서 해방을 느끼고 육체와 살던 집 사이를 7일간 방황한다. 전통적으로 유대인들은 사람이 죽으면 일주일간 집에 머무르게 한다. 히브리어에서 숫자 7은 쉬바(Sheevah)며 집에 일주일 동안 머무는 의식은 '7일간 머물기'로 알려졌다. 그러나 오늘날 이 의식을 따르는 유대인들은 이 의식의 목적을 잘 모른다. 그 목적은 이집트와 티벳의 사자의 서처럼 죽은 자에게 죽음을 확인시키고 이제는 떠나라는 것을 알리기 위함이다. 지금은 사라졌지만 아마 사자의 서와 비슷한 내용을 담은 히브리 책이 있었을 것이다. 만약 그렇다면 그 책은 아마 대부분 사라져버린 메르카바 신비주의 도서 속에 있을 수도 있다.

카발라에 의하면 일주일 후 에고는 일어난 사건을 알기 시작하고 결국 분해되어 사라진다(이전에 배웠듯이 루아흐 즉 개성/에고는 사라지는 것이다). 그러나 극도로 강한 개성의 소유자는 반존재의 형태로 그늘의 세계에 머물 수 있다. 이것이 우리가 알고 있는 귀신 들린 집의 원인이 될 수 있다.

육체가 죽은 후 루아흐(에고)가 오랫동안 존재하도록 돕거나 허락하는 것은 바람직한 일이 아니다. 루아흐와 예히다(혼)는 중요하게 연결되어 있기 때문이다. 루아흐를 계속 육체에 잡아두면 예히다의 윤회를 방해하게 되며 이것은 결국 신과의 합일을 방해하는 것이 된다. 이런 이유로 카발라는 강신술과 강신회를 좋게 보지 않는다. 죽은 연인과 대화하는 것(만약 정말 대화를 한다면)은 물질계로 루아흐를 잡아 가둘 수가 있으며 필요한 진화를 방해한다.

앞에서 이야기했지만 예히다는 신과 연결된다. 실제로 예히다는 신의 부분이다. 우리가 신의 형상으로 창조되었다고 전해지는 이유다. 신은 우리의 부분이지 구름 속 옥좌에 앉아 있는 수염을 기른 노인이 아니다.

어떤 알려지지 않은 이유로 대부분의 사람들은 신과 연결되어 있다는 의식을 잃었다. 우리가 신의 한 부분임을 알기 위하여 우리 의식을 발전시켜야 한다. 윤회의 목적이 바로 그런 이유다.

앞에서 이야기하였듯이 루아흐 같은 기억은 불사가 아니며 육체와 함께 사라진다. 그러나 배워야 할 가장 중요한 교훈은 신과 단지 연결되는 것이 아니라 신과 합쳐지는 것이다. 불행히도 한 번의 삶에 신과 합일하여 더 이상 윤회할 필요가 없을 만큼 교훈을 다 배울 수 없다는 것이다. 지상에서 우리의 삶은 특정 교훈을 배울 필요성 때문에 존재한다. 이번 삶에서 주어진 교훈을 배우지 못한다면 윤회할 때 다시 같은 것을 배워야 한다.

우리가 배워야 할 교훈이 주어지나 실패로 끝나는 경우가 있고, 다시 교훈을 받아들이려 하나 또 실패하기도 한다. 타로 카드 마스터인 나는 자주 사이킥 박람회에 참가하여 타로 점을 보여준다. 그러면 박람회마다 한 번 정도는 아이를 동반한 젊은 여자가 내게 와서 아래와 같은 이야기를 한다.

"제가 남편과 함께 살기 시작하였을 때 남편은 제게 아주 잘 해 주었습니다. 아이가 두 명 생기고 몇 년 후 남편은 술을 마시기 시작하였고 다른 여자들과 놀아나기 시작했습니다. 심지어 저와 아이들을 때리기까지 했지요. 이렇게 3년을 지냈습니다. 결국 저는 아이들을 데리고 나와 직장을 구했습니다. 6개월 후 괜찮은 남자를 만났습니다. 그 남자는 아이와 내가 살고 있는 집으로 들어와 살게 되었습니다. 그런데 최근에 술을 마시고 여자들과 바람을 피우고 저와 아이들을 때리기 시작했지요. 어떻게 예전처럼 좋은 남자로 만들 수 있을까요?"

물론 이와 유사한 상황들이 많다. 사람들은 육체적 학대보다는 에고가 더 이상 학대받을 수 없는 지경에 이를 때까지 스스로 그런 상황을 받아들여 지배되는 경향이 있다.

위의 여자의 경우 배워야 할 교훈이 많다. 일반적으로 그런 상황은 자신에 대한 가치 부족에서 근거하며 자기 존중을 계발하고 자기 자신을 잘 대접할 필요성이 있다. 위의 예에서 또 다른 교훈으로 무엇이 자신을 이런 나쁜 상황으로 끌어당기는지 그리고 무엇 때문에 이 나쁜 사람이 자신에게 오는지 배울 필요성이 있다.

황금새벽회는 현생이나 다음 생에서 배울 필요가 없게끔 자신의 수호천사에게 요청하여 배워야 할 교훈을 찾으라고 충고한다. 당신이 어떻게 태어났는지 생각해보자. 정자와 난자가 만나서 육체를 만들고 루아흐 에너지가 태아에 들어가고 마침내 출생한다. 그러면 영원한 당신, 혼은 어디에 있는가?

혼은 신과 직접적으로 연결되어 있으므로 당연히 혼은 신의 지혜와 지식에 연결되어 있어야 한다. 에고가 사라진 후 혼은 에고의 속박에서 자유로워진다. 이 상태에서 신과 연결을 통하여 윤회가 더 이상 필요가 없는 상태로 진화하기 위하여 다음 삶에서 배워야 할 것이 무엇인지 혼은 정확하게 배울 수 있다. 시간과 공간의 물질 법칙에 묶이지 않은 상태에서 혼은 필요한 교훈을 배울 수 있는 '집' 즉 육체를 찾는다.

카발라에 따르면 혼은 태아가 처음 숨을 쉴 때 거주할 육체를 선택한다고 말한다. 혼은 육체에 들어오기 전에 육체를 지켜보고 태아를 보호한다. 혼이 적합한 육체를 찾아내는 데 몇 시간이 걸릴 수도 있고 몇 년이 걸릴 수도 있다.

남녀가 성교할 때 탄생을 기다리는 혼을 끌어당기는 소용돌이 에너지가 설정된다. 성교가 영적으로 그리고 사랑과 함께 행해지면 자신을 잘 양육할 수 있는 가족을 필요로 하고 영적으로 성장하고자 하는 혼이 끌려온다. 증오와 분노 속에서 성교가 이루어지면 유사한 타입의 혼이 끌려진다. 놀랍게도 육체적으로 자녀를 학대하는 사람들 대부분이 자신들도 어렸을 때 학대받았다고 한다. 중죄로 수감 중인 사람들 대다수가 어렸을 때 학대받았다는 것 또한 놀라운 일이다. 어린시절 학대받은 것이 폭력적 삶으로 이어진다는 것을 의미하지는 않는다. 사실 이것은 아마 폭력을 극복하기 위하여 그 사람이 배워야 하는 카르마며 그런 가정환경으로 윤회할 필요가 있기 때문이라고 이해한다. 카발라에 흥미 있는 내용 중의 하나가 간혹 특정 육체를 두고 여러 혼들이 서로 차지하려는 경우가 있다고 한다는 것이다.

혼 혹은 '혼 의식'은 최고 상태에서 내려와서 새로 생겨난 에고에 부차적인 존재가 된다. 사실 혼 의식은 내려와서 잠재의식이 된다.

당신의 잠재의식은 신과 연결점이 된다. 이 순서를 역으로 하여 잠재의식(이것은 프로이트 심리학의 이드로 상징되는 잠재의식의 표면적 속성을 의미하지 않는다)을 다시 한 번 활성화시키는 명상은 당신과 신 사이를 연결시키고 이 연결을 통하여 모든 지혜와 지식을 사용할 수 있게 한다. 여기서 해결점이 없어 보였던 의문에 답이 나온다. 잠재의식의 깊은 수준 즉 참된 혼 의식은 '아스트랄계'로 불리는 곳에 존재한다. 아스트랄계에 존재하는 혼 의식은 육체 이전에 존재한다.

물질계에 존재하는 모든 것은 아스트랄계에 대응물(對應物)이 존재한다. 이 대응물은 아스트랄체로 불린다. 우리 모두는 아스트랄체를 가지고 있으며 동물, 식물, 광물도 마찬가지다. 한 마디로 존재하는 모든 것은 아스트랄체를 가지고 있다는 말이다. 육체 때문에 아스트랄체가 있는 것이 아니라 아스트랄체가 존재하기 때문에 육체가 있다. 혼이 태아의 첫 번째 숨과 함께 육체에 들어오려고 기다리고 있는 동안 자신과 육체 간에 연결고리를 설정한다. 이 연결고리가 아스트랄체다. 물질계에 존재하기 위하여 모든 것은 먼저 아스트랄계에 존재해야 한다.

그러므로 삶에 무엇인가를 창조하고 가져오기 위해서는 먼저 아스트랄계에 그것을 창조해야 한다. 이것이 회색마법의 근간이 되는 원칙이다. 여러 다양한 회색마법이 존재하는 이유는 아스트랄계에서 창조하는 방법이 여러가지 있기 때문이다. 곧 이것을 배우게 된다.

이 시점에서 이 책을 잠시 멈추고 다른 작가의 책을 공부하기
바란다. 이 책에서 다루는 주제에 관한 책이면 된다. 참된 마법사
는 맹목적으로 다른 사람의 말을 따르지 않는다. 그들은 과학자
며 가능한 모든 차원을 탐구한다. 어떤 이론이나 조건에 매여 있
지 않다. 마법사가 위험한 인물인 이유기도 한다. 참된 마법사는
불충분한 지식은 받아들이지 않으며 대중을 두려움 속에 몰아 넣
어 지배하려는 종교나 정치지도자가 하는 거짓말을 받아들이지
않는다. 마법사는 늘 자유로운 사고의 소유자며 일방적인 성격의
소유자를 보고 참지 못한다.

제 8 편

여기서는 마법 훈련의 아주 중요한 부분인 체력과 건강을 다룬다. 여기서 나는 우람한 근육을 만들려고 체력 단련하는 보디빌더의 육체를 말하는 것은 아니다. 그것과는 아주 다르다.

먼저 건강에 대한 정의를 생각해보자. 정확하게 건강은 무엇인가? 의사에게 질문하면 혈압, 콜레스테롤, 맥, 호흡, 체온 등을 이야기할 것이다. 의사가 말하는 것은 건강에 대한 것이 아니라 질병 예방을 위한 항목 지수다. 서양 의학 입장에서 질병이 없을 수는 없다.

건강 레벨표

건강선	2레벨
질병선	1레벨
죽음선	

어떤 사람은 질병선 바로 위인 1레벨에 위치하여 병이 발생하지 않는다. 그러나 이 위치에서 작은 변화, 아마 감기나 독감 때문에 질병선 아래로 내려갈 수 있다. 어떤 사람들은 자주 감기에 걸리는데 건강 유지가 겨우 1레벨 수준에 머물기 때문에 그럴 것이

다. 그러나 건강선 위(2레벨)에 머문다면 작은 변화가 건강에 거의 영향을 미치지 않을 것이다. 질병선 아래로 떨어지기 위해서는 큰 변화가 있어야 할 것이다.

우리가 높은 수준의 건강 상태를 원하는 것은 당연하다. 기온의 변화가 심한 마법 서클 안에서 여러 시간을 지겹게 보내야 하는 마법사에게 건강은 중요하다. 건강은 무엇이며 질병에 걸리지 않았음을 보여주는 것은 무엇인지 의사 입장에서 생각해보라. 건강은 무엇으로 나타나는가?

서양에서 전일론적(全一論的, holistic) 의학 요법사들이 건강에 대한 정의를 시도하고 있으나 아직까지는 적합한 정의가 없다(역주 : 전일론적 의학[holistic medicine]은 '신체 전체'를 치료한다고 주장하는 대체 요법을 가리킨다. 전일론적 의학 요법사에게는 사람은 단지 물리적인 기관이나 장기를 갖는 신체만이 아니고, 영적인 존재기도 하다. 마음과 정서는 신체뿐만 아니라, 영혼에도 연결되고 있다고 믿는다. 전일론적 요법사는 다양한 병에 대한 처방으로서, 명상이나 기도, 약초, 비타민, 미네랄, 색다른 다이어트 법 등을 사용하며 국내에도 점차 자리잡고 있다. 참조 : SkepDic.com). 이 답을 얻기 위하여 중국 한의학에 관심을 돌려보자. 고대 중국인은 건강을 나타내는 여덟 가지 징표가 있다고 믿었다.

1. **활력(Vitality)** : 충만한 에너지를 가지고 있음을 말한다. 걸음걸이와 눈 상태에 나타난다. 발걸음에는 활력이 있어야하며 하려는

것은 무엇이든 할 에너지가 있어야 한다.

2. **식욕(Appetite)** : 배가 고플 때 음식에 대한 식욕뿐만 아니라 새로운 경험과 성에 대한 욕구도 의미한다. 더 적당한 용어로는 삶에 대한 갈망이다.

3. **깊은 수면(Deep and Sound Sleep)** : 중국인에 의하면 4~6시간 수면이 적당하다고 한다. 이 말은 건강하기 위하여 평소 필요한 수면 시간을 줄여야 함을 의미하지는 않는다. 이 말은 건강해질수록 좀 더 적은 수면이 필요하다는 의미다. 하룻밤 10~12시간 수면을 취한다면 의학적으로 문제가 있는지 의사에게 가보는 것도 괜찮다. 이것은 또한 잠의 양이 아니라 수면의 질을 말한다. 중국에서 숙면이란 꿈 없는 잠을 말하는데 이것은 잘못된 용어 같다. 숙면은 꿈에 방해받지 않고 자는 것을 말한다. 잠에서 깨어나 몹시 피곤한 적이 있을 것이다. 이것은 숙면을 취하지 못하였다는 의미다.

4. **좋은 기억력(Good Memory)** : 장단기적으로 좋은 기억력을 가져야 한다. 서양인의 생각과는 다르게 고대 중국인들은 나이가 들수록 기억력이 좋아진다고 믿었다. 나이가 든다는 것이 기억력 감퇴나 질병의 원인으로 간주되지 않았다. 심지어 그들은 과거, 현재, 미래에 대한 좋은 기억력을 가져야 한다고 믿었다. 현재 기억은 단기 기억으로 언급되며 과거 기억은 장기 기억으로 언급된다. 미래 기억은 미래를 위하여 과거에 만든 계획을 기억하는 능력이다.

5. **유머(Humor)** : 건강하기 위하여 좋은 유머 감각을 가져야 한

다. 특히 자신과 주변 세상에 대하여 웃음 지을 수 있어야 한다. 한 친구가 말했듯이 "삶을 너무 심각하게 받아들이지 말라. 그렇지 않다면 살아서 나가지 못한다."

6. **아낌없이 베풀기(Infinite Giving)** : 모든 소유물이나 돈을 주라는 의미는 아니다. 이 말은 건강해지기 위하여 어려움에 처한 친구나 사람들을 될 수 있으면 도울 수 있어야 한다는 의미다. 또한 자신을 위해서 시간이나 노력을 기울일 수 있어야 한다.

7. **명석한 생각과 정확한 행동(Clear Thinking and Precise Action)** : 건강의 상징은 문제를 신속히 파악하여 의사결정을 하고 지체 없이 행동하는 능력을 의미한다. 머뭇거림과 두려움은 신체 에너지 시스템에 불균형과 관련되어 일어나는 일종의 질병으로 간주된다. 건강하다는 것은 대개 통찰력과 사이킥 능력의 소유와 자각 그리고 사용을 함축하고 있다.

8. **합일의 실현(Realization of Oneness)** : 이것은 최고 건강 상태다. 당신의 모든 꿈이 즉시 실현됨을 의미한다.

이 여덟 개 항목을 충족시키지 못하여 아프거나 곧 죽을 병에 걸린다고 생각하지 말라. 이 여덟 개 건강 항목은 추구해야 할 목적이며 최고 건강을 상징한다.

여기에서 우리의 목적은 첫 번째 항목인 활력에 대한 것이다. 이것은 육체 활력과 육체의 에너지 활력을 포함한다. 활력과 관련하여 《계시의 눈(The Eye of Revelation)》으로 알려진 이상한 문서에 대하여 이야기하겠다.

상당히 오래 전에 이 신비스러운 문서에 대하여 들어왔으며 그 도서에는 '다섯 가지 의식'으로 알려진 수련법이 오랫동안 은밀히 신비학도에게 전해져 내려왔다. 수련법을 알았지만 원래 사본을 찾고 싶었다. 얼마 전에 사본을 입수하였다. 작은 책자는 피터 켈더(Peter Kelder)가 쓴 책으로 1939년 판이었다. 내용은 라마 사원을 방문한 노인이 젊음을 되찾는 마법 의식을 배워서 아들도 몰라볼 정도로 젊음을 되찾았다는 이야기다(역주 : 이 책은 지금 구입 가능하다.)

솔직히 책을 읽어보면 조작된 것처럼 보이는 내용도 많아서 이야기의 진실성이 의심스러우나 많은 사람들이 다섯 가지 의식을 수행하여 건강을 얻었다는 것은 부정하지 않는다. 이 수련은 육체뿐만 아니라 비물질 에너지 시스템에 작동한다. 수련법은 다음에 나온다.

서양인의 문제 중 하나는 완벽주의에 대한 것이다. 완벽하게 모든 것을 알기를 원한다. 완벽하지 않으면 시도하려고 하지 않는다. 수련의 경우에 할 수 있는 한 최선을 다하라. 한 번에 잘 할 수 없고 미흡하더라도 계속하라.

'다섯 가지 의식'은 하루에 한 번 매일 해야 하며 일주일에 하루 이상 빠뜨리지 말아야 한다. 목적을 정하고 요구되는 횟수를 하지 못하더라도 나머지 횟수를 그날에 채워야 한다. 일단 배우게 되면 전체 수련에 10분 정도 걸린다. 의식을 할 때 호흡에 신경 쓴다. 수련 중에 몸을 수축하는 경우는 숨을 내쉬고 이완 혹은 스트레칭을 하는 경우는 숨을 들이쉰다. 숨을 헐떡이지 말라.

마지막으로 의식마법에 종사하는 많은 사람들이 재능이나 지식 부족으로 뜻대로 마법을 할 수 없을 때 금방 실망한다. 또한 자신이 헌신하려는 것보다 더 많은 시간을 요하는 연구나 수련이 있으면 또한 쉽게 실망한다. 대다수 사람들은 마법에 대하여 기괴한 기대를 하는데 이것은 영화나 TV에서 보여주는 마법에 대한 어리석은 모습들과 또한 두려움에 차 있는 종교 단체나 사이비 오컬트 단체가 조성한 거짓 때문이다. 일부 사람들은 마법사가 검은 마법 복장을 하고 이상한 주문을 외우고 손을 공중에 흔들면 마법이 작동하리라 기대한다. 이 책을 공부해온 독자들은 이러한 내용들은 전혀 사실이 아님을 안다.

지금까지 많은 사람들이 실패하거나 중도 포기한 마법의 길과 오컬티즘의 길을 당신은 인내심을 가지고 여기까지 왔다. 축하할 만하다.

다음 장은 백마법의 마지막 장이며 7장에서 회색마법을 시작한다. 회색마법은 당신의 삶과 환경에 긍정적 변화를 가지고 올 것이다.

지금까지 해온 1~5장은 회색마법을 준비하기 위한 것이었다. 아직도 배운 내용에 익숙하지 않으면 회색마법을 수행하여 성공하는 데 어려움이 있을 것이다. 회색마법을 수행한 수많은 사람들이 시간을 헛되이 낭비한 것은 회색마법이 작동하지 않아서가 아니라 좀 더 준비가 필요하였고 실습이 필요했음을 의미한다.

다섯 가지 의식

1번 : 가장 단순하나 매우 중요하다. 똑바로 서서 팔을 옆으로 나란히 펴고 약간 현기증이 느껴질 때까지 시계방향으로 돈다. 처음에는 세 번이나 여섯 번 정도 돌 수 있으나 10주 안에 21회 돌아야 한다.

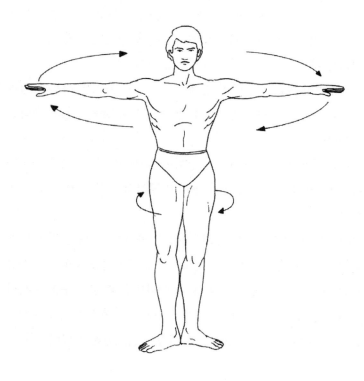

2번 : 마루나 평평한 바닥에 발을 모으고 눕는다. 양손바닥은 손가락을 모으고 아래로 향한다. 그러나 손은 약간 몸의 중심을 향한다. 다리를 들어올려 똑바로 세우거나 조금 몸쪽으로 기울어져도 좋다. 이와 동시에 턱을 가슴에 댄다. 그리고 천천히 다리와 머리를 내리면서 이완한다. 가능한 한 많이 하나 무리하게 하지 말라. 요구되는 횟수는 21번이다. 다리를 올릴 때 무릎을 구부리지 않는다.

3번 : 2번 수련 후 바로 행한다. 손바닥은 안쪽으로 하여 옆에 두고 무릎을 꿇는다. 이 자세의 균형을 무너뜨리지 않으면서 가능한 한 앞으로 숙인다. 턱이 가슴에 닿도록 한다. 그리고 가능한 한 뒤로 몸을 숙여 머리가 뒤로 향하게 한다. 이 동작을 21번 한다.

4번 : 다리를 쭉 펴고 평평한 바닥에 앉는다. 양손바닥은 바닥에 댄다. 몸을 들어올리고 무릎을 구부려서 몸통이 양팔에 지지되는 테이블처럼 만든다. 몸을 들어올리기 전에 턱은 가슴에 대어야 한다. 위로 올릴 때 턱은 부드럽게 뒤로 움직이도록 한다. 원 위치로 돌아온다. 21번이 수련 목적이다.

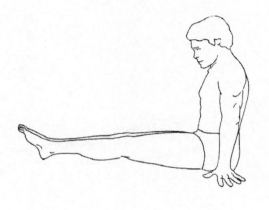

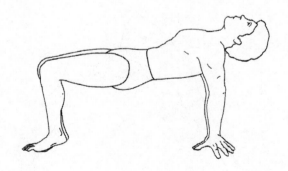

5번 : 얼굴을 아래로 향하고 팔은 60cm(어깨넓이 정도) 정도 벌려 눕는다. 다리도 마찬가지로 60cm 정도 벌린다. 몸 특히 엉덩이를 가능한 한 높이 똑바로 세우고 턱은 가슴에 닿게 한다. 얼굴을 들면서 몸이 아래로 축 처지는 자세를 취한다. 이때 몸이 땅에 닿지 않아야 하나 만약 닿아도 문제는 없다. 21번 한다. 앞선 다른 자세 수련처럼 10주 안에 21번에 도달하도록 한다.

복습

다음 질문은 5장에서 주어진 내용을 충분히 이해하였는지 알기 위한 질문이다. 되도록 책을 보지 말고 답하라. 답은 부록 2에 나와 있다.

1. 물 원소의 속성은 무엇인가?
2. 장미십자가 의식을 하는 다섯 가지 이유를 나열하라?
3. 언제 장미십자가 의식을 LBRP 대신 사용할 수 있는가?
4. 어떤 히브리 문자가 루아흐 엘-오-힘(성령)을 상징하는가?
5. 전생 체험은 세 가지 경우가 있다. 나열해보라?
6. 카르마는 히브리 문자로 무엇인가?
7. '앉아 있는 쉬바'는 무엇인가?
8. 물질계에 존재하기 전에 먼저 어디에 존재해야 하는가?
9. 건강을 상징하는 중국인의 여덟 가지 항목은?

다음 질문은 당신만이 답할 수 있는 질문이다.

1. 필요한 모든 의식을 하고 있는가?
2. 정규 의식이 아닌 별도로 주어진 의식들을 하고 있는가?
3. 물 원소를 통제하고 있는가?
4. 물 컵을 만들었는가?
5. 삶을 마법에 헌신하였는가, 그리고 5장에 나오는 의식을 하여 위대한 일(합일)을 성취하였는가?
6. 윤회에 대한 느낌은 무엇인가?
7. 어떤 운동을 하는가?

인용 문헌

Bennett, Colin, *Practical Time Travel*, Aquarian, 1971.

Berg, Dr. Peter S., *Wheels of a Soul, The*, Research Center of the Kabalah, 1984.

Crowley, Aleister, *Magick*, Weiser, 1973.

Fortune, Dion, *Sane Occultism*, Aquarian, 1967.

Gilbert, R.A., *Magical Mason, The*, Aquarian, 1983.

Kelder, Peter, *Eye of Revelation, The*, 1939.

Regardie, Israel, *Golden Dawn, The*, Llewellyn, 190.

Winkler, Gershon, *Soul of the Matter, The*, Judaica Press, 1982.

Zohar, The, 5 volumes, Soincino Press.

제6장

제 1 편

앞선 3~5장에서 원초 원소에 대하여 공부하였다. 여기서는 4원소의 마지막인 불 원소에 대하여 계속 공부한다. 그러나 다섯 번째 원소 영(Spirit)이 있음을 기억하라. 다른 4원소처럼 다루어지지 않는 이유는 이것은 4원소의 근원이기 때문이다. 영을 알게 되는 방법은 공기, 흙, 불, 물에 대한 이해와 지식을 통해서다. 영의 원소는 신의 영(루아흐, 에너지, 혹은 샥티)이다. 신은 우리가 자각하기를 바라는 것을 현시하며 이것을 통하여 우리는 궁극적인 신성을 알 수 있게 된다. 신이 인간에게 드러내는 것 이외에는 모든 것의 근원자며 무한자는 유한 마음으로 이해할 수 있는 영역 너머에 있다.

《세페르 예치라》에 의하면 공기는 영에서 나왔고 물은 공기에서 나왔으며 불은 물에서 나왔다. 흙은 물이 물과 흙으로 나누어진 것이다. 일부 사람은 흙이 공기, 물, 불의 합성물이라고 말하기도 한다. 여기서 4원소는 당연히 원초 원소를 말하며 물질계의 공기, 불, 물, 흙이 아니다.

이전에 배운 세 개 원소에 친숙하지 않다면 1~2주 동안 다시 수련을 할 수 있다. 그러나 즉시 불 원소 수련을 시작하는 것을 잊지 말라.

불 원소의 특성은 따뜻함과 건조함이다.

다음 수련은 일상에서 불 원소에 대하여 좀 더 자각하게끔 한다.

수련1 : 주변에 따뜻함과 건조함이 결합된 것들을 관찰한다. 불의 열기와 건조함을 태양의 그것과 비교해본다. 증기는 일반 물보다는 불의 속성이 강하다. 굳이 비교한다면 상대적으로 물은 얼음보다는 불의 속성이 강하다. 어느 정도 물과 불은 공존할 수 있다. 그러나 속성은 완전히 반대며 서로를 상쇄시킨다. 서로를 파괴하는 성질을 가지면서 어떻게 공존할 수 있는가? 그것은 비율에 있다. 물이 더 많으면 불을 파괴하고 그 반대도 마찬가지다. 그러나 소량의 물도 불에 어느 정도 효과를 가진다. 주변에 다른 원소와 결합되어 있는 불을 관찰한다. 마법 일기장에 기록한다. 최소한 일주일간 매일 한다.

수련2 : 사막이나 드라이 사우나(스팀 사우나가 아님) 같은 아주 뜨거운 장소를 찾는다. 그런 장소가 없다면 불꽃이 타오르는 장소를 찾는다. 벽난로나 숯불이 그런 장소의 예가 될 수 있다. 옷을 벗고(혹은 최소한의 의복) 가능한 한 불에 가까이 간다. 만약 사막에 있다면 피부의 민감한 부위에 햇볕 차단제를 두껍게 바른다.

뜨겁고 불편한 상황에 놓이면(고통스럽거나 견딜 수 없는 상황은 아님) 땀은 흐르기 시작한다. 이때 이완 의식을 한다. 열기 때문에 쉽지는 않을 것이다. 호흡에 집중하고 열로 가득 찬 공기가 폐로 들어오고 나가는 것을 느낀다. 이전처럼 온몸이 숨쉬는 것

을 상상한다. 피부는 신체의 중요한 부분이다. 숨을 쉬면서 모든 기공이 뜨거움과 건조함을 들이마신다고 생각한다. 몸을 통하여 불 원소가 안으로 밀려와 몸의 불순물을 청소하고 정화하는 것으로 느낀다. 숨을 내쉬면서 기공을 통하여 불 원소가 나감을 느낀다. 이때 몸의 독과 고통, 아픔을 가지고 나간다고 느낀다. 마스터할 때까지 여러 번 기공 호흡을 반복한다.

주의: 불 주변이나 사막 같은 곳에서 이 수련을 한다. 어떤 상황에서도 열기 속에서 10분 이상 하지 않는다. 이 수련을 할 때 시간 감각을 잃기 쉬우므로 알람시계로 미리 시간을 맞추어 두거나 친구에게 알려달라고 미리 부탁해둔다. 열과 관련한 육체적 문제가 있다면 사전에 의사와 상의한다. 이것은 건강과 안전을 위해서다. 작가나 출판사는 이 수련을 하면서 일어나는 개인 실수에 책임지지 않는다.

이 수련의 목적은 불 원소를 피부로 호흡하는 것이지 피부를 까맣게 태우는 것이 목적이 아니다. 열 옆에서 이 수련을 하고 난 후, 열을 상상만 함으로써 이 수련을 되풀이할 수 있다. 이 수련을 다른 시간 다른 장소에서 한다. 서늘한 밤이나 빗속에서 시도하여 땀이 나면 성공이다. 처음에는 일주일간 이 수련을 하고 나중에는 자신의 생각에 따른다.

수련3: 하루에 한 번, 3분 동안(그 이상은 안 됨) 자신이 불 원소라고 상상한다. 불 원소의 뜨거움을 느낀다. 건조함을 느끼고 그 결과로 땀이 나면 멈춘다. 불이 무엇이며 느낌이 어떠한지 알아야 한다. 일주일 동안 이 수련을 한다.

수련4 : '불이 되는' 법을 배웠으면 다음은 의식적으로 불 원소를 통제하는 법을 배운다. 잠시 시간을 내어 다시 자신이 불 원소임을 상상한다. 마지막 수련에서 받은 느낌을 의식 안으로 가져온다. 다음으로 손바닥을 20~30cm 떨어져서 마주보게 하고 양손 사이에 병이나 원통형 통 혹은 작은 통을 심상한다. 숨을 내쉬면서 몸의 모든 불 원소가 숨과 함께 나가서 통 속에 쌓이는 것을 심상한다. 세 번 내지 다섯 번 정도의 호흡이면 통을 채울 수 있을 것이다. 들고 있기에 너무 뜨거우면 손을 좀 더 벌린다. 일단 채워지면 잠시 관찰한다. 그리고 세 번의 호흡으로 들이마시고 정상 의식(意識)으로 돌아온다. 이 수련을 일주일 한다.

평가 : 이것은 당신이 불 원소와 조화롭게 되었는지 그리고 그 원소를 통제할 수 있는지 확인하기 위함이다. 테스트에 통과하지 않아도 괜찮다. 이것은 앞의 수련을 좀 더 해야 함을 보여주는 지표다. 다시 테스트할 수 있다. 사실 원하는 만큼 테스트하라. 그리고 결과를 마법 일기장에 기록한다.

에너지의 과도함으로 폭발할 것 같으면 내부의 불타오르는 에너지 때문에 집중하기가 어렵다. 아래처럼 시도하라.

수련4에서 설명한 불 원소 용기를 다시 한 번 심상하고 용기가 채워지면 공중에 '검은 구멍' 을 심상하고 용기를 그 속에 집어던지고 돌아오지 못하도록 닫아버린다. 이것을 세 번 하라. 과도한 에너지는 사라져야 한다. 그러나 필요한 일을 하기 위한 에너지는 충분하게 남겨두어야 한다. 하루에 세 번 이상 불을 '검은 구멍'에 버리는 수련을 하지 마라. 그렇지 않으면 에너지는 고갈되어 육체는 쇠약하게 되고 질병을 야기할 수 있다.

멍하고 에너지 부족을 느낀다면(혹은 삶에 필요한 일을 하려는 욕망 부족) 마찬가지로 용기를 만들고 이번에는 숨을 마시면서 용기 속의 모든 내용물을 끌어당긴다. 몇 분 안에 에너지를 느끼고 활력을 찾아야 한다. 아침에 커피를 마시는 대신에 이것을 해보라. 너무 많은 에너지를 느낀다면 앞의 방법을 사용한다.

이 테스트에 성공하면 당신은 불 원소를 마스터한 것이다. 이것은 4원소의 마지막인 불 원소다. 일단 세 개 원소를 포함하여 이것을 통과하면 당신은 원소의 주인이 되었다. 이것을 증명하기 위하여 여기에 몇 가지 방법이 있다.

1. 공기가 순환하지 않는 방에 앉는다. 촛불을 켜서 방 중심에 둔다. 촛불과 하나가 된다. 마치 팔을 움직이듯이 의지로 촛불을 움직인다. 대부분의 사람에게 이것은 아주 쉬운 일이다.

2. 구름의 습기(물)와 하나가 되라. 구름에 불을 더하여 사방으로 팽창시킨다. 구름은 사라져야 한다.

3. 바람 부는 날, 언덕이나 고층 빌딩 옥상에 자리잡는다. 거의 공중에 떠 있는 것을 느낄 수 있을 때까지 공기와 하나가 되라. 그리고 느린 힘을 가진 흙 원소를 가지고 와서 주변으로 확장시킨다. 바람은 느려지거나 멈추어야 한다. 가벼운 바람과 함께 시작하라. 나중에는 원한다면 폭풍을 상대로 시도할 수도 있다.

원초 원소에 대한 자신의 통제 능력을 시험하기 위하여 여러 가지 방법을 시도할 수 있다. 그러나 환경에 큰 변화보다는 작은 변화를 권하고 싶다. 두 가지 이유가 있는데 첫째로 테스트는 당신의 원소 통제 능력을 단지 시험하는 것이다. 둘째, 환경에 큰 변화를 야기하는 것은 회색마법이다. 넓은 지역에 영향을 주는 것은 자연의 여신이 세운 계획에 개입하는 것뿐 아니라 다른 사람의 삶에 개입하는 것을 의미한다. 소풍날 비를 그치게 할 수도 있다. 이것은 비를 기다리던 농부에게 재난일 수 있으며 농부의 삶을 망칠 수 있다. 또한 농작물 가격을 오르게 하고, 인상된 식료품 비용을 지불하기 위하여 어떤 사람은 국가생활보장제도에 의존해야 한다. 마법사는 가볍게 행동하지 않는다. 특히 다른 사람의 삶에 영향을 줄 때는 더욱 그러하다.

제 2 편

마법사의 마지막 원소 도구를 만들 차례다. 이것은 마법사 최고 도구로 알려져 있는 지팡이다. 어떤 다른 마법 도구도 마법 지팡이처럼 대중의 관심을 끌지 못하며 심지어 무대 마술사도 지팡이를 사용한다.

재미있는 일이지만 무대 마술사는 참된 마법 이론이나 철학을 싫어한다. 영국에서 무대 마술사는 자신들이 하는 것을 '마법 (magic)' 대신 '마술(conjuring)' 이라고 부르기도 하며 무대 마술사는 '마술사(conjurer)' 로 불린다. 그러나 진짜 마법의 흔적이 보이기도 한다. 무대 마술사 사이에 가장 인기 있는 마술 주문은 '호커스 포커스(Hocus Pocus)' 다. 이 주문은 카톨릭 신부가 미사에서 성례전(聖禮典)을 들고 말하는 라틴어 'Hoc est corpus(이는 내 몸이니라)' 에서 약간 고쳐진 내용이다.

지팡이는 셜록 홈즈와 왓슨 박사처럼 마법을 실행하는 사람과 거의 동일시된다(역주 : 도일(Sir Arthur Conan Doyle, 1859~1930)의 유명한 《셜록 홈즈의 모험》에서 명탐정 홈즈와 상대역 왓슨 박사가 콤비로 나온다. 홈즈는 예리한 추리력과 냉철한 판단력, 풍부한 지식과 취미를 가진 자이고, 왓슨은 옆에서 홈즈를 돋보이게 해주는 역할을 한다. 마치 마법사와 지팡이처럼 둘은 명콤비로서 어려운 사건의 실마리를 풀어나간다). 그러나 의식마법에 사용되는 진짜 마법 불지팡이를 본 사람은 그리 많지 않다. 지팡이는 두 가지를 통제하고 지시하는 도구다.

1. 원초 불 원소
2. 마법사의 에너지

다음 그림을 보라. 진짜 불지팡이의 대략적인 모습을 그린 것이다. 친숙해 보이지 않는가? 발기된 남근의 모습이다. 위에 언급

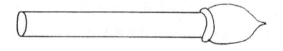

한 마법사 에너지는 이 책 앞부분에서 배운 성 심리 에너지다. 마법의 성 심리 에너지를 부정하는 사람은 진실을 이야기하지 않는 것이거나 모르거나 아니면 참된 마법사가 아니다.

이교도 전통에 따라 마법을 실행하는 위치(Witches)는 자신들의 중요 마법 무기로 단검을 사용한다. 단검에 사용되는 이름은 카발라 책으로 볼 수 있는 《솔로몬의 큰 열쇠(The Greater Key of Solomon)》에서 유래한다. 반면에 의식 마법사는 중요 마법 무기로 지팡이를 사용한다. 이것은 일반 지팡이가 아니라 불 지팡이며 이 장에서 설명하겠지만 최고의 지팡이다.

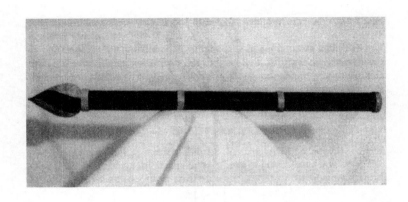

불 지팡이를 만들 필요가 있다. 맞춤 핀(Dowel pin, 금형 내의 두 개 이상 부품을 결합하여 쥘 때 서로의 상대 위치를 잡아주기 위하여 사용하는 핀, 다양한 사이즈가 있다)으로 만든다. 이것을 가지고 원하는 길이와 두께로 만드나 제단에 적합한 크기여야 한다. 철물점이나 가구점에 가면 (가구에 붙이는) 도토리 모양의 손잡이가 있다. 이것을 지팡이 끝에 접합하면 완전한 모습이 나온다. 다른 방법으로 발사나무(balsa, 열대 아메리카산 관목의 일종으로 벽오동과의 나무로 가볍고 단단함)를 깎아서 붙여도 된다. 선반이 있으면 좀 더 두꺼운 핀을 깎아서 만들 수 있다. 나무 재질(자루와 봉오리)을 사용하는 경우는 두세 번 밑칠을 하고 밝게 빛나는 빨간색으로 여러 번 코팅하여 잘 말린다(역주 : 방법은 많으며 책에 한정되지 말고 자기에게 편한 재질과 방법을 선택. 지팡이 바탕색은 밝게 빛나는 빨간색이다).

마법 지팡이의 자루가 시작되는 부분과 봉오리 아래를 밝게 빛나는 노란색으로 1.5~2.5cm 정도의 넓이로 칠한다. 자루를 똑같

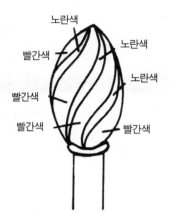

불 지팡이(made by Chic Cicero)

이 세 부분으로 나눈다. 두 번 줄을 그으면 세 등분된다. 이렇게 하면 전부 네 개의 노란색 줄(왼쪽 그림 참조)이 생긴다.

봉오리 부분은 그림 '쉭 시세로의 불 지팡이'처럼 '확장된 요드' 문자로 장식된다. 전부 세 개의 요드가 있어야 한다.

마지막으로 밝게 빛나는 에머랄드 녹색으로 빨간색으로 코팅된 지팡이 자루 부분에 히브리 이름과 상징을 쓴다. 충분한 공간

확장된 요드

이 없으면 봉오리 위에다 쓸 수도 있다. 마치면 보호를 위하여 여러 번 코팅한다.

더러는 자루에 자력선이 있어야 한다고 주장하기도 한다. 이것을 하려면 자루에 드릴로 긴 구멍을 내거나 잘라서 다시 접합해야 하는 어려운 작업이다. 정 원한다면 속에 구멍이 나 있는 지팡이를 구하여 선을 넣을 수 있다. 혹은 가벼운 파이프를 사용할 수도 있다. 그리고 남아 있는 공간을 접착제와 톱밥으로 채운다. 자력선의 북쪽 끝(나침반의 북극을 밀어낸다)은 지팡이 자루 끝에 놓인다. 선은 자루 끝에서 봉오리 끝을 향하여 0.2cm 정도 나가게 한다.

사실 자력선은 필요하지 않다. 이것은 남근을 통하여 흐르는 '에너지 관'을 상징한다. 이것이 에너지를 향하게 하는 데 도움은 될 수 있지만 불 지팡이 형태 그 자체로 충분하다. 지팡이를 만드는 정보에 대해서는 왕(Wang)의 《비밀사원(The Secret Temple)》을 참고할 수 있다.

제 3 편

지금까지 생명나무의 세피로트에 대하여는 어느 정도 설명을 했으나 생명나무의 길에 대해서는 그다지 설명하지 않았다. 카발라에 관한 많은 책들이 세피로트 설명에 많은 지문을 할애하면서 생명나무 길에 대해서는 무시하거나 간단히 넘어간다. 그것은 그 길을 자세히 파악하기에는 너무 어려워서 설명을 하지 않았기 때문이다.

세피로트는 어떤 의미에서는 소우주(신을 대우주로, 인간이나 물질계를 소우주로 본다)를 향하여 신성 에너지(루아흐 엘-오-힘 [Ruach El-oh-heem])가 내려올 때 에너지가 머무는 중간 지점이다. 이 에너지가 생명나무를 통하여 내려오면서 변화하고 진화한다(비록 내면의 에센스는 남아 있지만). 말쿠트에 도착하면 그것은 인간이 매일 만나고 취급하는 수준에 있게 된다.

현재 진화의 '단속 평형(punctuated equilibrium)' 이론은 점진

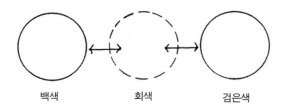

백색   회색   검은색

[불 지팡이에 사용하는 히브리 문자와 시길]

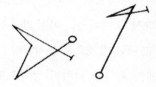

יהוה צבאות

1. 요드-헤-바브-헤 차바오스
   (YHVH TZABAOTH)

מיכאל

2. 미하엘(MICHAEL)

אראל

3. 아랄(ARAL)

שרף

4. 세라프(SERAPH)

פישון

5. 피손(PISON)

דרום

6. 다롬(DAROM)

אש

7. 아에쉬(AESCH)

8. 모토(THE MOTTO)

적인 변화보다는 불규칙적이며 급격한 변화를 주장한다. 그러므로 생명나무를 여행하는 에너지는 불규칙적으로 변한다. 최고의 순수 형태에서 물질적 현시에 이르기까지 그 에너지는 어떤 최고 단계에 도달할때 까지 변화한다. 그리고는 다른 방향으로 움직인다.

위에 그림에서 색깔 진동이 백색에서 회색을 거쳐 검정색으로 어떻게 변화하는지 볼 수 있다. 백색으로 표시된 원 안은 하얗고 검정으로 표시된 원 안은 검게 보인다. 그러면 이 양자 사이에 무엇이 있는가? 순수한 회색은 어디에 있는가? 좀 복잡하게 말한다면 회색을 보고 있는 두 사람이 그것에 다른 명칭을 부여할 수 있다.

이것이 바로 생명나무 길을 이해하는 데 있어 직면하는 문제다. 카발라에서 세피로트는 '용기(Vessel)'로 불린다. 각 용기는 어떤 방향으로 에너지가 최고 수준에 도달할 때까지 신성 에너지를 담고 있다. 예를 들면 생명나무의 다섯 번째 세피라인 게부라는 신의 힘을 나타내는 상징이다. 신의 힘에 대하여 아주 자세히 말할 수는 있으나 힘과 미(美), 즉 생명나무 게부라(5)와 티페레트(6) 사이에 에너지 변화를 설명할 수 없다. 이 문제는 아주 어려운 일이다.

그래서 타로 신성 점이 사용된다. 타로 카드는 생명나무 길과 연결되며 사람의 삶에서 변화하는 에너지를 보여준다. 마이너 카드는 세피로트와 관련되는데 좀 더 정적인 상황과 관련된다. 마이너 카드는 좀 더 세밀한 정보를 주는 반면에 메이저 카드는 인생 방향과 에너지 차원에서 많은 정보를 제공한다.

생명나무의 길이 변화하는 에너지 패턴을 상징한다는 것을 설명하기는 쉽지 않다. 나중에 패스워킹(path working)을 다루면서 변화하는 길의 속성과 이것을 응용하는 법을 배우게 된다. 지금은 생명나무의 중요한 대응물에 대하여 살펴본다.

생명나무 길과 관련되는 카발라 대응표가 있다. 11에서 32로 표시되는 22개의 길이 있다. 첫 번째 열 개의 길은 사실 열 개의 세피로트다(역주 : 카발라에 의하면 신은 32개의 길을 통하여 우주를 창조하였고 열 개는 10세피로트 그리고 22개는 히브리 22개 문자이다). 이것은 길과 숫자를 다루는 데 혼란을 준다. 길은 전통적으로 11에서 32로 표시된다. 각각의 길은 또한 히브리 알파벳과 관련된다. 그러나 히브리 문자가 또한 고유한 숫자를 가지고 있으므로 길에는 두 개의 숫자체계가 있게 된다. 히브리 문자의 유별난 수 체계는 로마 숫자와 아라비아 숫자의 혼합으로 보인다. 예를 들어 347을 표시해보자.

로마 숫자 : CCCXLVII(300, +50, -10, +5, +2)
히브리 문자 : Shin, mehm, Zy-ln(300, +40, +7)
아라비아 숫자 : 347

아마도 히브리 문자(혹은 그 원천)는 오늘날 우리가 사용하는 숫자의 기본일 수도 있다.

물론 고대 히브리 문자 각각은 하나의 숫자만을 나타내었다. 나중에 이것에 대하여 좀 더 다루게 된다.

지금은 11번째 길이 알레프(1)고 22번째 길은 라메드(30)며 30

번째 길은 레쉬(200)임을 기억하자.

메이저 타로 카드는 생명나무 길과 관련되는데 이 길과 대응하는 자신의 숫자를 가지고 있다. 표를 보면 알겠지만 30번째 길(레쉬)은 타로 카드에서는 19번째 카드인 '태양' 으로 나타난다. 만약 비밀을 알고 이해한다면 우리는 특별하게 보이는 '방정식' 을 도출할 수 있다. 이해를 못하면 결코 풀 수 없는 방정식이다.

길	히브리 문자	타로 카드
17 =	7 =	6
23 =	40 =	12
32 =	400 =	21

이 복잡한 숫자 체계는 이 공부에 중요해서가 아니라(비록 나중에 유용하게 사용하겠지만) 너무 많은 고급 카발라 책들이 숫자를 혼란스럽게 사용하여 초보자들은 길을 잃기 십상이기 때문이다. 이 책을 공부하는 목적 중 하나는 카발라 문헌을 읽고 이해하도록 하기 위함이다.

대응표 첫 번째 항목은 생명나무 길이 11에서 32까지 나와 있다. 다음 항목은 히브리 문자, 히브리 문자 이름, 히브리 문자 숫자가 나온다. 다음에 히브리 문자 의미가 나온다. 히브리 문자를 발음할 때 소리나는 대로 표기하였다. 예를 들면 검을 의미하는 세피라 'Zy-in(자인)' 은 자주 'Zain' 로 표기되는데 이렇게 되면 사람들이 'Zane(제인)' 으로 잘못 발음한다. 그래서 소리나는 대

[카발라 길 대응표(1)]

길	히브리 문자 및 숫자		숫자	의미		타로 카드	K.S. 색상
11	א	알레프(Aleph)	1	황소	0	바보/광대	밝고, 옅은 노랑색
12	ב	베트(Bet)	2	집	1	마법사	노랑색
13	ג	기멜(Gimmel)	3	낙타	2	고위 여사제	청색
14	ד	달레트(Dalet)	4	문	3	여왕	에메랄드 녹색(선녹색)
15	ה	헤(Heh)	5	창문	4	황제	주홍색-빨강
16	ו	바브(Vahv)	6	못	5	교황	빨강-오렌지색
17	ז	자인(Zy-in)	7	검	6	연인	오렌지
18	ח	헤트(Chet)	8	울타리	7	전차	황갈색
19	ט	테트(Teht)	9	뱀	8	힘	녹색을 띤 노란색
20	י	요드(Yud/Yod)	10	손	9	은둔자	노란색을 띤 녹색
21	כ ך	카프(Kaph)	20	손바닥	10	운명의 수레바퀴	자주색
22	ל	라메드(Lahmed)	30	황소 막대기	11	정의	선녹색
23	מ ם	멤(Mehm)	40	물	12	매달린 남자	짙은 청색
24	נ ן	눈(Nun)	50	물고기	13	죽음	녹색-청색
25	ס	사메크(Sa-mech)	60	버팀목	14	절제	청색
26	ע	아인(Eye-in)	70	눈	15	악마	남색
27	פ ף	페(Peh)	80	입	16	탑	주홍색-빨강
28	צ ץ	차디(Tza-dee)	90	갈고리	17	별	자주색
29	ק	코프(Koph)	100	머리 뒤	18	달	심홍색(짙은 자주색)
30	ר	레쉬(Resh)	200	머리	19	태양	오렌지색
31	ש	신,쉰(Shin)	300	이	20	심판	선명한 오렌지-주홍색
32	ת	타우(Tahv/Taw)	400	십자가	21	우주	남색

주의 : 히브리 다섯 문자가 단어 끝에 올 때 글자 모양과 숫자 가치가 달라진다. 카프(ך)가 단어 끝에 올 때는 500이다. 멤(ם)은 600, 눈(ן)은 700, 페(ף)는 800, 차디(ץ)는 900이다.

로 표기하였다(역주 : 영어는 발음 원칙이 우리 한글이나 독일어처럼 정확하게 규칙에 따르지 않으므로 새로운 단어나 이름 같은 경우는 약간 다르게 발음할 수 있다. 미국에서는 교사가 학기 초에 학생 출석부 이름을 보고 흔한 이름이 아니면 정확하게 발음하는 법을 물어보는 것이 이상한 일이 아니다. 여기서 Zain[자인]이 제인으로 잘못 발음되는 것은 Gain[게인], Main[메인]처럼 자음 뒤 ain은 일반적으로 '에인'으로 발음하기 때문이다). 다음에 이어지는 것이 메이저 카드 숫자와 이름이다.

마지막 난은 색깔이다. 기억하겠지만 카발라 4계와 관련하여 네 개의 색상표가 있다. 이들 이름은 타로 카드의 공주, 왕자, 여왕, 왕에서 왔다. 세피로트는 여왕(퀸) 색상표에 따르나 생명나무 22길은 왕(킹) 색상표를 따른다. 이것은 생명나무 안에 내재하는 성적인 균형을 유지한다. 즉 생명나무 길에 움직이는 에너지(원초 남성, 양)와 세피로트에 포함된 에너지(원초 여성, 음)의 균형을 가리킨다. 색상에 대한 자료는 리가디의 《황금새벽》이나 크로울리의 《777》를 참고하라.

카발라 길 대응표(2)에서 22개 숫자가 나오고 다음에 행성, 12별자리, 그리고 《세페르 예치라》에 나오는 세 개의 원초 원소인 공기, 물, 불이 나온다. 다음에는 실제 존재하거나 상상의 동물이다. 앵커라이트는 초기 기독교 은둔자다. 다른 동물 이름은 우리가 잘 알고 있는 것이다. 이것의 중요성은 나중에 드러난다. 다음 난에는 식물 이름이 나온다. 29번째와 관련되는 것은 동물이 아

[카발라 길 대응표(2)]

길	어스트랄러지	동물	식물
11	공기	독수리	사시나무, 포플러
12	머큐리(수성)	제비, 따오기, 유인원	마편초
13	문(달)	개	아몬드, 산쑥
14	비너스(금성)	제비, 비둘기, 백조	도금양, 장미
15	에리즈(양자리)	양, 올빼미	클로버
16	토러스(황소자리)	황소	당아욱속
17	제머나이(쌍둥이자리)	까치	난초
18	캔서(게자리)	게, 거북	연꽃
19	리오(사자자리)	사자	해바라기
20	버고(처녀자리)	처녀, 은둔자, 앵커라이트	백합, 수선화
21	주피터(목성)	독수리	참나무, 포플러, 히솝
22	리브라(천칭자리)	코끼리	알로에
23	물	독수리, 뱀, 전갈	연꽃
24	스콜피오(전갈자리)	전갈, 딱정벌레	선인장
25	쌔지테리어스(사수자리)	켄타우로스(반인반마), 말	골풀
26	캐프리컨(염소자리)	염소, 당나귀	대마, 난초, 뿌리, 엉겅퀴
27	마스(화성)	말, 곰, 늑대	쓴쑥, 루타
28	어퀘리어스(물병자리)	사람, 독수리	코코넛
29	파이씨즈(물고기자리)	물고기, 돌고래	단세포 조직
30	썬(태양)	사자, 새매	해바라기, 월계수, 헬리오트로프
31	불	사자	붉은 양귀비, 히비스커스
32	새턴(토성)	악어	양물푸레나무, 주목, 삼나무

니고 식물인 단세포 조직체다.

카발라 길 대응표(3)에서 22개 길이 나오고 다음 두 난에 보석과 향이 나온다. 별다른 설명이 필요 없으리라 생각한다. 마지막에 마법 무기가 나열된다. 14번째에 허리띠가 나왔는데 이것은 허리를 둘러싸고 있는 장신구이며 금성과 연관된다. 이것은 눈가리개나 감응 의식에 사용된다. 뿔은 신의 남성 힘을 상징하기 위하여 이교도 마법에서 자주 사용된다. 이것은 원초 남성 힘(양)을 상징한다. 정은 왁스로 탈리스만을 새기는 데 사용하거나 다른 조각하는 일에 사용하는 도구다.

'준비'는 말 그대로 준비를 의미한다. 마법 의식을 준비하는 것, 마법사가 되기 위하여 공부하는 것이 모두 마법 테크닉이다. 삼각대는 전통적으로 향로를 받치기 위하여 사용하는 마법 도구다. 여기에서 용광로는 연금술적인 의미로 사용되는데 일하는 장소를 의미한다.

훈육은 마법을 할 수 있도록 통과해야 하는 것들이다. 태양(균형)십자가는 당신의 균형을 상징한다. 의무는 비전을 받거나 헌식을 할 때 하는 맹세이다.

마법 도구에 고통이 나오는 것에 좀 놀랄 수 있겠지만 사실이다. 어떤 사람들은 자신들의 마법 수행에서 이러한 형태의 고통을 포함하는 경우도 있지만 여기서는 매질이나 육체적 학대를 말하는 것이 아니다. 여기서 고통은 좀 더 심리적인 것이며 마법이 자신에게 바른 것인지 아닌지 결정할 때가 올 것이다. 마법 인생

[카발라 길 대응표(3)]

길	보석	향	도구
11	토파즈, 옥수(玉髓)	풍지향	단검, 부채
12	오팔(단백석), 마노	유향, 소합향	지팡이(헤르메스 지팡이)
13	월장석, 진주, 크리스털	장뇌, 알로에	활과 화살
14	에메랄드, 터키옥	백단향, 도금양	장신구 허리띠
15	루비	기린갈	뿔, 정(조각칼)
16	토파즈(황옥)	소합향	준비
17	알렉산더 보석, 전기석	쓴쑥향	삼각대
18	호박(琥珀)	나감향(onycha)	용광로
19	묘안석	올리바눔	훈육
20	감람석	수선화향	램프와 지팡이, 빵
21	자수정	사프란	홀(笏)
22	에메랄드	풍지향	태양(균형) 십자가
23	녹주석, 남옥	나감향(onycha)	컵과 십자가, 포도주
24	국석	안식향	의무, 고통
25	풍신자석	리그넘 알로에	화살
26	검은 다이아몬드	사향	비밀 힘, 램프
27	루비	후추, 기린갈	검
28	인조 유리	풍지향	향로, 알스페르질리스
29	진주	용연향	마법 거울
30	크라이소레스	올리바눔, 시나몬(계피나무잎)	활과 화살
31	화단백석	올리바눔	지팡이 혹은 램프
32	얼룩마노	황	시클(낫)

을 선택한다면 머리 위로 쏟아지는 신의 사랑과 함께 열리는 물질 경험을 너머선 엄청난 세계를 보게 될 것이다. 세상 사람들 대부분은 그들의 영적인 신념이 무엇이든 가슴속을 들여다보면 완고한 물질주의자다. 이들은 당신과 교제를 계속할 수 없다. 왜냐하면 교제를 두려워하거나 거절하기 때문이다. 그 결과 당신은 친구나 사랑하는 사람과 멀어질 수도 있다. 이것은 아주 고통스러운 일이다. 그러나 마법의 길, 영적인 길을 따르는 사람은 자신의 길을 가야 한다. 이 길을 선택하면 고통과 상실을 알게 된다. 그러나 결국은 고통과 상실은 충분히 보상받을 것이다. 왜 많은 사람들이 마법사가 되려고 하는가? 이 시점에서 진도를 나가기 전에 메이저 타로 카드의 12번째 카드 '매달린 사람'의 의미를 생각하라.

비밀 힘은 쿤달리니, 기, 루아흐를 말한다. 아스페르질리스(aspergillis)는 성수를 뿌리는 도구다. 마법 도구에 대한 더 많은 정보를 위해서는 크로울리의 저서 《777》을 참조하라.

지금 생명나무 22개 길과 대응물을 암기할 필요는 없으나 좀 친숙해져야 한다. 어떤 경우에는 한 항목에서 하나의 길에 여러 개가 대응하기도 한다(예, 식물 항목에서 20번째 길에 참나무, 포플러, 히숍이 대응한다).

이전 3장 4편에서 배운 생명나무 열 개 세피로트의 대응물을 포함하여 생명나무 22개 길의 대응물 모두를 하나의 생명나무에 나타내는 것도 좋은 생각이다.

제 4 편

마법은 예술이며 과학이다. 여기서는 회색마법 의식을 위한 기본 준비에 대하여 공부한다. 어떤 의미에서는 이것은 과학자가 실험을 준비하는 것과 같다. 여기서는 앞장에서 배운 최고 펜타그램 의식을 사용하게 된다.

강조하지만 여기서 배우는 의식은 이어지는 모든 회색마법에 사용되는 것이다.

첫째, 다섯 개의 도구를 만들어야 한다. 제작을 위해서 먼저 최소한 가로 세로 22×28cm 되는 포스터용 종이를 네 장 준비한다. 클수록 좋다. 각각 밝은 녹색, 밝은 은색, 밝은 오렌지색, 밝은 자주색을 칠한다. 칠이 마르면 녹색 판에 밝은 홍색으로 삼각형을 크게 그린다. 같은 식으로 오렌지색 판에는 밝은 청색의 역삼각형, 자주색 판에는 밝은 노란색으로 삼각형을 그리며 밑변과 나란히 가운데 선이 있는 삼각형이다. 은색 판에는 광택이 나지 않는 검은색으로 삼각형을 그리는데 자주색 판에 그린 삼각형을 역으로 그리면 된다.

이것은 4원소 시길이다. 칠이 마르게 되면 마법을 수행하는 방에 걸어둘 수 있도록 액자로 만든다. 불 원소를 상징하는 붉은 삼각형 시길은 남쪽에, 물 원소를 상징하는 청색 삼각형 시길은 서

녹색
붉은색

오렌지색
파란색

자주색
노란색

은색
검은색

쪽에, 공기 원소를 상징하는 노란색 삼각형은 동쪽에, 흙 원소를 상징하는 검은 삼각형은 북쪽에 둔다. 별도의 지침이 없으면 매일 하는 의식을 포함하여 미래에 수행할 의식을 위하여 벽에 걸어둔다.

5원소의 마지막은 합일(Union) 시길이다. 이것은 이노키안 마법 체계에서 가져온 것이다. 이 마법 체계는 엘리자베스 여왕의 어스트랄러저였던 존 디(Dr. John Dee)와 그의 보조자이며 신비스러운 인물이었던 에드워드 켈리(Edward Kelly)가 발견하였다. 1581년 실험에서 그들은 이노키안으로 알려진 마법 체계를 발견하나 이해가 어려운 마법 체계다.

이 마법에 대하여 나는 전문가가 아니나 어떤 상징과 기법으로 구성된 이노키안 마법 의식 일부는 아주 강력하다는 것은 알고 있다. 사용되는 신비한 이름에 마법의 특성이 있어 보인다.

합일 시길은, 제단이 네 가지 원소가 만나서 하나가 되는 장소로 기능하고 있는 사실을 상징하는 것이다. 만드는 방법은 두꺼운 종이나 판지를 준비하고 위의 그림에서처럼 가로 다섯 개, 세로 네 개로 하여 전부 20개의 사각형을 만든다. 크기는 제단에 사용하기에 적합하여야 한다. 아주 짙은 검정색으로 작성한다. 바탕 종이는 흰색이다. 그림처럼 문자를 채운다. 문자는 선처럼 짙은 검정색으로 한다. 엑스-아르-페이(EXARP)는 공기의 영(Spirit of Air)을 위한 이노키안(천사) 이름이다. 헤이-코-마(HCOMA)는 물의 영, 엔-아-엔-타(NANTA)는 흙의 영, 비-토-엠(BITOM)은 불의 영을 위한 천사 이름이다. 할 수 있으면 합일 시길을 광택이 나게 코팅하거나 작은 액자에 넣을 수 있다.

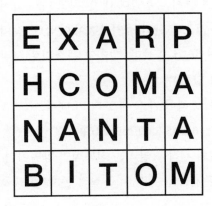

동쪽을 보면서 제단 뒤에 서서 읽을 수 있도록 제단 중심에 합일 시길을 놓는다. 합일 시길 각 모서리에 이미 만들었던 마법 도

구를 둔다. 동쪽에 공기 단검, 남쪽에 불 지팡이, 서쪽에 물 컵, 북쪽에 흙 원반을 놓는다. 물 컵에는 물이 있어야 한다.

공기 단검 이외에 LBRP에 사용하는 일반 단검을 준비한다. 향과 함께 방을 밝힐 촛불이 있으면 좋다. 향로와 촛대는 바닥이나 주변 탁자에 둘 수 있다. 위험하지 않게 안정되게 놓는다. 펜타그램 소 결계 의식을 할 때처럼 준비를 한다.

워치타워 의식(Watchtower Ritual)

1단계 : 종이 있으면 열 번 친다. 열 번 치는 방법은 3-4-3으로 한다.

(/// //// ///)

즉 세 번 치고 잠시 멈추었다 네 번 치고 다시 잠시 멈추었다 세 번 친다. 종이 없으면 단검(공기단검이 아님) 손잡이 끝으로 제단 윗부분을 치면서(3-4-3) 한다. 그리고 큰소리로 그리고 좀 절박한 어조로 다음을 말한다.

"헤이-카스, 헤이-카스 에스-티 비-베-로이!

(HEKAS, HEKAS ESTE BEBELOI!)"

이것은 의식의 시작을 알리는 전통적인 방법이며 이 의식에 참가하지 않을 존재들(물질적, 비물질적 존재)은 그 장소를 떠나도록 알린다.

2단계 : 종을 한 번 친다. 그리고 펜타그램 소 결계 의식을 한다.
3단계 : 종을 두 번 친다. 그리고 헥사그램 결계 의식을 한다.

워치타워 열기

4단계 : 종을 아홉 번 친다. 방식은 (/// /// ///) 이다.

5단계 : 늘 시계방향으로 걸으면서 제단 남쪽으로 간다. 불 원소 지팡이를
잡고 세 번 흔든다. 방식은 남쪽에 있는 불 원소 시길을 보고 왼쪽, 오른
쪽, 가운데 순으로 흔든다. 지팡이 끝을 머리 위로 하고 천천히 방 주변
을 시계방향으로 걸으면서 말한다.

"모든 환영이 사라진 후 우주 깊이 숨겨진 장소에서 날아와 빛나고 있
는 신성하고 형상 없는 불을 보게 될 때 그 불의 목소리를 들으소서!"

이것을 마치면서 남쪽으로 돌아와 있어야 한다. 남쪽을 보면서
공중에다 큰 원을 그린다(그리는 순서는 시계방향이다). 황금빛
으로 심상한다. 원 안에 아주 푸른 불 원소 인보킹 펜타그램을 그
린다. 중심에 리오(사자자리) 싸인을 그린다. 지팡이를 중심에 향
하고 말한다.

"오-이-페이 테-아-아 페-도-케이

(OIP TEAA PEDOCE)"

이 단어들은 이노키안 마법에서 세 개의 신성한 불 원소 이름들
이다. 지팡이를 위로 들고 말한다.

"위대한 남쪽 구역의 문자와 이름으로 남쪽의 워치타워 천
사들을 인보케이션합니다."

얼마 동안 원에서 흘러나오는 순수 원소인 불로 가득 찬 에너지
를 심상하고 느껴라. 제단에 지팡이를 원 위치시킨다.

6단계 : 제단의 서쪽으로 가서 이번에는 제단에서 물 컵을 잡는다. 서쪽을 보고 손가락으로 이미 걸려 있는 물 시길의 왼쪽, 오른쪽 그리고 중심에 물을 뿌린다. 컵을 높이 들고 시계방향으로 한 바퀴 돌면서 말한다.

그러므로 먼저 불을 지배하는 사제는 바다의 정화수를 뿌려야 합니다. 서쪽으로 돌아와서 서쪽을 보면서 컵을 사용하여 공중에다 큰 원을 그린다. 황금빛으로 심상한다. 원 안에 아주 푸른 물 원소 인보킹 펜타그램을 그리고 중심에 독수리 머리를 그린다. 물 컵을 중심에 향하고 말한다.

"엠-페이-헤이 아르-셸 가-이-올

(MPH ARSEL GAIOL)"

이것은 물을 지배하는 신성한 이노키안 천사 이름들이다. 그리고 컵을 위로 들고 말한다.

"위대한 서쪽 구역의 문자와 이름으로 서쪽의 워치타워 천사들을 인보케이션합니다."

잠시 원에서 흘러나오는 순수한 물 원소 에너지를 심상하고 느껴라. 제단에 컵을 원위치시킨다.

7단계 : 공기 단검을 들고 시계방향으로 해서 제단의 동쪽으로 간다. 동쪽을 보고 이미 걸려 있는 공기 시길의 왼쪽, 오른쪽 그리고 중심에 단검을 흔든다. 공기 단검을 높이 들고 시계방향으로 돌면서 말한다.

"불은 존재하고 공기를 밀어내면서 확장합니다. 형상 없는 불에서 소

리 이미지가 나오고, 맹렬히 휘돌면서 사방으로 넘쳐나는 번쩍이는
빛이 나옵니다."

동쪽에 도착하면 동쪽을 보면서 공중에다 단검으로 큰 황금빛
원을 그린다. 황금빛으로 심상한다. 원 안에 아주 푸른 공기 원소
인보킹 펜타그램을 그린다. 중심에 공기 천사를 상징하는 어퀘리
어스(물병자리) 싸인을 그린다. 단검을 중심에 향하고 말한다.
    "오-로 이-바-하 아-오-조드-피
    (ORO IBAH AOZPI)"
그리고 공기 단검을 위로 들고 말한다.
    "위대한 동쪽 구역의 문자와 이름으로 동쪽의 워치타워 천
    사들을 인보케이션합니다."
잠시 원에서 흘러나오는 순수한 공기 원소 에너지를 심상하고
느껴라. 공기 단검을 제단에 원위치시킨다.

8단계 : 시계방향으로 해서 제단의 북쪽으로 간다. 이번에는 흙 원소 원반을
가지고 원진 밖 북쪽에 걸려있는 흙 시길의 왼쪽, 오른쪽 그리고 중심을 향
하여 흙 원반을 흔든다. 원반을 들고 시계방향으로 걸으면서 말한다.
    "어둡게 빛나는 세계에 굴복하지 마소서. 그 세계에는 상상 못할 심연
    (深淵)과 하데스(Hades, 저승의 신)가 있으며 어둠 속에 하데스는 이해
    할 수 없는 형상을 띠며 즐거워하나이다. 심연은 형태 없고 끝없는 공
    허의 모습으로 영원히 회전하고 있나이다."

북쪽에 돌아가서 북쪽을 보면서 공중에다 시계방향으로 큰 원을 그린다. 황금빛으로 심상한다. 원 안에 아주 푸른 흙 원소 인보킹 펜타그램을 그린다. 중심에 토러스(황소자리) 싸인을 그린다. 원반을 중심에 향하고 말한다.

"이-모르 디-알 헥-테이-가

(EMOR DIAL HECTGA)"

그리고 원반을 높이 들고 말한다.

"위대한 북쪽 구역의 문자와 이름으로 북쪽의 워치타워 천사들을 인보케이션합니다."

잠시 원에서 흘러나오는 순수한 흙 원소 에너지를 심상하고 느껴라. 흙 원반을 원 위치에 두고 동쪽을 보고 제단 뒤에 선다.

9단계 : 제단과 합일 시길(Tablet of Union) 위에 '베일 찢기(Rending of the Veil)' 싸인을 만든다. 이것은 '입장자 싸인'을 하면 되나 다른 점은 손바닥으로 한다. 이때 커튼을 찢듯이 손을 사용하며 말한다.

"오-엘 소누프 베이-오-에어-사지 고-호 이-아다 발타.

엘-엑스-아르-페이-헤이 코-마나누 타비-토-엠.

조드-아카라 에카 조드-아카레이 오-다 조드-아메르-아누.

오-도 키-클레이 카-아 피-아페이 피-아모-엘 오-다 베이-오-아누

(OL SONUF VAORSAGI GOHO IADA BALTA.

ELEXARPEH COMANANU TABITOM.

ZODAKARA EKA ZODAKARE OD ZODAMERANU.

ODO KIKLE QAA PIAP PIAMOEL OD VAOAN)"

이 의미는 '신의 정의는 말하노니, 나는 그대에게 군림하노라. 엘-엑스-아르-페이-헤이 코-마-나-누 타-비-토-엠(합일 시길을 지배하는 세 명의 이름). 움직여, 움직여서 모습을 나타내어라. 창조의 신비인 균형, 정의, 진리를 열어라.' '엘-엑스-아르-페이-헤이 코-마-나-누 타-비-토-엠'를 말할 때는 그냥 말하는 것이 아니라 진동되게끔 발성한다.

10단계 : 다음을 말한다.

"나는 보이지 않는 하늘 영역에 거주하는 천사, 그대들을 인보케이션합니다. 그대는 우주 문의 안내자며 이 신비의 영역의 안내자기도 하며 악과 불균형을 끊임없이 제거하고 있습니다. 내가 영원하신 신의 신비 영역을 훼손하지 않고 보존할 수 있도록 나에게 힘과 영감을 주십시오! 내가 들어가서 신성 빛의 비밀에 참가자가 되도록 나의 빛이 순수하고 신성되게 하소서."

잠시 원진의 중심에서 원초 4원소를 감지하고 균형을 느껴본다.

11단계 : 북동쪽 코너로 가서 바깥을 보면서 말한다.

"보이는 태양은 지상에 빛의 공급자입니다. 그러므로 보이지 않는 영의 태양이 위에서 빛나도록 제가 이 방안에 빛의 소용돌이를 만들도록 하소서."

12단계 : 원진을 세 번 돌면서 매번 동쪽을 지나갈 때마다 가는 방향으로 입장자 싸인을 만든다. 동쪽을 보고 할 필요는 없다. 자신의 앞에다 하면 된다. 돌면서 강력한 에너지 소용돌이가 형성되는 것을 심상하고 느껴라 (사람에 따라서 천천히 혹은 빨리 하는데 당신에게 효과적인 방법을 시도하라). 세 번 동쪽을 지나고 나서 서쪽으로 가서 동쪽을 본다.

13단계 : 입장자 싸인을 하고 말한다.

"우주의 주님이시여 그대는 신성하나이다.

다시 입장자 싸인을 하고

형상 없는 그대는 신성하나이다.

다시 한 번 입장자 싸인을 하고

위대하고 위대하신 주님이시여 그대는 신성하나이다.

빛과 어둠의 주님이시여!

침묵의 싸인(왼발을 구르며 왼손 집게 손가락을 입술에 대는 것)을 한다."

14단계 : 회색마법을 한다.

15단계 : 마법을 끝내면 다음을 말한다.

"주님 앞에 겸손하게 서 있는 저를 신비의 성소로 깊게 들어가도록 허락하신 현명하고 영원하시며 자비로우신 주님, 주님에게 영원한 영광과 찬양이 함께하시기를 기도합니다. 제 이름이 아니라 주님의 이름이 영광되게 하소서. 주님의 신성한 존재의 힘이 제 머리에 내려와 저에게 자기 희생의 가치를 가르쳐 주소서! 그리하여 시련 속에서도 굴복하지 않도록 하시고, 저의 이름이 높게 기록되게 하시고, 제 재능이 신성한 존재들 앞에 있도록 하소서."

워치 타워 닫기

16단계 : 세 번 시계 반대 방향으로 돌면서 이전에 동쪽을 지나면서 하였던 것처럼 입장자 싸인을 한다. 이제는 당신이 모았던 에너지가 흩어짐을 느껴라.

17단계 : LBRP를 한다.

18단계 : BRH를 한다.

19단계 : 다음을 말한다.

"나는 이 의식에 의하여 갇힌 모든 영들을 내보내노라. 평화롭게 그대의 거주지로 돌아가라. 예-하-슈-아 예-호-바-샤(YEH-HAH-SHU-AH YEH-HOH-VAH-SHA)의 축복을 가지고 돌아가라."

위의 이름은 진동시켜야 한다.

20단계 : 종을 열 번 친다. 방법은 /// //// /// (세 번 치고 잠시 멈추었다 네 번 치고 잠시 멈추었다 세 번 친다)이다. 다음을 말한다.

"이 사원이 적당하게 폐쇄되었음을 선언하노라."

다시 한 번 제단을 친다(이 때는 종을 사용하지 않는다).

의식 끝

이 마법 의식이 너무 복잡하여 그만 포기하려고 한다며 잠시 멈추고 스스로 워치타워 의식을 정리하여 요약하기 바란다. LBRP와 BRH를 암기하고 있다면 이 의식을 하는 데 10분 정도 걸릴 것이다. 이 의식을 요약할 때 인보킹 펜타그램 만드는 법에 대하여 다시 한 번 5장을 복습하기 바란다. 워치타워 의식은 여러 마법 의식에 사용되는 강력한 준비단계 의식이다.

이스라엘 리가디의 《의식마법》을 공부한 사람들은 이 책에 적지 않은 오류가 있음을 알아야 한다. 리가디의 《황금새벽(The Golden Dawn)》과 레이콕(Laycock)의 《완전한 이노키안 사전 (Complete Enochian Dictionary)》 두 책을 《의식마법》과 비교하면 오류가 증명될 것이다. 이노키안 마법에 대한 괜찮은 황금새벽회 계통 책으로 제럴드 슐러(Gerald Schueler)의 《이노키안 마법(Enochian Magick)》을 권한다.

이 책에 나오는 이노키안 정보를 따르는 한 안전하고 효과적으로 이노키안 마법을 사용할 수 있다. 이 책의 이노키안 정보는 거의 100년간 시험되고 실행되어 왔다. 다른 이노키안 마법 의식을 탐구한다면 아주 조심할 것을 경고한다. 어떤 사람들은 그가 평생 이노키안 마법에 성공하지 못한 이유가 이노키안 천사를 부를 때 그가 실수를 범했기 때문이라고 주장한다. 그러나 기억할 것은 우리가 공부하는 마법은 이노키안 마법이 아니라 카발라 마법이다.

지금은 일주일에 최소한 한 번 워치타워 의식을 연습하는 것이 좋다. 연습하라고 하였지 수행하라고 말하지는 않았다. 이 의식이 친숙하게 될 때까지 과정을 나누어서 여러 번 되풀이하여 연습한다. 나중에 나올 회색마법에 중요한 역할을 하므로 이 의식 전체를 외우는 것이 좋다.

아직까지는 이 의식을 LBRP, BRH, 미들 필라 의식, 신체 빛 순환 의식, 타로 응시 의식처럼 수행할 필요는 없다. 왜냐하면 이 마법 의식을 위해서는 두 가지가 더 필요하기 때문이다.

첫째, 적당히 준비된 마법 도구가 필요하다.

둘째, 최종적인 마법 도구가 필요하다. 최종적인 마법 도구는 성질상 일종의 보편성을 가지고 있어서 4원소의 하나만 상징하는 마법 원소 도구(공기 단검, 불 지팡이, 물 컵, 흙 원반)의 한계를 벗어나 어떤 목적에도 사용될 수 있어야 한다. 이 최종 마법 도구를 사용하여 4원소 마법 도구를 충전하고 축성한다. 곧 이것을 다루게 된다.

한편 집단과 함께 워치타워 의식을 어떻게 할 것인지 생각해 보자. 만약 네 명이 있다면 각자 의식을 통하여 원소 하나를 담당할 수 있다. 다섯 명이 있다면 네 명은 각 4원소를, 다섯 번째 사람은 원소와 관련되지 않는 부분을 담당할 수 있다. 그 사람은 동쪽에 앉아 있어야 한다. 의식을 하는 동안 그룹의 리더로 활동할 수 있으나 원진을 시계방향으로 도는 의식에 참가하지 말아야 한다. 의식에서 이 사람은 영적인 지혜와 빛을 상징한다. 동쪽에서 태양이 떠오르듯 빛은 떠오른다. 빛을 상징하는 이 사람은 다른 사람들이 주변을 도는 동안 앉아 있어야 한다. 다른 사람들이 지나가면서 그 사람이 아니라 가는 방향으로 입장자 싸인을 하여 경의를 표한다. 이 존경은 그 사람에 대한 것이 아니라 빛의 비밀과 빛의 철학에 대한 존경이다.

제 5 편

원초 4원소와 함께 작동할 수 있는 도구를 만드는 방법은 사실상 없다. 물은 불 원소 에너지와 상극이고 공기와 흙은 서로 상극이다. 그러므로 범용적인 도구를 만들기 위하여 다른 체계가 필요하다.

가능한 방법은 타로 카드를 기본으로 도구를 만드는 것이다. 최소한 22개의 메이저 카드나 26장(메이저 22, 마이너 카드의 네 개 슈트에서 하나씩)의 카드가 필요하다. 이 도구는 사용하기에 너무 커서 실용적이지 않은 상징이 있고, 또한 너무 작아서 유용하지 않은 상징을 가질 수 있다.

여기에 해결책이 있는데 어스트랄러지의 상징을 이용하는 것이다. 황도대의 12싸인을 가져오면 된다. 황금새벽회는 이 12황도대에 이집트 상징을 더하여 만들기 아주 어려운 연꽃 지팡이(Lotus Wand)를 고안하였다. 여기서 이집트 상징을 제외하면(연꽃에 해당함) 회색 마법에 필요한 도구, 즉 무지개 지팡이(Rainbow Wand)가 된다.

무지개 지팡이 만들기

1. 직경 1~2cm 맞춤 핀(dowel pin, 금형 내의 두 개 이상 부품을 결합하여 쥘 때 서로의 상대 위치를 잡아주기 위하여 사용하는 핀으로 다양한 사이즈가 있다)으로 만든다. 여러 핀을 잡아보고 어떤 사이즈가 오른손에 적합한 느낌을 주는지 결정한다. 선택한 핀을 90cm 길이로 자른다. 길이가 90cm 정도가 되도록 사포로 문질러 끝을 둥글게 만든다. 먼지나 고르지 않는 표면을 사포로 닦는다. 전체를 하얗게 밑칠 한다. 마르면 다시 한 번 밑칠을 한다.

2. 한쪽 끝에서 재어 18cm 되는 지점에 표시를 하고 핀 주변을 가늘게 검은 선으로 그린다. 18cm 정도 지점에서 5cm 정도 떨어

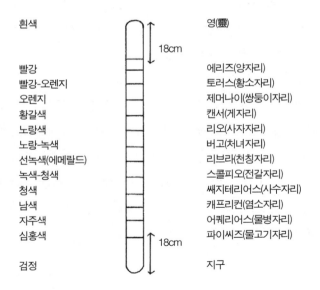

흰색		영(靈)
	18cm	
빨강		에리즈(양자리)
빨강-오렌지		토러스(황소자리)
오렌지		제머나이(쌍둥이자리)
황갈색		캔서(게자리)
노랑색		리오(사자자리)
노랑-녹색		버고(처녀자리)
선녹색(에메랄드)		리브라(천칭자리)
녹색-청색		스콜피오(전갈자리)
청색		쌔지테리어스(사수자리)
남색		캐프리컨(염소자리)
자주색		어퀘리어스(물병자리)
심홍색		파이씨즈(물고기자리)
	18cm	
검정		지구

져 표시하고 마찬가지로 선을 긋는다. 같은 방식으로 5cm마다 선을 그어서 전부 12개의 선이 그어지도록 한다. 그러면 첫 번째 18cm 지점부터 선을 합하여 13개가 된다. 다른 한쪽 끝에는 12cm 정도 공간이 남는다.

3. 한쪽 끝에서 18cm 정도 되는 부분까지 가장 밝은 흰색으로 페인트칠을 한다. 다른 반대쪽 끝 13cm 되는 부분은 가장 어두운 검은색으로 칠한다. 그 사이에 있는 12공간에 칠하는 색은 다음 그림과 같다.

4. 고광택제로 보호 코팅을 한다. 확실히 보호를 하기 위하여 여러 번 코팅한다. 되도록이면 가장 밝은 색들을 구하여 칠한다. 모든 색상은 빛이 나야 한다.

무지개 지팡이 예비 단계

1. 매일하는 마법 의식인 미들 필라와 신체 빛 순환 의식을 하면서 무지개 지팡이의 하얀 부분을 잡는다.

2. 흰색 부분은 위로, 검은색 부분은 아래로 가도록 잡는다.

3. 의식을 끝내면 비단이나 면으로 된 하얀 천에 싸서 보관한다. 모직이나 합성섬유는 사용하지 않는다. 아무도 건드리지 못하게 안전한 장소에 보관한다.

4. 침대 옆에 두고 자는 것도 좋은 생각이다. 흰색 부분이 머리를 향해야 한다.

5. 지팡이는 당신이 통제해온 에너지를 서서히 흡수하고 당신의 일부분이 된다. 동시에 당신은 무지개 지팡이의 일부분이 된

[무지개 지팡이 구축용 차트]

길	색깔	도구	아스트랄컬러	4자문자	히브리문자	부족	천사
1	빨강	지팡이	에리즈(양자리)	YHVH	헤(Heh)	갓(Gad)	멜히데이힐
2	빨강-오렌지	완반	토라스(황소자리)	YHHV	바브(Vahv)	에프라임	이스모델
3	오렌지	단검	제미나이(쌍둥이자리)	YVHH	자인(Zy-in)	마나사	암브리헬
4	황갈색	컵	캔서(게자리)	HVHY	헤트(Chet)	이사하르	무리엘
5	노랑색	지팡이	리오(사자자리)	HVYH	테트(Teht)	주다	베르히엘
6	노랑-녹색	완반	버고(처녀자리)	HHVY	요드(Yud)	나프탈리	하마리엘
7	선녹색	단검	리브라(천칭자리)	VHYH	라메드(Lah-med)	아스수르	주리엘
8	녹색-청색	컵	스콜피오(전갈자리)	VHHY	눈(Noon)	단	바르히엘
9	청색	지팡이	쎄저테리어스(사수자리)	VVHH	사메크(Sah-mech)	벤자민	아드바히엘
10	남색	완반	캐프리컨(염소자리)	HYHV	아이인(Eye-in)	제불룬	하니엘
11	자주색	단검	어퀘리어스(물병자리)	HYVH	차디(Tzah-dee)	루벤	캄브리엘
12	심홍색	컵	파이씨즈(물고기자리)	HHYV	코프(Koph)	시미온	암니치엘

다. 마법에 있어 이 지팡이는 당신을 상징하는 그 이상이며 어느 점에서는 당신의 마법 대응물이다.

　무지개 지팡이의 상징은 심오하고 확실하다. 첫째, 흰색은 영(Spirit)의 원소를 상징하기 위하여 사용되었으며 지팡이는 전체가 흰색으로 칠해졌다. 즉 영이 모든 것의 근간임을 말하며 심지어 지팡이의 한쪽 끝에 검은 부분도 흰색으로 칠해졌다. 빛이 없으면 검은 것도 식별할 수 없다.

　둘째, 여러 색상들은 흰색과 검은색 사이에 있는데 이는 마법 힘의 상징인 지팡이가 눈에 보이는 색상이 상징하는 물질 영역 너머로 우리를 안내함을 상징한다.

　셋째, 지팡이의 선은 13개다. 이 숫자는 카발라 게마트리아에 의하면 합일의 숫자다. 지팡이는 신과 연결을 상징한다.

　위에 설명한 대로 한 달간 무지개 지팡이와 함께 한다면 마법 목적으로 축성(祝聖, 마법 용도에 쓸 물건을 신성한 것으로 만들기 위하여 축복 기도하는 일) 준비가 되었다. 축성을 하기 전에 최소한 한 달 무지개 지팡이와 함께 해야 한다.

무지개 지팡이 축성

1단계 : 워치타워 의식을 14단계까지 한다. 여러 마법 도구와 함께 무지개 지팡이는 제단에 놓는다. 시계 앞에 서 있다고 상상한다. 12시 방향은 동쪽을, 3시 방향은 남쪽을, 6시 방향은 서쪽을, 9시 방향은 북쪽을 향한다. 동쪽을 보고 왼손에 무지개 지팡이를 잡는다(이때 빨간색 부분을 쥔다).

빨간색 부분은 에리즈(양자리)에 해당하며 불 원소 싸인이며 여기에 해당하는 불 지팡이를 오른손에 잡는다. 두 손을 위로 하고 말한다.

"하늘은 위에 땅은 아래에 있습니다. 빛과 어둠 사이에서 생명의 색깔이 진동합니다. 신성한 이름 '요드 헤 바브 헤(YHVH)' 이름이 가지는 권위로 '에리즈'의 특성과 장소와 권능을 다스리는 힘들에게 간곡히 부탁하나이다. 이 날 이 시간을 바치고 무지개 지팡이 '빨간' 부분에 에리즈 힘들의 신비하고 강력한 영향력을 확실히 하기 위하여 '요드 헤 바브 헤(YHVH)' 이름과 함께 지상의 삶과 지상의 언어로 나는 히브리 문자 '헤(HEH)'를 상징적 부족인 '갓(GAD)'에게 드리며 천사 '멜히데이엘(MELCHIDAEL)'에게 드립니다.

이로써 나는 정화와 오컬트 일에 헌신할 것입니다. 에리즈 지배를 통하여 에리즈 속성에 관련되는 일에서 저를 강하게 하소서!"

참고사항 : 1. 숫자는 순서다.

2. 색깔은 의식 중 사용하는 무지개 지팡이에 있는 색깔이다.

3. 도구는 의식 중 오른손에 잡고 하는 마법 원소 도구다.

4. YHYH는 신성한 테트라그라마톤(4성 문자)를 치환한 것이다. 《세페르 예치라》에서 가지고 왔으며 어스트랄러지와 직접 관련된다. 'Y'는 요드, 'H'는 헤, 'V'는 바브, 'H'는 헤로 발음한다.

5. 히브리 12부족의 이름과 천사는 별도로 언급할 사항이 없다. 여기서 'CH'는 독일어 'ACH'의 소리다.

6. 12시 방향에서 1시 방향으로 그리고 2시 방향 이런 식으로 12번 하면 다 마치게 된다.

3단계 : 에리즈의 힘이 당신 주변으로부터 무지개 지팡이로 내려오는 것을 심상한다. 이것을 감지하거나 아니면 3분 뒤에 제단에 불 지팡이를 내려 놓는다.

4단계 : 왼쪽 손으로 무지개 지팡이의 다음 색깔을 잡는다. 빨간-오렌지색 이다. 1시 방향으로 돌아서며 차트를 보고 해당하는 도구를 선택한다. 여기서는 원반임. 2단계를 되풀이한다. 그러나 이번에는 색깔, 어스트랄 러지, 4성 문자, 히브리 문자, 부족 이름, 천사 이름을 차트를 보고 선택 하여 사용하며 내용은 동일하다.

5단계 : 12번을 했으면 다시 동쪽을 향하게 된다. 하얀 부분을 동쪽으로 하 여 무지개 지팡이를 제단 위에 놓는다. 손을 들고 말한다.

"오, 자연의 힘을 지배하는 여신이여! 무한의 시간 이래 수많은 이름 으로 알려진 위대하신 분이시여! 그대의 힘이 내려와 무지개 지팡이 를 신성하게 하소서. 저는 빛의 마법을 수행하기 위하여 그대에게 헌 신하나이다."

6단계 : 충전되고 축성된 무지개 지팡이를 실크나 면(다른 용도로 사용하지 말 것)으로 된 천으로 싸서 보관한다. 그 순간부터 아무도 만지지 못하게 한다. 마법을 위하여 필요한 경우를 제외하고는 꺼내지 않는다. 누군가 가 만지게 되면 앞의 전 과정을 다시 하는 것이 좋다.

7단계 : 워치타워 닫기(워치타워 의식 15~20단계)를 하여 의식을 끝낸다.

"당신의 무지개 지팡이는 마법 사용을 위하여 준비가 되었다."

위에 배운 의식을 정확히 하도록 잠시 시간을 내어 복습하기 바란다. 급하게 하지 말라. 또한 무지개 지팡이가 준비될 때까지는 다음 과정으로 넘어가지 말라. 왜냐하면 다음의 내용은 당신의 마법 도구를 충전하고 축성하기 위하여 축성되어 힘이 부여된 무지개 지팡이가 필요하기 때문이다.

다음 그림은 '무지개 지팡이 축성과 여러 마법 의식을 위한 제단 배치표' 다. 모든 마법 의식에서 4원소 마법 장비는 같은 위치(동쪽에 단검, 남쪽에 지팡이, 서쪽에 컵, 북쪽에 원반)에 놓인다. 촛불은 방위에 따라 색깔(동쪽에 노랑, 남쪽에 빨강, 서쪽에 청색, 북쪽에 검정, 갈색 혹은 녹색)이 있으며 그렇지 못하면 흰색이면 된다.

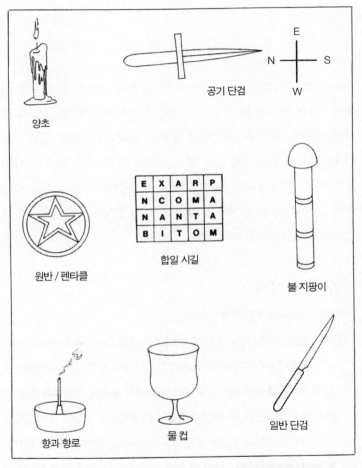

양초

공기 단검

E
N ── S
W

원반 / 펜타클

E	X	A	R	P
N	C	O	M	A
N	A	N	T	A
B	I	T	O	M

합일 시길

불 지팡이

향과 향로

물 컵

일반 단검

무지개 지팡이 축성을 위한 제단 배치

제 6 편

다음 축성 의식들은 같은 날에 하지 말 것을 당부한다. 하루에 하나씩 4일을 연속해서 하든가 아니면 2주 연속 주말(토, 일)에 하기를 바란다. 축성을 급하게 할 필요가 없다. 왜냐하면 축성 다음에 나오는 내용은 마음으로 하는 마법이고 도구를 필요로 하지 않기 때문이다. 그러나 8장으로 넘어가기 전에 마법 장비는 축성되어 있어야 한다. 이어지는 네 개의 의식은 달이 차는 기간 동안(그믐에서 보름까지) 해야 한다.

원반 축성 의식

1단계 : 워치타워 14단계까지 한다.

2단계 : 왼손으로 원반 아래 검은색이 칠해진 부분을 잡고 북쪽을 향하여 선다. 마법 수행에서 다른 설명이 없으면 움직이거나 돌 때 늘 시계방향으로 움직이는 것을 기억하라. 오른손으로 축성된 무지개 지팡이의 빨강-오렌지 부분을 잡는다. 이 색상은 흙 원소와 관련되는 것으로 토러스(황소자리)와도 대응한다. 원반은 수평이 되게 잡는다. 원반에 히브리 문자로 된 마법 단어들을 진동시키면서 원반 위 공중에 히브리문자와 시길(신비 도형, 부적)을 그린다. 아직 이해가 되지 않으면 원반 만드는 법을 다시 읽어보기 바란다. 무지개 지팡이 끝(검은 부분)으로 심벌들을 그린다. 이

것은 영적인 힘으로 물질적 형상을 만드는 것을 상징한다. 이 영적인 힘
들은 당연히 무지개 지팡이 하얀 부분(영)이 상징한다. 이렇게 우리는 순
수한 마법 에너지를 원반으로 보내고 있는 셈이다. 다음을 말한다.

"오, 시간을 너머 서 있는 자, 모든 것의 아버지 어머니이시며, 우리가
로브를 입듯이 자연의 힘으로 둘러싸인 분이시여! 주님의 신성한 이
름은 아도-나이(AH-DOH-NYE)(단어를 진동시키며 시길과 단어를 그
린다). 주님은 또한 이 방위에서 비밀이름 차폰(TZAPHON)(진동시키
며 그린다)으로 알려져 있나이다. 제가 주님의 숨겨진 빛 속에서 내면
의 지혜를 찾을 때 힘과 비전을 수여해 주시길 간절히 바라나이다."

3단계 : 계속 말한다.

"저는 겸손하게 주님의 신비 법칙의 학생으로서 주님의 대천사 오-
리-엘(OH-REE-EL)(진동시키며 그린다)이 저의 신성한 여행을 하는
동안 저를 안내하도록 요청하나이다. 또한 주님의 천사 포르라크
(PHORLAKH)(진동시키며 그린다)가 우주의 신비 길을 걷는 동안 저
를 지켜보고 보호하도록 요청하나이다."

4단계 : 계속 말한다.

"영원한 주님의 허락으로 흙의 지배자, 강력한 왕자 케루브
(KERBU)(진동시키며 그린다)께서 제가 마법 의식 수행에 원반을 사용
할 수 있도록 이 원반의 비밀 힘과 가치를 증대시키고 강화시켜 주소
서! 이것을 위하여 저는 아도나이(AH-DOH-NYE)(진동시키며 그린다)
신 앞에서 축성 의식을 수행합니다."

5단계 : 무지개 지팡이 하얀 부분이 동쪽으로 향하게 하고 제단 위에 놓는
다. LBRP용 단검(공기 단검이 아님)을 잡고 다시 북쪽으로 와서 아래 문

장을 말하면서 천천히 커다란 흙 원소 인보킹 펜타그램(5장 참조)을 왼손에 들고 있는 원반 위에 공중에 그린다.

"에모르 디알 헥테가(EMOR DIAL HECTEGA)(진동시키며 그리지는 않는다)! 북쪽의 깃발 아래 태어난 신성한 신의 비밀 이름으로, 저는 북쪽의 위대한 왕 이-카 조드-아 헤이 카라(IC ZOD HEH CHAL)(진동시킨다)께서 지금 여기에 와서 이 의식의 효과를 증가시키도록 인보케이션합니다. 이 의식의 목적은 흙 원소 원반을 축성하는 것입니다. 침묵 속에 계시는 주님이 통치하듯이 제가 원소의 영들을 통치할 강한 방어와 강력한 무기를 갖도록 흙과 관련된 모든 일을 더욱 잘 할 수 있는 충분한 힘을 원반에게 주소서!"

6단계 : 제단 위에 단검을 놓고 다시 북쪽으로 돌아온다. 이번에는 원반을 가슴 정도에 유지하고 바깥을 보면서 말한다.

"오, 위대한 북쪽의 왕자들이시여! 저는 그대들을 인보케이션하며 저의 기원에 귀 기울여 주시길 요청합니다. 이 원반이 여기 불리어진 영적인 힘의 진실한 상징이 되도록 마스터들인 그대들이 힘과 순수함을 이 원반에 부여하소서."

7단계 : 시계 방향으로 돌아서 남쪽으로 간다. 머리 위로 원반을 들고 남쪽을 향하여 바깥을 보면서 말한다.

"나-아-오-엠(NAAOM)(진동시킨다), 영광스러운 천사여! 그대는 흙의 불 속성을 지배합니다. 나는 그대를 인보케이션하니 여기 오소서! 그대가 지배하는 영들을 나 또한 지배하도록 이 원반에 그대가 지배하는 마법 힘들을 부여하소서."

8단계 : 당신의 요구가 완수되었다고 감지하거나 아니면 3분 정도 기다린 후 서쪽으로 가서 남쪽에서와 마찬가지 방식으로 원반을 들고 서쪽을 보면서 말한다.

"엔-프라(NPHRA)(진동시킨다), 영광스러운 천사여! 흙의 물 속성을 지배하는 그대여. 나는 그대를 인보케이션하니 지금 여기에 오소서. 그대가 지배하는 영들을 나 또한 지배하도록 이 원반에 그대가 지배하는 마법 힘들을 부여하소서."

9단계 : 당신의 요구가 완수되었다고 감지하거나 3분 정도 기다린 후 동쪽으로 가서 남쪽에서와 마찬가지 방식으로 원반을 들고 동쪽을 보면서 말한다.

"엔-보-조드-아(NBOZA)(진동시킨다), 영광스러운 천사여! 흙의 가벼운(공기) 속성을 지배하는 그대여. 나는 그대를 인보케이션하니 지금 여기에 있으소서. 그대가 지배하는 영들을 나 또한 지배하도록 이 원반에 그대가 지배하는 마법 힘들을 부여하소서."

10단계 : 요구가 완수되었다고 느끼거나 아니면 3분 정도 기다린 후 북쪽으로 가서 남쪽에서와 마찬가지 방식으로 원반을 들고 북쪽을 보면서 말한다.

"엔-로-아-엠(NROAM)(진동시킨다), 영광스러운 천사여! 흙의 탁한 속성을 지배하는 그대여. 나는 그대를 인보케이션하니 지금 여기에 있으소서. 그대가 지배하는 영들을 나 또한 지배하도록 이 원반에 그대가 지배하는 마법 힘들을 부여하소서."

11단계 : LBRP를 하되 두 가지가 다르다.

1. 단검 대신 원반을 사용한다.

2. 흙 원소 배니싱 펜타그램 대신에 흙 원소 인보킹 펜타그램을 사용한다.

12단계 : 제단에 새롭게 충전되고 축성된 원반을 둔다. 워치타워 15~20 단계를 하면서 끝낸다.

의식은 끝났다.

마법 서클(원진)을 떠나기 전에 면이나 실크로 된 천에 싸서 보관하는 것을 잊지 말라. 보자기 색상은 검은색이나 갈색이나 녹색 또는 누구나 다 아는 순수한 하얀색도 된다.

축성 의식에서 무지개 지팡이를 사용할 때는 이름을 진동시키고 히브리 문자와 시길을 그린다. 그러나 무지개 지팡이를 사용하지 않을 때는 이름만 진동시키기만 하면 된다. 마법 도구에 힘을 부여할 것을 요청한 후 3분 안에 답이 없는 것처럼 느껴져도 힘이 부여되지 않았음을 의미하지는 않는다. 아직도 지각하지 못하는 것뿐이다. 매일 하는 의식을 계속 수행한다면 존재의 다른 차원에서 오는 힘을 감지할 것이다.

다음날 저녁이나 계획된 날에 단검 축성을 한다. 여기서 단검은 LBRP에서 사용하는 단검이 아니라 공기 단검을 말한다. 이 의식을 하면서 어떤 단어를 진동시키고 언제 시길을 그려야 하는지 정보를 위하여 앞선 원반 의식을 비교하라.

단검 축성 의식

1단계 : 워치타워 14단계까지 한다.

2단계 : 왼손으로 공기 단검을 잡고 동쪽을 향하여 선다. 오른손으로 축성된 무지개 지팡이의 오렌지 부분을 잡는다. 이 색상은 공기 원소와 관련되는 것으로 제머나이(쌍둥이자리)와도 대응한다. 단검은 수평이 되게 잡는다. 단검에 있는 히브리 문자로 된 마법 단어를 진동시키면서 단검

위 공중에다 히브리 문자와 시길을 그린다. 무지개 지팡이 끝(검은 부분)으로 심벌들을 그린다. 다음을 말한다.

"오, 시간 너머 서 있는 자, 모든 것의 아버지 어머니시며, 우리가 로브(법복)를 입듯이 자연의 힘으로 둘러싸인 분이시여! 주님의 신성한 이름은 요드-헤-바브-헤(YUD-HEH-VAHV-HEH)(진동시키며 그린다). 주님은 또한 이 방위에서 비밀이름 미즈라흐(MIZARACH)(진동시키며 그린다)로 알려져 있나이다. 제가 주님의 숨겨진 빛 속에 내면의 지혜를 찾을 때 주님이 힘과 내면의 비전을 수여해 주시길 간절히 바라나이다."

3단계 : 계속 말한다.

"저는 겸손하게 주님의 신비 법칙의 학생으로서 주님의 대천사 라파이-엘(RAH-FAY-EL)(진동시키며 그린다)이 저의 신성한 여행 동안 저를 안내하도록 요청하나이다. 그리고 주님의 천사 하산(CHASSAN)(진동시키며 그린다)이 우주의 신비 길을 걷는 동안 저를 지켜보고 보호하도록 요청하나이다."

4단계 : 계속 말한다.

"영원한 주님의 허락으로 공기의 지배자, 강력한 왕자 아리엘(ARIEL)(진동시키며 그린다)께서 제가 마법 의식을 수행하기 위하여 원반을 사용할 수 있도록 이 단검의 비밀 힘과 가치를 증대시키고 강화시켜 주소서! 이것을 위하여 저는 요드-헤-바브-헤(YUD-HEH-VAHV-HEH)(진동시키며 그린다) 신성 앞에서 축성 의식을 수행합니다."

5단계 : 무지개 지팡이 하얀 부분이 동쪽으로 향하게 하고 제단 위에 놓는다. LBRP용 단검(공기 단검이 아님)을 잡고 다시 동쪽으로 가서 아래 문장을 말하면서 천천히 커다란 공기 원소 인보킹 펜타그램(5장 참조)을 왼손에 들고 있는 공기 단검 위에다 그린다.

"오-로 에-바-하 아-오-조드-피(ORO IBAH AOZPI)(진동만 시킨다)! 동쪽의 깃발 아래 태어난 세 개의 신성한 신의 비밀 이름으로, 저는 동쪽의 위대한 왕 바타-이-바-하(BATAIVAH)(진동시킨다)가 지금 여기에 와서 이 의식의 효과를 증가시키도록 인보케이션합니다. 이 의식의 목적은 공기 원소 단검을 축성하는 것입니다. 침묵 속에 계시는 주님이 주재하듯이 원소의 영들을 주재할 강한 방어와 강력한 무기를 갖도록 공기에 대한 모든 일을 더욱 잘 할 수 있는 충분한 힘을 단검에게 주소서!'

6단계 : 제단 위에 단검을 놓고 다시 동쪽으로 돌아간다. 이번에는 공기 단검을 가슴 정도에 유지하고 바깥을 보면서 말한다.

"오, 위대한 동쪽의 왕자들이시여! 저는 그대들을 인보케이션하며 저의 기원에 귀 기울여 주시길 요청합니다. 이 물질 단검이 여기에 인보케이션된 영적인 힘의 진실한 상징이 되도록 마스터들인 그대들이 힘과 순수함을 이 단검에 부여하소서."

7단계 : 시계 방향으로 돌아서 남쪽으로 간다. 머리 위에 공기 단검을 들고 (끝이 위로 향한다) 남쪽을 향하여 바깥을 보면서 말하다.

"엑스-자즈-다(EXGSD)(진동시킨다), 찬란히 빛나는 천사여! 그대는 공기의 불 영역을 지배하나이다. 나는 그대를 인보케이션하니 여기 있으소서! 그대가 지배하는 영들을 나 또한 지배하도록 이 공기 단검에 그대가 지배하는 마법 힘들을 부여하소서."

8단계 : 당신의 요구가 완수되었음을 감지하거나 아니면 3분 정도 기다린 후 서쪽으로 가서 남쪽에서와 마찬가지 방식으로 단검을 들고 서쪽을 보면서 말한다.

"에-이트-포드-아(EYTPA)(진동시킨다), 찬란히 빛나는 영광스러운 천사여! 공기의 물 영역을 지배하는 그대여. 나는 그대를 인보케이션하니 지금 여기에 있으소서. 그대가 지배하는 영들을 나 또한 지배하도록 이 단검에 그대가 지배하는 마법 힘들을 부여하소서."

9단계 : 당신의 요구가 완수되었음을 감지하거나 아니면 3분 정도 기다린 후 동쪽으로 가서 남쪽에서와 마찬가지 방식으로 공기 단검을 들고 동쪽을 보면서 말한다.

"에-라-조드-라(ERZLA)(진동시킨다), 찬란히 빛나는 천사여! 공기의 순수하고 스며드는 영역을 지배하는 그대여. 나는 그대를 인보케이션하니 지금 여기에 있으소서. 그대가 지배하는 영들을 나 또한 지배하도록 이 단검에 그대가 지배하는 마법 힘들을 부여하소서."

10단계 : 당신의 요구가 완수되었다고 감지하거나 아니면 3분 정도 기다린 후 북쪽으로 가서 남쪽에서와 마찬가지 방식으로 단검을 들고 북쪽을 보면서 말한다.

"에트-엔-바-라(ETNBR)(진동시킨다), 찬란히 빛나는 영광스러운 천사여! 공기의 탁한 영역을 지배하는 그대여. 나는 그대를 인보케이션하니 지금 여기에 있으소서. 그대가 지배하는 영들을 나 또한 지배하도록 이 단검에 그대가 지배하는 마법 힘들을 부여하소서."

11단계 : LBRP를 하되 두 가지가 다르다.

1. 단검 대신 공기 단검을 사용한다.

2. 흙 원소 배니싱 펜타그램 대신에 공기 원소 인보킹 펜타그램을 사

용한다.

12단계 : 제단에 새롭게 충전되고 축성된 공기 단검을 둔다. 워치타워 15~20 단계를 하면서 끝난다.

의식은 끝났다

마법 원(원진)을 떠나기 전에 공기 단검을 면이나 실크로 된 천에 싸서 보관하는 것을 잊지 말라. 보자기 색상은 노란색이나 하얀색도 된다. 일단 축성되면 누구도 만지지 못하게 한다.

컵 축성 의식

1단계 : 워치타워 14단계까지 한다.

2단계 : 왼손으로 컵을 잡고 서쪽을 향하여 선다. 오른손으로 축성된 무지개 지팡이의 황갈색 부분을 잡는다. 이 색상은 물 원소와 관련되는 것으로 캔서(게자리)와도 대응한다. 컵은 정상적으로 잡는다. 단검에 있는 히브리 문자로 된 마법 단어를 진동시키면서 단검 위 공중에다 히브리 문자와 시길을 그린다. 무지개 지팡이 끝(검은 부분)으로 심벌들을 그린다. 다음을 말한다.

　"오, 시간 너머 서 있는 자, 모든 것의 아버지 어머니시며, 우리가 로브를 입듯이 자연의 힘으로 둘러싸인 분이시여! 주님의 신성한 이름은 엘(EL)(진동시키며 그린다). 주님은 또한 이 방위에서 비밀 이름 메-아-라브(MEARAB)(진동시키며 그린다)로 알려져 있나이다. 제가 주님의 숨겨진 빛 속에 내면의 지혜를 찾을 때 주님이 힘과 내면의 비전을 수여해 주시길 간절히 원하나이다."

3단계 : 계속 말한다.

"저는 겸손하게 주님의 신비 법칙의 학생으로서 주님의 대천사 가브-라이-엘(GAHB-RAY-EL)(진동시키며 그린다)이 저의 신성한 여행 동안 저를 안내하도록 요청하나이다. 또한 주님의 천사 탈리아하드(TALIAHAD)(진동시키며 그린다)가 우주의 신비 길을 걷는 동안 저를 지켜보고 보호하도록 요청하나이다."

4단계 : 계속 말한다.

"영원한 주님의 허락으로 물의 지배자, 강력한 왕자 타르시스(THARSIS)(진동시키며 그린다)께서 제가 마법 의식을 수행하기 위하여 컵을 사용할 수 있도록 이 컵의 비밀 힘과 가치를 증대시키고 강화시켜 주소서! 이것을 위하여 저는 엘(EL)(진동시키며 그린다) 신성 앞에서 축성 의식을 수행합니다."

5단계 : 무지개 지팡이 하얀 부분이 동쪽으로 향하게 하고 제단 위에 놓는다. LBRP용 단검(공기 단검이 아님)을 잡고 다시 서쪽으로 돌아서서 아래 문장을 말하면서 천천히 커다란 물 원소 인보킹 펜타그램(5장 참조)을 왼손에 들고 있는 컵 위에다 그린다.

"엠-페-헤 아르-셀 가-이-올(EMPEH ARSEL GAIOL)(진동만 시킨다)! 서쪽의 깃발 아래 태어난 세 개의 신성한 신의 비밀 이름으로, 저는 서쪽의 위대한 왕 에-라 아-지-오-셀(RA AGIOSEL)(진동시킨다)이 지금 여기에 와서 이 의식의 효과를 증가시키도록 초환합니다. 이 의식의 목적은 물 원소 컵을 축성하는 것입니다. 침묵 속에 계시는 주님이 주재하듯이 원소의 영들을 주재할 강한 방어와 강력한 무기를 갖도록 물에 대한 모든 일을 더욱 잘 할 수 있는 충분한 힘을 컵에게 주소서!"

6단계 : 제단 위에 단검을 놓고 다시 서쪽으로 돌아선다. 이번에는 컵을 가슴 정도에 유지하고 바깥을 보면서 말한다.

"오, 위대한 서쪽의 왕자들이시여! 저는 그대들을 인보케이션하며 저의 기원에 귀 기울여 주시길 요청합니다. 이 컵이 여기에 인보케이션된 영적인 힘의 진실한 상징이 되도록 마스터들의 힘과 순수함을 이 컵에 부여하소서."

7단계 : 시계 방향으로 돌아서 남쪽으로 간다. 머리 위에 컵을 들고 남쪽을 향하여 바깥을 보면서 말한다.

"헤-누-엘-렉스(HNLRX)(진동시킨다), 강력한 천사여! 그대는 물의 불 영역을 지배합니다. 나는 그대를 인보케이션하니 여기 있으소서! 그대가 지배하는 영들을 나 또한 지배하도록 이 컵에 그대가 지배하는 마법 힘들을 부여하소서."

8단계 : 요구가 완수되었다고 느끼거나 아니면 3분 정도 기다린 후 서쪽으로 가서 남쪽에서와 마찬가지 방식으로 컵을 들고 서쪽을 보면서 말한다.

"헤-타-디-마(HTDIM)(진동시킨다), 강력한 천사여! 물의 물 영역을 지배하는 그대여. 나는 그대를 인보케이션하니 지금 여기에 있으소서. 그대가 지배하는 영들을 나 또한 지배하도록 이 컵에 그대가 지배하는 마법 힘들을 부여하소서."

9단계 : 당신의 요구가 완수되었음을 감지하거나 아니면 3분 정도 기다린 후 동쪽으로 가서 남쪽에서와 마찬가지 방식으로 컵을 들고 동쪽을 보면서 말한다.

"헤-타-아-다(HTAAD)(진동시킨다), 강력한 천사여! 물의 공기 영역을 지배하는 그대여. 나는 그대를 인보케이션하니 지금 여기에 있으소

서. 그대가 지배하는 영들을 나 또한 지배하도록 이 컵에 그대가 지배
하는 마법 힘들을 부여하소서."

10단계 : 당신의 요구가 완수되었다고 감지하거나 아니면 3분 정도 기다린
후 북쪽으로 가서 남쪽에서와 마찬가지 방식으로 컵을 들고 북쪽을 보면
서 말한다.

"헤-마-지-엘(HMAGL)(진동시킨다), 강력한 천사여! 물의 흙 영역을 지
배하는 그대여. 나는 그대를 인보케이션하니 지금 여기에 있으소서.
그대가 지배하는 영들을 나 또한 지배하도록 이 컵에 그대가 지배하
는 마법 힘들을 부여하소서."

11단계 : LBRP를 하되 두 가지가 다르다.

1. 단검 대신 컵을 사용한다.

2. 흙 원소 배니싱 펜타그램 대신에 물 원소 인보킹 펜타그램을 사용
한다.

12단계 : 제단에 새롭게 충전되고 축성된 컵을 둔다. 워치타워 15~20 단계
를 하면서 끝난다. 마법 서클(원진)을 떠나기 전에 컵을 면이나 실크로 된
천에 싸서 보관하는 것을 잊지 말라. 보자기 색상은 청색이나 하얀색도
된다. 일단 축성되면 누구도 만지지 못하게 한다.

이제 마지막 축성 의식으로 들어간다. 마법 도구의 계속적 사
용이 도구의 충전과 축성 효과를 가지고 오는 것은 사실이지만,
여기 나오는 축성 의식을 평생 한 번이라도 하면 효과는 엄청나
게 증가한다. 그러나 일 년에 한두 번 축성의식을 되풀이하기를
권한다.

마법사로 성장하여 나감으로써 마법 도구에 힘을 부여하고 신성하게 하는 능력은 커진다.

축성 의식의 또 다른 목적은 하나의 기본 의식이 약간의 변형을 통하여 다른 목적에 어떻게 응용될 수 있는지 보여준다. 이런 경우 단어와 행동을 변화시키면 어떤 원소 축성에 사용되는 의식은 다른 원소 축성에 사용될 수 있다. 때가 되면 이 응용의 개념이 중요함을 알게 된다.

그룹으로 활동할 때 이 축성 의식을 어떻게 해야 하는지도 중요하다. 황금새벽회를 참고하면 된다. 이 조직에서 축성은 외부 조직(황금새벽회)에서 내부의 마법 조직(R.R. & A.C.)으로 통과하는 상징이었다. 축성을 행하는 사람은 개인적으로 하거나 이미 축성 의식을 행한 사람들과 함께 하였다. 그 외에는 누구도 지켜보아서는 안 된다. 지켜보는 사람은 축성을 하는 사람에게 자신들의 심상을 더해야 한다. 의식을 행하는 사람은 모든 과정을 혼자서 해야 하는 것이 중요하다.

불 지팡이 축성 의식

1단계 : 워치타워 14단계까지 한다.

2단계 : 왼손으로 지팡이를 잡고 남쪽을 향하여 선다. 오른손으로 축성된 무지개 지팡이의 빨강색 부분을 잡는다. 이 색상은 공기 원소와 관련되는 것으로 에리즈(양자리)와도 대응한다. 지팡이는 수평이 되게 잡는다. 지팡이에 있는 히브리 문자로 된 마법 단어를 진동시키면서 단검 위 공중에다 히브리 문자와 시길을 그린다. 무지개 지팡이 끝(검은 부분)으로 심벌들을 그린다. 다음을 말한다.

"오, 시간 너머 서 있는 자, 모든 것의 아버지 어머니이시며, 우리가 로브(법복)를 입듯이 자연의 힘으로 둘러싸인 분이시여! 주님의 신성한 이름은 에-로-힘(EH-LOH-HEEM)(진동시키며 그린다). 주님은 또한 이 방위에서 비밀이름 다롬(DAROM)(진동시키며 그린다)으로 알려져 있나이다. 제가 주님의 숨겨진 빛 속에 내면의 지혜를 찾을 때 주님이 힘과 내면의 비전을 수여해 주시길 간절히 원하나이다."

3단계 : 계속 말한다.

"저는 겸손하게 주님의 신비 법칙의 학생으로서 주님의 대천사 미-하이-엘(MEE-CHAI-EL)(진동시키며 그린다)이 저의 신성한 여행 동안 저를 안내하도록 요청하나이다. 또한 주님의 천사 아랄(ARAL)(진동시키며 그린다)이 우주의 신비 길을 걷는 동안 저를 지켜보고 보호하도록 요청하나이다."

4단계 : 계속 말한다.

"영원한 주님의 허락으로 불의 지배자, 강력한 왕자 세라프(SERAPH)(진동시키며 그린다)가 제가 마법 의식을 수행하기 위하여 지팡이를 사용할 수 있도록 이 지팡이의 비밀 힘과 가치를 증대시키고 강화시켜 주소서! 이것을 위하여 저는 에-로-힘(EL-LOH-HEEM)(진동시키며 그린다) 신성 앞에서 축성의식을 수행합니다."

5단계 : 무지개 지팡이의 하얀 부분이 동쪽으로 향하게 하고 제단 위에 놓는다. LBRP용 단검(공기 단검이 아님)을 잡고 다시 남쪽으로 돌아가서 아래 문장을 말하면서 천천히 커다란 불 원소 인보킹 펜타그램(5장 참조)을 왼손에 들고 있는 지팡이 위에다 그린다.

"오-이-페이 테이-아-아 페-도-케이(OIP TEAA PEDOCE)(진동만 시킨다)! 남쪽의 깃발 아래 태어난 세 개의 신성한 신의 비밀 이름으로, 저는 남쪽의 위대한 왕 에-델 페르-나-아(EDEL PERNAA)(진동시킨다)이 지금 여기에 와서 이 의식의 효과를 증가시키도록 인보케이션합니다. 이 의식의 목적은 불 지팡이를 축성하는 것입니다. 침묵 속에 계시는 주님이 주재하듯이 원소의 영들을 주재할 강한 방어와 강력한 무기를 갖도록 불에 대한 모든 일을 더욱 잘 할 수 있는 충분한 힘을 지팡이에게 주소서!"

6단계 : 제단 위에 단검을 놓고 다시 남쪽으로 돌아간다. 이번에는 불 지팡이를 가슴 높이 정도에서 유지하고 바깥을 보면서 말한다.

"오, 위대한 남쪽의 왕자들이시여! 저는 그대들을 인보케이션하며 저의 기원에 귀 기울여 주시길 요청합니다. 이 지팡이의 외형이 여기에 인보케이션된 영적인 힘의 진실한 상징이 되도록 마스터들인 그대들이 힘과 순수함을 이 지팡이에 부여하소서."

7단계 : 시계 방향으로 돌아서 다시 남쪽으로 온다. 머리 위에 지팡이를 들고(끝이 위로 향하다) 남쪽을 향하여 바깥을 보면서 말한다.

"베이-조드-이-조드-아(BZIZA)(진동시킨다), 강력한 천사여! 그대는 맹렬한 불의 4천사를 지배하나이다. 나는 그대를 인보케이션하니 여기 있으소서! 그대가 지배하는 영들을 나 또한 지배하도록 이 지팡이에 그대가 지배하는 마법 힘들을 부여하소서."

8단계 : 당신의 요구가 완수되었음을 감지하거나 아니면 3분 정도 기다린 후 서쪽으로 가서 남쪽에서와 마찬가지 방식으로 지팡이를 높이 들고 서쪽을 보면서 말한다.

"베이-안-아-아(BANAA)(진동시킨다), 강력한 천사여! 불의 물 속성인 4천사를 지배하는 그대여. 나는 그대를 인보케이션하니 지금 여기에 있으소서. 그대가 지배하는 영들을 나 또한 지배하도록 이 지팡이에 그대가 지배하는 마법 힘들을 부여하소서."

9단계 : 당신의 요구가 완수되었음을 감지하거나 아니면 3분 정도 기다린 후 동쪽으로 가서 남쪽에서와 마찬가지 방식으로 지팡이를 들고 동쪽을 보면서 말한다.

"베이-도-페이-아(BDOPA)(진동시킨다), 강력한 천사여! 불의 공기 영역의 4천사를 지배하는 그대여. 나는 그대를 인보케이션하니 지금 여기에 있으소서. 그대가 지배하는 영들을 나 또한 지배하도록 이 지팡이에 그대가 지배하는 마법 힘들을 부여하소서."

10단계 : 당신의 요구가 완수되었음을 감지하거나 아니면 3분 정도 기다린 후 북쪽으로 가서 남쪽에서와 마찬가지 방식으로 지팡이를 들고 북쪽을 보면서 말한다.

"베이-페이-자-카(BPSAC)(진동시킨다), 강력한 천사여! 불의 흙 영역 4천사를 지배하는 그대여. 나는 그대를 인보케이션하니 지금 여기에 있으소서. 그대가 지배하는 영들을 나 또한 지배하도록 이 지팡이에 그대가 지배하는 마법 힘들을 부여하소서."

11단계 : LBRP를 하되 두 가지가 다르다.

1. 단검 대신 불 지팡이를 사용한다.
2. 흙 원소 배니싱 펜타그램 대신에 불 원소 인보킹 펜타그램을 사용한다.

12단계 : 제단에 새롭게 충전되고 축성된 지팡이를 둔다. 워치타워 15~20

단계를 하면서 끝난다. 마법 서클(원진)을 떠나기 전에 불 지팡이를 면이나 실크로 된 천에 싸서 보관하는 것을 잊지 말라. 보자기 색상은 빨간색이나 하얀색이다. 일단 축성되면 누구도 만지지 못하게 한다.

만족스럽게 이 의식을 마쳤으며 당신은 더 이상 마법 세계의 초보자가 아니다. 소수의 사람만이 마법 인생의 길을 출발하였으며 그 중 소수가 첫 번째 힘든 단계를 지나간다. 정말 소수의 사람만이 참된 마법의 마스터라고 주장할 수 있다.

지금까지 6장을 마스터했을지라도 당신은 아직도 의식 마법에서 마스터는 아니다. 내 경험으로는 지금까지 실행하고 공부해왔다면, 당신은 자신들을 마법사라도 지칭하는 대다수의 사람들보다 마법에 있어 더 정통하고 더 많이 알고 있을 수 있다. 아직까지 회색마법을 수행하지 않았지만 사실이다.

잘 알려지지 않은 사실이나 황금새벽회는 두 개의 '내부' 조직이 있었다. 외부 조직의 어떤 회원도 내부 조직이나 그들의 일에 대하여 알 수 없었다. 이 내부 조직의 하나는 한 등급만 가졌으며 마법을 가르치지 않았다. 이들은 내부 조직의 하나인 마법 조직 R.R. & A.C.의 의미에 대해서도 잘 알지 못하였다. 단체 이름 'R.R. & A.C.'은 '붉은 장미와 황금십자가'를 라틴어로 줄여서 붙인 것이다. R.R. & A.C.에 가입하기 위해서는 초청이 필요했다. 일단 초청되면 자신의 마법 도구를 만들어서 축성하는 일이 임무였다.

이 마법 조직에서 한 등급을 올라가려면 출발을 의미하는 입문이 행해졌다. 어떤 등급에 들어가더라도 아직까지는 그 등급에 대한 충분한 능력이 없다고 봐야 한다. 아마 다음 등급으로 올라갈 때쯤 그 등급에 대한 능력이 충분하리라 생각한다. 실천을 목적으로 이 책에 있는 마법을 연구하고 이해를 하고 있다면 당신은 아데프투스 미노르(Adepts Minor)(역주 : 황금새벽회 등급 (1) 외부 조직 등급[오각별, 육각별 의식, 4원소를 배움] : 0=0 Neophyte, 1=10 Zelator, 2=9 Theoricus, 3=8 Practicus, 4=7 Philosophus, (2)내부 조직 등급: 5=6 Adeptus Minor, 6=5 Adeptus Major, 7=4 Adeptus Exemptus, 8=3 Magister Templi, 9=2 Magus, 10=1 Ipissimus, 10등급까지 있으며 등급 뒤에 있는 숫자는 생명나무의 세피로트 번호다. 즉 1등급은 제일 아래 10번 세피라인 말쿠트와 대응하고, 5등급 아데프투스 미노르는 6번 세피라인 테페레트에 해당하는 6과 대응하며, 최고 등급 10은 첫 번째 세피라 케테르에 해당하는 1과 대응한다) 등급에 들어간 셈이다.

어떤 단체의 입문을 받지 않았더라도 당연히 스스로를 아데프투스 미노르로 생각해야 한다. 그러므로 당신은 마법의 길에 들어선 마법사로서 의무를 지는 것이 적당하다. 아래에 나오는 마법 의무 의식을 한다면 당신은 아데프투스 미노르 즉 마법사가 되기 위하여 준비되었다고 할 수 있다.

마법 의무 의식

1단계 : 사원(마법 의식을 위한 장소)을 만들고 워치타워 열기를 한다.

2단계 : 다음에 나오는 자기 의무를 말한다.

"나(당신의 마법 이름이나 모토)는 이날 마법 삶에 영적으로 헌신을 다짐합니다. 최선을 다하여 비이기적인 삶을 영위할 것이며 침묵 속에 일하시고 침묵으로 말하시는 단일자시고 모든 것의 근원이신 신에게 충실히 저의 헌신과 봉사를 증명할 것입니다.

제 판단으로 받을 준비가 되지 않는 사람에게 마법 지식을 비밀로 지킬 것입니다. 왜냐하면 받을 준비가 되지 않은 사람에게 진리를 말하는 것은 그 사람에게 거짓을 말하는 것과 같기 때문입니다.

삶과 빛, 사랑 그리고 자유의 길을 걷는 마법 학생 신분에 충실할 것이며 그 이상 어떤 것도 주장하지 않을 것입니다. 나는 사람들에게 비전을 주지 않을 것입니다.

외부 시선에서 벗어난 숨겨진 장소에서 모든 실천 마법을 행할 것입니다. 아직 수준에 도달하지 않는 사람들에게 마법 장비를 실행하거나 사용법을 드러내지 않을 것입니다. 도움이 필요 없는 사람을 위하여 어떤 심벌이나 탈리스만도 만들지 않을 것입니다. 마법에 지식이 별로 없는 사람 앞에서는 간단하고 잘 알려진 마법 기법만 보여줄 것이며 배울 준비가 되어있는 사람들을 위하여 깊은 지식과 기법을 보존할 것입니다.

더 나아가 신의 허락과 함께 저는 이날부터 제 자신을 매일 위대한 일(신과의 합일)에 헌신할 것을 약속하고 맹세합니다. 이 위대한 일은 신의 도움으로 성장하여 저의 신성한 자질과 합일하게끔 저의 영적인 속성을 정화하고 높이는 일입니다. 어떤 경우에도 저에게 부여된 위대한 힘을 남용하지 않을 것입니다.

이외에도 신성한 이름들을 인보케이션하지 않고는 어떤 중요한 마법 수행도 하지 않을 것임을 엄숙히 서약합니다. 특히 악한 목적이나 이기적인 목적으로 마법 지식을 훼손하지 않을 것임을 서약합니다. 이 서약에도 불구하고 그렇게 한다면 악이 저에게 반응하도록 복수의 천사 후아(HUA)를 에보케이션하겠습니다. 인종, 종교, 성에 관계없이 모든 사람을 동등하게 대할 것을 약속합니다. 비방하거나 거짓말하지 않을 것이며 헛소문을 퍼뜨리지 않을 것입니다.

타인과 함께 하든 혼자서든 마법의 길을 걸을 것을 약속합니다.

마지막으로 마법의 길에서 지식을 요구하는 낯선 사람을 만나면 승인하기 전에 그 사람을 조사할 것입니다. 누구에게나 줄 수 있는 정보를 제외하고는 그 사람이 진실한지 확신을 할 때까지는 제가 얻은 내부 지혜를 그 사람에게 드러내지 않을 것입니다.

이 말은 아데프투스 미노르로서 제가 할 의무입니다. 신의 면전에서 그리고 복수의 천사 후아 앞에서 서약합니다. 제 의지로 신과 후아가 지켜보는 아래에서 만약 제가 이 의무를 지키지 못한다면 다시 그 마법 힘들이 주어질 때까지 제 마법 힘이 사라지도록 하십시오."

3단계 : 워치타워 닫기로 마친다.

제 7 편

많은 시간을 마법 연구와 실행에 종사하는 사람들이 직면하는 문제 중의 하나는 마법에 대한 사람들의 관심을 다루는 일이다. 마법과 관련하여 다루어야 할 네 부류의 사람들이 있다.

1. 별로 관심이 없는 사람들 : 그들은 당신의 관심 분야에 대하여 조금 이상하게 여길 수 있으나 또한 그들은 나름대로 이상한 측면을 가지고 있다고 생각한다.

이 부류의 사람은 자신들의 일에 바빠서 당신의 관심사에 거의 신경 쓰지 않는다. 이들이 당신이 하는 일을 물어본다면 그들의 수준에 맞추어 정직하게 대답하라. 이들은 자신들의 삶에 더 관심이 많아서 몇 번 질문하다가 금방 관심을 잃을 것이다.

2. 종교 광신자 : 이들은 두려움과 망상중에 근거하여 삶을 살아간다. 두려움으로 차 있는 사람들은 끊임없이 당신을 자신들의 종교 단체로 개종시키려고 시도한다. 그들은 세상을 선과 악으로 구분하여 보며 자신들은 올바르고 당신은 잘못되었다고 말하며 당신을 개종시켜야 한다고 주장한다. 이런 부류의 사람들은 일반적으로 종교와 철학교육을 많이 받지 못한 경우가 많다. 이들은 그들의 종교 단체 교리에 따라 자신들의 부모도 훌륭하게 살아왔

고 자신들도 잘 살고 있는데 무엇이 문제냐고 내세운다.

이들이 당신에게 무엇을 하느냐고 물으면 초기 유대 철학을 공부한다고 말하면 좋을 수 있다. 그러면 즉시 자신들이 당신을 도울 수 있다고 말할 것이다. 그러면 그들에게 성경을 공부하는지 물어보라. 그렇다고 말하면 "훌륭하십니다. 지금 성경을 공부하고 있는데 히브리어와 아람어 그리고 그리스어에 능통한 사람과 이야기했으면 합니다"라고 응답하라. 그들이 우물쭈물하다가 마침내 이들 언어에 대하여 잘 모른다고 인정하면 놀란 표정으로 그들을 바라보며 언젠가 성경을 진실로 공부하기를 희망한다고 말하라. 그러면 그들은 떠나갈 것이다.

우리는 다른 사람들을 마법 가르침으로 개종시키려는 것이 아니라 우리와 견해가 다른 사람들을 다루는 방법을 배우는 것임을 기억하라.

또 다른 부류의 종교 광신자는 편집증으로 차 있는 사람들이다. 이들은 일반적으로(늘 그런 것은 아니다) 가난하고 경제적으로 하류층에 속한다(가난이 이런 부류의 사람들을 자동으로 만들어낸다는 것은 아니다). 이들은 자신들의 삶에 아무런 책임을 받아들이지 않는다. 이들의 문제는 늘 다른 사람들에게 책임을 전가하는 데 있다.

그들은 "유대인이 자신들에게 사기 쳐서('사기치다'를 의미하는 'gyp'는 집시 'gypsy'에서 근원한다. 현대 영어에서 언어로 차별받는 소수 인종 그룹이다. 그런 예로서 'jew'는 [경멸적으로] 값을 깎다, 빡빡한 흥정을 하다는 뜻이 있어 극히 모욕적인 단어로 유대인을 비하하는 예다) 돈이 없다"고 말하거나 "흑인들이 모든 일자리를 차지하여 돈이 없다"고 말한다. 책임을 늘 타인에게 전가한다.

이런 심리를 가진 사람이나 좀 더 종교적(?) 성향을 가진 사람들은 모든 것을 '악마'에게 전가한다. 그들에게는 악마가 술이나 담배 중독 혹은 과식하는 습성을 야기하고 자신들을 불감증으로 혹은 성불구로 만든다. 그리고 악마가 사장을 조종해서 자신이 직장에서 해고된다. 사실 이런 부류의 사람과는 어떤 수준에서도 대화가 되지 않는다. 그러므로 재빨리 자리를 피하는 것이 상책이다.

이들은 상당히 위험할 수 있다. 편집증 사람은 정신분열증 환자가 될 수 있으며 반사회 행위를 저지를 수 있다. 자녀들에게 붙어 있는 악마를 몰아낸다며 아이들을 불태워 죽일 수도 있는 사람들이다. 이들은 (전생에) 여러 (중세) 종교재판을 주재한 사디스트들이었다. 이들에게서 떨어져라.

3. 자신들의 입장에서 이해할 수 없는 것은 그 가능성을 믿지 않는 사람들 : 이들은 마법에 흥미를 느끼는 당신을 발견하면 놀리거나 장난치려고 한다. 그들에게 당신이 믿는 것은 단지 웃음거리에 불과하다.

당신은 이들을 무시할 수 있으며 그들은 금방 흥미를 잃어버린다. 만약 당신이 화를 잘 내는 성격이라면 교묘한 답변으로 화를 잠재울 수 있다. 누군가가 당신에게 자신들을 두꺼비로 변신시켜 보라고 요청하면 그들에게 이유를 물어보라. 그렇게 되면 많은 말들이 나오고 어느 정도 감정적으로 여유가 생긴다. 질문자가 아주 불쾌하게 느껴진다면 권하고 싶지는 않지만 두꺼비가 먹는 파리와 파리가 어디에 자주 앉는지 말할 수도 있다. 좀 더 심하게는 두꺼비와 그 사람의 외모가 비슷하다고 말하여 말문을 닫게 할 수도 있다. 이런 식으로 진행하면 화제는 당신에게서 다른 사람에게 넘어간다.

4. 당신이 말하는 것에 흥미는 있지만 이해를 못하는 다소간 논리적이지 못한 사람들 : 이런 타입의 사람에게 대처하는 방법은 잘 알려지지 않은 고대 형이상학 이론을 공부한다고 말하는 일이다. "2000년 전에 형이상학에는 물리학, 수학, 기하학, 의학, 천문학, 읽기, 쓰기, 그리고 많은 것들을 포함하고 있다. 그 시대에 이들 학문은 객관적이기보다는 주관적인 차원에 있었다. 오늘날 이들 학문은 객관적으로 증명되는 과학으로 존재한다. 내가 공부하는 것은 미래의 과학에 의하여 객관적으로 증명될 수 있는 주관적 철학이다." 이런 식으로 말한다.

《SSOTBME》라는 책의 저자는 정도의 차이는 있지만 사람들은 네 가지 견해를 가지고 있다고 주장한다. 네 가지는 논리(logic), 관찰(observation), 느낌(feeling), 직감(intuition)을 말한다. 직감과 논리가 합쳐지면 종교적 성향을, 느낌과 직감이 합쳐지면 예술적 성향을, 논리와 관찰이 합쳐지면 과학적 성향이 생긴다. 그리고 느낌과 관찰이 합쳐지면 결과는 마법적 성향이다.

이 철학으로부터 알 수 있는 것은 모든 것은 상대적이다. 강한 종교적 성향을 가진다면 과학과 예술은 어떤 경우에는 마법 형태로 보일 것이다. 과학적인 성향이 강한 사람이라면 경제나 심리학을 과학이라고 보기보다는 오히려 마법이나 예술에 가깝다고 볼 것이다. 예술적인 성향이 강한 사람은 어스트랄러지와 철학이 아주 과학적이라고 생각할 수도 있다. 누가 올바른가? 자신들의 견해에서 볼 때 모두 올바르다. 우리가 사람의 성향을 알게 되면 그 사람이 가장 쉽게 이해하는 방법으로 우리의 관심을 보여줄 수도 있다.

사람을 만나 관계를 설정하는 데 있어 가장 중요한 부분은 재빨리 대화의 주도권을 잡고나서 그 다음에 당신보다 상대방의 이야기에 화제를 돌리는 일이다.

복습

다음은 6장에서 주어진 내용을 충분히 이해하였는지 알기 위한 질문이다. 되도록 책을 보지 말고 답하라. 답은 부록 2에 나와 있다.

1. 불 원소의 속성은 무엇인가?
2. 불의 대천사는 누구인가?
3. 23=40=12의 의미는 무엇인가?
4. 마법사가 삼각대를 어떻게 사용하였는가?
5. '비밀 힘(Secret Force)'은 무엇인가?
6. 이노키안 이름 'AOZPI'를 어떻게 발음하는가?
7. 무지개 지팡이에 몇 개의 색상이 있는가?
8. 남쪽의 기치 하에 태어난 신의 신비한 비밀 이름들은 무엇인가?

다음 질문은 당신만이 답할 수 있는 질문이다.

1. 불 원소를 통제하고 있는가?
2. 모든 의식을 하고 있는가?
3. 새로운 의식을 하고 있는가?
4. 도구를 구축하였는가?
5. 도구를 축성하였는가?
6. 마법 의무를 맹세하였는가 아니면 할 예정인가?
7. 마법이나 카발라에 대한 당신의 관심을 좋아하지 않는 사람을 다루는 데 어려움이 있었는가?
8. 대응물을 이해하는가?

9. 자신이 강력한 마법사가 되는 도중에 있다고 생각하는가? 그렇지 않다면 무엇을 배우고 계발해야 한다고 생각하는가?

인용 문헌 ···

Crowley, Aleister, *777*, Weiser, 1977.

Johnstone, Lemuel, *SSOTBME: An Essay on Magic*, Grey-Turner, 1979.

Laycock, Donald, *Complete Enochian Dictionary, The*, Askin, 1978.

Regardie, Israel, *Ceremonial Magic*, Aquarian, 1980.

　　　　　　　　Golden Dawn, The, Llewellyn, 1978.

Schueler, Gerald, *Enochian Magic*, Llewellyn, 1985.

Wang, Robert, *Secret Temple, The*, Weiser, 1980.

제7장

제 1 편

5장에서 아스트랄계에 창조된 것은 무엇이든 우리가 사는 세계 즉 물질계에 현시되어야 한다는 중요한 마법 비밀을 다루었다. 이 말은 아스트랄계에 무엇을 창조할 수 있다면 그것은 물질적인 삶에 현시된다는 의미이다. 아스트랄계에서 부(富)를 창조한다면 물질적으로 부자가 되고 자동차를 창조한다면 실제로 차를 가지게 된다.

회색마법의 근간은 아스트랄계에 바라는 목적물을 창조하는 것이다. 여러 종류의 회색마법이 있는 이유는 아스트랄계에서 창조하는 방법이 많기 때문이다. 개인적으로 나는 의식마법이 가장 효과적임을 안다. 의식마법에 들어 있는 강력한 상징을 사용하면 창조를 불러 일으키는 데 아주 효과적이기 때문이다. 모든 것이 잘 수행되면 의식마법은 아주 깊은 영향을 준다. 의식마법은 다른 계로부터 오는 영적인 존재의 도움을 사용하기 때문에 효과적이다. 다른 종류의 회색마법이 있으나 개인적으로 느끼기에 지루하고 재미가 덜하다.

의식마법은 아니지만 알아야 할 중요한 마법 체계가 있다. 이 것은 마법이 어떻게 작동하는지 당신의 이해를 도울 수 있으며 또한 간단하고 효과적이다. 이 마법 체계에서는 특별한 마법 장비 없이 연필이나 종이를 가지고 성공적으로 마법을 작동시킬 수 있다.

내가 말했듯이 여러 회색마법의 차이는 예치라계로 알려진 아스트랄계에서 창조 방법과 이것을 물질계에 현시하는 방법에 있다. 먼저 이것이 어떻게 작동되는지 알아보자.

우리는 현재의식과 잠재의식은 연결되어 있음을 기억해야 한다. 잠재의식이 메시지를 현재의식에 보낼 때 이것은 '직감(intuition)'으로 불린다. 잠재의식이 주는 정보를 현재의식이 취급할 수 없으면 그 정보를 억누르는 것이 되어 심리와 육체에 문제가 일어난다. 어떤 경우에는 이것은 정신상담이 필요한 수준으로까지 몰고 갈 수 있다. 잠재의식이 현재의식을 접촉하는 다른 방법들이 있다.

이 방법이 기억나지 않으면 꿈과 전생을 다룬 내용을 복습하기 바란다.

아스트랄계

잠

재

의

식

(Subconscious)

물질계

현재의식이 잠재의식과 접촉하고 메시지를 전하는 방법은 회색마법을 위해서는 중요한데 이것은 잠재의식이 아스트랄계와 직접 연결되어 있기 때문이다. 우리가 잠재의식 안으로 집어 넣는 것은 결국은 물질적 실체가 되어 나와야 한다.

의지로 현재의식과 잠재의식을 의사소통시키는 두 가지 방법이 있다. 뇌의 왼쪽 영역은 논리, 수학, 연역(추론) 추리를 담당하고, 오른편은 직감, 귀납 추리, 느낌, 예술을 담당하는 것으로 알려져 있다.

더 나가기 전에 먼저 개인적으로 이 이론을 믿지 않음을 밝힌다. 이 이론은 우리 자아의 한 부분인 마음이 불과 몇 kg의 신경조직망이라는 것을 의미한다. 개인적으로 물질 뇌와 비물질인 마음 사이에 존재하는 협력 관계가 있다고 믿는다. 예로서 어떤 약물을 섭취하면 우리의 사고와 지각 방법을 변화시킬 수 있다. 이것을 보고 어떤 사람들은 의식은 단지 화학적 상태라고 주장한다. 그러나 마음과 뇌 사이에 아주 빈약한 연결을 가지는 사람도 있는 것이 사실이다. 이들은 일반인에게 엄청난 정신활성 효과를 주는 약물에 거의 영향을 받지 않고 남아 있을 수 있다. 이런 예에서 뇌의 화학 성분을 바꾸는 것이 마음을 반드시 변화시키지는 않는다는 것을 볼 수 있다. 대부분의 사람에게 뇌와 마음은 긴밀히 연결되어 있을지라도 마음과 뇌는 하나며 같다고 하는 생각을 반박하는 사례다.

그 외에도 우뇌, 좌뇌 이론은 마음과 뇌의 복잡한 현상을 너무 단순화시킨다. 이론으로 어느 정도 가치가 있음을 부정하지 않는다. 주로 그것은 마음이 이중성을 가진다는 것을 보여준다. 아마 그것은 마음이 한쪽 면이 추론적인 것을 더 많이 다루는 반면에 마음의 다른 면은 직감적인 면을 더 많이 다룬다고 말하는 것이 적당할 것이다. 이런 마음의 부분이 우리가 알고 있는 우뇌, 좌뇌 이론과 관련된다. 이 과정의 이해를 위하여 대중적인 용어인 우뇌, 좌뇌 용어를 사용할 것이다.

좌뇌와 관련되는 마법 체계는 흔히 '적극적 긍정의 사용'으로 알려져 있다. 여기서는 바라는 것을 그저 반복하여 말한다. 어떤 의미에서는 현재의식을 사용하여 바라는 것을 잠재의식에 확신시키려는 시도다. 이것은 이성 논리와 기계적 반복을 통하여 이루어진다.

우뇌와 관련되는 체계는 '창조적 심상'으로 알려져 있다. 이 체계에서 당신은 의식적으로 현재의식 안에 이미지를 만들어 놓고 이미지가 잠재의식 안으로 흡수되도록 한다.

'적극적 긍정'이나 '창조적 심상'을 사용하는 사람은 무엇인가를 창조하기 위하여 마음/뇌의 반만 사용하고 있다. 어느 한 체계를 사용하여 아주 성공하는 사람도 있다. 그러나 양쪽의 어느 하나를 사용하는 대다수 사람들은 작은 성공만 거둔다. 지금 보여줄 간단한 카발라 체계는 양 체계를 결합한 아주 효과적인 방법이다. 나와 여러 학생들은 카발라 체계가 '적극적 긍정'이나 '창조적 심상'보다 훨씬 효과적임을 발견했다. 또한 카발라 체계, 적극적 긍정 체계 그리고 창조적 심상 체계에 사용되면 마법 성공을 증대시킬 수 있는 비밀이 카발라에 있다.

누군가가 아스트랄계에서 창조하는 법을 알고 있다고 가정하자. 이 말은 그가 창조하는 것 전부를 물질계에서 얻을 수 있음을 의미하지는 않는다. 많은 사람들이 '적극적 긍정'이나 '창조적 심상'을 사용하여 창조를 시도하나 성공하지는 못하고 있다. 지금 '적극적 긍정'이나 '창조적 심상' 같은 멘탈 마법(Mental Magick)의 내부 비밀을 모르는 사람들은 아스트랄계에서 창조는 하지만 물질계에서 결과를 반드시 얻는 것은 아니다. 그러나 다음 정보를 이해한다면 아스트랄계에서 창조한 것을 늘 얻을 수 있다.

존이라는 사람이 아스트랄계에서 창조하는 방법을 안다고 가정하자. 그는 아침에 부를 창조하는 마법을 하면서 15분을 보냈다. 그리고 그는 납부할 대출금과 카드 결제 대금을 걱정하면서 15분을 보냈다. 그리고 그날 퇴근하여 집에 도착했을 때 우편함에 여러 청구서를 보고 다시 15분을 걱정하였다. 그는 부의 창조에 15분을 투자했지만 더 많은 시간을 '결핍'을 창조하는데 보냈다. 존이 부를 창조하는 데 실패한 반면에 가난에 대하여 너무 많은 생각을 하면서 보냈기 때문에 가난을 창조하는 데 성공하였다.

이런 식으로 우리는 계속하여 아스트랄계에 부족함을 창조하고 있다. 우리가 접할 수 있는 창조적 심상이나 적극적 긍정은 우리가 저지르는 이런 '부정적 창조'를 고려하지 않는다. 지금 공유하려고 하는 카발라 체계는 정확하게 이 과정을 통제하는 법을 보여줄 것이다. 의식적이든 무의식적이든 우리가 늘 아스트랄계에서 창조하고 있음을 기억해야 한다.

'적극적 긍정'이나 '창조적 심상'이 성공적으로 작동하지 않는 몇 가지 다른 이유도 있다. 첫째, 낭비를 금지하는 중요한 우주 법칙이 있다. 어떤 작가는 이것을 '유용성 영역'으로 표현한다. 만약 식량을 살 여유가 없는데도 앞의 두 가지 방식 중 하나를 이용하여 차를 얻으려고 시도한다면 목적을 이루기가 어려울 수도 있다. 왜냐하면 차를 효과적으로 사용할 수 없기 때문이다. 식량을 구입할 돈이 없는데 어떻게 차 기름, 보험, 부품 교체 등에 들어가는 돈을 지불할 수 있는가? 차를 소유하는 것은 낭비며 우주 법칙은 낭비를 금한다.

그러나 낭비처럼 보이는 것도 우주적 차원에서는 낭비가 아닐 수도 있음을 이해하는 것이 중요하다. 창조하려는 것은 필요한 것이어야 한다. 앞의 예에서처럼 차를 얻기 전에 직업을 얻어야 할 것이다.

둘째, 성공에 이르지 못하는 또 다른 이유로 카르마 차원에서 마음과 영적인 진화를 위하여 배워야 할 교훈 때문일 수도 있다. 가난의 교훈을 배울 필요가 있다면 영적 진화에 필요한 교훈을 배울 때까지 그 가난을 깨뜨릴 방법은 없을 것이다.

멘탈 마법의 카발라 체계

1. 아래 문장을 종이에 적는다.

"나의 의지로 _____ 목적을 이루기 위하여 모든 능력을 사용한다."

가) 문장에서 비어 있는 목적 난에 당신이 바라는 것을 적는다. 목적은 단순해야 하고,

나) 명확해야 한다. 일반적으로 대다수 사람들은 '돈'을 원한다. 그들은 나은 삶이나, 좀 더 좋은 차를 구입하는 일 등에 돈을 필요로 한다. 장기 목적이 있다면 첫 단계를 선택한다. 교사가 목적이라면 교사가 되기 위하여 필요한 교육이나 훈련이 첫 번째 목적이어야 한다. 목적이 남에게 봉사하는 일이라면 의도는 좋으나 어떻게 봉사하겠다는 말인지 명료하지 않다. 의사는 봉사하는 직업이다. 그러나 청소부나 식당 종업원도 마찬가지다. 이들 분야에서 성공하기 위하여 다른 종류의 훈련이 필요하다.

2. 목적과 관련하여 필요한 행동을 심상한다. 즉 차가 필요하면 차 안에 있는 모습을 심상한다. 집이 필요하면 집에서 생활하는 자신을 심상한다.

가) 심상 속에 항상 자신을 목적과 관련시킨다.

나) 아직 심상 능력이 떨어지는 사람도 있다. 그렇다 해도 문제는 없다. 그러나 심상하는 것이 아스트랄계에 진짜 존재한다는 것을 알아야 한다. 이것은 존재한다고 믿는 차원이 아니라 존재함을 알아야 하는 차원이다.

다) 도움이 된다면 '보물지도'를 만들 수 있다. 방법은 간단하다. 신문이나 잡지에 당신의 목적과 관련되는 그림을 오려 마분지에 붙인다. 실력이 되면 그림을 그릴 수도 있다. 중요한 것은 그림에 자신을 관련시켜야 한다는 것이다. 사진을 붙이든가 '나'라는 단어를 그림 중심에 둘 수도 있다.

3. 매일 일어나서 5분, 잠자리에 들기 전 5분, 1단계에서 작성한 마법 문구를 단호히 그러나 나지막한 목소리로 읽는다. 아침, 저녁 한 번씩 말하고 남는 시간은 2단계의 심상을 하거나 '보물지도'를 바라보거나 한다.

가) 아침과 저녁에 이것을 하나, 낮에 당신의 목적과 반대되는 생각이 떠오르면 즉시 그 생각이 사라질 때까지 마법 문구를 되풀이한다.

4. 침묵은 이 수련에서 중요한 요소다. 일단 1단계 문장과 2단계 심상을 완료하면 그 다음에는 완전히 잊어버린다. 즉 마음에서 지워버린다. 이 과정에서 우리는 우주의 힘을 사용하고 있다. 당신의 계획을 다른 사람에게 말하면 당신의 에너지를 분산시키는 것이 된다. 잘 될 것인지 속으로 의심을 한다면 당신은 성공을 의심하고 있는 것이다. 마음을 다 바쳐 1, 2단계를 하고 목적이 이루어지리라는 것을 알고 그 다음에 침묵한다.

5. 앞에 말한 카발라 비밀이 여기에 있다. 이미 앞에서 말했지만 아스트랄계는 감정과 관련된다. 목적에 감정을 사용하면 할수록 더욱 더 신속하게 목적을 이룰 수 있다는 것이 바로 비밀이다. 원하는 것만으로 성공을 얻을 수 없다. 바라고 심상하는 과정에 감정을 풍부하게 사용할수록 특히 목적을 진술하고 심상할 때 감정을 사용하면 결과는 빨리 현시된다.

카발라 멘탈 마법 체계는 아주 단순하다. 원하는 것을 얻을 때까지 매일 실행하면 된다. 감정은 높게 유지하라. 그러면 성공은 반드시 일어난다.

어떤 사람들은 1단계 마법 문구에 나오는 특정한 단어들이 왜 사용되는지 궁금해 한다. 단어의 선택은 아주 중요하고 항상 사용되어야 한다. 마법 문구에 나오는 '나의 의지' 는 자신이 의지, 의식을 사용하겠다는 의미며, 자신이 잠재의식을 떠맡겠다는 의미다. 대다수의 사람들은 의식도 못하지만 자신의 잠재의식이 자신을 통제하도록 두는 경향이 있다. '나의 의지' 란 단어는 삶에 변화를 의미하며 진실한 마법사가 되어가고 있음을 말한다.

'모든 능력을 사용하여' 는 당신이 소유하는 모든 능력―그 능력에 대하여 알든 모르든―을 목적 성취에 사용하겠다는 것을 잠재의식에게 말하는 것이다. 비록 당신이 내면에 존재하는 사이킥 힘을 자각하지 못할지라도 당신 의지에 의하여 명령받은 잠재의식은 목적성취를 위하여 이 사이킥 힘에 명령을 내릴 것이다.

"___ 목적을 이루기 위하여"에서 중요한 단어는 목적이다. 이것은 가벼운 바람이나 미지근한 열망이 아니다. 목적을 향하여 모든 노력을 하겠다는 의미가 담겨 있다. 그렇지 않다면 출발도 할 수 없다.

카발라 멘탈 마법 체계를 정리하면 다음과 같다.

1. 구체적인 목적을 결정하면 주어진 마법 문구에 따라 문장을 작성한다.
2. 마음에 이미지를 만드는 데(심상) 이미지에 당신이 개입되어야 한다. 도움이 된다면 '보물지도' 를 사용하라.

3. 일어나서 5분, 잠자기 전에 5분, 목적을 말하고 심상한다. 감정이 풍부해야 한다.

4. 낮 동안 목적에 반하는 생각이 떠오르면 반대 생각이 사라질 때까지 즉시 (만트라를 하는 것처럼) 마법 문구를 되풀이하여 읽는다.

제 2 편

세 종류의 마법을 이야기하였다. 지금까지 주로 해온 것이 백마법(White Magick)이고 우리가 지금 시작하였고 앞으로 다루게 될 것이 회색마법(Grey Magick)이며 흑마법(Black Magick)은 우연히 혹은 고의로 흑마법을 피하게 하기 위하여 다루게 된다.

우리가 하는 마법이 어떤 형태의 마법인지 결정하기 위하여 마법의식의 목적과 결과를 사용하여 정의한 것이 백마법, 회색마법, 흑마법이다. 예를 들면 신과 밀접한 관계 설정을 돕기 위하여 사용되는 의식은 백마법으로 정의된다. 백·회색·흑마법의 용어는 목적에 따른 것이다.

이런 정의 말고 고대 마법의 연원에 의한 정의가 있다. 역사적으로 두 가지로 나누어진다. 우리가 공부해왔고 주로 공부할 마법은 도시 생활에 바탕을 둔 것으로 도시에 사는 중산층들이 처음 발전시킨 마법이다.

매일은 아니었겠지만 주말에는 여유가 있는 도시 생활이었다. 도시에 살았던 상인은 지금처럼 9시에 일을 시작하고 오후 5시에 일을 끝내는 생활을 영위할 수 있었던 반면에 농장이나 시골에서 살았던 사람들은 해가 떠서 질 때까지 일하였다. 그만큼 도시 사람들은 공부를 할 여유가 있었다. 도시 생활 방식에서 발전해온 마법 형태는 길고 정밀한 주문과 복잡한 과정 그리고 가끔 어스트 랠러지에 대한 준비도 포함한다. 좌뇌 기능인 논리 지향적 마법 형 태이다.

도시에 거주하는 중산층과 상류층들은 여가와 공부할 시간이 있었고 의식에 필요한 재료를 구입할 돈이 충분하였다. 어떤 도 구는 금이나 은으로 만들어졌으며 마법사가 상류 계층이 아니더 라도 부유층으로부터 지원이나 후원을 받았다.

중세까지는 신선한 물을 구할 수 있는 고지대에 많은 도시가 건 설되었다. 고지대는 적의 공격을 방어하기에는 쉬운 장소였다. 또 한 이들 도시는 비가 온 후 홍수나 고인 물 때문에 일어나는 질병을 막아주는 자연적인 배수로 시설을 가지고 있었다. 우리가 배우는 마법 형식, 고지대에 위치한 도시에서 발전한 마법 형식은 고급 마 법(High Magick) 혹은 예술 마법(Art Magick)으로 알려졌다.

모든 문화는 나름대로 자신의 마법 체계를 가지고 있다. 예를 들면 브루제리아(Brujeria) 마법은 미국 주요 도시의 라틴계 거주 지역에서 발전하고 있다. 고급 마법이 도시에서 발전하고 있었던 시기에 도시 밖의 주민들에게는 다른 마법 체계가 발전하고 있었 다. 역사를 거슬러 올라가면 인류 역사 초창기인 부족사회에서 행해지던 수렵인과 농경인들의 마법에서 발전한 농부, 사냥꾼, 목장주들이 하던 마법이었다.

농장생활은 늘 어려웠으며 중세에는 원시적인 농기구만 있었 지 살충제, 비료, 오늘날 같은 관개시설도 없었다. 사실 나일강 문 화나 아즈텍 문화는 관개시설을 가지고 있었고, 어떤 허브향이 곤충을 물리치는지 알았으며, 거름이 토양을 기름지게 한다는 것도 알았다. 그럼에도 불구하고 4000년에서 짧게는 100년 전에 사람들은 오늘날의 '녹색 혁명'에 비교할 수 있는 수단이 아무것도 없었다.

힘들게 살았던 농민들은 비밀 마법 책이나 전승되는 책을 읽고 공부할 시간이 없었다. 대신 그들은 자비로운 대지의 여신에게서 우주의 법칙을 배웠다. 그들은 달이 자신들의 삶과 곡식에 어떻게 영향을 미치는지 보았으며, 공기·흙·불·물의 중요성을 목격했으며, 글을 쓸 줄 몰랐지만 이것은 구전으로 전승되어 왔다. 자신들의 언어와 코드를 발전시켰다. 그들은 주변에 있는 식물의 힘에 대하여 연구하고 배웠으며, 로마와 그리스 신들에 이어 달을 상징하는 아름다운 여신과 태양을 상징하는 사냥의 신을 숭배하였다. '세계적으로 공통되는' 여신 숭배 종교가 있었다는 증거는 없지만 모든 고대 문화에 여신 숭배 전통이 있었다는 증거는 많이 있다.

한 존경받는 작가에 의하면 고대 히브리인들은 자신들의 신과 함께 여신도 숭배하였으며 심지어 첫 번째 성전(솔로몬이 B.C. 950년 세운 사원), 두 번째 성전(헤롯 왕이 B.C. 20년에 개축한 성전)에는 여신을 위한 제단이 있었고 A.D. 70년까지도 있었다 한다. 오늘날에도 많은 기독교인들은 '마리아 숭배'로 비난받을 만큼 엄청난 존경심을 마리아에게 보인다. 유대인들은 여전히 '안식일 신부(Sabbath Bride)'(역주 : Sabbath는 안식일. 유대교는 안식일의 종교라 할 수 있는데 그들은 안식일을 여왕이나 신부처럼 생각한다. 그래서 안식일을 '여왕의 안식일' 또는 '신부의 안식일'이라고도 부른다. 이날은 무엇보다 우아하고 평화스러우며 아름답다는 은유적인 표현으로 볼 수 있다)를 존중하며 여신의 상징인 달을 환영한다. 히브리어로 달은 고대 셈족의 달의 여신 이름인 '레반나(Revannah)'이다.

역사를 공부했으면 '영주의 권리'에 대하여 기억이 날 것이다. 영주는 자신의 영지 내에 사는 사람들이 기른 농작물에서 가축까지 선택할 권리가 있었으며, 심지어 결혼 전날 신랑 앞에서 신부와 잠자리를 같이 할 권리까지 있었다. 대신에 영주는 외부 침략으로부터 농부를 보호할 책임이 있었다. 농부와 가족들은 위험한 때에는 영주의 성으로 들어가면 되었다. 이들은 고지대에 살고 일할 필요가 없었다. 고지대는 농사짓기에 적당하지 않았다. 비가 오면 고지대에서 흘러 내려오는 기름진 토양이 쌓이는 저지대가 그들에게는 살기가 더 쉬웠다. 이들 문화에서 발전한 마법은 자연 마법(Natural Magick) 혹은 저급 마법(Low Magick)으로 불린다.

고급 마법과 저급 마법이라는 이름에 근거한 도덕적 판단이나 높낮이 판단은 의미가 없다. 문화와 기법이 다른 두 마법 사이에 주요한 차이점은 같은 목적을 성취하는 데 다른 방법을 사용한다는 것뿐이다.

여러 세기가 흘러가고 도시 문화와 농촌 문화가 발전함으로써 두 마법을 실행하는 사람들에게 문제가 발생하였다. 조직화된 종교, 특히 로마 카톨릭 조직—나중에 여러 신교가 분파되어 나왔다—은 '기적'을 행할 수 있는 사람이나 혹은 그렇게 믿어지는 사람을 원하지 않았다. 단지 교회에 종사하는 사람들만 하도록 되어 있었다. 고급 마법 실행자들은 자신들의 마법 수행에 기독교 숭배의 모습을 보여줄 수 있어서 한동안 박해를 피할 수 있었다.

저급 마법 실행자는 그렇지 못했다. 그들은 카톨릭이 싫어하는 마법을 했을 뿐 아니라 권력을 가진 사람들이 숭배하는 신을 믿지 않았다. 조직화된 종교(카톨릭)는 모욕적으로 이들을 황야의 거주자(people of heath) 혹은 이교도(heathen)로 부르면서 몰아내려고 하였다. 비슷하게 라틴어로 '속세 사람들'을 의미하는 'paganus'가 모욕적인 용어 '이교도(pagan)'가 되었다. 'pagen', 'heathen'이라는 단어는 원래 단순한 서술적 의미를 가진 단어에서 계획적인 대량 학살을 위한 슬로건이 되었다.

처음에 이들이 저급 마법을 수행했다는 것이 문제가 아니라 자신과 다른 신과 여신을 숭배한다는 것이 문제였다. 개종으로 충분하지 않았다. 천주교는 그리스 로마 신화에 나오는 목양신(牧羊神, 염소뿔과 염소 다리를 가졌으며 피리를 붐. 상반신은 인간이며 하반신은 염소의 모습을 하고 있다)의 이미지를 모방하여 뿔과 발굽과 꼬리가 있는 모양을 취하여 그것이 저급 마법에서 숭배하는 악의 원천인 사탄이라고 말하였다. 이렇게 하여 자신들의 여신과 신들을 숭배하던 이교도들은 졸지에 악마를 숭배하는 것으로 알려지게 되었다. 자신들의 신을 숭배하던 그들은 천주교에 의하여 사탄 숭배자로 몰렸다. 그들은 인간의 신분을 잃고 박해를 받았으며 끔찍하고 사악한 방법으로 고문당하였으며 무수히 많은 사람들이 죽었다. 2차 세계대전에서 나치가 유대인에게 한 대량학살에 버금가는 사람이 죽었다고 이 분야 전문가들은 말한다. 그러나 그들은 살아 남았으며 사실 그들은 카톨릭과 개신교의 시대적 희생물이었다.

탈출한 이교도들은 숨어 지냈다. 그들의 종교는 지하로 숨어들었고 나중에 치유사나 약초 전문가로 알려지게 되었다. 다양한 여러 전통들이 사라졌다. 치유사나 약초 전문가로 자신들의 솜씨를 보존해왔던 여성들은 자신들이 배웠던 종교적인 면을 자신의 딸이나 다른 사람들에게 전해주었으며 그들은 '현명한 여자'로 불려졌다. 의지에 따라 현실을 변화시킬 수 있다고 알려졌으며 위카(Wicca)라는 단어는 이들을 묘사하기 위하여 사용된 단어 '복종시키다, 구부리다(bend)'에서 나왔다. 영어로는 위치(Witch)다.

이것이 위치에 대한 아주 짧은 일반화된 기록이다. 이것이 완전한 기록이라고 주장하지는 않겠다. 내가 여기에 설명하는 것보다 아주 자세히 이 주제에 대하여 설명하는 많은 책이 있다. 분명히 해두고자 하는 것은 위치는 악마를 숭배하지 않으며 악명 높은 흑미사(black mass)를 하지도 않고 악마의 엉덩이에 입맞춤을 하지도 않는다. 모든 것은 부정적인 이미지를 주려고 천주교가 꾸민 이야기였다.

미국에서 학교를 다니는 어린이라면 1492년에 콜럼버스가 대서양을 항해하였다는 것을 배워서 알고 있다. 학생들에게 가르치지 않은 것은 같은 해에 이사벨라 여왕과 남편 페르디난드 왕이 모든 유대인에게 스페인을 떠나거나 기독교로 개종하지 않으면 죽이겠다는 명령을 내린 역사적 사실이다. 유대인이 고급 마법의 근원인 카발라를 보존해온 것을 기억해야 한다.

일부 유대인은 스페인을 떠났고 다른 유대인들은 개종하거나 개종한 척 하였다. 어떤 유대인들은 시골 사람들의 도움을 받고 숨어 지냈다. 도움을 준 사람의 상당수가 위치(Witch)였다. 비슷한 일들이 전 유럽에서 일어났으며 위치들은 카발라를 신봉하는 유대인들을 보호하였으며 어떤 경우에는 유대인들이 위치들을 보호하기도 하였다. 이 시점에서 서로 은혜를 공유하면서 카발라의 고급 마법과 위치의 저급 마법 간에 약간의 혼합이 일어났다.

유대인들에게 위치에 대한 성경 문구 "위치(witch)는 살려두지 못한다(Thou shalt not suffer a witch to live, 출애굽기 22장 17절)"를 고려한다면 두 체계의 혼합이 가능한 일이었는지 질문하는 사람도 있다. 이것은 정확하지 못한 번역이다.

내 말만 믿지 말고 유대 책방에서 구약성서의 번역본을 찾아서 스스로 확인해보라. 정확한 번역은 "Thou shalt not suffer sorceress to live"로 되어 있다. 문맥상 'sorceress(여자 마법사)'는 마법사를 의미하기보다는 독살자를 의미하며, 성경의 다른 구절에서는 독살자로 번역된다. 다른 말로 말하면 이 구절은 '위치'에 대한 내용이 아니라 '살인자'에 대한 내용이다. 카발라 수행자들은 이 구절을 바로 알았기 때문에 자신들처럼 마법을 수행하는 형제자매들을 환영하였다. 또한 A.D. 70년 두 번째 성전이 파괴된 후 랍비 유대교(역주 : A.D. 70년에 예루살렘이 함락되면서 초기 유대교의 시대는 끝이 난다. 로마 정부는 초기 유대교를 구성하고 있던 다양한 종파 가운데 가장 비정치적이었던 바리새파만 남겨두고 나머지는 멸절시킨다. 이렇게 되면서 A.D. 70년 이후에 유대교 역사의 새로운 전기를 맞게 되는데, 이 시기로부터 시작된 유대교를 랍비유대교라고 부른다. 그 이유는 바리새파 서기관들을 계승한 랍비들이 이 종교의 정신적인 지도자였기 때문이다)가 중심이 되고서 종교적 관대함은 유대교의 전통이 되어 왔다.

영국과 미국에 특히 중점을 두고 위치크래프트 역사에서 일어난 중요한 사건들을 살펴본다. 표기된 연도는 대략적인 것이다. 여기서 마법사는 저급 마법을 하는 위치를 가리킨다.

B.C. 1500년 : 픽트(Pits, 옛날 영국 원주민)가 스톤헨지를 세웠다. 그들의 종교는 여신에 대한 헌신을 강조하였고 달을 숭배하였다.

B.C. 500년경 : 켈트족이 영국에 정착하였고 윤회에 대한 개념을 가르쳤다. 그들의 종교 지도자 드루이드 성직자는 태양을 숭배하였고 남성 신을 강조하였다. 켈트족과 픽트족이 합쳐져서 남신과 여신이 동등하게 숭배를 받았다. 이 만남을 통하여 오늘날 알려진 위카(Wicca)가 발전되어 나왔다.

313년 : 밀라노 칙령(The Edit of Milan)이 공포되고 기독교 신앙의 자유를 처음 공인하였다. 기독교 교회가 이교도에게 신성시되던 오래된 그들의 집회지에 세워졌다.

447년 : 톨레도 위원회(The Council of Toledo)가 악마를 기독교

교리에 있는 악의 화신으로 정의하였다. 악마에게 뿔의 형상을 부여하기 시작한 계기가 되었고, 악마를 이교도가 숭배하는 뿔 달린 신과 동일시하였다.

553년 : 콘스탄티노플 공의회(The Council of Constantinople)는 윤회교리를 이단으로 선언하였다. 이전에는 몇몇 종파에서 윤회를 가르쳤다.

700년경 : 영국 켄터베리 대주교인 시어더(Theodore)가 《Liber Potentialis》을 저술하였으며 여기서 동물 탈, 특히 뿔 달린 짐승 탈을 쓰고 춤추는 의식을 금지하였다. 짐승 탈을 쓰고 춤추는 것은 몇몇 이교도들의 종교 의식이었다.

900년경 : 에드거(Edgar) 영국 왕은 기독교 신보다 옛날 신들이 자신의 영토에서 더 많이 숭배되는 것에 대하여 한탄하였다.

1100년 : 위치로 알려진 윌리엄 루퍼스(William Rufus, 윌리엄 2세로 알려져 있음)가 1100년에 사냥 중 사고로 화살에 맞아 죽었다.

1303년 : 영국 코번트리 지방의 주교가 교황에게 위치로 비난받았다.

1324년 : 마법(witchcraft)을 했다는 이유로 스코틀랜드에서 준남작 부인 앨리스 카이텔러의 재판이 있었다. 그녀는 고위직 친구들이 있는 잉글랜드로 피난을 갔으며 그녀의 재산과 신분 덕분에 풀려났다.

1349년 : 에드워드 3세가 가터 훈위(勳位)[the Order of Garter]를 설립하였다. 많은 사람들은 에드워드 3세가 위치였으며 가터 훈위는 위치 조직이었다고 믿는다.

1430년 : 잔 다르크가 위치로 사형당하였다.

1486년 :《마법사 소추지침(Malleus Maleficarum)》이 발간되었다. 이것은 위치에게 일어난 심각하고 만연된 박해를 보도하고 있다.

1502년 : 교황 알렉산더 마법금지법(Act against Witchcraft) 발표.

1542년 : 헨리 8세 마법금지법 발표.

1563년 : 엘리자베스 1세 마법금지법 발표.

1584년 : 마법에 대한 미신적 생각을 부정하고 이성적 방법으로 마법을 다룬 레지늘드 스캇(Reginald Scott)의 《마법의 발견(The Discoveries of Witchcraft)》이 발간되었다. 제임스 1세가 교수형 집행인에게 책을 소각시켜 버릴 것을 명령하였다.

1600년경 : 많은 위치들이 유럽 대륙과 영국에서 종교박해를 피하여 미국에 건너와서 동부 연안에 정착하였다.

1645년 : 청교도였던 매튜 홉킨스(Matthew Hopkins)는 자신을 위치 토벌장군으로 불렀으며 유사한 모방자들이 생겨났다.

1647년 : 1647년 5월 26일 미국에서 처음으로 위치 교수형이 코네티컷에서 일어났다. 이어서 위치로 의심받은 세 사람이 교수형에 처해졌다.

1692년 : 미국에서 악명 높은 세일럼(Salem)의 마녀재판이 시작되었다. 그해 여름 14명의 여자와 6명의 남자가 사형당하였다. 이 재판은 150명 이상의 사람들이 마법 죄명으로 잡혀 들어가서 주지사 피프스의 명령으로 풀려난 1693년 5월까지 계속되었다. 1693년 후에도 여러 번 마녀재판이 있었으나 사형까지는 가지 않았다. 전체적으로 36명이 사형당하였다.

1712년 : 잉글랜드에서 제인 웨맨(Jane Wehman)이 위치로 재판받았다. 배심원이 그녀의 유죄를 인정했지만 재판관은 채택된 증거를 인정하지 않았으며, 배심원들의 평결을 기각하고 그녀를 석방하였다. 이것은 잉글랜드에서 있었던 마지막 마녀재판으로 여겨진다.

1735년 : 조지 왕은 마법은 존재하지 않고 더 이상 처벌은 없을 것이라고 마법금지법에 밝혔다. 그러나 초자연적인 힘을 가지고 있다고 자처하는 사람은 사기꾼으로 박해받을 것임을 조건으로 명시하였다.

1921년 : 마가렛 메레이(Margaret Murray)의 책《서유럽의 마녀집단(The Witch Cult in Western Europe)》은 마법에 대한 관심을 불러일으켰다. 그녀는 책에서 마법은 실제로 존재하였고 고대 스톤헨지의 다산 종교집단에서 내려온 조직화된 종교라고 말하였다. 오늘날 많은 학자들은 이 주장을 의문시한다.

1951년 : 1735년 마법금지법이 폐지되었다. 사기 영매 금지법 (Fraudulent Mediums Act)이 마법금지법을 대신하였다. 이법은 심령현상과 사이킥 힘의 존재를 인정하고 금전적 목적으로 이런 힘을 소유하는 척하는 사람들에게 처벌을 명시하였다.

1954년 : 제럴드 가드너(Gerald Gardner)의《현대의 위치크래프트(Witchcraft Today)》가 발간되었으며 스스로 자신을 위치로 인정한 사람이 쓴 첫 번째 책이다. 책에서 가드너가 말하는 것은 타당하지만 실제로는 고대 도서와 크로울리 작품, 도린 밸린트(Doreen Valiente, 1922-1999. 현대 마법(witchcraft) 운동에 영향을 준 가장 존경받는 마법사의 하나)의 아이디어와 시 그리고 자신의 천재성에서 가져온 것이다.

1972년 : 미국 국세청은 마법이 종교로서 자격이 있다는 근거하에 위카 단체가 운영하는 교회와 학교에 세금감면을 인정하였다.

1974년 : Z 부다페스트(Z Budapest)가 캘리포니아 베니스에 있는 자신이 운영하던 오컬트 가게에서 '점'을 쳤다는 이유로 체포되었다. 그녀는 180일간의 집행유예와 2년간의 보호 관찰에 300달러의 벌금을 선고받았다. 마법(witchcraft)으로 고소되지는 않았지만 그녀가 스스로 마녀라고 주장한 것 때문에 이런 판결이 나왔다고 그녀는 생각하였다. 이 재판은 전국적인 관심을 불러일으켰다.

1985년 : 샌디에고의 한 여성이 위치라는 이유로 직장에서 해고당하였다. 같은 해 마법 종교단체에 세금 면제 조항을 박탈하려는 법안이 의회에서 기각되었다.

1987년 : 마법사(witch) 레이 버클랜드(Ray Buckland)의 강연을 후원하기로 한 스폰서가 여러 통의 전화 위협을 받고 강연이 취소되었다. 이들 전화 상당수는 자신들을 기독교 근본주의자라고 하는 사람들로부터 왔다.

지금 우리는 오늘날까지 존재하는 한 종교 집단(위치 집단)에 대한 두려움, 증오, 박해의 여러 모습을 보았다. 최근에도 나는 남캘리포니아의 한 오컬트 가게가 창문이 벽돌로 깨지고 소이탄 공격을 받은 후 가게 문을 닫았다는 소식을 들었다. 수백 년 동안 기록된 거짓자료가 아니라 진짜 마법(witchcraft)에 대한 역사와 그 깊은 이야기는 이 책이 다룰 수 있는 영역 너머에 있다. 이 분야에 흥미가 있다면 오컬트 가게에 가면 괜찮은 책들이 있다.

위치가 사용하는 저급 마법은 좀 더 단순하고 직접적이다. 의식 마법보다 좋지도 나쁘지도 않다. 단지 다를 뿐이다. 카발라 의식 마법이 효과적으로 작동하는 사람이 있고 반대로 저급 마법이 효과적으로 작동하는 사람도 있을 수 있다. 서양인들은 논리적이고 좌뇌적 성향이 있으므로 카발라가 호소력이 있다고 많은 사람들이 말한다. 위치는 좀 더 우뇌적이고 직감적인 경향을 드러낸다.

아주 전형적인 저급 마법의 한 체계를 배우는 것도 가치가 있을 것이다. 위치크래프트에는 수많은 버전이 있다. 우리가 나중에 공부할 내용과 비슷한 것도 있고 반면에 아주 색다른 것도 있다. 전세계적으로 위치의 마법 방식은 다양하다. 그러나 기본적인 생각은 비슷하거나 같다. 다음 페이지에 탈리스만(Talisman)과 애뮬릿(Amulet)이 무엇이며 자연 마법에서 탈리스만과 애뮬릿을 어떻게 제작하는지 공부한다. 그리고 이어서 카발라 체계로 탈리스만과 애뮬릿 만드는 법을 하게 된다. 탈리스만이나 애뮬릿을 강력한 마법 힘을 가진 도구로 만들기 위해서는 축성된 여러 마법 장비가 필요하다.

제 3 편

탈리스만은 특별한 목적으로 충전되고 축성된 신성한 물건이다
(탈리스만에 적당한 상징이 있을 수도 있고 없을 수도 있다).

탈리스만은 '마법 글'을 의미하는 아랍어 'talis ma'에서 왔다
고 하나 증거는 없다. '신성에 대하여 배운 사람 즉 사제'를 의미
하는 터키 말에서 기원할 수도 있다. 애뮬릿은 아랍어에서 기원
한다고 하나 마찬가지로 증거는 없다. 아무도 이들 단어의 어원
을 정확히 모른다.

오늘날 탈리스만은 무언가를 끌어오는 데 사용한다. 목적에는
돈, 행운, 건강, 사랑을 얻는 것이 포함된다. 애뮬릿은 무언가가
오지 못하도록 하는 데 사용된다. 애뮬릿은 불행이 오지 못하게
당신을 보호하며 질병이 오지 못하게 한다.

옛날부터 특정 상징을 그리는 것은 마법의 분야였으며 특권층
과 마법사들은 비밀리에 이것을 보존하여 왔다. 어떤 상징은 그
안에 마법 힘을 가지고 있다고 믿어졌으며, 바위나 양피지 위에
그린 상징은 그 자체로 강력한 힘을 발휘하는 것으로 생각되었
다. 이것이 탈리스만이나 애뮬릿의 '물활론(物活論)' 이론이다.

오늘날 물활론을 믿는 마법사는 많지 않다. 대다수의 마법사는
탈리스만과 애뮬릿이 작동하는 방법에 대하여 '에너지학' 이론

을 신봉한다. 여기서는 탈리스만과 애뮬릿을 충전하는 것이 중요하다. 즉 끌어낸 마법 에너지를 탈리스만과 애뮬릿용으로 선정된 물체에 주입하는 것이 중요하다.

적절한 방법으로 충전된 탈리스만과 애뮬릿은 강력한 힘을 발휘한다는 것을 의심하지 말아야 한다. 다음은 탈리스만과 애뮬릿 사용 예다.

1. A라는 사람은 이혼하고 새로운 인생의 동반자를 찾고 있었다. 그녀는 이 책의 가르침을 따라 탈리스만을 제작하여 사용하였다. 얼마 후 한 남자가 나타났는데 그녀가 바라던 특성을 모두 갖춘 사람이었다. 데이트를 시작하고 얼마 후 그들은 결혼하였다.

2. B라는 사람은 남 캘리포니아에서 내 강의를 들었다. 탈리스만과 애뮬릿에 대한 수업이 있고 며칠이 지난 후 수업을 그만 듣겠다고 말하였다. 이유를 물었더니 6개월간 집을 팔려고 했지만 성공하지 못하였다고 했다. 그래서 마법 수업에서 배운 대로 집을 파는 데 도움이 되는 탈리스만을 만들었다. 그런데 놀랍게도 불과 며칠만에 집이 팔렸으며 이사를 가야 하기 때문에 수업에 참석할 수 없다는 것이었다.

3. C라는 사람은 대학생이었는데 내 마법 강의에 참석하였다. 그는 2주 후에 있는 시험 준비를 위하여 공부에 도움이 되는 탈리스만과 애뮬릿을 요청하였다. 나는 만드는 방법을 알려주었다. 그는 시험에 필요한 지식과 정보를 얻기 위하여 탈리스만을 만들

었는데 부적절하게 그리고 너무 빨리 충전을 하였다. 그의 머리는 시험과 상관없는 자료로 채워졌다. 결국 다시 나의 도움을 받고 시험을 잘 치렀다.

저급 마법 실행자들은 이전에는 고급 마법 실행자보다는 자연에 더 가까웠다. 그러나 오늘날 저급 마법 실행자들이 대도시에 많이 살아서 자연의 장엄함에 대하여 잘 모른다. 자신들을 '위치'나 '페이건'으로 부르는 많은 사람들도 사실 고급 마법의 가장 단순화된 형태를 실행한다고 볼 수 있다. 고급 마법 수행자라고 말하면서도 마법을 하지 못하는 사람들에 비해 이들은 상당한 수준의 마법을 수행한다. 그러므로 당신도 이 책에서 배운 대로 마법을 실행하면 진짜 의식 마법사가 될 수 있다.

역사 초기에 나오는 이교도들을 살펴보면 그들 대부분은 자연과 조화 속에 자연과 긴밀한 의사소통이 있었음을 알 수 있다. 그들은 지상의 모든 것은 네 개의 원소인 공기, 불, 물, 흙으로 구성되어 있음을 알았다.

우리는 이미 이 4원소에 대하여 공부했으며 지금은 이들 원소와 조화로운 상태에 있어야 하며 이들 원소를 어느 정도 통제할 수 있어야 한다. 이 책에서 고급 마법이 중심일지라도 4원소 통제는 모든 마법에서 기본이다. 참된 마법사에게 고급 마법, 저급 마법 같은 용어는 단지 타인의 이해를 돕기 위하여 사용하는 것이다. 참된 마법사에게는 고급이니 저급이니 하는 말이 중요한 것이 아니라 마법이 작동하느냐 아니냐가 문제다.

이와 관련하여 마법사들과는 다른 의견을 가진 집단에 대하여 이야기해 보자. 이들은 새로운 아이디어가 자신들의 믿음과 어울린다고 생각하면 마음의 문을 연다. 나는 종교 광신도 그룹을 말하려는 것이 아니라 과학자들에 대해 말하는 것이다. 앞에서 말했지만 과학자들은 단순하게 보이는 물질 4원소 이론에 대하여 냉소를 보낸다. 현대 과학자들은 원소 주기율표를 언급하며 대략 100개 원소를 증명할 수 있다고 말한다. 그들에게 4원소 이론은 받아들일 수 없는 이론이다.

4원소(실제로는 5원소) 이론은 원소를 현대 과학처럼 정의하지는 않는다. 4원소는 물질의 속성을 정의하는 것이지 화학 성분을 정의하는 것이 아니다. 4원소 이론(아마도 4속성 이론이 더 나은 단어일 수 있다)에서 금은 불, 공기, 흙, 물의 성분을 상대적으로 가지고 있다. 그러므로 과학자와 마법사에게 '원소' 라는 단어가 다른 의미를 가진다는 것을 이해한다면 현대과학 이론과 4원소 이론은 서로 공존할 수 있다. 이 차이점을 이해하는 것이 중요하다고 생각하기 때문에 다시 4원소를 설명하였다.

사람의 머리카락을 사용하여 마법을 거는 이야기를 아마 들어 봤을 것이다. 머리카락은 마법을 거는 상대방을 상징할 뿐 아니라 그 사람과 '공감(Sympathy)' 상태에 있다고 한다. '공감' 이라는 단어는 고어에서는 '밀접하게 관련되는 것' 을 의미한다. 지금처럼 '다른 사람과 같은 비슷한 감정이나 느낌을 가지는 것' 이나 '다른 사람에게 미안하게 느끼는 것' 을 의미하지 않았다. 우리가 이런 방식의 마법을 '공감 마법(Sympathetic Magic)' 이라 부르는 이유가 여기에 있는 것이다.

공감 마법에는 여러 가지가 사용되는데 사진, 옷, 손톱이나 발톱, 그림, 인형 등이 그러하다. 좀 더 찾아보면 사람과 대응할 수 있는 것은 아주 많다. 6장에 카발라 대응표가 있었듯이 공감 마법을 위하여 대응물들을 만들 수도 있다.

4원소는 마찬가지로 대응물들을 가진다. 다음은 4원소 대응물의 예다.

공기 : 깃털, 향, 청색이나 황금색.

흙 : 바위, 타로의 펜타클 슈트 카드, 갈색 검정색 혹은 녹색.

불 : 연료용 석탄 덩어리, 성냥, 적색 혹은 불그스레한 오렌지색.

물 : 물 속이나 주변에 있는 조약돌, 조가비, 청색, 검정색 혹은 녹색.

위에 보이는 간단한 목록은 원소에 대응하는 색깔들이다('무지개 지팡이 구축용 차트' 참조).

아래는 4원소와 대응하는 여러 항목이다.

공기 : 학교교육, 기억, 직업, 지성주의, 가르침, 테스트, 점, 의사소통, 여행, 쓰기, 체계화와 조직, 단체, 이론화, 약물중독.

흙 : 돈, 직업, 승진, 사업, 투자, 물건, 다산, 농업, 건강음식, 생태학, 보호, 주식시장, 골동품, 노년, 박물관, 빌딩, 건축, 진행, 집,

물질세계, 일상품.

불 : 성공, 성, 질병 추방, 군사, 갈등, 보호, 법정, 법, 경찰, 경찰서, 경쟁, 사립탐정, 다우징, 보물탐색, 도박, 운동, 힘, 건강, 전쟁, 테러, 프로이트의 이드(터무니없는 탐욕이나 욕망 차원의 감정, 분노, 폭력적 감정)에 해당하는 개인적 수준의 감정, 속도감 있는 것.

물 : 깊은 감정(자비, 신념, 충성, 헌신)과 차원 높은 사랑, 우정, 동업관계, 애정, 계약협상, 아름다움, 휴식, 회복, 명상, 영성, 상처치유, 성장회복, 출산, 자녀, 집, 수용성, 가족, 수영, 다이빙, 낚시, 선조, 의약, 병원, 동정, 의사, 간호, 천리안.

위에서 목록 일부는 몇몇 원소와 겹친다. 예를 들면 집은 흙과 물에 겹쳐 나온다. 이것은 실수가 아니라 용어를 좀 더 정밀하게 정의하기 위함이다. 흙 원소에서 집은 당신이 사는 집의 구조나 건물을 언급하며 물 원소에서 집은 가정생활과 삶의 질 즉 사랑, 안정, 지지 등을 언급한다.

이 리스트에 다른 항목들을 추가할 수 있으며 바람직한 일이다. 항목을 추가하려면 먼저 4원소가 당신에게 상징하는 것이 무엇인지 정밀하게 정의해야 한다. 위의 목록을 발판으로 많은 항목을 추가할 수 있다. 아울러 목록에 기록된 항목들은 고정된 것이 아니므로 원한다면 목록에서 삭제할 수도 있으며, 다른 원소의 성질을 가지는 것으로 분류할 수도 있다. 그럴 경우 자신이 옳다는 것을 확신해야 한다. 위의 리스트는 탈리스만이나 애뮬릿을 만드는 데 사용된다.

시험에 도움이 필요하면 공기 탈리스만을 만든다. 사랑이 필요하면 물 탈리스만을 만든다. 가정생활에 분노나 격렬한 감정이 존재한다면 불 애뮬릿을 만든다. 돈이 필요하다면 흙 탈리스만이 효험이 있다.

만들려고 하는 탈리스만과 애뮬릿에 해당하는 원소를 알았으므로 다음은 저급 마법 탈리스만과 애뮬릿을 만드는 방법을 알아야 한다. 고급 마법을 하든 저급 마법을 하든 자신이나 타인에게 영향을 주는 회색마법을 하려 한다면 늘 신성 점을 치고 시작한다. 이것은 너무도 중요한 일이므로 반드시 지켜야 한다.

카르마, 즉 원인과 결과의 법칙은 모든 사람이 구속되어 살아가는 법칙이다. 우리의 행동은 원인이 되어 나중에 결과로 온다. 저급 마법 수행자들은 '뿌린 만큼 거둔다' 라는 카르마 논리에서 한 발짝 더 나가서 무엇을 하든 그것은 세 곱이 되어 돌아온다고 말한다. 이 삼중(三重, threefold) 법칙은 좋은 일을 하면 좋은 결과가 세 배로 돌아오고 나쁜 짓을 하면 나쁜 결과가 세 배로 돌아온다는 의미다. 카르마는 여러 삶으로 이어지고 자살이나 죽음이 카르마를 없애지 못한다.

예를 들어 사업에 돈이 필요하다고 하자. 돈을 목적으로 탈리스만을 만들었는데 그만 부모가 사고사를 당하여 당신은 갑자기 유산을 받게 된다. 그러나 당신이 만든 탈리스만이 부모의 죽음에 원인일 수 있다. 그러므로 당신의 마법은 흑마법이 되었다.

카르마는 도덕 차원을 너머 초도덕적인 차원이다. 완전한 정의를 의미한다. 중력의 법칙에 예외가 없듯이 카르마 법칙에 예외가 없다. 의도하였든 아니든 흑마법을 행한다면 곧 대가를 받게된다. 그러므로 결코 흑마법을 행하지 말 것을 권고한다. 내가 어떤 도덕적 근거(비록 윤리적으로 흑마법에 반대하지만)로 말하는 것이 아니라 자기보호를 위해서 말하는 것이다.

위의 사례에서 회색마법이 흑마법으로 될 것인지 아닌지 알 수가 없다. 그러므로 첫 번째로 탈리스만을 사용하는 것이 좋은 생각인지 아닌지 그리고 그 결과가 어떠할 것인지 미리 신성 점을 쳐야 한다. 우연히 흑마법이 되어 그 결과를 받아야 하는 상황을 신성 점을 통하여 피할 수가 있다. 그러므로 '회색마법을 하기 전에 늘 신성 점을 쳐라.'

저급 마법의 탈리스만이나 애뮬릿을 만들기 위한 다음 단계는 이들을 위하여 사용될 적당한 물체를 찾는 일이다. 앞에서 4원소와 관련한 탈리스만을 만들기 위하여 4원소와 대응하는 여러 물체들이 주어졌지만 다른 것이 사용되어도 좋다. 붉은 색으로 칠한 바위는 불을 상징할 수 있다. 목걸이나 반지도 사용될 수 있다.

한 시간 동안 동전을 냉장고에 넣어두었다가 왼손으로 꺼내서 오른손 위에 놓는다. 냉장고에서 처음 꺼냈을 때보다 동전은 점점 따뜻해진다. 동전으로 열에너지가 주입된다. 이와 마찬가지로 세상의 모든 것은 다양한 형태의 사이킥 에너지로 채워져 있다. 아마 휴가를 가서 최고급 호텔에 묵은 적이 있을 것이다. 그런데 허름한 당신의 방보다 객실이 스산하고 불편하게 느껴지는 경우가 있었을 것이다. 이것은 당신의 사이킥 에너지가 객실에 스며

들지 않았기 때문이다. 새 집이 당신의 집이 되기 위해서는 여러 날 혹은 여러 달이 걸릴 수도 있다. 작은 물체도 심지어 주변으로부터 사이킥 에너지를 충전한다. 그러므로 어떤 물체를 탈리스만이나 애뮬릿으로 사용하기 전에 알거나 알지 못하는 사이킥 에너지를 정화하는 것이 필요하다.

정화는 쉽다. 사용할 물체를 흐르는 물 속에 둔다. 수도꼭지에서 나오는 물이나 호스에서 나오는 물을 이용할 수도 있으며 전통적인 방법으로 시냇물에서 할 수도 있다. 흐르는 물과 함께 물체 안의 모든 에너지가 씻겨져 나가는 것을 심상하면서 약 3분간 물에 둔다. 바다에서는 파도 때문에 물체로 에너지가 다시 돌아올 수 있으므로 여기서는 하지 않는다.

물체가 흐르는 물속에서 사용하기가 적당하지 않으면 최소한 30분간 땅속에 묻어둔다. 그러나 하룻밤 정도 묻어두는 것이 바람직하다. 자연의 여신은 원하지 않는 에너지를 정화할 자연 능력이 있다. 이제 우리는 정화되어 충전 준비가 된 물체를 가진다.

고대 페이건들은 낮에는 일에 바빠서 마법을 실행할 수가 없었고 휴일은 휴식을 위한 축제가 있었다. 그래서 밤에 저급 마법을 하는 것이 전통이 되었다.

저급 마법을 행하는 최고의 날과 장소는 다음과 같다.

첫째, 바깥에서 달을 볼 수 있는 청명한 날

둘째, 바깥에서 달을 볼 수 없는 날

셋째, 안에서 달을 볼 수 있는 날

넷째, 안에서 달을 볼 수 없는 날

여신을 상징하는 달은 모든 종류의 마법의 핵심 열쇠로 간주되었다. 달의 모양은 마법 실행을 결정하는 안내자다. 달이 차는 초승달에서 보름까지는 무엇인가를 끌어당기는 마법을 한다. 그러므로 탈리스만이 제작되어야 하는 시기이며 달의 힘은 보름달이 가장 높다. 반대로 애뮬릿은 달이 기울어지는 보름 다음날에서 그믐날까지에 만들어져야 한다. 이때 달의 힘이 가장 강한 날은 달이 보이지 않는 그믐이다.

아픈 사람을 돕기 위한 탈리스만을 원한다면 달이 차는 기간 동안 건강을 위한 탈리스만을 만들 수 있다. 달이 기우는 기간이면 질병을 떠나게 하는 애뮬릿을 만들 수 있다. 달의 단계를 결정하고 탈리스만을 만들 것인지 아니면 애뮬릿을 만들 것인지 결정한다.

달이 어떤 단계에 있는지 알고 싶으면 어스트랄러지 달력이나 신문에서 그 정보를 얻을 수 있다.

과거나 지금이나 페이건들은 자신들에게 부가되는 타인들의 도덕적 잣대를 좋아하지 않는다. 독립성과 자유의 표시로 저급 마법 실행자들은 하늘 아래 벌거벗고 마법을 행하는 것을 좋아한다. 이것은 주변 사람들에게 문제를 야기할 수 있다. 그러므로 벌거벗고 마법을 실행하기 어렵거나 내키지 않으면 특별히 마법을 위해 준비된 옷이나 로브만 입고 행한다.

작은 제단을 준비하는데 작은 탁자나 의자, 나무 그루터기, 평평한 바위를 사용할 수도 있다. 제단 뒤에 서면 동쪽이 아니라 북쪽을 향하도록 제단을 위치시킨다. 제단 위에 탈리스만이나 애뮬릿으로 사용하려는 물체를 둔다. 좋아한다면 적당한 색깔의 초와 향을 놓는다. 이제 물체를 충전하여 강력한 마법 도구로 만들 준비가 되었다.

더 나가기 전에 먼저 신성 점을 쳤는지 생각하고 아직 안했으면 지금 한다. 신성 점을 칠 때 질문은 "_____목적으로 탈리스만(혹은 애뮬릿)을 만드는 데 있어 결과는 어떠합니까?" 형식으로 한다.

다음 마법 의식은 말보다는 주로 마음의 작용이다.

1단계 : (1) 자신과 주변을 정화한다. 찬란히 빛나는 백광(어떤 사람은 자주색을 말한다)이 우주의 끝에서 와서 머리 위를 통하여 아래로 내려와 발을 통하여 지구로 흘러들어가는 것을 심상한다. 이것을 심상하면서 그 빛이 당신 내면과 그리고 의식적으로 혹은 무의식적으로 마음에 있을 수 있는 모든 문제와 불순함을 쓸어 내려감을 느낀다. 다음에는 밝게 빛나는 백광이 가슴 높이에서 정화된 자아 주변을 둘러싸고 있는 것을 심상한다. 마음의 눈으로 그 빛이 확장되어 점점 더 큰 원(직경이 91 혹은 152, 213 혹은 274cm)으로 형성되는 것을 보라. 원의 크기는 당신이 사용하는 공간에 달렸다. 마지막으로 이 원이 사방에서 당신을 둘러싸게끔 위 아래로 확장시킨다. 당신은 밝게 빛나는 하얀 구체 중심에 있게 된다.

(2) 좀 더 의식이 필요하면 위의 내용에 아래 의식을 혼합할 수 있다. 의식이 중요하지 않다고 생각하면 아래 의식은 무시해도 좋다. 막대 향과 작은 소금 접시 그리고 또 다른 작은 물그릇을 준비한다. 향을 피워 앞으로 오게끔 잡는다. 그리고 다음을 말한다. "보소서! 이것은 불과 공기의 합일입니다." 다음에는 소금을 세 웅큼 집어 물에 넣는다. 그리고는 소금이 든 물을 들어 올려서 말한다. "보소서! 이것은 물과 흙의 합일입니다."

막대 향을 들고 원의 북쪽으로 간다. 향을 앞으로 오게 잡고 말한다. "나는 불과 공기로 북쪽을 정화합니다." 시계방향으로 돌아 동쪽으로 가서 향을 잡고 말한다. "나는 불과 공기로 동쪽을 정화합니다." 같은 방식으로 남쪽과 서쪽에서 하고 북쪽으로 돌아오면 원이 완성된다. 제단으로 돌아가서 향을 놓고 소금이 든 물그릇을 집어 든다.

원의 북쪽으로 가서 손을 소금물에 담근 뒤 북쪽을 향하여 세 번 뿌리면서 말한다. "물과 흙으로 북쪽을 정화합니다." 동쪽으로 가서 같은 식으로 세 번 뿌리면서 말한다. "물과 흙으로 동쪽을 정화합니다." 같은 방법으로 남쪽 그리고 서쪽으로 해서 북쪽에 와서 원을 완성하고 제단에 돌아온다.

다시 향과 소금물 뿌리는 앞의 전 과정을 되풀이한다. 이때는 '정화합니다' 라는 말 대신 '축성합니다' 라는 말을 사용한다. 즉 "나는 불과 공기로 북쪽을 축성합니다" 로 말한다.

다시 한 번 말하지만 두 가지 다 할 수도 있고 둘 중 어느 하나를 해도 된다. 반드시 둘 다 할 필요는 없다,

의식 마법이나 카발라를 암시하는 것은 무엇이든 병적으로 싫어하면서도 펜타그램 소 결계 의식으로 자신 주변을 정화하는 페이건들도 있다. 그들이 펜타그램 소 결계 의식을 하는 것이 잘못은 아니지만 고대로부터 내려오는 위카의 가르침은 아니다. 마법을 하는 사람들은 모든 가능성에 열려 있어야 한다. 카발라를 비난하면서도 카발라 방법을 사용하는 사람들은 이런 위선에 대한 자신들의 동기를 생각해봐야 한다.

2단계 : 다음 단계는 '달 잡기' 다. 방법은 손 안으로 달이 가지고 있는 마법 힘의 에센스를 가지고 와서 탈리스만(혹은 애뮬릿)에 그 속성을 집어넣는 일이다. 달을 잡기 위하여 다음 그림을 참조한다. 즉 엄지를 붙이고 검지는 엄지와 60도 각도로 벌려 삼각형을 만든다. 엄지는 삼각형 밑변이 되고 검지는 두 변을 구성하며 이 모양은 '삼각형 현시(The Triangle of Manifestation)' 로 불린다.

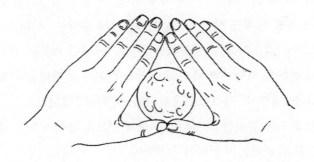

이 삼각형에 둘러싸인 달을 볼 수 있도록 '삼각형 현시' 자세를 취한다. 달을 볼 수 없는 상황에 있다면 마음으로 달이 있다고 상상한다. 달을 바라보게 되면 진짜 달 옆으로 또는 위치를 달리하여 두 번째 달이 나타난다. 두 번째가 달이 가진 마법 힘의 에센스다. 두 번째 달을 볼 수 없을지라도 달이 거기에 있음을 아는 것만으로 충분하다.

3단계 : 한 번에 두 가지를 해야 한다. 두 번째 달에 집중하면서 천천히 손을 내려 탈리스만(혹은 애뮬릿)으로 사용될 물체로 향한다. 이때 두 번째 달 이미지를 계속 유지하여야 하며 마음속으로 탈리스만(혹은 애뮬릿) 목적에 가장 잘 어울리는 단어나 짧은 문장을 되풀이하여 말한다. 예를 들면 '건강' 이란 단어는 '감기를 극복하고 건강을 회복하기 바랍니다' 라는 목적에 사용될 수 있다. 문장은 4단어 이내로 한정시킨다.

이것을 하면서 손에 있는 삼각형으로 탈리스만(혹은 애뮬릿)을 감싼다. 이때 당신의 의지에 의하여 달의 에너지가 주입된다.

얼마 후 새로운 기분을 경험하게 된다. 손 안이 갑작스럽게 밝아지는 것을 느끼는 사람도 있고 에너지의 유입을 경험하는 사람도 있다. 정도의 차이는 있지만 대다수는 이런 기분을 경험한다. 이 변화를 경험하면 즉시 손바닥을 치거나 손가락을 부딪쳐 딱 소리를 내면서 "이것으로 충전되었습니다"고 말한다.

당신 의지와 합쳐진 달 에너지가 물체 안으로 들어가 힘을 부여하였으므로 물체는 충전되어 작동한다.

4단계 : 의식을 끝내기 위하여 충전 의식에서 당신을 도왔던 우주의 힘에 감사를 표하고 '우주의 힘이 머무는 장소'로 돌아가도록 지시하는 일이다. 이때에는 규정된 문장은 없고 자신이 적당한 문장을 만들어 하면 된다.

탈리스만(혹은 애뮬릿)을 사용하여 목적을 완성했으면 물체에 남아 있는 에너지를 방전할 필요가 있다. 방법은 전처럼 흐르는 물속에 잠시 둔다거나 땅속에 묻어둔다. 이것은 다른 목적을 위한 탈리스만(혹은 애뮬릿)으로 다시 충전되어 사용될 수 있다. 가능하면 물체를 태워서 재로 만들어서 공중으로 날려 보내거나 물에 버린다. 찾을 수 없는 땅 속에 묻거나 흐르는 물 속에 두어도 된다.

한 번에 같은 목적을 가진 여러 탈리스만(혹은 애뮬릿)을 충전할 수 있다. 그러나 한 번에 다른 목적을 가진 여러 탈리스만(혹은 애뮬릿)을 충전하는 것은 좋은 방법이 아니다.

탈리스만(혹은 애뮬릿)을 사용할 때 가까이에 두는 것이 좋다. 타인을 위하여 만들었다면 가까이 두도록 알려준다. 당연히 충전 전이나 건네주기 전에 그들의 허락을 얻었어야 한다. 아울러 목적을 완수한 후에는 반납하거나 파괴할 것을 알려주어야 한다.

잠재의식은 부정적으로 생각하지 않는다. '담배를 끊기'위한 탈리스만(혹은 애뮬릿)을 만드는 대신 '담배로부터 해방'을 위한 탈리스만(혹은 애뮬릿)을 만들어라.

탈리스만(혹은 애뮬릿)을 만들면서 유효기간을 설정할 수 있다. 충전할 때 목적 완수에 필요한 기간을 설정했다면 그날까지 목적을 이루지 못하더라도 사용한 목적물을 정화하거나 파괴시킨다. 그리고 결과가 일어나는지 지켜보기 위하여 2주일 정도 기다린다. 여전히 결과가 없으면 무엇이 잘못되었는지 원인을 분석하고 다시 시작한다. 화학물질은 늘 같은 방식으로 화학반응을 하는데, 그렇지 않다면 실험자가 실수를 한 것이다. 마찬가지로 마법은 늘 작동하는데 그렇지 않다면 당신이 실수를 했을 것이다. 과학자가 화학실험 내용을 쉽게 받아들이면서 마법 수행 결과를 반박하는 것은 흥미로운 일이다.

일단 충전을 하였으면 충전 결과에 대해서는 염려하지 말고 잊어버린다. 잠재의식이 마법 과정에 중요한 역할을 한다. '창조적

심상'에서 보았듯이 아스트랄계에 부정적인 창조를 하게 되면 마법의 효과는 떨어진다.

탈리스만(혹은 애뮬릿)이 충전되어 효력이 있을 것임을 확신한다. 똑같은 목적에 사용하기를 원한다면 목적물을 정화하지 않고 한 달에 한 번 재충전할 수도 있다.

집의 보호 애뮬릿으로 작은 조각상이나 예술품이 사용될 수 있다. 이것은 최소한 6개월마다 재충전되어야 하나 한 달에 한 번이 바람직하다. 충전하여 문 앞에 두면 된다. 색깔 있는 바위도 쓸 수 있다(역주 : 탈리스만과 비교되는 것이 충전과 상관없이 특정한 힘이 부여되어 있는 것으로 알려진 펜타그램, 헥사그램, 원 같은 상징이다. 이것에 힘이 존재하는 이유는 무엇인지 생각해볼 문제다. 어떤 가르침에 의하면 이들 상징은 상위의 힘을 이끌어내는 장치며, 이 힘을 사용하기 위해서는 사용자의 의지가 작동되어야 한다고 한다. 예를 들면 아파트 현관문(상위 계)을 열기 위하여 열쇠가 필요하고, 이 열쇠는 문을 여는 장치며 열쇠구멍에 넣고 돌리는 행위는 사용자의 의지다. 만약 다른 열쇠를 가지고 문을 열려고 시도한다면 어떤 강한 의지가 작동하더라도 문은 열리지 않을 것이다. 신의 이름이나 천사 이름을 통하여 상위의 힘과 연결되듯이, 그리고 특정 만트라를 사용하여 상위 에너지와 동조되듯이 이들 상징은 그 자체로 의미가 있다고 한다).

제 4 편

다시 관심을 카발라 마법으로 돌리자. 앞 편에서 보았지만 페이건 체계를 사용하여 탈리스만(앞으로는 애뮬릿을 부기하지 않더라도 특별한 경우가 아니면 탈리스만과 애뮬릿을 의미함)을 만들고 충전시키는 것은 아주 쉽다. 준비할 것도 별로 없다. 카발라 체계로 탈리스만을 만드는 일은 시간도 많이 걸리고 생각도 많이 해야 한다. 좀 더 정밀함을 요구하며 개인적으로 나는 이 일을 즐긴다. 개인 경험이지만 카발라 체계에 따라 만들어지고 충전된 것은 더 많은 시간과 노력이 필요하지만 효력은 좀 더 강하다. 그러나 이것은 카발라에 대한 나의 편애 때문이라고 생각한다. 카발라 탈리스만이 저급 마법 탈리스만보다 효력이 더 있다거나 또는 없다고 말할 수는 없다. 차이점은 의식을 수행하는 사람에게 달려 있다.

카발라 탈리스만이 저급 마법 탈리스만보다 더 많은 시간과 노력이 요구되지만 그렇다고 만들기에 어려운 것은 아니다. 단지 시간과 좀 더 생각이 필요할 뿐이다. 여기에 주어지는 지침을 따른다면 만들어서 충전시키는 데 문제는 없을 것이다.

A.D. 70년 두 번째 성전이 파괴되기 전에 카발라 탈리스만은 값비싼 금속을 가지고 목걸이나 옷에 부착할 수 있는 형식으로

만들어졌다. 그러나 가장 일상적인 탈리스만은 길고 좁은 양피지로 된 두루마리 형태였다. 이것은 감아서 가죽이나 천 혹은 금속(일반적으로 은) 용기에 보관되었다.

월리스 버지(Wallis Budge)는 자신의 저서 《탈리스만과 애뮬릿》에서 '완벽한' 카발라 탈리스만과 애뮬릿에 대하여 설명한다. 그러나 완벽한 탈리스만과 애뮬릿은 결코 존재하지 않았다. 버지는 여러 고대 카발라 탈리스만과 애뮬릿을 조사하고 이들 모두에게 공통적인 것을 나열하였는데 이상적인 카발라 탈리스만과 애뮬릿은 다음 네 가지 요소를 가지고 있다고 주장하였다.

1. 적당한 마법 이름
2. 적당한 성경 구절
3. 인보케이션 형식은 아니나 성질상 비슷한 기도문
4. 단어 '아멘(Amen)'과 '셀라(Shlah)' (역주 : 구약 시편에 자주 나오는 뜻이 분명치 않은 히브리어)가 각각 세 번 반복된다.

《헤이스팅즈 백과사전(Hastings Encyclopedia)》에서 가스터(Gaster)는 고대 탈리스만과 애뮬릿은 다음 방식으로 제작되었다고 말한다.

1. 양피지가 준비되어야 한다.
2. 마법 이름은 히브리 구약성경에 나타나는 것처럼 정확하게 기록되어야 한다.

3. 마법 이름 이외에 탈리스만과 애뮬릿에 사용되는 문자는 히브리 정방형 문자로 기록되어야 한다(역주 : 구약성경은 고대 히브리어로 기록되었으며 B.C 4세기에서 2세기 사이에 고대 히브리 문자가 정방형 문자로 바뀌게 된다. 우리가 지금 보는 문자는 정방형 문자다).

4. 문자는 서로 부딪치지 말아야 한다.

5. 순수한 마음과 단식 상태에서 제작되어야 한다.

6. (단단하게 감아서) 가죽이나 천에 싸여 보관되어야 한다.

7. 몸에 지니거나 옷에 부착되어야 한다.

8. 탈리스만과 애뮬릿을 만들면서 기도문을 말해야 한다.

가스터는 이 밖에도 많은 정보를 자세히 설명하나 우리 공부에 필요한 것은 아니다. 알아야 할 것은 고대 카발라 탈리스만과 애뮬릿을 만드는 과정에서 사람들이 기울인 시간, 관심, 노력 그리고 신에 대한 헌신이다.

초기 카발라 신봉자들은 아무런 토대 없이 신비 체계를 창조하지는 않았다. 초기 카발라 탈리스만이 속성상 히브리 문화를 띠고 있지만 많은 것이 초기 페이건 사상에서 근거한다. 초기 카발라 탈리스만은 오늘날 만들어지는 탈리스만처럼 그렇게 특별하지 않았다. 사실 고대 카발라 탈리스만이 만들어진 이유는 대략 여섯 가지였다.

1. 일반적으로 이익과 축복을 목적으로 만드는 경우

2. 건강 증진

3. 저주, 흑마술, 독살 등으로부터 보호 목적

4. 유산 방지

5. 다산

6. 출생시 산모와 태아 보호

앞에서 말했듯이 카발라는 고정된 체계가 아니라 과거 수천 년 간 발전되어온 체계이다. 이런 변화성 때문에 탈리스만의 목적에 맞는 깊이 있고 다양한 주제를 선택할 수 있다. 또한 일단 제작할 탈리스만의 목적을 알면 간단한 방식에 따라 탈리스만에 사용되는 상징과 시길을 그릴 수 있다.

충전할 재료를 선택하는 문제로 걱정할 필요가 없다. 값비싼 금속이 가끔 사용되었지만 오랜 세월 동안 사용해온 재료는 양피지 (한 번도 사용한 적이 없는 것)였다. 양피지는 질기고 튼튼해서 씻고 여러 번 다시 사용할 수 있었다. 사용한 양피지는 여러 사이킥 에너지를 함유할 수 있기 때문에 사용하지 않은 양피지를 사용한다. 양피지는 또한 목적을 성취하고 나서 파괴하기도 쉬웠다.

오늘날 진짜 양피지는 아주 비싸고 구하기도 힘들다. 반면 모조 양피지는 거의 모든 문구점에서 취급한다. 양이나 염소 가죽으로 만들어진 순정 양피지를 원한다면 오컬트 가게에서 구할 수 있다. 그러나 왜 순정 양피지를 구하려 하는가? 고대 중동지방에서는 목재가 아주 구하기 힘든 물건이었다. 양피지는 강하고 재활용이 가능한 글쓰기 도구였고 역사 초기에 종이의 기본 형태였다. 오늘날 마법사들이 미학적 이유 말고는 사용하지 않은 하얀 종이(재생 종이는 안 됨)를 사용하여도 문제는 없다. 원하면 모조 양피지를 구하여 사용할 수도 있다. 나는 종이 재료를 사용한다.

우리는 여기서 옛날 방식인 긴 두루마리 모양의 종이를 사용하지 않는다. 오늘날 카발라 탈리스만은 옛날 것보다 많이 작으면서 더 많은 상징으로 채워져 있다. 크기가 5×10cm 되게끔 종이를 준비하고 이것을 반으로 접는다. 그러면 앞면에 두 개 뒷면에 두 개 전부 네 개의 정사각형(5×5cm)을 얻을 수 있다. 이 네 개의 면에 상징과 단어를 채운다. 상징과 단어는 주로 카발라 생명나무에서 가지고 온다. 방법을 보도록 한다.

탈리스만 마법과 세피로트

케테르(Keter) : 모든 것의 기본이 되는 발명, 전파(전자, X-레이, 레이더, 라디오, 텔레비전 등), 특별한 것들, 우주비행선, 먼 미래, 아이디어.

호흐마(Chochma) : 라디오, 텔레비전, 필름, 초감각, 사이킥한 것들, 발전기, 자력, 정전기, 로켓, 불꽃놀이.

비나(Binah) : (새턴[토성]) 빌딩, 노인, 장례식, 의지, 윤회, 질병과 역병, 파괴, 종결과 죽음, 계획, 부채, 부동산, 상속, 발굴, 광산, 나무와 종이, 용해, 비료, 골동품, 콘크리트, 시험공부, 아스트랄계에 익숙해짐, 가정, 신비지식을 얻는 것.

헤세드(Hesed) : (주피터[목성]) 투기, 도박, 재산 획득, 풍족함, 성장, 은행가, 리더십, 야망, 성공, 우정 획득, 건강 획득, 명예 획득, 행운 얻기, 법칙, 물질주의, 돈, 확장.

게부라(Giburah) : (마스[화성]) 갈등, 사냥, 군사적 성공, 에너지, 활력, 치과의사, 외과의사, 수술, 이발사, 고깃간 주인, 경찰, 군인, 전쟁과 관련한 모든 것, 공격, 육체적 힘, 용기, 정치, 토론, 체육, 경쟁, 사람, 탐욕.

티페레트(Tiferet) : (썬[태양]) 우정 획득(좀 더 친밀한 우정), 건강 획득, 조화 창조, 행운 창조, 금전 획득, 후원 획득, 평화 획득, 잃은 재산을 찾음, 전쟁 방지, 젊음을 다시 찾음, 모든 종류의 우월성, 광명(깨달음), 즉각성, 근로자, 승진, 노동, 세계 지도자, 신성의 힘.

네차흐(Netzach) : (비너스[금성]) 아름다움, 우정 키움, 사랑 획득, 즐거움 보장, 미술, 음악, 파티, 사치, 보석, 향, 향수, 동업자 관계, 여성.

호드(Hode) : (머큐리[수성]) 사업 성공, 시험 성공, 점, 타인에게 영향력, 연극 성공, 작가, 단기여행, 글쓰기, 학교, 기초의학, 응용, 통계학, 가르침, 예측, 자기개선, 독신, 마음, 의사소통, 학습.

예소드(Yesode) : (문[달]) 아스트랄 여행 지식, 안전 여행, 화해 성취, 음식, 특히 야채와 밀가루, 태아와 유아, 우유와 낙농품, 전쟁 방지, 가정, 가족, 요리, 천리안, 꿈, 바다, 농업, 약초, 허브.

목록을 보고 여러 항목이 어떻게 생명나무 세피라와 관련되는지 조사한다. 목록에 없는 것이 있다면 추가로 넣을 수도 있다. 예를 들면 미식축구를 기부라에 넣는 것을 고려할 수 있고, 시인을 호드보다는 네차흐에 포함시키는 것을 생각할 수 있다.

우리가 좋은 우정을 얻기 위한 탈리스만을 원한다고 하자. 목록을 보면 우정은 티페레트와 관련됨을 알 수 있다. 3장에 나오는 '생명나무 세피라와 대응물'에서 탈리스만 위에 사용될 수 있는 다음 목록을 얻을 수 있다. 이들은 모두 티페레트와 대응하는 것들이다.

티페레트 : 아름다움, 황금색(혹은 노랑색), 올리바눔향, YHVH 엘-오-아 브다-아트, 가슴, 태양, 토파즈, 라파이엘, 신의 의사, 말라힘, 메신저, 루아흐, 지성, 바브, 피닉스, 해바라기, 왕 등

목록만으로 충분해 보일 수 있지만 여기에 사용할 것이 더 있다. 예를 들면 수비학(數秘學) 체계를 사용하여 상징하는 숫자를 도출할 수 있는데, 아래는 오늘날 가장 많이 사용하는 것으로 피타고라스 체계로 알려져 있다.

1	2	3	4	5	6	7	8	9
a	b	c	d	e	f	g	h	i
j	k	l	m	n	o	p	q	r
s	t	u	v	w	x	y	z	

a와 j, s는 세로로 나열되어 있으며 숫자 1과 같다. b, k 는 2와 같다. 이런 식으로 숫자와 영어 알파벳이 배열되어 있다. 우리의

탈리스만을 만들기 위하여 위의 피타고라스 체계에 따라 우정
(friendship)을 숫자로 나타내보자.

f r i e n d s h i p

6+ 9+ 9+ 5+ 5+ 4+ 1+ 8+ 9+ 7 = 63   6+3= 9

합산한 숫자가 9보다 크면 한 자리 숫자를 얻기 위하여 결과로
나온 한 자리 숫자들을 합한다(여기서는 63은 9보다 크므로 6과 3
을 합친 9를 사용한다). 이것은 '신지학 감산(Theosophical
Reduction)'이라 불린다. 여기서는 9가 '우정'을 대표한다.

문자에 근거한 카발라 체계는 아래와 같다(역주 : 히브리 알파
벳 22개 문자마다 고유한 숫자가 있으며 여기 표는 히브리 알파
벳 순서와 그 고유한 숫자에 따른 표다. 예를 들면 첫 번째 문자
알레프는 음가가 a이고 숫자는 1이다. 두 번째 베트는 음가가 b이
고 숫자는 2이다. 열 번째 문자 요드는 음가가 j, i, y 이고 숫자는
10이며 이것은 1+0=1이 된다. 숫자에 여러 음가가 나열된 것은 아
홉 개의 숫자에 많은 음가를 배열했기 때문이다. 예를 들면 히브
리 문자 '눈/Nun'은 음가가 n이고 숫자는 50이다. 50은 5+0=5이
므로 'n'은 5가 된다. 이런 식으로 음가와 숫자가 배열되어 있다.
히브리 문자를 영어 알파벳으로 표시하여 숫자값을 부여한다).

1 = a, j, i, y.

2 = b, c, k, r, q (여기서 'c'는 단어 'cat'에서처럼 'k'로 발음되
는 음)

3 = g, l, s, ch, sh

(여기서 's'는 단어 'sugar'에서처럼 '쉬/sh'로 발음되는 음)

4 = d, m, t.

5 = e, n, h.

6 = s, u, v, w, c (여기서 's'는 단어 'sea'에서처럼 's'음이며 'c'는 단어 'cent'에서처럼 's'로 발음되는 음)

7 = o, z, s, x (여기서 's'는 단어 'scissors'에서처럼 'z'음이며 'x'는 단어 'xylophone'에서처럼 'z'음이다)

8 = p, f, x, h (여기서 'h'는 독일어 'ach'에서처럼 'h'음이며 영어에는 거의 볼 수 없는 음이다.)

9 = th, tt, s (여기서 's'는 단어 'switch'에서처럼 'w'앞에 오는 's'음이다.

우정(friendship)을 이 체계에 따라 숫자 가치를 부여해 보자.

f r i e n d s h i p

8+ 2+ 1+ 5+ 5+ 4+ 3+ 1+ 8 = 37   3+7 = 10   1+0= 1

여기서 보면 한 자리 숫자를 만들기 위하여 두 번의 감산(3+7, 1+0)이 일어난 것을 볼 수 있다. 그러나 예외가 있는데 합산한 숫자가 11, 22, 33인 경우다. 수비학에 대한 책들은 자세하게 이들 '마스터 넘버(master numbers)' (역주 : 이들 수는 다른 수보다 특별한 잠재성을 소유한다고 한다. 11은 깨달음, 잠재의식에 통로, 통찰력, 민감성을 상징하며 2(1+1)가 상징하는 카리스마, 리더십, 영감을 포함한다. 22는 가장 강력한 숫자다. 꿈을 실제로 만드는 능력을 상징하며 4(2+2)가 가진 실용성과 조직성을 포함하며 거대한 이상, 계획, 리더십, 자기 확신을 상징한다. 33은 가장 큰 잠재성을 가진 수며 33은 11과 22의 잠재성을 가진다. 높은 수준의 헌신. 이타적 헌신, 아바타, 사랑 대 스승 등을 상징한다)에 대하여 설명을 한다.

위의 카발라 체계에 의하면 우정은 숫자가 '1' 이 된다.

탈리스만을 만드는 데 사용하는 다른 체계로는 현대 오컬리스트며 미술가인 오스틴 오스만 스페어(Austin Osman Spare)가 만든 것이 있다. 이 체계는 스페어의 아이디어에서 유래한다. 방법은 영어 알파벳의 모음을 제거하고 남아 있는 문자를 상징을 만들기 위하여 합체한다. 다음은 'Woman' 이라는 단어를 상징으로 만드는 과정이다.

W – M – N XXXX
W O M A N   W OMAN

다음은 'Friendship' 을 상징으로 만드는 방법이다.

방법을 보면 알겠지만 문자는 각을 이루며 'p' 처럼 옆으로 누울 수도 있고 'r' 처럼 과장되어 나타날 수도 있다. 상상력을 사용한다면 멋지고 예술적이며 다소간 복잡한 상징을 만들 수 있다.

또 다른 방법으로는 다음에 보이는 표에 근거하여 만드는 일이다. '신비 장미십자가(Hermetic Rose Cross)' 라 불리는 것으로 황

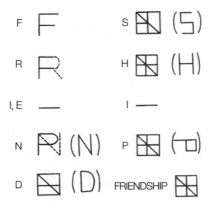

금새벽회가 사용하는 핵심 상징이다. 그림을 보면 이상한 문자가
보이는데 이것은 히브리 문자다. 여기에 문자 배열은 세페르 예
치라(창조의 서)에서 주어지는 문자설명 순서에 따라서 배열되었
다(역주 : 이 책에서 22 히브리 문자를 창조 과정에 의거하여 3모

자(母字), 7복자(複字), 12단자(單字)로 배열한다. 3모자는 말 그대로 모든 것의 어머니를 상징한다. 여기서 7복자가 나오고 이어서 12단자가 나왔다. 3과 7, 12가 무엇을 상징하는지 생각해볼 문제다. 카발라에서 신은 생명나무 열 개의 세페로트와 22개 문자로 모든 것을 창조하였다고 한다).

히브리 문자를 영어로 표시한 그림이 다음 페이지에 있다.

탈리스만에 사용할 시길을 만들기 위하여 이 그림을 이용할 수 있다. 얇은 종이를 그림 위에 대고(그림이 비쳐보일 수 있는 반투명한 종이) 시길로 만들고 싶은 단어의 첫 번째 문자를 찾아서 작은 원을 그린다. 두 번째 문자를 찾아서 첫 번째 원에서 직선을 긋는다. 이런 식으로 해당되는 문자를 찾아 선을 긋고 마지막 문자는 끝을 표시하기 위하여 수평으로 작은 선을 그린다. 단어에 같은 문자가 연속으로 오면(happy에서 'pp') 다음 페이지 그림에서처럼 고리 모양으로 연결한다. 선은 서로 가로질러도 된다.

다음 그림은 'friendship'을 그린 예이다.

지금까지 우리가 배운 여러 방법을 사용하여 우정(friendship)을 위한 멋진 탈리스만을 만드는 것이 가능하다. 우리가 필요한 것은 네 개의 사각형 용지에 우리가 지금까지 선정한 여러 항목들을 채우면 된다. 선정된 모든 것을 사용할 필요는 없으며 아울러 우리가 선정한 항목에 묶일 필요도 없다.

그림은 우리가 만든 항목으로 탈리스만을 만든 예이다. 첫 번째 종이에 심장(하트♡)과 히브리 문자 바브(ו)와 영어로 발음나는 대로 적은 바브(Vahv)와 루아흐(Ruach) 그리고 지성(Intellect)

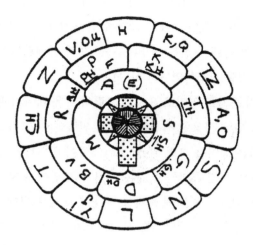

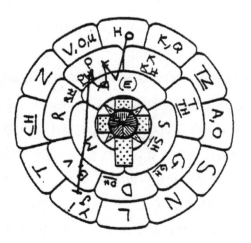

행복

이 나온다. 두 번째 종이는 전체가 노란색으로 되어 있다. 중심에는 12황도의 태양을 의미하는 심볼(원과 그 중심에 점이 하나 있음)이 있고, 신의 이름 요드-헤-바브-헤 엘-오-아 브다-아트(YHVH El-oh-ah V dah-aht)와 신의 의사인 대천사 라파이엘(Raphael)이 나온다.

세 번째 종이에는 세피라 이름인 티페레트(Tiferet)와 그 의미인 미(beauty)가 있고, 천사인 말라힘(Malacheem)과 그 의미인 메신저(Messengers)가 나온다. 중심에는 오스틴 오스만 스페어 방식으로 만든 상징이 위치한다. 네 번째 종이에는 우정의 숫자인 9와 1이 사용되고 중심에는 신비 장미십자가로부터 그려진 시길이 있다.

아주 완전한 예술 작품처럼 그릴 필요는 없다. 최선을 다하여 그리되 모든 에너지를 탈리스만을 만드는 데 집중한다. 그러면 탈리스만은 성공적으로 완성된다.

다음 장에서 지금 만든 탈리스만이 강력한 마법 도구가 되도록 충전시키는 방법에 대하여 배우게 된다. 그러기 위해서는 일단 충전된 탈리스만을 보관할 물건이 필요하다. 이것을 가장 쉽게 만드는 법은 당신이 만드는 탈리스만의 목적과 관련되는 세피라(역주 : 우정의 경우에는 티페레트가 대응하고 색상은 노랑색이다. 만약 목적이 안전한 여행이라면 여기에 대응하는 세피라는 예소드고 예소드는 3장 대응표를 보면 자주색이다)와 대응하는 색깔로 7×12cm 크기의 사각형 펠트 천을 준비한다. 우정의 경우에는 노랑색이나 황금색이 정확하다. 이것을 반으로 접어서 열려 있는 양옆을 봉합한다. 그러면 적당한 크기의 탈리스만 보관주머

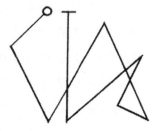

우정

니가 만들어진다. 탈리스만을 안에 넣고 윗부분을 봉하면 된다. 목걸이처럼 차고 다니기 위하여 줄을 달 수도 있다.

책을 읽는 것만으로 마법을 배울 수 없다는 것을 알아야 한다. 마법은 연습과 학습 그리고 깊은 명상이 필요하다. 다시 한 번 지금까지 배운 내용들을 복습하지 않았다면 즉시 돌아가서 연습하고 학습할 것을 권한다.

지금까지 열심히 실습하고 공부해 왔다면 4원소 마법 무기에 사용되는 대천사 이름의 히브리 문자는 라메드(ל)로 끝난다는 것을 알아차렸을 것이다. 이것은 영어로 'L' 사운드며 대천사 이름 모두는 '-엘'로 끝난다. 3장에 돌아가서 흙 원반에 사용된 대천사 이름 오리엘을 보면 라메드(ל)가 빠져 있다(3장에는 אוריא로 나와 있다). 3장을 공부하면서 오자(誤字)라는 것을 생각하였는가? 그렇다면 아주 축하할 일이다. 당신은 아주 생각 있는 유능한 마법사가 되어가는 중이다. 그러나 이것을 알아채지 못하였다고 낙담할 필요는 없다. 마법수행에 사용하는 도구는 정확해야 한다. 3장으로 돌아가서 다시 조사하기 바란다. 그냥 읽지 말고 생각하고 의문을 제기하고 논리를 최대한 사용하라. 이렇게 할 때 당신은 두려움 없는 강력한 마법사가 될 수 있다. 흙 원반에서 당신은 정확한 히브리 문자를 사용해야 한다. 다음처럼 정정하라.

אוריאל

(역주 : 이미 제작한 흙 원반에 라메드(ל)를 왼편에 추가한다. 히브리어는 오른편에서 왼편으로 읽는다. 그래서 마지막 문자 라메드는 앞에 나온다.)

첫 번째 종이

두 번째 종이

세 번째 종이

네 번째 종이

7장 보충

이 시점에서 어떤 사람들은 카발라 탈리스만에 대하여 내가 제
공한 정보가 불충분하다고 생각할 수 있다. 우정 탈리스만을 만
들면서 세피라 티페레트를 상징하는 수가 6인데, '6'이 사용되

지 않은 이유를 질문할 수도 있다. 책이나 오컬트 가게에서 볼 수 있는 탈리스만이 이 책에서 설명한 것과 다르게 보이는 이유를 질문할 수도 있다.

이것은 당신이 할 수 있는 질문이며, 나는 두 가지로 답할 수 있다. 첫째, 고대 카발라 신봉자들은 탈리스만을 대량으로 만든 것이 아니라 개인적으로 만들었다. 사실 어떤 탈리스만은 너무 개인화되어 있고 사용된 히브리 문자는 의미가 함축되어 여러 해를 연구하고서도 해석이 안 된다. 디자인을 모방할 수도 있으나 스스로 디자인하여 만드는 일은 중요하다. 가게에서 구입할 수 있는 조립식 탈리스만은 여러 세기를 거치면서 완전하게 제작되지 않았고 변화가 있어 왔기 때문에 유효성이 의심스럽다.

둘째, 이 교재는 의식 마법의 소개가 목적이지 모든 마법을 다 루려는 것이 아니다. 앞 장에서 이야기했지만 이 책의 목적은 독자가 여러 마법서를 읽고 큰 문제없이 내용을 이해하게끔 하는 데 있다. 과거 15년 동안 고급 마법을 다루는 책이 출간되었으나 책 속의 중요 용어를 이해하지 못하는 사람에게는 엄청나게 어려운 책이다. 너무 깊이 있는 내용이어서 이 책에서는 다루지 않았다. 개인적으로 탈리스만에 관한 여러 종류의 책을 소장하고 있으나 거기에 나오는 모든 정보를 이 책에 소개하려면 아마 수백쪽은 족히 필요할 것이다.

그러나 행성의 영향을 나타내는 몇몇 다른 상징 체계를 보충하는 것이 좋을 듯싶다. 물론 불충분하다고 여기겠지만 이것은 그나마 마법책이나 오컬트 가게에서 보게 되는 여러 탈리스만이 어디에서 기원하는지 보여줄 것이다. 원한다면 당신이 만드는 탈리스만에 이들 체계를 사용할 수도 있다.

《아르바텔 마법서(Arbatel of Magick)》는 아주 희귀본이다. 1575년 라틴어로 처음 발행되었고 1655년 영국 런던에서 발간되었다. 아홉 개의 장으로 구성되는데 단지 한 개만이 남아 있다. 이것은 '길잡이' 혹은 '마법 입문서'로 알려져 있으며 이 작품 안에 '올림피아 영들'에 대한 소개가 있다. 각각의 영들은 자신의 '특성' 혹은 상징이 있다. 다음은 이들 영이 대응하는 이름, 상징, 행성이다.

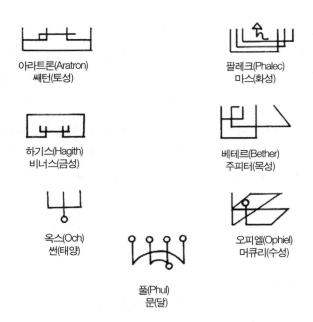

아라트론(Aratron)
쌔턴(토성)

팔레크(Phalec)
마스(화성)

하기스(Hagith)
비너스(금성)

베테르(Bether)
주피터(목성)

옥스(Och)
썬(태양)

오피엘(Ophiel)
머큐리(수성)

풀(Phul)
문(달)

탈리스만과 애뮬릿에 사용할 수 있는 다른 상징으로는 행성 상징과 행성에 대응하는 숫자다. 이 숫자는 생명나무의 세피라가 나타내는 숫자와 같다(3장 '생명나무 세피라와 대응물' 참조).

행성	수	상징
쌔턴(토성)	3	♄
마스(화성)	5	♂
비너스(금성)	7	♀
문(달)	9	☽ (⌣ 또는 ⌢)
주피터(목성)	4	♃
썬(태양)	6	☉
머큐리(수성)	8	☿

숫자 1과 2에 대응하는 행성이 없음에 주의한다. 왜냐하면 첫째, 둘째 세피라는 소용돌이와 황도대를 나타내기 때문이다. 오늘날 어떤 카발라 학자는 이들 두 개 세피로트를 바깥에 있는 행성과 동일시한다. 그러나 새 정보를 채택하는 데에는 아직도 많은 반대가 있다.

또한 '탈리스만 마법과 세피로트'에서 열 번째 세피라가 사용되지 않음을 볼 수 있다. 열 번째 세피라는 지구와 관련되고 또한 지구를 구성하는 마법 원소 흙과 대응한다. 이것은 탈리스만을 만드는 데 필요한 것이 아니다.

세피라 또는 행성과 대응하는 숫자에 해당하는 면(예를 들면

금성은 7이므로 일곱 개 면)이 있는 탈리스만을 만들 수도 있다. 사각형 디자인은 아래 그림에서 보이듯 경첩이 있는 둥근 디자인이 적당하다. 이 디자인은 로켓(보통 사진액자 따위를 걸기 위한 걸쇠)처럼 보인다.

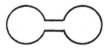

새턴 혹은 비나(세 번째 세피라) 탈리스만은 3각형 형태의 로켓 디자인 모습이다.

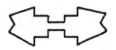

9각형으로 디자인된 로켓 모습은 달 혹은 예소드(아홉 번째 세피라) 탈리스만이다.

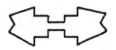

흙점은 중국 역경과 비슷한 고대 점술이다. 뾰족한 작대기로 흙을 한 줌 파헤쳐 흙이 흩어지게 한다. 흩어진 흙의 숫자를 합산하여 짝수면 2점 홀수면 1점을 네 개의 선에 배열한다. 이 과정을 여러 번 되풀이하면 여러 배열이 결합된 합성배열이 나온다. 이 모든 숫자가 점성용 천궁도에 놓여지고 규칙에 따라 해석된다.

흙점은 복잡하고 어려워 보이나 실제로는 연습을 통하여 익숙해지면 하기 쉽다. 흙점의 규칙은 이스라엘 리가디의 《황금새벽(The Golden Dawn)》과 앨리스터 크로울리의 《춘추분점(Equinox)》을 포함하여 여러 책에 잘 나와 있다.

흙점에서 배열된 형태는 행성과 관련된다. 점들을 연결하여 여러 형태를 만들 수 있다. 만들어진 형태는 특정 행성과 관련된다. 이것은 여기서 논의하기에는 너무 복잡한 주제다. 여기서는 흙점에 나오는 상징이 어떤 모습인지 보여주겠다.

아래 그림은 카르세르로 알려진 흙점 배열이며 캐프리컨(염소자리)의 지배자 토성과 관련되는 상징이다.

점들을 연결하여 아래와 같은 형상들을 만들 수 있다.

탈리스만과 애뮬릿에 사용할 때 아래 예에서처럼 하나씩 혹은 모아서 그룹으로 사용할 수도 있다.

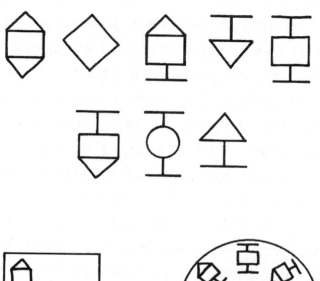

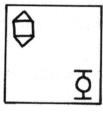

　좀 더 복잡한 흙점 형상은 악퀴시티요(Acquisitio)로 알려진 것
이다. 이것은 쌔저테리어스(사수자리)를 지배하는 주피터(목성)
배열이다.(우측 그림)

　탈리스만에 사용되는 흙점 상징은 모두 같은 형태며 위의 모습
처럼 보인다. 이 책에 흙점 상징을 소개하는 이유는 마법책이나
오컬트 가게에서 볼 수 있는 탈리스만과 애뮬릿에서 이들 상징을

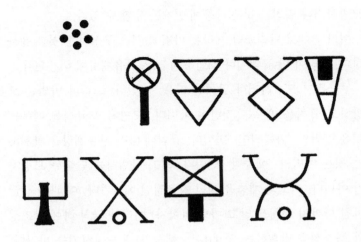

구별하도록 하기 위함이다. 《라파엘의 고대 탈리스만 마법서 (Raphael's Ancient Manuscript of Talismanic Magick)》에는 이 책에 나오는 흙점 상징 형태를 사용하는 여러 종류의 탈리스만이 나온다.

　탈리스만과 애뮬릿에 대한 기본서로는 《검은 암탉(Black Pullet)》과 《가짜 모세서 6권~10권(the pseudo 6th-10th Books of Moses)》이 적합하다.

　그러나 다른 사람이 이전에 만든 것을 복사하는 수준이라면 진실한 마법사가 되기는 어려울 것이다. 처음부터 자기 자신의 탈리스만을 직접 디자인하는 것이 좋다. 고대 카발라 수행자들이 그렇게 하였으며 당신 또한 할 수 있다. 그러므로 지금까지 본 탈리스만을 무시하고 지금 자신의 탈리스만을 제작할 것을 권한다.

모방하거나 빌리는 것은 나중에 언제든지 할 수 있다.

여러 면에서 탈리스만 제작은 마법 의식을 구성하는 것과 유사하다. 따라야 할 규칙이나 패턴하에 많은 자유재량이 허용된다.

누구든지 모방하거나 규칙을 따를 수 있다. 그러나 마법은 모방하고 규칙을 배우는 것만이 아니다. 모방하고 규칙을 배우는 것은 마법의 '과학적인' 면이다. 규칙에 따라 자유재량을 발휘하는 것은 마법의 '예술적' 면이다. 최고 마법사는 단순한 모방자가 아니다. 최고의 재능을 지닌 창조적인 예술가다. 이 과정을 끝마칠 때까지 규칙을 알고(마법 과학자) 이러한 규칙 하에 창조성과 독창성을 발휘하는 단계(마법 예술가)에 도달하기를 바란다. 이 양자를 완전하게 하는 사람은 참으로 강력한 마법사다.

복습

다음 질문은 7장에서 주어진 내용을 충분히 이해하였는지 알기 위한 것이다. 되도록 책을 보지 말고 답하라. 답은 부록 2에 나와 있다.

1. 아스트랄계와 직접 연결시켜 주는 것은 무엇인가?
2. 카발라 멘탈 마법 체계는 적극적 긍정과 창조적 심상과는 어떻게 다른가?
3. 위치(Witches)가 사탄을 숭배하는 방법은?
4. 레지늘드 스캇의 《마법의 발견(The Discoverie of Witchcraft)》이 처음 발간되었을 때 일어난 일과 그 이유는 무엇인가?
5. 1921년에 발행되어 위치크래프트에 관심을 불러일으킨 책은 무엇인가?
6. 제럴드 B. 가드너의 《현대의 위치크래프트(Witchcraft Today)》는 왜 중요한가?
7. 탈리스만과 애뮬릿을 정의하라?
8. 회색마법을 실행하기 전에 무엇을 해야 하는가?
9. 나체(sky-clad)는 무슨 뜻인가?
10. 같은 목적으로 동시에 얼마나 많은 탈리스만과 애뮬릿을 충전할 수 있는가? 다른 목적으로 동시에 얼마나 많은 탈리스만과 애뮬릿을 충전할 수 있는가?
11. 집을 보호하는 조각상은 무엇인가?
12. 수비학에서 감산(reduction)은 무엇인가?

다음 질문은 당신만이 답할 수 있는 질문이다.

1. 모든 의식을 하고 있는가?
2. 삶이 변화되고 있는가?
3. 위카에 대하여 어떻게 생각하는가? 어떤 특정 종교에 편견은 없는가?
4. 탈리스만과 애뮬릿을 만들어 보았는가?
5. 마법 일기를 계속 써왔는가?
6. 흑마법을 하여 부정적인 카르마에 직면하는 가능성에 대하여 생각해 보는가?

인용 문헌 ....

Bach, R., *Illusions, The Adventures of a Reluctant Messiah*, Bell, 1979.

Crowther, P. & A., *Witches Speak, The*, Weiser, 1976.

Cunningham, S., *Magical Herbalism*, Llewellyn 1982.

Farrar, J. & S., *Eight Sabbats for Witches*, Hale, 1981.

Gardner, G., *High Magic's Aid*, Weiser, 1975.

       Witchcraft Today, Arrow, 1975.

Johns, June, *King of the Witches*, Cowrd McCann, 1969.

Ophiel, *Art & Practice of Getting Material Things Through Creative Visualization, The*, Weiser, 1976.

       Art & Practice of Talismanic Magic, The, Weiser, 1979.

Patai, Raphael, *Hebrew Goddess, The*, Avon, 1978.

Raven, *Book of the Holy Strega, The*, Nemi Publications, N.D.

      Book of Ways, The, Vol. I, N.D., Vol. 2, 1982, Nemi Publications.

Regardie, I., *Golden Dawn, The*, Llewellyn, 1978.

      How to Make and Use Talismans, Aquarian, 1981.

Sheba, Lady, *Grimoire of Lady Sheba, The*, Llewellyn (out of print), 1974.

Starhawk, *Spiral Dance, The*, Harper & Row, 1979.

Turner, R (translator), *Arbatel of Magick*, Heptangle, 1979.

Valiente, D., *ABC of Witchcraft*, St. Martins, 1973.

Witchcraft for Tomorrow, St. Martins, 1973.

제8장

제 1 편

여러 다른 장에서처럼 7장에서 이론의 완전성이 마법 성공에 필수조건이 아님을 제시하였다. 필요한 것은 최선을 다하려는 모습이다. 이 말은 깊게 음미해야 할 사항이다. 이론의 완전성이 요구되었으면 오늘날 아마 진실한 마법사는 극히 드물 것이다. 심상화는 완전한 심상 능력을 설명하는 책을 소유한 자에게 한정될 것이고, 마법 의식에 나오는 신이나 천사 이름의 발성은 히브리어, 라틴어, 그리스어(이집트어는 말할 것도 없고 칼데아어, 이노키안어 등)에 대한 지식이 있는 사람만 가능할 것이며 또한 전문적인 뛰어난 목소리 소유자에게만 가능할 것이다. 마찬가지로 완전성을 요구한다면 최고 미술가가 아니면 탈리스만을 그리지 못할 것이다. 다행스럽게도 이것은 필요하지 않다. 필요한 것은 최선을 다하는 것이다. 그러면 최선을 다하는 것은 무엇인가?

잠시 자신을 가구점 사장으로 가정하자. 직원이 당신의 승인을 받기 위하여 만든 가구를 보여줄 것이다. 가구가 훌륭하게 만들어졌지만 좀 더 잘 만들 수 있으리라 믿고 직원에게 좀 더 잘 만들라고 말한다. 그러자 직원이 이 가구는 자신이 만들 수 있는 최고라고 주장한다. 그러나 당신은 직원이 더 잘 할 수 있다고 믿기에 다시 작업을 지시한다. 결국 만족할 만한 최고의 가구가 나온다.

이것은 좀 더 노력하라는 마음 자세를 말하고자 함이 아니라 대다수의 사람들이 자신의 능력과 가능성을 자각하지 못한다는 말을 하고자 함이다.

작가인 친구가 있다. 한번은 자신의 작품을 평가해 달라고 요청하였다. 작품을 읽고 정직하게 의견을 제시하였다. 작품은 별로이며 내용 중 어떤 장면은 진실하게 느껴지지 않고 대화는 부적절하다는 의견을 말하자, 그녀는 불같이 화를 내며 가버렸다. 비평 후에 다시는 나에게 말을 붙이지 않을 것으로 생각하였다.

일주일 후 그녀에게서 전화가 왔다. "당신은 정말 나쁜 친구야"라고 그녀는 농담을 하면서 나에게 안부 인사를 하였다. 그녀는 일전의 나의 작품평가에 잠을 이루지 못하였다면서 다음날 전문작가인 다른 친구에게 의견을 물었는데 그 친구가 여러 점에서 내 의견에 동의를 표시하였다고 말하였다. 그녀는 지적된 부분을 다시 작성하였다며 전화로 그 부분을 나에게 읽어주었다. 나는 아주 감명받았다. 그녀도 고친 내용이 훨씬 낫다는 것을 알았으며, 지금도 그 내용은 내가 읽은 최고 작품 중의 하나라고 생각한다. 나는 그녀가 훌륭하게 작품을 쓸 수 있으리라 믿었고, 최선을 다하지 않은 작품에 그녀가 만족하는 것을 원하지 않아서 냉정한 의견을 제시하였다고 전화로 말하였다.

마찬가지로 최선을 다하지 못한 자신을 인정하지 말아야 한다. 당신이 생각하는 것보다 당신은 유능하다. 늘 최선을 다하려고 시도하라.

내 방에는 최근 내가 만든 흙 원반이 있다. 솔직히 말한다면 내가 만든 최고 작품 중의 하나며 내가 보아온 여러 비슷한 원반보다도 우수하다. 사람들은 굉장히 잘 만들었다고 말하나, 나는 원반의 선과 문자를 좀 더 잘 그렸어야 한다고 생각한다. 나는 여전히 완전성을 위하여 노력하고 있다.

물론 우리가 물질계에 살고 있는 동안 결코 완전성을 성취할 수는 없다. 페르시아 융단을 짤 때는 직공이 늘 잘못된 실 하나를 집어넣는다고 들었다. 왜냐하면 그에게는 알라만이 완전하기 때문이다. 나는 당신이 탈리스만을 제작할 때 불완전하게 만들어야 한다고 말하는 것은 아니다. 오히려 완전성을 추구하되 최선을 선택하라는 것이다. 최선을 다한다면 당신이 생각하는 것보다 더 많은 것을 할 수 있을 것이다.

이 책에서 주어지는 탈리스만과 애뮬릿은 단지 샘플일 뿐이다. 당신이 원하는 대로 조정할 수 있으며 당신이 올바르다고 생각하는 방식으로 더하거나 뺄 수도 있다. 이 책에서 주어지는 것들을 지침서로 사용하라. 실제로 만들 때 그것은 더 이상 샘플이 아니다. 이때는 최선이 요구된다. 이런 마음 자세를 가지고 다른 탈리스만 샘플을 보자.

6개월의 무직 상태에서 토마스는 방금 대우가 괜찮은 새 직장을 얻었다. 그러나 지난 여러 개월 동안 그의 부채는 엄청 늘었다. 조치를 취하지 않으면 사는 집(이미 전기, 전화가 끊겼다)에서 쫓겨날 수도 있다. 토마스는 새 직장에서 첫 급여를 받을 때까지 1천달러가 필요하다. 이 경우에 돈에 대한 욕망이 여러 문제를 불러일으킬 수 있다. 이런 상황에서 돈을 위한 탈리스만을 만드는

것이 적합하다. 첫째, 타로 점 결과가 아주 긍정적이어서 탈리스
만에 포함될 수 있는 항목 목록을 만든다.

1천 달러를 얻기 위한 탈리스만

핵심어 : 천(thousand)　　　　　핵심 상징 : $1,000

해당 세피라 : 헤세드(Hesed)　　행성 : 목성

생명나무 세피라와 대응물(3장)에서 선정된 것들

세피라 숫자 : 4　　　　　　　　세피라 의미 : 자비

색 : 청색　　　　　　　　　　　차크라 : 심장

신 이름 : 엘(EL)　　　　　　　　금속 : 주석

보석 : 사파이어, 자수정　　　　대천사 : 차드키엘(Tzadkiel)

대천사 의미 : 신의 정의　　　　동물 : 유니콘

천사 : 하스마림(Chasmaleem)　천사 의미 : 빛나는 자

도구 : 지팡이

피타고라스 체계에 의한 수비학

T H O U S A N D

2+ 8+ 6+ 3+ 1+ 1+ 5+ 4 = 30　　3+0=3

카발라 수비학

TH O U S A N D

9+　7+ 6+ 7+ 1+　5+ 4= 39　　3+9=12　　1+2=3

흥미롭게도 피타고라스와 카발라 수비학의 결과는 3이다.

신비 장미십자가에서 그려진 'Thousand'의 시길(sigil)은 아래와 같다.

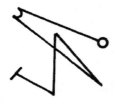

스페어 체계로 'THOUSAND'는 'THSND'로 심벌은 다음과 같다.

T +

H를 더한다 =   (옆으로 놓인 H)

S를 더한다 =   (　)   (양식화된 문자)

N을 더한다 =

D를 더한다 =   (D)   (양식화된 문자)

마지막 상징의 모습이다.

올림피아 영 베테르의 시길(Sigil)

목성의 상징 :

이 모든 것을 가지고 1천 달러를 얻기 위한 샘플 탈리스만을 만들어보자(위의 그림 참조). 첫째 종이에는 스페어 체계로 만든 상

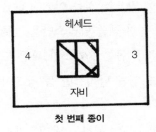

첫 번째 종이

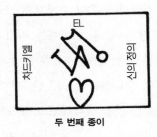

두 번째 종이

세 번째 종이

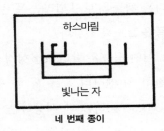

네 번째 종이

징, 수비학에서 나온 숫자(3)와 세피라 숫자(4), 세피라 이름 (Hesed)과 의미(Mercy)를 넣는다.

두 번째 종이에는 장미십자가에서 가지고 온 시길, 신 이름, 대천사 이름과 의미, 심장 차크라의 상징인 하트(♡)를 넣는다.

세 번째 종이에는 중심에 목성 상징과 위에는 유니콘 뿔, 아래에는 지팡이, 왼편에 주석이 놓인다. 오른편에는 사파이어 보석 모양이 위치한다. 전체는 짙은 청색으로 음영이 주어진다.

네 번째 종이 윗부분에는 올림피아 영인 베테르 시길과 천사 이름이 아래 부분에는 천사 의미가 놓인다.

지금까지 주어진 정보로 탈리스만을 만드는 것은 어렵지 않음을 알 수 있다. 이번에는 직접 당신을 위한 샘플 탈리스만을 만들어볼 것을 권한다. 예를 들면 시험 합격을 돕는 탈리스만, 혹은 도박에 승리하는 탈리스만, 영적 지혜를 얻는 탈리스만 등 당신이 필요한 것을 생각해보고 제작해보라.

　이번에는 이 책에 나오는 방법을 사용하여 원하는 탈리스만을 제작하기 바란다. 이번 경우는 다른 책에서 자료를 구하지 말라. 다른 책들을 보지 말라는 뜻은 아니다. 나는 늘 다른 작가들의 작품을 보도록 권한다.

　어떤 책들은 탈리스만 상징을 소개하면서 부분적으로 혹은 완전히 영(엔터티 혹은 힘 등 무엇이라고 부르든)을 에보케이션(evocation)하는 데 사용하는 상징을 보여준다. 아나 리바(Anna Riva)가 쓴 《마법 인장의 비밀(Secrets of Magical Seals》이 그런 예이다. 이 책은 영 상징을 탈리스만으로 사용하는 법과 함께 아주 다양한 상징들을 제시한다. 이 책에서 가장 많은 부분을 차지하는 것이 '솔로몬의 인장(Seals of Solomon)' 이며 인장이 특정한 상황이나 목적물에 영향을 준다고 설명한다. 이런 인장은 바로 《솔로몬의 큰 열쇠》에서 가지고 온 것이며 '펜타클' 또는 '메달'로 알려진 것이다. "목적은 영에게 겁을 주어 그들을 복종시키는 것이다. 이 펜타클로 영을 에보케이션하면 영들은 원한을 품지 않고 당신에게 복종할 것이며 영들이 공포와 두려움에 놀라는 것을 볼 것이다. 영들은 당신의 의지에 반대하지 못할 것이다" 라고 책에 나온다.

이것은 우리가 지금까지 공부해온 탈리스만은 아니다. 이들은 마법 에보케이션과 인보케이션에 사용하는 보호 장치다.

책을 끝마치게 되면 탈리스만에 사용되는 상징과 다른 목적을 위하여 사용되는 상징의 차이를 구별할 수 있을 것이다. 그때에 가서 탈리스만 제작에 당신이 원하는 상징을 자유롭게 선택하고, 이번에 당신에게 주어진 탈리스만 제작에는 이 책만 사용하여 상징을 만들도록 한다. 이 책의 목적은 독자가 이 책을 마치고 나서 어느 마법 책을 읽어도 이해를 할 수 있게끔 하기 위함이다. 명심할 것은 탈리스만을 제작하기 전에 결과를 위한 신성 점을 쳐야 한다. 다음 단계는 힘을 부여하여 충전하고 축성하는 일이다.

제 2 편

카발라 탈리스만이나 애뮬릿을 충전하는 일은 내 생각에는 저급 마법보다는 더 많은 준비와 의식이 필요하다. 저급 마법처럼 언제든지 제작될 수 있으며 탈리스만은 달이 차는 동안 애뮬릿은 달이 기우는 동안 충전되어야 한다. 그러나 카발라 탈리스만이나 애뮬릿 충전은 좀 더 정밀한 시간이 요구된다.

달이 기울고 차는 시간은 대략 2주일 단위다. 카발라는 매일 바뀌는 달의 변화에 반응한다. 하루는 행성 하나와 대응한다. 월요일(Monday)은 Moon-day에서 왔다. 화요일(Tuesday)은 프랑스어로 'Mardi' 이며 의미는 화성의 날이다. 'Tues' 는 'Mars' (화성, 로마 신화의 군신)와 동일한 유럽 신의 이름이다. 북유럽 Woden' s day(보단은 앵글로색슨족의 주신[主神])이 Wednesday가 되었다. 프랑스어로 수요일은 'Mercerdi' 이며 의미는 수성의 날이다. Thor' s day가 Thursday가 되었는데, 토르(Thor)는 로마 신화의 주피터(Jupiter[목성], 최고의 신) 신이다. 프랑스어로 'Jeudi' 는 주피터의 날이며 목요일의 이름이다. Freya day(프레야는 사랑·미·결실의 여신)는 Friday가 되었다. 프랑스어로 금요일은 Vendredi 혹은 비너스(Venus[금성]는 사랑과 미의 여신)의 날이라 한다. Saturn' s day(쌔턴[토성], 농업 신)와 Sun-day는 어원이 너무도 분명하다.

　어원을 근거하여 보면 요일은 행성과 관련된다.

　월요일= 문(달)

　화요일= 마스(화성)

　수요일= 머큐리(수성)

　목요일= 주피터(목성)

　금요일= 비너스(금성)

　토요일= 쌔턴(토성)

　일요일= 썬(태양)

　만약 세피라 헤세드와 목성에 관련되는 탈리스만을 만들 예정
이면 목요일에 충전하는 것이 이해가 된다. 그러나 알아야 할 더
많은 사항들이 있다. 카발라 탈리스만을 충전하기 위하여 요일
이외에도 더 정밀한 절차를 요한다.

　우리는 숫자 체계를 10진법으로 생각하는 경향이 있다. 그러나
늘 그랬던 것만은 아니다. 한때는 12진법이 지배적인 수학 체계
가 될 수도 있었다. 열두 개 숫자들에 대한 특별한 이름들이 있다.
그리고 10진법에서 10을 기준으로 three-ten(thirteen), four-
ten(fourteen), twenty-five, thirty-six처럼 숫자가 배열되듯이 12진
법에서는 12에 기준하여 숫자가 결합된다. 그러므로 12진법에서
는 10을 기준으로 하는 'one-ten(11)', 'two-ten(12)' 같은 단어는
존재할 수 없다. 11과 12는 고유한 이름이 주어지기 때문이다. 1

피트는 12인치지 10인치가 아니다. 일 년은 열두 달이다. 황도대에는 열두 개의 별자리가 있다.

하루는 24시간으로 나누어지고 이것을 반으로 나누면 낮과 밤 12시간이 있다. 물론 이론적으로 맞지만 사실 일 년에서 낮과 밤이 정확하게 같은 경우는 지구가 춘추분점을 통과할 때다.

고대 카발라 학자들은 하루를 24시간으로 나누고 매 시간을 행성과 연관시켰다. 행성 시간 주기표에는 여러 변형이 있지만 《솔로몬의 큰 열쇠》에 나오는 표가 가장 정확하다고 보고 이 책에 소개한다.

행성 시간 주기표에서 매 시간은 하나의 행성과 대응한다. 3장의 '생명나무와 세피라 대응물'을 보면 케테르나 호흐마와는 어떤 행성도 대응하지 않음을 볼 수 있다. 이 두 세피로트와 관련되는 탈리스만을 제작하는 경우는 어떤 시간에도 충전을 할 수 있다. 그러나 다른 세피로트와 관련되는 탈리스만은 행성 시간 주기표에 따라 충전되어야 한다.

행성 시간 주기표 아래에 나오는 주석을 이해하는 것이 중요하다. 여기에 나오는 마법 시간은 천문학상 시간이지 우리가 기준하여 살아가는 시간의 세계가 아니다. 행성 시간은 우리가 알고 있는 60분이 아니다. 아래는 행성 시간을 계산하는 방법이다.

1. 일출과 일몰 사이에 전체 시간(분)을 12로 나눈다. 여기서 나오는 시간은 낮에 해당하는 한 시간이 된다.
2. 120분에서 앞에서 계산하여 나온 낮에 해당하는 한 시간을

뺀다. 여기서 나오는 시간은 밤에 해당하는 한 시간이 된다.

예를 들면 일출이 오전 5:00 일몰이 오후 7:00라면 낮 시간은 14시간 즉 840분이 된다. 이것을 12로 나누면 낮에 해당하는 70분의 행성 시간이 나온다. 이 말은 첫 번째 마법 시간은 오전 5:00에서 오전 6:10이 되고 두 번째 시간은 오전 6:10에서 오전 7:20이 된다.

120분에서 70분을 빼면 50분이 나오고 이것은 밤에 해당하는 행성 시간이다. 그러므로 첫 번째 저녁 시간은 오후 7:00에서 오후 7:50이 되고 두 번째 시간은 오후 7:50에서 오후 8:40이 된다. 물론 거꾸로 일몰과 일출 시간을 계산하여 먼저 밤에 해당하는 행성 시간을 구할 수도 있다. 중요한 것은 행성 시간은 일출과 일몰 사이 혹은 일몰과 일출 사이 시간에 따라 결정된다는 것이며 60분에 고정되어 있지 않다.

적지 않은 사람들이 이 행성 시간을 계산하는 데 어려워하는 것 같다. 일출과 일몰은 대부분의 신문 날씨 난에 나온다.

[행성 시간 주기표 (낮)]

낮 시간	일요일	월요일	화요일	수요일	목요일	금요일	토요일
첫 번째 시간	썬(태양)	문(달)	마스(화성)	머큐리(수성)	주피터(목성)	비너스(금성)	쎄턴(토성)
두 번째 시간	비너스(금성)	쎄턴(토성)	썬(태양)	문(달)	마스(화성)	머큐리(수성)	주피터(목성)
세 번째 시간	머큐리(수성)	주피터(목성)	비너스(금성)	쎄턴(토성)	썬(태양)	문(달)	마스(화성)
네 번째 시간	문(달)	마스(화성)	머큐리(수성)	주피터(목성)	비너스(금성)	쎄턴(토성)	썬(태양)
다섯 번째 시간	쎄턴(토성)	썬(태양)	문(달)	마스(화성)	머큐리(수성)	주피터(목성)	비너스(금성)
여섯 번째 시간	주피터(목성)	비너스(금성)	쎄턴(토성)	썬(태양)	문(달)	마스(화성)	머큐리(수성)
일곱 번째 시간	마스(화성)	머큐리(수성)	주피터(목성)	비너스(금성)	쎄턴(토성)	썬(태양)	문(달)
여덟 번째 시간	썬(태양)	문(달)	마스(화성)	머큐리(수성)	주피터(목성)	비너스(금성)	쎄턴(토성)
아홉 번째 시간	비너스(금성)	쎄턴(토성)	썬(태양)	문(달)	마스(화성)	머큐리(수성)	주피터(목성)
열 번째 시간	머큐리(수성)	주피터(목성)	비너스(금성)	쎄턴(토성)	썬(태양)	문(달)	마스(화성)
열한 번째 시간	문(달)	마스(화성)	머큐리(수성)	주피터(목성)	비너스(금성)	쎄턴(토성)	썬(태양)
열두 번째 시간	쎄턴(토성)	썬(태양)	문(달)	마스(화성)	머큐리(수성)	주피터(목성)	비너스(금성)

[행성 시간 주기표 (밤)]

밤 시간	일요일	월요일	화요일	수요일	목요일	금요일	토요일
첫 번째 시간	주피터(목성)	비너스(금성)	새턴(토성)	썬(태양)	문(달)	마스(화성)	머큐리(수성)
두 번째 시간	마스(화성)	머큐리(수성)	주피터(목성)	비너스(금성)	새턴(토성)	썬(태양)	문(달)
세 번째 시간	썬(태양)	문(달)	마스(화성)	머큐리(수성)	주피터(목성)	비너스(금성)	새턴(토성)
네 번째 시간	비너스(금성)	새턴(토성)	썬(태양)	문(달)	마스(화성)	머큐리(수성)	주피터(목성)
다섯 번째 시간	머큐리(수성)	주피터(목성)	비너스(금성)	새턴(토성)	썬(태양)	문(달)	마스(화성)
여섯 번째 시간	문(달)	마스(화성)	머큐리(수성)	주피터(목성)	비너스(금성)	새턴(토성)	썬(태양)
일곱 번째 시간	새턴(토성)	썬(태양)	문(달)	마스(화성)	머큐리(수성)	주피터(목성)	비너스(금성)
여덟 번째 시간	주피터(목성)	비너스(금성)	새턴(토성)	썬(태양)	문(달)	마스(화성)	머큐리(수성)
아홉 번째 시간	마스(화성)	머큐리(수성)	주피터(목성)	비너스(금성)	새턴(토성)	썬(태양)	문(달)
열 번째 시간	썬(태양)	문(달)	마스(화성)	머큐리(수성)	주피터(목성)	비너스(금성)	새턴(토성)
열한번 째 시간	비너스(금성)	새턴(토성)	썬(태양)	문(달)	마스(화성)	머큐리(수성)	주피터(목성)
열두번째 시간	머큐리(수성)	주피터(목성)	비너스(금성)	새턴(토성)	썬(태양)	문(달)	마스(화성)

주석 : 마벌 혹은 행성 시간은 전문학상 시간은 우리가 살아가면서 시계가 나타내는 시간이 아니다. 행성 시간은 우리가 알고 있는 60분이 아니다. 아래는 행성 시간을 계산하는 방법이다. 1) 일출과 일몰 사이에 전체 시간을 12로 나눈다. 여기서 나오는 시간은 낮에 해당하는 한 시간이 된다. 2) 일몰과 일출 사이에 전체 시간을 12로 나눈다. 이 시간은 밤에 밤에 해당하는 한 시간이 된다. 낮과 밤 시간은 춘분과 추분 이외에는 다르다.

카발라 탈리스만과 애뮬릿을 충전하는 시간

최적 시간 : 해당되는 날(일요일에서 토요일 7일 중 하루)에 행성과 관련되는 시간.

좋은 시간 : 다른 날에 행성과 관련되는 시간.

나쁜 날 : 최적 시간과 좋은 시간을 제외한 시간.

예외 : 행성과 관련되지 않는 케테르와 호흐마.

달의 위치가 관찰되어야 한다.

7장에서 우리는 샘플로 행성 태양과 관련되는 우정(Friendship) 탈리스만을 제작하였다. 오늘날 태양은 행성으로 간주되지 않는다. 그러나 행성이란 단어는 '돌아다니는 자'를 의미한다. 느리게 보이는 별들보다 빠르게 움직이는 하늘의 행성들은 돌아다니는 자 즉 행성으로 간주되었다. 지구에서 볼 때 태양과 달 역시 별들에 비해 빠르게 움직이는 것처럼 보였기 때문에 행성으로 간주되었다.

우정 탈리스만을 충전시키는 최적 시간은 태양과 관련되는 일요일이며 그 중에서도 태양의 행성 시간이다. 그러나 만약 오늘이 월요일이고 일요일까지 기다리기를 원하지 않는다고 가정하자. 그리고 저녁에 탈리스만 충전을 원한다고 가정하자.

행성 시간 주기표를 보면 월요일에 태양은 일몰 후 일곱 번째 시간에 해당한다. 앞에서 예를 들은 밤의 행성 시간 50분과 오후 7:00에 일몰을 채택하면 우리는 다음과 같은 목록을 작성할 수 있다.

일몰	후행성	시간
첫 번째 시간	비너스(금성)	오후 7:00~7:50
두 번째 시간	머큐리(수성)	오후 7:50~8.40
세 번째 시간	문(달)	오후 8:40~9.30
네 번째 시간	쌔턴(토성)	오후 9:30~10:20
다섯 번째 시간	주피터(목성)	오후 10:20~11:10
여섯 번째 시간	마스(화성)	오후 11:10~자정
일곱 번째 시간	썬(태양)	자정~오전 12:50 등.

월요일 태양에 해당하는 행성 시간은 자정이다. 이 시간은 마법 의식을 행하기는 좋은 시간은 아니다. 밤늦은 의식 수행을 원하지 않을 수도 있다.

행성 시간 주기표(밤)를 따르면 화요일 저녁 태양에 해당하는 행성 시간은 네 번째 시간인 오후 9:30~10:20이다. 물론 약간의 시간 차이는 있을 것이다(왜냐하면 매일 일몰과 일출 시간이 조금씩 변하기 때문에). 이론적으로 우정 탈리스만 충전을 위해서는 화요일 저녁 시간이 적당하다.

탈리스만 그 자체는 비활성의 물체임을 기억하라. 상위 계의 힘에 의하여 힘이 불어넣어져야 하며 우리 의지가 작동되어야 한다. 오컬트 상점에 가서 비싼 탈리스만(대부분 조잡하게 제작되거나 부정확하게 제작됨)을 구입하더라도 충전될 때까지 그것은 여전히 비활성 물체다. 다음 의식의 결과로 비활성의 무력한 물체에 균형 잡힌 활성을 부여한다.

간단히 하는 탈리스만과 애뮬릿 충전 및 축성 의식

Part 1

1단계 : 규칙적으로 행하는 마법 의식에 사용하는 제단을 준비한다.

2단계 : 제단 위에 충전할 탈리스만을 놓는다.

    (1) 이 단계에서는 이미 제작이 되어 있어야 한다.

    (2) 달의 위치(기우는지 차는지 여부)에 따라 탈리스만이나 애뮬릿을 결정한다.

    (3) 탈리스만을 보관할 주머니를 제단 위에 준비한다.

    (4) 마법 결과를 얻기 위한 점은 이미 나와 있어야 한다.

    (5) 탈리스만 목적을 상징하는 단어나 짧은 문장이 준비되어 있어야 한다.

3단계 : 2장에서 설명한 '목욕 정화 의식' 을 해야 한다.

Part 2

적당한 시간(앞에서 다룬 예의 경우는 태양 시간이다)에 다음과 함께 의식을 시작한다.

1단계 : 이완 의식을 한다.

2단계 : 펜타그램 소 결계 의식을 한다.

3단계 : 헥사그램 결계 의식을 한다.

4단계 : 미들 필라 의식을 한다(신체 빛 순환 의식은 하지 않는다).

Part 3

1단계 : 미들 필라 행법을 통하여 흐르는 에너지를 세피라와 대응하는 색깔로 바꾼다. 앞의 예에서는 티페레트 색인 황금빛이나 노랑색이다.

2단계 : 탈리스만을 들어 양손 사이에 둔다. 미들 필라 수련을 통하여 나온 에너지가 팔을 통하여 양손으로 흐르게 하여 탈리스만으로 흐르게 한다. 에너지가 흐르는 것을 느껴라.

3단계 : 다음을 말한다.

(1) 오시오, 신의 봉사자, _____(천사 이름을 진동시킨다). 이 탈리스만을 둘러싸서 신성하게 하고 힘을 충전하소서! _____(다시 천사의 이름을 발성한다).

(2) 오 _____(대천사 이름을 진동시킨다)! 그대의 겸손한 봉사자를 도와서 이 탈리스만을 신성하게 하고 힘을 부여하소서! _____(대천사 이름을 다시 진동한다).

(3) _____(신의 이름을 진동시킨다)의 힘을 부르나이다! 그대의 명예를 위하여 이 탈리스만에 힘을 부여하시고 축성하소서! _____(신의 이름을 다시 진동한다).

앞의 예에서 천사 이름은 '말라힘(Malacheem)'이며 대천사는 '라파이엘(Raphael)', 신의 이름은 '요드-헤-바브-헤 엘-오-아 브 다-아트'다. 3장 '생명나무 세피라 대응표'를 참조하기 바란다. 이제 이 대응표가 얼마나 중요한지 실감을 할 것이다.

4단계 : 미리 준비된 단어나 짧은 문장으로 탈리스만의 목적을 크게 말한다.

5단계 : 왼손에 탈리스만을 평평하게 놓는다. 무지개 지팡이를 잡는다. 이
때 손은 지금 행성과 대응하는 색깔 부위를 잡는다.

이를 위해서는 행성이 어떤 별자리를 지배하는지 알아야 한다.

12싸인(별자리)	행성
에리즈(양자리)	마스(화성)
토러스(황소자리)	비너스(금성, 안전 · 사치)
제머나이(쌍둥이자리)	머큐리(수성)
캔서(게자리)	문(달)
리오(사자자리)	썬(태양)
버고(처녀자리)	머큐리(쌍둥이자리보다는 실용적)
리브라(천칭자리)	비너스(금성)
스콜피오(전갈자리)	마스(화성)
쌔저테리어스(사수자리)	주피터(목성)
캐프리컨(염소자리)	쌔턴(토성, 외향적 변화 추구)
어퀘리어스(물병자리)	쌔턴(토성)
파이씨즈(물고기자리)	주피터(목성)

어떤 행성은 두 개의 별자리를 지배한다. 위의 자료는 잡아야
할 무지개 지팡이(6장 5편 참조) 색깔에 대한 정보를 제공한다.
우정 탈리스만의 경우 노란 부위를 잡아야 한다(태양이 지배하는
리오는 노란색과 대응함).

무지개 지팡이를 잡고 탈리스만 위에 인보킹 흙원소 펜타그램 (아래 그림 참조)을 그린다. 펜타그램을 수평으로 그리는 것이 아니라 펜타그램 소 결계 의식에서처럼 수직으로 그린다. 그러나 조금 작게 그린다. 지팡이는 지표면과 수평이 유지되어야 하며, 무지개 지팡이의 검은 부분이 하얀 부분보다 약간 낮게 위치한다. 절대 하얀 부분보다 높게 위치하면 안 된다(역주 : 특별한 지시가 없으면 무지개 지팡이 검은 부분은 하얀 부분 보다 낮게 위치시킨다. 펜타그램을 그릴 때도 검은 부분으로 그린다).

아직 무지개 지팡이를 만들지 않았거나 혹은 준비하지 못했다면 LBRP에 사용하는 단검이나 오른 검지를 사용한다.

시작

인보킹 흙원소 펜타그램

6단계 : 숨을 들이마신다. 그리고 숨을 내쉬면서 동시에 신의 이름을 발성하며 무지개 지팡이 검은 부분 끝을 그린 펜타그램 중심에 찌른다. 우리의 경우는 요드-헤-바브-헤 엘-오-이 브다-아트이다(역주 : 찌를 때 왼손에 탈리스만을 들고 있는 상태이므로 입장자 싸인을 할 필요는 없다).

7단계 : 탈리스만과 관련되는 세피라가 상징하는 수만큼 5, 6단계를 되풀이 한다. 우리의 경우는 5, 6단계를 여섯 번 한다. 왜냐하면 티페레트의 숫자 가치는 6이기 때문이다.

8단계 : 단호히 그리고 의미를 음미하면서 '그렇게 될지어다(So mote it be!)'를 말한다.

9단계 : 미리 준비한 보관 주머니에 탈리스만을 넣는다.

Part 4

1단계 : 헥사그램 결계 의식을 수행한다.

2단계 : 펜타그램 소 결계 의식을 수행한다.

이것으로 의식은 끝난다.

참고 : 1. 탈리스만 제작 같은 회색마법을 하기 전에 마법을 하는 것이 좋은지 알기 위하여 타로 카드로 늘 신성 점을 쳐야 한다.

2. 동시에 같은 목적의 탈리스만을 여러 개 충전할 수 있다. 그러나 동시에 다른 목적을 위한 여러 탈리스만을 충전하지 말라.

3. 늘 충전한 탈리스만을 가까이 둔다. 탈리스만을 넣어 보관하는 주머니는 줄에 달아 목에 걸고 다닐 수도 있다. 타인에게 주는 경우에는 제작 전에 허락을 얻어야 하며 늘 가까이 두도록 한다.

4. 목적이 성취되면 사용한 탈리스만을 파괴한다(태워서 재를 바람에 날려 보내거나 탈리스만을 흐르는 물에 두거나 땅속에 묻

는다). 기간을 정하고 만들었다면 목적 성취 여부에 상관없이 기간이 끝나는 날에 파괴한다.

이 마법은 속성상 혼자서 하는 형태다. 그러나 이 간단한 탈리스만 충전과 축성 의식은 강력한 그룹 의식이 될 수 있다. 이 마법 의식을 그룹 마법 의식으로 하는 방법이 여기 있다. 그룹 의식에 필요한 요점만 설명하므로 전체 과정은 앞에서 설명한 내용을 참조하라.

1단계 : 그룹에 모든 사람은 탈리스만의 목적에 대하여 숙지하여야 한다. 신성 점을 칠 때 모두 같이 있어야 한다.

2단계 : 참가하는 사람은 목욕 정화 의식을 해야 한다.

3단계 : 리더가 있다면 그리고 탈리스만을 충전하는 의식 진행자가 아니라면 리더는 동쪽에 앉아야 한다.

4단계 : 이 책에서 설명한 그룹이 행하는 LBRP와 BRH 의식을 수행한다.

5단계 : 참가자는 미들 필라 의식을 한다.

6단계 : 충전을 행하는 사람이 참가자 모두가 어느 정도 일치가 되었음을 감지하면, 모두에게 미들 필라에서 가지고온 순수한 하얀 에너지(백광)를 탈리스만에 대응하는 색깔로 바꾸도록 한다.

7단계 : 충전을 행하는 사람은 모든 사람에게 팔을 통해 그 에너지를 자신에게 보내도록 한다. 참석자들이 보내는 에너지를 감지하면 인보케이션 의식을 행한다. 그러나 천사, 대천사, 신의 이름을 참석한 모든 사람이 진동시켜야 한다.

매더스와 완두콩

8단계 : 인보킹 흙 원소 펜타그램을 그리고 마찬가지로 참석자 전원이 신의 이름을 발성한다. 이 단계의 목적은 상위계의 에너지를 물질계로 가지고 오는 것이다.

9단계 : 참가자는 원진 안에 있어야 한다. 외부인은 원 안으로 들어오면 안 된다.

10단계 : 의식 끝에 BRH와 LBRP의식을 다시 하거나 그룹의 리더(의식을 주도하는 사람일 필요는 없다)가 제단 앞에서 다음과 같이 말한다.

"우리 의식(儀式)을 지켜보고 함께 한 그대들에게 감사드립니다. 지금 그대들의 거소로 돌아가면서 아무도 해함이 없도록 하소서. 그대들이 받을 수 있는 예-하-슈-아 예-호-바-샤(YEH-HAH-SHU-AH YEH-HOH-VAH-SHA) (진동시킨다)의 축복이 그대들에게 임하기를."

그리고 리더는 무지개 지팡이 검은 부분으로 제단이나 땅을 열 번(세 번 치고 잠시 멈추고 네 번 치고 잠시 멈추고 세 번 친다[/// //// ///]) 친다.

"나는 이 사원을 적법하게 폐쇄합니다."

11단계 : 원한다면 10단계에서 BRH와 LBRP의식과 리더가 의식을 마무리 하는 말을 같이 사용할 수도 있다. 그러나 특별한 조건(에너지나 엔터티로 가득 차 있다고 느끼는 분위기)이 아니라면 두 개 다 할 필요는 없다.

제 3 편

황금새벽회의 숨은 설립자며 리더였던 맥그리거 매더스와 관련한 유명한 일화 중의 하나로서 완두콩에 대한 것이 있다. 전해지는 얘기에 따르면 조직 내에 적이 있었고 매더스는 그들을 제거하기를 원했다고 한다. 그래서 그는 완두콩에 그들의 이름으로 세례를 주고는 체에 콩을 담아 흔들어 콩이 밑으로 떨어지듯이 적들도 그런 식으로 되리라 생각하였다고 한다.

이 문제를 가지고 매더스를 조롱한 오컬트 수행자들도 있었다. 황금새벽회 리더인 매더스가 저급 마법으로 보이는 그런 마법 의식보다는 고급 마법 의식을 사용했어야 한다고 생각하였다. 매더스가 행한 의식에 대한 묘사는 정확하게 전해진 것이 아니거나, 잘못 해석되었을 가능성이 훨씬 크다. 매더스나 입문가들이 '완두콩' '세례' '체' 같은 표현을 사용한 것은 입문하지 못한 사람들을 속이려는 시도였다고 생각된다. 입문가들은 이 표현을 다른 의미를 내포한 암호로 생각할 수 있다. 사실 입문하지 못한 사람들은 마법 과정에 대하여 거의 모른다. 매더스에 대한 일화는 마법을 모르는 사람들의 오해라고 생각한다.

입문의 의미에 대해 이전에도 말했었지만 다시 한 번 이야기한다. 대부분의 입문 의식에서 후보자들은 눈가리개를 하고 새롭고 낯선 상황으로 인도되며 거기서 새로운 환경에 대하여 배운다. 이것은 출생 과정과 비슷하다.

첫째, 모든 것은 어둠이고 학습을 위하여 새로운 환경으로 던져진다. 입문은 일종의 재탄생이다. 사실 어떤 오컬트 학자들은 성경의 '다시 태어남'을 입문이라고 주장하여 기독교 근본주의자들을 당혹스럽게 한다. 입문을 주어 특정 종교로 안내하는 것이 세례라고 본다. 성경에 따르면 예수는 내부 그룹(입문가)에게는 그들이 이해할 수 있는 가르침을 주었고 대중에게는 우화로서 말해야 했다고 한다. 입문의 역할은 새롭고 더욱 영적인 삶으로 다시 태어나게 하는 것이다. 참된 입문은 이런 속성을 가지고 있다.

매더스의 일화에서 '완두콩'은 탈리스만을 위한 암호며 '세례'는 입문을 위한 암호며, '체'는 마음의 힘을 집중하는 과정을 담고 있는 암호일 가능성이 크다고 생각한다. 이것은 개인의 추측임을 밝힌다. 그러나 만일 이 추측이 정확하다면 매더스가 한 것은 황금새벽회의 엄격한 의식 마법이었을 것이다.

다음으로 나는 탈리스만의 완전한 충전과 축성 의식을 소개한다. 이것은 한 시간에서 한 시간 반이 걸리는 의식이며 경우에 따라 두 시간이 걸릴 수 있는 가장 긴 의식이다. 시작하기 전에 먼저 이해를 위하여 작동법과 의식의 여러 단계를 설명하겠다.

첫째는 준비가 있어야 한다. 이것은 마법 의식의 계획 수립, 필요한 도구 수집, 탈리스만 디자인과 구축, 신성 점, 목욕과 주변 정리, 제단 준비 등을 의미한다. 적절한 행성 시간이 시작되기 전에 갖추어야 한다.

둘째 단계는 워치타워 의식이다. 최소한 20분은 걸린다.

셋째 단계는 앞서 공부한 '간단한 충전과 축성 의식'에서는 하지 않은 것이다.

이 단계에서 축약된 입문 의식을 통하여 탈리스만에 생명력을 부여한다.

넷째 단계에서 적절한 우주 힘(혹은 존재)의 이름과 상징으로 탈리스만을 충전한다.

다섯 번째 단계는 의지의 힘으로 특정 목적을 가진 탈리스만에게 힘을 부여한다.

마지막으로 워치타워 닫기 의식으로 끝낸다.

대부분 의식은 보지 않고 암기하여 실행할 때 가장 효과가 크다. LBRP, 미들 필라, 신체 빛 순환 의식, BRH, 장미십자가 의식을 암기하여 하면 의식은 더욱 효과적으로 된다. 그러나 대부분의 회색마법에서 암기는 실용적인 것이 아니다. 의식에 사용되는 절차나 문장을 적을 수 있는 큰 메모지를 만드는 것도 괜찮은 생각이다. 나는 마법 의식 하는 동안 가로 약 20cm, 세로 약 30cm 크기의 메모지를 놓아둘 도구로 악보대를 사용한다. 메모지를 얇은 종이로 만들면 미끄러지거나 떨어지기 쉽다.

행성 시간은 짧은데 의식에 걸리는 시간이 두 시간이라면 어떻게 마법 의식을 구성할지 문제가 된다. 1, 2, 3단계를 행성 시간 직전에 행하고 4, 5단계는 반드시 해당되는 행성 시간에 해야 가장

큰 효과가 있다. 6단계는 시간상 아마 행성 시간이 끝나고 해야
할 것이다.

이 의식을 수행하는 데 어렵거나 색다른 일은 없다. 있다면 종
종 즉흥적으로 해야 하는 경우다. 당신이 적당하다고 생각하는
단어나 행동을 자유롭게 하는 것이다.

생각하는 것보다 힘들지는 않다. 예를 들어 인보케이션하는 문
장을 즉흥적으로 만들 경우를 가정하자.

오! 아도나이, 나의 주님이시여! 저를 신비사원으로 이렇게
깊게 들어오도록 허락하셨나이다. 주님의 영광 속에 있는 주
님의 추종자임을 고백하나이다. 이 탈리스만을 제 영광이 아
니라 주님 영광을 위하여 주님의 힘으로 채우소서. 영원성이
무(無)가 될 때까지 주님에게 왕국과 힘과 영광이 함께 하시길
기원하나이다. 그렇게 될지어다.

문장이 반드시 길 필요는 없다. 과장되거나 인위적으로 보일
수도 있으며 고어체 영어로 고풍스럽게 할 수도 있다. 이것은 로
브를 입을 때 로브의 역할과 같은 기능을 한다. 로브는 당신이 특
별한 일을 하고 있음을 나타내는 것이며, 좀 과장하자면 당신은 일
반인이 아닌 특별한 상위 존재에게 이야기하고 있음을 보여준다.

즉흥 의식에서 가장 중요한 부분은 마음에서 우러나오는 소리
여야 하며 의미를 음미하며 해야 한다. 그렇지 않다면 소용없는
문장이 된다.

탈리스만과 애뮬릿의 완전한 충전과 축성 의식

Part 1 : 준비

의식을 행하는 주변을 청소하는 것부터 시작한다. 바닥 상황에 따라 물청소나 진공 청소를 한다. 먼지입자를 제거하는 음이온 발생기가 있으면 청소 전에 몇 시간 작동시켜둔다. 마법 도구도 씻고 닦는다. 부드러운 뉴에이지 음악 특히 강한 리듬의 곡보다는 조화로운 곡을 들으면서 주변을 청소해도 좋다.

이런 준비를 일로 생각해서는 안 된다. 마치 토요일 저녁 외출 준비를 위해 멋진 옷을 입는 기분으로 한다. 혹은 주변을 청소하는 동안 주변 지역을 원하지 않는 혹은 부정적 영향에서 정화하는 것으로 생각해야 한다.

청소를 완료한 후 마법을 행할 장소(사원)를 꾸민다. 주변을 밝힐 수 있게끔 마법에 적당한 색깔의 초를 놓는다. 잠시 이 장소를 떠날 수도 있으므로 아직은 촛불을 켜지 않는다. 이것은 만약의 화재를 방지하기 위함이다. 제단 위에 마법 도구와 제조한 탈리스만 보관용 주머니를 놓는다. 읽을 수 있도록 의식 지침서를 바로 곁에 둔다.

위의 일을 마치면 문앞 방문에 가서 잠시 의식 준비를 잘한 것에 대하여 기쁨을 표시한다. 그리고 심호흡을 하고 숨을 내쉬면서 다음을 말한다.

"주님의 위대한 창조를 모방하여 이 사원을 설립하도록 허락한 우주의 위대한 창조자시여, 감사하나이다. 주님의 이름

을 위하여 주님의 축복이 이 사원에 임하게 하소서! 그렇게 될
지어다!'

　그리고 의식 수행 중에는 아무도 들어오지 못하도록 방문을 닫
는다. 필요하면 방문을 잠근다. 사원에 신의 은총을 요청하면서
우리는 또한 사원을 대우주에 대응하는 소우주로 생각해야 한다.
이것은 유명한 '위와 같이 그렇게 아래와 같이(As above, so
below)' 를 말해준다. 이렇게 되면 제단은 우주의 중심이 되고 모
든 원소의 힘과 행성의 힘을 위한 균형과 조화가 만나는 장소가
된다.
　그리고 전화소리에 방해받지 않도록 전화코드를 뽑는다. 마지
막으로 목욕 정화 의식을 하고 로브나 의식을 위하여 특별히 마
련된 옷을 입고 다음과 같이 말한다.

　　"우주를 작은 발판으로 사용하시는 우주의 창조자신 주님!
　마법 로브를 입도록 허락하신 주님은 위대하고 신성하나이다
　(다른 문장을 만들어 사용할 수 있다)."

　이제 로브을 입고 사원으로 들어가는 시간이다. 의식의 중요한
부분이 해당되는 행성 시간에 이루어지기 위해서 앞에서 설명하였
듯이 시간을 잘 조절해야 한다. 모든 것이 준비─신성 점, 사원, 탈
리스만, 달의 상태, 의식 지침서, 신에 대한 위대함과 경외감, 그리
고 가장 중요한 마음의 준비 등─되었으면 본 의식에 들어간다.

Part 2 : 결계와 균형

워치타워 열기 의식을 한다. 이것은 사원을 영적으로 정화하는 결과를 가지고 온다. 이것은 육체 정화와 비교되는 아스트랄 정화다. 또한 마법 원소의 힘을 균형 있게 가져오는 목적이다. 워치타워 의식을 완료하게 되면 제단은 모든 마법 원소로부터 완전하고 균형 잡힌 에너지가 들어오는 초점이 된다. 그러므로 의식을 잘 수행하여야 한다.

Part 3 : 탈리스만에 힘을 부여하고 신성하게 하기(충전 및 축성)

1단계 : 마법 원 안에 머물면서 탈리스만을 남쪽과 서쪽 중간 지점 원 밖에 둔다(다음 그림 참조). 제단에 가서 왼손으로 무지개 지팡이를 잡는다. 이 때 손으로 잡는 부위는 행성과 대응하는 색깔이다. 오른손에는 LBRP에

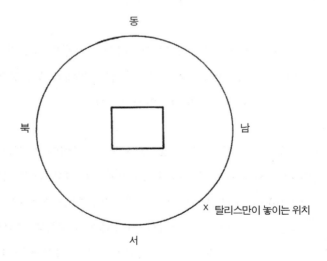

사용하는 단검을 잡는다. 원의 남서쪽으로 가서(사원 안에서는 특별한 지침이 없으면 늘 시계 방향으로 걷는다) 탈리스만이 놓여 있는 방향을 보면서 양손을 서로 교차시켜 양손의 마법장비가 X자 형태가 되게 하여 원 안으로 들어오는 입구를 봉쇄한다. 그리고 다음과 같이 말한다.

"이 마법 원 안으로 들어오기 전에 나는 살았으나 살아있지 못하였습니다. 이 원 안에서 나는 새롭게 태어났나이다. 이 마법 원 외부에 있는 모든 것은 참된 영적인 삶이 없습니다. 탈리스만이여, 지금 들으라. 이 원 안으로 들어올 수는 있으나 움직일 수는 없도다(원하면 즉흥적으로 만들어 할 수 있다)."

2단계 : 단검 끝으로 탈리스만을 마법 원 안으로 끌어당긴다. 다음과 같이 말한다.

"창조된 탈리스만이여! (탈리스만의 목적을 말한다) OOO이 머무는 장소가 되고 OOO의 장엄함을 위한 육체가 되어라(OOO의 자리에 탈리스만과 관련되는 세피라 이름을 말한다)."

3단계 : 탈리스만을 제단으로 가지고 가서 제단 아래에 둔다. 당신과 탈리스만은 제단 서쪽에서 동쪽을 보는 위치에 있다. 다음과 같이 말한다.

"OOO(해당되는 신의 이름을 발성한다)의 이름으로 여기 이 밤(낮이라면 낮)에 인보케이션된 모든 힘과 권능으로, 나(당신의 마법 이름을 말한다)는 OOO (적당한 세피라 이름을 진동시킨다)의 이름으로 불려진 OOO(탈리스만 목적을 말한다)의 영과 제 혼 사이에 참되고 강력한 연결을 형성하기 위하여 그대를 인보케이션할 것을 선언합니다. 이것을 위하여 저는 필요한 상징과 시길과 인장이 그려진 이 탈리스만을 완전하게 만들었습니다. 제가 위대한 일을 할 수 있고 인류를 도울 수 있도록 OOO(탈리스만 목적)이 저의 것이 되게끔 이 탈리스만이 질서 있게 충전되기를 기원합니다. OOO(적당한 세피라 이름)의 힘이 저의 근엄한 서약을 증명하소서!'

4단계 : 탈리스만을 제단 상단 중심에 둔다. 단검을 제단 위에 놓고 무지개 지팡이의 하얀 부분을 잡고 말한다.

"저는 지금 OOO(세피라 이름을 진동시킨다)의 힘을 이 사원으로 인 보케이션합니다. OOO(신의 이름을 진동시킨다)의 이름으로 지금 여 기에 임하소서! 이 탈리스만을 축성하기 위하여 모든 준비가 되어있 음을 아소서. 위대한 대천사 OOO(대천사 이름을 진동시킨다)가 OOO(신의 이름을 진동시킨다)의 이름으로 이 탈리스만에 생명과 힘 을 주게끔 그대의 힘으로 저를 도우소서!'

5단계 : 무지개 지팡이를 제단 위에 두고 단검(공기 단검이 아님)을 잡는다. 제단의 동쪽으로 움직여서 서쪽을 본다. 아래 말을 하면서 단검으로 탈 리스만에 적혀 있는 모든 상징과 시길을 탈리스만 위 공중에 그린다. 상 징과 시길들이 희미하게 반짝이는 금빛이 박혀 있는 밝은 푸른빛으로 빛 나는 것을 심상한다.

"저는 OOO(신의 이름을 진동시키고 공중에다 이름을 그리면서)의 힘 을 인보케이션합니다. 이 탈리스에 OOO(목적을 말한다)을 가져다주 소서!

OOO(행성 이름을 말하고 상징을 그린다)의 힘으로 OOO(목적을 말 한다)을 이 탈리스만에 불러들입니다.

OOO(스페어 체계로 만든 상징을 그리며), 이 상징에 의하여 탈리스만 으로 OOO(목적)을 불러들입니다."

같은 방식으로 탈리스만에 있는 모든 상징을 그리면서 위에서처럼 비슷한 문장을 직접 만들어 행한다. 상징을 그릴 때 상징을 볼 수 있도록 편하게 탈리스만을 뒤집거나 할 수 있다. 제단 서쪽으로 돌아가서 동쪽을 바라본다.

6단계 : 단검을 내려놓고 물컵을 잡아서 물에 손가락을 적셨다가 물 몇 방울을 탈리스만에 뿌린다. 그리고 다음을 말한다.

"나는 물로서 정화하노라."

만약 잉크로 작성된 상징이 번질 우려가 있으면 직접 뿌리지는 말고 그 쪽을 향하여 뿌리면 된다. 다음에는 향을 잡고 탈리스만 위에다 흔든다. 다음을 말한다.

"나는 불로서 축성하노라."

왼손에 탈리스만을 잡고 오른손에 단검을 잡는다. 단검날 끝으로 탈리스만을 세 번 가볍게 두드린다. 다음으로 탈리스만과 단검(끝이 위로 향한다)을 머리 위로 하고 왼발을 다음과 같이 구른다. So(/) mote(/) it(/) be(/)! 즉 'So' 하고 한 번 구르고, 'mote' 하고 구르고, 'it' 하고 구르고, 'be' 하고 발을 구른다. 말의 의미는 '그렇게 될지어다' 이다.

마지막으로 단검으로 제단을 천천히 세 번 친다.

7단계 : 여전히 단검과 탈리스만을 손에 잡고서 시계방향으로 돌아서 제단 주변을 한 바퀴 돈다. 그리고 계속 돌아 남쪽을 막 지나는 지점에서 말한다.

정화되지 않고 축성되지 않았다면 그대는 서쪽의 문을 들어갈 수 없도다.

탈리스만을 땅에 내려놓고 시계방향으로 움직여 제단에 가서 단검을 내려놓고 대신에 물컵을 들고 탈리스만 쪽으로 간다. 물에 손을 담그었다가 다음을 말하면서 몇 방울의 물을 탈리스만에 뿌린다.

"나는 물로 정화하노라."

제단으로 가서 컵을 두고 향을 집어서 탈리스만 쪽으로 가지고 간다. 탈리스만 위에 흔들면서 다음을 말한다.

"나는 불로서 축성하노라."

제단으로 가서 향을 내려놓고 단검을 집어서 탈리스만이 있는 장소로 가서 왼손으로 탈리스만을 잡고 말한다.

"탈리스만은 두 번 정화되고 축성되었노라. 창조된 탈리스만, 그대는 서쪽의 문에 접근할 수 있도다."

서쪽으로 가서 바깥을 보면서 단검의 날끝으로 탈리스만을 한 번 치면서 말한다.

"그대는 빛으로 들어오기 전에 먼저 어둠에서 나와야 한다. 신과 신의 빛이 없는 곳은 없으므로 서쪽의 어둠을 두려워하지 말라. 그러므로 두려움 없이 내 앞에 현시하라. 서쪽에서는 신 안에 두려움이 없다. 그대는 이 진리를 알고 지나가거라."

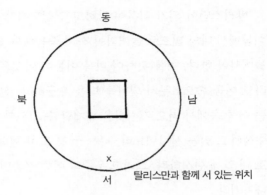

동

북 남

x
서 탈리스만과 함께 서 있는 위치

8단계 : 다시 한 번 원 주변을 돈다. 그리고 다시 북쪽을 막 지나가는 위치
에서 말한다.

정화되지 않고 축성되지 않았다면 그대는 동쪽의 문을 들어갈 수 없
도다.

7단계에서처럼 물로 정화하고 불로 축성하고 적당한 말을 한다.
그리고 왼손에 탈리스만을 잡고(오른손에는 단검이 있다) 말한다.

"탈리스만은 세 번 정화되고 축성되었나니 창조된 탈리스
만, 그대는 동쪽의 문에 접근할 수 있도다."

동쪽으로 가서 바깥을 보면서 탈리스만과 단검을 높이 쳐든 상
태에서 말한다.

"탈리스만이 되기 위하여 강하고 진실되어야 한다. 그대는 어둠에서 나와 빛으로 들어와야 하며 죽음에서 생명의 세계로 들어와야 한다. 이를 위하여 비록 어둠이 이것을 알지 못할지라도 어둠 속으로부터 빛나는 빛을 요구하라. 신의 의지로 나는 어둠 속에서 떠오르는 빛을 통제할 수 있도다. 나는 정화를 수행하고 있는 사람이노라. 나는 균형 잡힌 힘의 사용자이므로 내 앞에 현시하라. 그리고 우주의 이중 정육면체 제단을 지나가거라."

9단계 : 제단 서쪽으로 돌아가서 동쪽을 본다. 단검으로 다시 탈리스만에 그려진 모든 상징이나 시길을 앞에서처럼(5단계) 다시 그린다. 마찬가지로 앞에서처럼 즉흥적인 대사를 사용하고 끝내면서 다음 문장을 사용한다.

"이렇게 나는 힘 있게 그대를 불러내어 그대를 정화하노라."

완료 후 단검을 내려 놓고 오른손으로 무지개 지팡이의 적당한 색깔 부위를 잡는다. 탈리스만과 지팡이를 높이 쳐들고 외친다.

"창조된 탈리스만, 생명 없는 어둠 속에서 오랫동안 있어왔도다. 어둠에서 나와 빛을 구하라!"

10단계 : 탈리스만을 제단 위에 놓고 무지개 지팡이를 탈리스만 위에 수직으로 유지하고 말한다.

"이미 행해진 모든 이름과 힘과 의식으로 그대가 저항할 수 없는 힘인

카브스 암 페크흐트. 콘스 옴 팍스(Khabs Am Pekht. Konx Om Pax.),
확장하는 빛을 불러내노라. 어둠 속에 숨겨진 빛이 드러나면 그대는
저항할 수 없게 되리라(역주 : 'Khabs Am Pekht'는 이집트어로 의미
는 확장 속의 빛[Light in Exension] 혹은 'Cultivate Inner Strength'이
다. 'Konx Om Pax'는 변형된 형태로 같은 의미이다)."

11단계 : 무지개 지팡이를 잡아서 앞으로 하고 미들 필라 의식을 한다. 그
다음에 신체 빛 순환 의식에서처럼 숨을 내쉬면서 에너지가 당신 앞을
통하여 아래로 내려오게 하고 숨을 마시면서 에너지가 뒤로 해서 위로
가게 한다. 에너지 흐름을 느낄 때 LBRP에서처럼 입장자 싸인을 한다.
이때는 제단 위에 탈리스만을 향하여 한다. 오른손은 무지개 지팡이의
해당되는 색깔 부위를 잡고 검지는 지팡이와 나란히 대어서 지팡이가 손
과 팔이 확장된 것처럼 되게 한다.

입장자 싸인을 할 때 팔이 아래에 탈리스만을 향하게 한다. 이 싸인은 또
한 '투사된 싸인'으로 불리기도 하며 미들 필라 의식과 신체 빛의 순환
의식을 통하여 움직이는 에너지를 투사하는 것이다. 이 에너지가 팔을
통하여 흐르는 것을 느껴라. 그리고 에너지가 탈리스만 안으로 들어가
고착되는 것을 감지하라. 동시에 탈리스만을 지켜본다. 탈리스만의 시길
이 약간 움직인다거나 빛의 번쩍거림을 볼 때 이것은 충전되었음을 의미
한다.

12단계 : 똑바로 서서 무지개 지팡이의 검은 부분을 바닥에 세 번 친다. 그
리고 다음을 말한다.

"끝났도다."

13단계 : 양손을 들어서(오른손에 무지개 지팡이) 말한다.

"찬란히 빛나는 하얀 신성 영이 이 탈리스만에 내려와서 장엄한 영광으로 채우시어 제가 위대한 일을 하는 데 도움이 되도록 하소서!"

인보킹 흙 펜타그램을 무지개 지팡이로 탈리스만 바로 위 공중에 그린다. 밝게 빛나는 푸른 빛으로 심상한다. 다음을 말한다.

"땅의 생명을 책임지는 주님에게 영광이 있으소서. 우주의 끝까지 주님의 광휘는 흘러나가나이다."

14단계 : 왼손에 탈리스만을 잡고 원 바깥에서 보일 수 있도록 한다. 원 주변을 돌면서 다음을 말한다.

"여기 임하고 있는 모든 힘과 권능은 보시오! 저는 순수하고 순수하나이다. (멈추어서 행성의 이름을 진동시키고 무지개 지팡이로 공중에 행성 싸인을 만들고 다시 걷는다) OOO의 힘에 의하여, (멈추고 신의 이름을 발성하고 그린다) OOO의 도움으로, 그리고 제 자신의 상위 속성을 고양시켜서 제가 이 탈리스만 정화와 충전 그리고 축성을 적법하게 하였음을 증명하소서."

15단계 : 제단 서쪽에 가서 동쪽을 향한다. 제단 중심에 탈리스만을 놓는다. 공기 단검을 들고 칼날 끝으로 탈리스만에 대면서 말한다.

"공기의 힘에 의하여"

공기 단검을 제자리에 두고 흙 원반으로 탈리스만에 대면서 말한다.

"그리고 흙의 힘으로"

흙 원반을 제자리에 놓고 불 지팡이를 들어서 탈리스만에 대면서 말한다.

"그리고 불의 힘으로"

불 지팡이를 제자리에 놓고 물컵의 물에 손을 담갔다가 탈리스만에 몇 방울 뿌리며 말한다.

"그리고 물의 힘으로"

물컵을 제자리에 놓고 무지개 지팡이 하얀 부분을 잡아 높이 들고 말한다.

"그리고 침묵 속에 일하시고 침묵으로 표현하시는 신성 존재의 비밀 이름에 의하여 제가 마법 의식을 통하여 얻은 권리로서 이 탈리스만이 충전되고 축성되었음을 선언하나이다."

16단계 : 준비한 보관 주머니에 탈리스만을 넣어 몸에 지닌다(당신을 위한 것이든 아니면 다른 사람을 위한 것이든). 다음을 말한다.

"주님께서 늘 시간의 한계 너머 존재하시고 힘과 영광이 영원하시도록 기도하나이다. 제가 신성한 신비 사원으로 깊이 들어가도록 허락하신 주님에게 감사하나이다(혹은 당신이 문장을 만들어 말할 수 있다)."

Part 4 : 결계

워치타워 닫기를 한다.

이것으로 의식은 끝난다.

이 방법으로 충전된 후 목적이 성취되거나 기간이 만료된 탈리스만은 앞에서 언급한 규칙이 그대로 적용된다. 마법에 사용된 모든 장치를 제거할 때까지는 여전히 마법을 행한 장소는 사원이 며 사원으로 취급되어야 한다. 모든 것을 치울 때까지는 사원(원 진) 안에서 시계방향으로 움직이는 것을 기억하라. 의식이 끝났 다고 사원의 영적인 속성이 끝나는 것이 아니다. 회색마법의 준 비 단계는 수행할 의식을 완전히 이해하는 것이다. 의식 수행 전 에 각 단계별로 일어나는 내용과 여러 단계가 서로 어떻게 긴밀 히 연결되는지 연구해야 한다.

9장으로 넘어가기 전에 다음 사항을 강력하게 권한다.

1. 최소한 두 개의 탈리스만을 디자인하여 만든다. 하나는 앞에 서 배운 간단한 의식으로 다른 하나는 지금 배운 완전한 의식으 로 충전하고 축성한다.

2. 타로 카드에 대한 책을 최소한 한 권은 읽는다. 타로 카드 리 딩에 대한 책보다는 철학에 대한 책을 읽기를 바란다. 8장 마지막 에 나오는 도서목록에 내가 좋아하는 타로 관련 책이 나와 있다.

다음 장에서는 '그리모아(grimoire, 의식 마법의 텍스트를 일컫 는 말)'에 대하여 다룬다. 이용 가능한 유명한 마법서들이 있지만 《아르바텔 마법서(The Arbatel of Magic)》처럼 불완전하거나 《네 크로노미콘(Necronomicon)》처럼 내용이 의심스럽거나 《아브라 멜린(Abramelin)》처럼 시간 낭비인 책일 수 있다. 또한 어떤 마법서들은 너무 희귀하여 구하기도 어렵고 가격도 비싸다.

그러므로 나는 합리적인 가격에 여러 오컬트 가게에서 구입 가능한 두 권의 마법서를 기본으로 한다. 이 책은 《솔로몬의 큰 열쇠》와 《솔로몬의 작은 열쇠》의 한 부분인 〈괴티아(Goetia)〉이다. 두 권은 여러 버전이 있으며 이들 책들은 실제 서로의 책들을 복사한 것이므로 어떤 버전도 괜찮다.

앞에서 자칭 마법사라고 하는 대다수 사람들이 말만 할 뿐 마법은 하지 못하는 것에 대하여 이야기하였다. 《솔로몬의 큰 열쇠》나 《괴티아》(역주 : 괴티아 하면 솔로몬의 작은 열쇠를 말하기도 하나 엄밀하게는 괴티아는 솔로몬의 작은 열쇠 가운데 한 단원이다. 그러나 책의 핵심 부분이므로 괴티아가 책 제목으로 쓰이기도 한다). 책을 읽어본 많은 사람들이 책에 나와 있는 마법 의식이나 기법을 수행하지 않음을 알고 있다. 이유는 여러 가지지만 주로 두려움과 이기심에 근거한 것이다.

1. 이들은 의식을 수행할 지식이 충분하지 않다. 이들은 지식 탐구에서 자신들이 얼마나 무지한지 알게 되는 것이 두렵고 자신들의 위선이 드러나는 것이 두렵다.

2. 마법서에 나오는 의식이 두려워서 감히 하지를 못한다. 심지어 마법에 성공하여 자신들이 에보케이션한 힘/영들을 통제하지 못할까 두려워한다.

3. 마법에 실패하여 자신들의 실력이 폭로되는 것을 두려워한다. 또한 자신들이 헛되게 많은 시간을 낭비하였음이 드러날까

우려한다.

　다음 장에 우리가 시도하려는 의식이 실려 있지만 솔로몬 마법서는 '생명나무 대응물'에 고급 정보를 제공하므로 가능하면 책을 구입하기를 바란다.

　책을 가지고 있거나 곧 구입할 생각이면 9장을 공부하기 전에 그 책에 나오는 어떤 의식도 하지 말아야 한다. 많은 사람들이 두려워하는 그런 일은 일어나지 않겠지만 시간 낭비이기 때문이다. 다음 장은 그리모아를 작동시키는 데 필요한 정보가 나와 있다. 이 두 책은 마법 에보케이션과 상위 수준으로부터 엔터티를 불러내어 모습을 드러내게 하는 방법을 다룬다.

　이 모든 것을 배우게 된다. 진짜 마법 에보케이션을 배우는 것이다. 그리모아에 나오는 의식들은 처음에는 단체로 하는 것이 더 쉽다. 물론 혼자서 하는 것이 불가능하지는 않지만 좀 힘들다.

복습

다음 질문은 8장에서 주어진 내용을 충분히 이해하였는지 알기 위한 것이다. 되도록 책을 보지 말고 답하라. 답은 부록 2에 나와 있다.

1. 화요일과 관련되는 행성은 무엇인가?
2. 행성 혹은 마법 시간이 정확히 60분이 되는 때는 언제인가?
3. 상위계 힘과 당신 의지가 작동되기 전에 탈리스만과 애뮬릿은 무엇인가?
4. 매더스의 일화에서 '세례를 주다'는 무엇을 의미할 수 있는가?

다음 질문은 당신만이 답할 수 있는 질문이다.

1. 여전히 모든 의식을 하고 있는가?
2. 계속 마법 일기를 쓰고 있는가?
3. 마법 혹은 행성 시간의 개념을 이해하고 있는가?
4. 8장의 충전 의식이 7장의 충전 의식보다 효과가 있다고 생각하는가 아니면 그 반대로 생각하는가?
5. 다른 사람을 조정하기 위하여 마법을 사용하는 것은 괜찮다고 생각하는가?
6. 탈리스만과 애뮬릿 충전에 관한 다른 책들을 읽어본 적이 있는가?
7. 마법을 주제로 하는 여러 책들을 소유하고 있는가?

인용 문헌 ··

Conway, David, *Ritual Magic*, Dutton, 1972.

Crowley, A., (Uncredited Editor, Mathers translation), *Lesser Key of Solomon, The Goetia*, DeLaurence, N.D.

Mathers, S.L.M. (translator), *Greater Key of Solomon, The*, DeLaurence, 1914.

Regardie, Israel, *Golden Dawn, The*, Llewellyn, 1978.

   How to Make and Use Talismans, Aquarian, 1972.

:: Philosophical Tarot Books

Crowley, A., *Book of Thoth, The*, U.S. Games, 1977.

Hoeller, Stephen, *Royal Road, The*, Quest, 1975.

Rakoczi, Basil, *Painted Caravan, The*, L.J.C. Boucher, 1954.

Sturzaker, James, *Kabalistic Aphorisms*, Theosophical Publishing House, 1971.

Wang, Robert, *Qabalistic Tarot, The*, Weiser, 1983.

제9장

제 1 편

마법이 적절하게 작동한다는 것을 말할 수 있으려면 믿는 수준에 머물러서는 안 되며 마법이 작동함을 아는 수준에 도달하여야 한다. 20년 이상의 경험을 통하여 마법이 작동함을 나는 알고 있다. 마법 체계에 따르면 모든 것의 근원자가 우리 모두가 의지하여 살아가는 법칙들을 창조하였다고 한다. 이 법칙 중 하나가 중력의 법칙이다. 우리가 아무리 높이 뛰어 올라도 중력의 세력권에서 벗어날 수 없다. 그러나 중력을 이해한다면 어느 정도 중력의 세력권을 벗어날 수 있는 로켓을 만들 수 있다.

지금은 알려졌지만 100년 전만 하여도 알려지지 않았던 많은 법칙들이 있었다. 그리고 지금도 우리가 모르는 법칙들이 있다. 이 법칙 중에 하나가 마법의 법칙이다.

아직 알려지지 않은 법칙들은 유효한 법칙이거나 아니면 그 반대다. 중력의 법칙이 있거나 아니면 없거나 둘 중의 하나지 중간은 없다. 마찬가지로 마법의 법칙은 유효한 법칙이거나 아니면 그 반대가 있을 뿐이다. 어떤 때는 유효하게 작동하고 어떤 때는 작동하지 않는다는 그런 종류의 법칙은 있을 수 없다. 마법은 학문이며 '과학' 이다. 과학의 기본 규칙은 같은 조건하에서의 실험은 늘 같은 결과를 가져온다는 것이다.

이 개념을 잠시 뒤로 미루고 영화나 소설에 대하여 이야기를 해보자. 당신은 아마 마법사가 나오는 영화를 보거나 책들을 읽었을 것이다. 거기서 보면 마법사가 주문을 외우면 안개 속에서 악마가 나와서 마법사를 돕는다.

영웅이나 악한이 아스트랄 세계에서 이상한 존재를 불러내는 영화나 책들을 보았을 것이다. 솔직히 당신도 그런 힘을 발휘하고 싶지 않는가? 사람들을 통제하고 친구를 돕고 당신을 위해하는 사람을 벌주기 위하여 무시무시한 짐승을 불러내는 힘을 소유하고 싶지 않는가?

처음 몇 년간 내가 마법에 관심을 가진 이유 중 하나가 이런 능력에 대한 가능성을 생각했기 때문이다. '올바른 마법서나 스승을 만날 수 있다면 우주에 대한 지배력을 가질 수 있을 텐데' 라고 생각하였다. 정말 이런 일이 일어났다면 나의 카르마 부채는 엄청났을 것이다. 오컬트에 대한 믿음 때문에 나는 타인을 통제하려는 욕망에서 벗어났다. 그러나 여전히 우리가 사는 세계로 어떤 존재를 불러낸다는 것은 멋진 일이다.

내가 본 영화와 읽은 책들이 내게 큰 영향을 미쳤다. 이들 영향과 마법 작동 원리에 대한 이해를 바탕으로 《괴티아(Goetia)》란 제목으로 출간된 《솔로몬의 작은 열쇠(The Lesser Key of Solomon)》의 의식 마법을 무시한 적이 있었다. 괴티아에서 어떤 영을 불러내기 위한 첫 번째 주문 끝에 "만약 영이 나타나지 않으면 다음처럼 말한다"라고 말하고는 다른 에보케이션 주문을 제시한다. 그리고 그 끝에 "만약 두 번째 주문에서도 나타나지 않으면

(그러나 확실히 나타난다) 다음을 말한다"라고 말하는데 그 세 번째는 요청보다는 저주로 가득찬 명령이 나온다.

나에게는 이것이 이해되지 않았다. 우주의 모든 엔터티(역주 : 일반인 눈에 보이지 않는 여러 존재의 고급, 저급 영들을 말하며 크게는 천사, 대천사도 포함됨)가 어떤 우주 법칙을 따른다면 그들은 에보케이션을 받으면 나타나야 한다. 그렇지 않다면 마법은 과학이 아닌 것이다. 분명히 무언인가 빠져 있었다.

여러 고대 마법서를 공부하면서 알게 된 것은 어떤 그리모아도 완전하지 않다는 것이다. 책을 통하여 마법을 배우도록 되어 있지 않았다. 오히려 이들 책은 빨리 기억할 수 없거나 자주 반복되지 않는 내용을 기계적으로 암기하기 위해서 기록된 형태로 수련생들에게 주어진 지침서였을 뿐이다. 그러므로 이 고대 의식 마법서에 포함되지 않은 내용이 무엇인지를 알아야 한다.

첫째, 긍정적인 태도를 지녀야 한다. 마법이 작동하리라는 것을 알아야 한다. 이것은 마법 의식이 단지 마음의 작용이라는 것을 의미하는 것은 아니다. 만약 아프면 의사는 약을 준다. 그러나 당신이 나으려고 원하지 않으면 치유 기간은 오래 걸리며, 치유가 되지 않을 수도 있다. 물질계에서 당신에게 영향을 미칠 수 있는 것은 정신적으로 '살려는 의지'다. 마찬가지로 마법이 성공할 것이라는 지식이 모든 계에 영향을 줄 것이다. 마법이 작동하지 않는다고 생각하면 마법은 작동하지 않는다. 마법이 전부 정신적인 문제기 때문이 아니라 마법을 행하는 데 있어 올바른 마음 태도를 유지하는 것이 마법의 한 부분이기 때문이다.

　둘째로 그리모아에 포함되지 않은 것은 에너지를 불러내는 능
력이며, 셋째로 이 에너지를 통제하는 능력이다. 이것은 늘 마법
연구에 중요한 초점이 되어 왔고 수련생들은 수행을 통하여 언제
에너지를 불러내고 어떻게 통제하는지 알게 된다. 이러한 내용들
은 마법서에 포함될 필요가 없었다. 마법 수련생들은 자연히 수
련을 통하여 알게 되어 있었다. 이것이 바로 모든 고대 그리모아
가 불완전한 이유였다.

　내가 관심을 두지 않았던 이 사실을 깨닫게 되는데 여러 해가
걸렸다. 모르델(Mordell)이 번역한 《세페르 예치라(Sepher
Yetzirah)》를 보면 4자문자인 요드 헤 바브 헤(YHVH)는 이중코드
혹은 다른 문자를 위한 코드일 수 있다고 말한다. 또한 위카를 행
하는 한 친구는 위치들이 위치 의식과 가르침을 담고 있는 《그림
자 책(Book of Shadows)》에서 자주 코드를 사용하였다고 지적하
였다. 예를 들면 '어린아이 피'는 딸기주스를 위한 암호였다. 이
책이 비전을 받지 못한 사람 수중에 들어가면 그들은 책의 내용
에 너무 놀라거나 불쾌하게 생각할 것은 확실하다. 불행하게도
이런 책들은 읽은 것을 그대로 믿었던 사람들의 수중에 떨어지기
도 하였다. 역사상 위치에 대한 고문과 학살이 일어난 이유에는
이런 사건도 원인이 되었다고 본다.

　정확한 날짜는 기억하지 못하지만 어느날 갑자기 직감이 떠올

랐다. 준비되지 않은 일반인이 마법 의식을 수행하여 말썽을 일으키지 않게끔 그리모아가 암호를 가지고 있다는 것을 알았다. 마법 에보케이션은 그리모아에 있는 것이 아님을 알았다. 만약 있다면 그것은 코드로 되어 있었다. 나는 이 신비를 해결해야 하였다.

나는 너무도 많은 의문이 있었다. 에보케이션에 왜 여러 사람이 필요한가? 엔터티가 현시하는 삼각형 안에 왜 원이 그려지는가? 마법 에보케이션 의식에 펜타클(흙 원반과 구별할 것. 이것은 솔로몬의 큰 열쇠에 나오는 마법 도구임)은 어떤 역할을 하는가? 왜 특별한 향이 엔터티를 다른 수준에서 물질계로 끌어낼 수 있는가? 너무도 많은 질문이 떠올랐으며 답은 없었다.

나는 탐구를 시작하였다. 크로울리 마법을 따르는 세 단체(지금 한 단체는 사라짐)를 찾아 질문을 하였고, 그들은 단지 아스트랄계에서만 에보케이션이 가능하다고 믿었고 그렇게 수행하고 있었다.

오컬트 학자 넬슨(Nelson)과 앤 화이트(Anne White)가 쓴 《드러난 비밀 마법(Secret Magick Revealed)》이라는 책을 보게 되었다. 그들은 책에서 같은 생각을 드러내었다. 마지막으로 다이온 포춘(Dion Fortune)이 쓴 《오컬티즘의 여러 진실(Aspects of Occultism)》을 읽고 확실히 이해하게 되었다. 아래는 책에서 발췌한 내용이다.

대부분의 에보케이션 마법 의식에서 엔터티는 아스트랄계

에 불려지며 단지 투시력이 있는 사람만이 볼 수 있다. 물론 민감한 사람은 그 영향을 느낄 수 있다.

비전을 받은 마법사는 특별히 실험이나 연구에 종사하지 않는다면 아스트랄계에 엔터티를 에보케이션하는 데 만족한다. 에보케이션된 엔터티와 의사소통하는 데는 사이킥 능력에 의존한다.

마법사는 엔터티가 물질계에 나타나도록 에보케이션하는 번거로운 일을 하지 않는다. 왜냐하면 적당한 사이킥 능력이 있다면 엔터티가 아스트랄 형태로 나타나도 목적을 이루는 데 문제가 없기 때문이다. 사실 그 편이 더 낫다. 왜냐하면 아스트랄 형태가 엔터티 속성상 더 적합하며 활동에 한계가 적기 때문이다.

물질계로 현시하게끔 유도하는 물질이 사용될 수 있다. 포춘은 이 물질에 대하여 다음과 같이 말한다.

이러한 물질로 가장 중요한 것이 신선한 피다. 같은 목적으로 배설물도 사용될 수 있다. 그러나 엔터티가 엑토플라즘(ectoplasm, 영매[靈媒]의 몸에서 나오는 에너지 혹은 피에서 나오는 생명력)을 사용하여 물질 형태로 나타나게끔 엑토플라즘을 내보낼 수 있는 물질의 성능은 피나 배설물이 신체에서 바로 나왔을 때 가장 좋다(역주 : 사람의 피에는 4차원 에너지가 많이 포함되어 있으며 이것을 질료로 삼아 형체를 취하는 엔터티는 많은 주의를 요한다. 과거 피의식이 행하여진 곳에는 으레 엔터티가 형태를 띠고 나타났다. 참된 영은 절대 이런 방식으로 물질 현시를 하지 않는다. 주의를 요하는 내용이다. 오컬트 내용에 대하여 믿기 전에 일단 의문을 제기하라고 저자는 말한다. 역자로서 되도록이면 이 책과 다른 정보를 언급하는 것이 망설여지지만 저자도 말했듯이 여러 책에서 다양한 정보를 얻도록 권하고 있으므로, 에보케이션이나 인보케이션에 대하여 말한다면 정말 주의를 요하고 개인에게 무슨 필요성이 있는지 생각해 보도록 하고 싶다).

이것은 탄트라와 비슷하다. 탄트라에 의하면 정액은 사정 후 15분이면 마법의 힘을 잃는다고 한다.

이 책은 의식 마법에 대한 소개서이므로 물질계로 엔터티를 에보케이션하는 것에 대해서는 깊이 다루지 않으며 피를 제물로 하는 내용도 없다. 그러나 아스트랄계로 엔터티를 에보케이션하는 개념은 우리가 가지고 있는 질문에 답을 할 수 있어 보인다.

1. 그리모아에 나오는 의식을 따라하면 물질계로 어떤 존재물(엔터티)을 에보케이션할 수 있다고 하는데 이것은 거짓말인가, 아니면 마법서가 암호로 되어 있음을 의미하는가?

그 어느 것도 아니다. 그리모아에는 그런 말이 없으며 물질 모습을 한 엔터티를 에보케이션할 수 있으며, 엔터티를 볼 수 있다고 말한다. 이 말은 확실하며 아스트랄계에서 엔터티를 보는 것도 포함한다.

2. 에보케이션 마법에서 왜 두 사람 이상이 의식에 참석해야 하는가? 한 사람은 의식 수행을 하고 다른 한 사람은 아스트랄계 안을 보기 위한 관찰자로 나온다.

3. 《괴티아》에서 엔터티가 현시하는 삼각형 안에 원이 그려지는 이유는 무엇인가?

그곳은 둥근 마법 거울이 놓이는 장소이다. 이 거울을 통하여 관찰자는 아스트랄계 안을 볼 수 있다. 이것은 아스트랄계로 들어가는 문이다.

4. 펜타클은 에보케이션 마법에서 어떻게 작동하는가?

관찰자는 의식동안 펜타클을 응시한다. 펜타클은 관찰자가 특정한 엔터티를 지각하도록 하는 역할을 한다.

5. 엔터티가 특정한 향을 좋아하는 이유는 무엇인가?

향은 관찰자에게 영향을 주어서 육체가 수용적인 상태가 되게 한다.

6. 엔터티를 한 번 에보케이션하여 반응이 없으면 몇 번이고 다시 에보케이션하는 것은 왜인가? 만약 마법 이론이 정확하다면 첫 번째 에보케이션에 엔터티가 반응해야 하는 것이 아닌가? 사실 우리 마음은 잘 통제되지 않는다. 관찰자는 더 강한 향이나 좀 더 오래 펜타클을 응시할 필요가 있다. 마법 명령에 응하여 엔터티가 아스트랄계에 왔을 때 이것을 볼 수 있는 사이킥 능력 개통을 위하여 반복하는 것이 필요할 수도 있다.

에보케이션 마법을 통하여 물질계보다 오히려 아스트랄계에서 우리가 엔터티와 대화를 한다고 생각하면 우리가 가지고 있는 의문은 해결된다.

내가 어떻게 그리모아에 대한 비밀을 배웠고 모든 의문을 해결하였는지 지금까지 이야기하였다. 당신이 처음 이 책을 시작하였을 때 몇 마디 주문을 외우거나 마법 지팡이를 흔들면 당신이 바라던 것이 즉시 일어나리라 생각했을 수도 있다. 이제는 마법은 시간이 걸리고 아주 자연스러운 수단을 통하여 일어남을 알아야 한다. 또한 모든 것이 정확하게 행해지면 악마가 안개 속에서 나타나 적들을 파멸시킬 것이라는 잘못된 생각도 바로잡아야 할 때다. 마법 영화 제작자나 환타지 소설가는 실제로 단 한 번도 마법 의식을 수행하지 않은 사람들임을 알아야 한다. 그들은 마법이 작동하리라는 가능성조차 믿지 않는 사람들이다.

진도를 나가기 전에 9장의 1편을 다시 읽고 에보케이션 마법에 대한 논리적이고 분별력 있는 설명을 이해하라. 9장에서 다루는 영의 에보케이션이라는 주제가 당신을 환상의 세계로 안내하기보다는 더 깊은 수준의 마법 세계로, 그리고 최고의 영성을 자극하는 세계로 안내할 것이며, 그대에게는 모험의 세계가 될 것이다.

제 2 편

알아차렸겠지만 나는 9장에서 계속하여 '에보케이션 (evocation)'이라는 용어를 사용하였다. 마법서를 읽어보았으면 알겠지만 많은 작가들이 인보케이션(invocation)과 에보케이션을 혼동하여 사용한다. 진실한 마법사에게는 이런 실수는 없지만 실제적인 마법 경험이 없는 작가들이나 아니면 이들 마법 방식의 상이함에 대하여 구별을 원하지 않는 사람들에게 나타난다. 구별을 원하지 않는 이유는 모든 마법이 같게 보이도록 시도하여 마법을 비방하기 위해서다.

이 책에 따라 마법 의식을 해왔으면 에보케이션 마법 실행은 안전하다는 것을 알게 될 것이다. 에보케이션은 물질계에 존재하지 않은 다른 지성, 힘, 혹은 엔터티와 대화하는 것이 목적이다. 어떤 사람들은 이것을 우리의 숨겨져 있는 잠재의식과 통화하는 것이라고 주장한다. 이 말의 사실 여부를 떠나서 이 말에 관심이 없다. 왜냐하면 에보케이션 마법은 나타나는 엔터티 정체가 무엇이든 마치 다른 존재, 다른 지성과 대화하는 것처럼 보이기 때문이다.

마법에 대하여 깊은 지식이 없는 사람들이 인보케이션을 사용한 후에 심각한 문제에 직면함을 보아왔다. 인보케이션 마법은 일시적으로 다른 존재가 육체에 들어와 육체를 공유하도록 하는 마법이다. 이 방법은 채널링(channeling)으로 불리기도 한다. 결계가 적절히 행해지고 마법사가 자신의 육체를 공유할 존재를 선택한다면 위험은 없다. 그러나 마법에 대한 지식이 없는 경우 문제가 일어난다.

위카 마법 의식에 여러 번 참가하여 신이나 여신으로 불리는 신이 성공적으로 안전하게 인보케이션되는 것을 본 적이 있다. 신을 인보케이션하는 마법 수행자(주로 고위 사제)의 얼굴에는 눈에 띄는 변형이 일어난다. 심지어 육체의 형태도 변하는 것처럼 보이고 평소의 모습보다 당당한 모습을 나타낸다. 적절히 수행되면 아주 안전하고 스릴이 넘치는 마법이다. 늘 긍정적인 엔터티를 인보케이션해야 하며 결코 알지 못하거나 부정적인 존재를 인보케이션해서는 안 된다.

인보케이션 혹은 채널링이 위험하거나 비생산적으로 되는 두 가지 경우가 있다. 첫째는 결계를 하지 않고 어떤 엔터티를 인보케이션하여 육체를 일시적으로 공유하도록 하는 경우이다. 지금까지 공부하고 수행하고 연구한 바로는 이것이 얼마나 위험한지 알 것이다. 이런 마법 방식으로 발전해온 종교가 있는데 우리가 익히 잘 아는 영매술이나 강령술이 그것이다. 대부분의 오컬트 수행자들은 이들 단체의 수련법에 눈살을 찌푸린다. 왜냐하면 아무 엔터티고 인보케이션하여 대화를 나누기 때문이다. 아주 저급 아스트랄 엔터티가 나타나서 조상의 말을 전하는 식이다. 강령회에서 저급 엘리멘탈(엔터티)이 나와서 해를 끼치는 경우가 많이 있다. 어떤 영매는 알코올 중독자로 삶을 마치기도 한다.

자칭 죽은 조상이나 친구라고 주장하는 엔터티가 주는 메시지 때문에 많은 사람들이 현혹되어 그 말을 따르기도 한다.

나는 영매술과 그 교리를 비난하려는 의도는 아니다. 누구나 자신의 종교 교리를 가질 자격이 있다. 또한 강령회에서 행하는 인보케이션 마법을 비난하려는 의도는 아니다. 내가 비난하는 것은 준비 부족과 보호 부족 그리고 가치 없는 정보를 맹목적으로 받아들이는 태도다. 내 말을 믿지 못한다면 시중에 나와 있는 다양한 종류의 채널링 서적을 읽어보라. 작가들은(전부 영매는 아니나 영매로부터 채널링 방법을 배운 사람들이 많다) 채널링을 통하여 역사적으로 유명한 사람들의 말을 전한다. 삶을 혁신시키거나 새로운 정보를 제공하는 책은 발견하기 어렵다. 19세기 중엽 이래 자기기만과 노골적인 사기술은 오늘날 영매술의 일부분이 되어 왔다.

채널링의 두 번째 위험은 '부정적인' 엔터티가 인보케이션되는 경우다. 마법사 크로울리에 관한 아주 재미있는 이야기가 있는데 그가 '악마 크론존(Chronzon)'을 인보케이션하여 자신의 육체를 점유하도록 허락하였는데 육체를 점유하자 악마는 책략을 사용하여 크로울리의 보조자를 공격하였다고 한다. 어떤 사람들은 크로울리가 결계를 하지 않고 악마를 인보케이션한 이후 크로울리의 마법 성공률이 떨어지기 시작하였다고 생각한다.

인보케이션은 마법에 아주 중요하나 안전을 위하여 정확히 수행되어야 한다. 인보케이션과 에보케이션의 차이를 알았으면 이제는 에보케이션 마법에 대하여 설명한다. 가장 많이 이용되는 괴티아와 솔로몬의 큰 열쇠의 사용법을 보여주겠다.

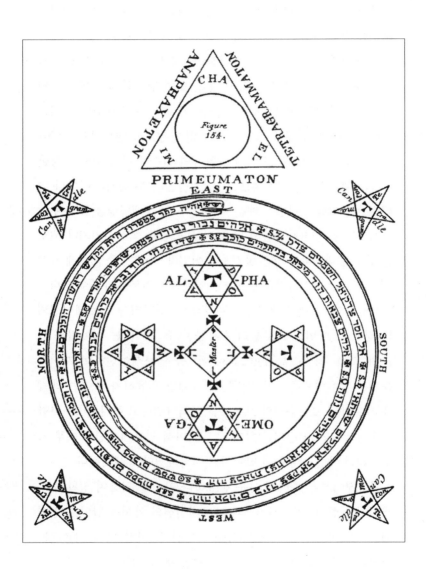

왼쪽 페이지에 매직 서클(원진, 마법 서클)과 엔터티가 현시하는 삼각형 그림이 아래에 나와 있다. 이 그림은 우리가 많이 이용하는 《솔로몬의 작은 열쇠, 괴티아(Lesser Key of Solomon : Goetia)》(매더스 번역, 크로울리 편집)에서 가져온 것이다. 삼각형 안에 원이 있는데 그 이유가 무엇인지 생각해보라. 사실 이 그림은 《괴티아》 원본에 나오는 복잡한 그림을 깨끗이 정돈한 것으로 책에 언급은 되어 있지 않지만, 번역자인 매더스나 아니면 편집자 크로울리가 정리한 것이다. 이번엔 다음 페이지에 원래의 그림이 나와 있다. 내 생각은 마법 수련생의 노트에서 가져온 그림 같으며 엉성하게 보이지만 알아야 할 중요한 것은 삼각형 안의 원이 까맣게 채워져 있다는 것이다.

　이것은 마법 거울의 존재를 알리는 그림이다. 마법 거울은 우리가 보는 눈부신 은도금한 거울이 아니다. 검은 거울이다. 에보케이션 마법에 사용하는 마법 거울을 만드는 방법이 여기 있다.

1. 판지(板紙)나 두께가 1~1.3cm되는 합판을 정삼각형으로 자른다. 먼저 밑칠을 하고 광택이 나지 않는 흰 페인트칠을 한다. 그리고 무광택 검은 페인트로 삼각형 안 세 개 변에 신의 이름을 쓴다(ANAPHAXETON—왼쪽 빗변 TETRAGRAMMATON—오른쪽 빗변, PRIMEUMATON-아래쪽. 그림에는 삼각형 외부에 신의 이름이 쓰여 있으나 이것은 잘못이다). 무광택 붉은 색으로 대천사 MI-CHA-EL(발음은 미하이엘)를 쓴다. 그리고 보호를 위하여 바라탄(Varathane, 고광택 흰 페인트) 같은 광택제를 바른다. 삼각

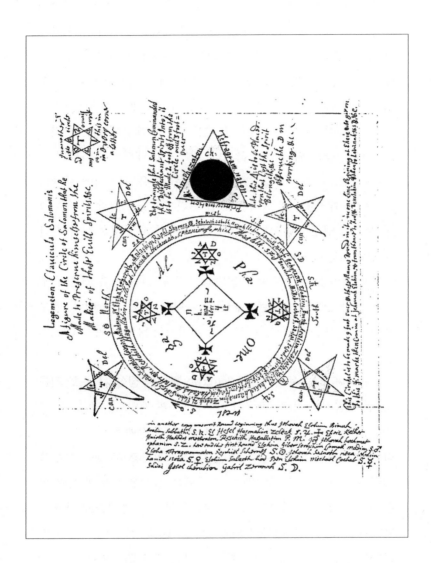

형 크기를 말하지 않았는데 크기는 마법을 행하는 방의 크기에 따라 결정하면 된다.

2. 삼각형 안에 들어갈 원형 유리를 만든다. 이때 크기는 삼각형 내부의 문자를 가리지 않을 정도 크기의 유리를 준비한다. 유리는 둥글게 잘라야 하는데 유리 커터기로 자르거나 아니면 유리가게에서 자르면 된다. 참고로 직경이 10cm정도는 가장 작은 크기로서 사용하기에 가장 편하며 큰 것은 30cm에서 40cm 정도다.

주의 : 유리를 자를 때 조심하라. 테두리가 날카로워서 손을 다칠 염려가 있으므로 조심해서 다루어야 하며 장갑을 끼고 작업하기 바란다.

유리가 준비되면 탈리스만에서처럼 흐르는 물에 두어 정화한다. 유리 크기가 작으면 부엌 싱크대에서 할 수도 있다. 큰 유리는 시냇물이나 욕조 혹은 샤워기로 할 수 있다. 부드럽고 깨끗한 천으로 닦아서 말린다. 신문을 여러 겹 쌓고 그 위에 유리를 놓은 후면에 무광택 검은 페인트를 스프레이로 뿌린다. 칠판을 만드는데 사용하는 페인트가 가장 적당하나 유리에 달라붙는 무광택 검은 페인트면 괜찮다. 페인트 제품 설명서에 따라 여러 번 가볍게 칠한다. 내가 최근에 만든 마법 거울은 열세 번 칠을 하였다. 여러 번 두껍게 칠하는 것은 큰 문제가 없으나 너무 얇게 칠하는 것은 문제가 된다. 칠이 마르도록 충분한 시간을 준다.

유리를 들어서(이때 마찬가지로 손조심을 한다) 혹시나 반대

면에 페인트가 묻었는지 살펴보고 묻었다면 제거한다. 마지막으로 유리를 빛에 비추어서 마법 거울로 빛이 통과하는지 조사한다. 통과하지 않으면 성공적으로 거울을 만든 것이 된다.

3. 다음은 거울을 삼각형 판에 붙이는 일이다. 철물점에 가면 미러 마운트(mirror mount, 거울을 부착하는 장치)가 있다. 이것을 사용하여(미러 마운트가 최소한 세 개는 필요함) 삼각형과 거울을 부착하며 작은 솔로 미러 마운트를 무광택 페인트로 검게 칠한다. 미러 마운트를 구하지 못하면 거울 주변에 못을 박아서 고정하고 마찬가지로 검은 칠을 하면 된다. 삼각형 판에 거울을 붙일 때 색칠한 부분이 판을 향하게 해야 한다. 이 말은 마법 거울을 바라보면 칠하지 않은 면이 당신을 향해야 한다. 이것으로 마법 거울은 완성되었다.

다시 괴티아 사진을 보면 완전한 원이 지면에 그려져 있다. 그리고 원의 외부에 삼각형이 그려져 있는 것처럼 보인다.

이 그림은 '그리모아 내용을 철저히 따르는 순수주의자'들을 당혹하게 하였다. '사실 물질적인 원을 그릴 필요가 없다.' 만약 더 큰 신뢰와 확신을 준다고 생각이 든다면 그려도 좋다. 그러나 지금까지 이 책의 마법 결계 의식을 잘 수행하여 왔고 그것에 익숙하다면 그것으로 충분하다. 내 개인 경험과 다른 사람들의 경험을 보건대 사실이다. 그러면 왜 복잡한 그림과 지침이 있는지 의문이 들 수 있다. 확인할 방법은 없으나 마법서가 그릇된 사람의 손에 넘어갔을 때 진실을 감추기 위한 속임수로 보인다. 많은

마법 에보케이션

사람들이 이 마법서를 소유하였으나 극히 소수만이 이 책의 마법을 시도하였다는 것만으로 아주 성공적이었음을 알 수 있다.

바닥에 원을 그리고자 한다면 그래도 좋으나 한 달에 한 장(chapter)씩 공부하도록 되어 있는 이 책을 공부하면서 매일 마법 의식을 수행해 왔다면 필요없는 일임을 반복하여 말한다. 만약 원을 그린다면 분필을 사용하는 것이 일반적이다.

또 다른 고려할 사항은 원 바깥 바닥에 놓인 마법 거울이 부착된 삼각형을 사용하기는 아주 어려워 보인다. 그림처럼 바닥에 평평하게 놓는 것이 처음 그림을 그린 사람의 의도는 아니었을 것이다. 처음 그림을 그린 사람은 삼각형의 정확한 위치를 보여주기를 원하였지만, 그렇게 보여줄 수 있는 필요한 미술 지식이 없었다고 생각할 수 있다.

삼각형은 원진이 형성될 바깥에 놓여야 하며 거울의 중심이 관찰자의 눈높이에 있게끔 세워져 있어야 한다. 관찰자가 의자에 앉아 마법 의식에 임한다면 삼각형의 위치는 그것에 맞추어진다. 삼각형이 수직으로 놓일 수 있지만 심각형의 윗부분이 뒤로 기울어져 각도를 만드는 것이 일반적이다. 각도는 수직선을 기준으로 최고 45도까지 기울어져 있을 수도 있으나 관찰자가 가장 편하게 바라볼 수 있는 각도여야 한다. 삼각형을 관찰자의 눈높이와 각도를 맞추기 위해서 지지대가 필요하다. 의자나 그림 걸이, 악보대가 사용될 수 있다. 삼각형은 원진이 형성되는 곳을 기준으로 동쪽에 놓아야 하며 원에서 아주 가까이 있어야 한다. 이것으로 괴티아 마법을 위한 대부분의 준비가 되었다.

제 3 편

대부분의 마법은 혼자서 행한다. 회색마법의 경우도 그룹은 마법을 지켜보면서 마법의 주도적 수행자에게 자신들이 심상한 것을 더할 뿐이다.

에보케이션 마법에서는 다르다. 혼자 하는 것도 가능하지만 아주 어렵다. 혼자 에보케이션 마법을 시도하는 사람들의 경우 성공하더라도 얻는 것은 아주 작다. 에보케이션 마법에서 당신을 도와줄 관찰자가 필요하다. 만약 당신이 관찰자 역할을 한다면 실제 마법을 수행하는 사람이 필요할 것이다.

관찰자의 역할은 거울을 들여다보고 에보케이션된 존재를 보는 일이다. 관찰자는 의식자와 에보케이션된 존재 사이에 중간자 역할을 한다. 의식 수행자는 엔터티를 부르는 의식과 관찰자가 거울 속에 엔터티를 보는 데 필요한 비전을 얻도록 돕는다.

그룹으로 에보케이션 마법을 하는 경우 가장 사이킥 능력이 뛰어난 사람이 관찰자가 되어야 한다. 그러나 혼자 하는 경우는 관찰자를 구하여야 하는데 이것이 쉬운 일은 아니다. 마법에 관심이 있고 어느 정도 심령 능력이 있는 사람을 구하여야 한다.

다음 그림에 보면 세인트 저메인(Saint Germain)의 작품으로 추정되는 그림이 있다. 그림 왼편에 남성 관찰자가 마법 거울로 사

마법의 거울

용되는 술잔을 바라보고 있다. 오른편에는 여성 의식 수행자가 칼과 지팡이를 들고 있다. 이들은 우리 주제와는 상관없는 연금술 상징으로 둘러싸여 있다. 관찰자의 얼굴 아래에는 타오르는 불이 있다.

연기를 마시는 것은 관찰자 피의 화학성분을 변화시킨다. 또한 의식자가 관찰자를 찌르기 위하여 지팡이를 사용하고 있음을 눈여겨볼 필요가 있다. 고통과 산소 결핍이 합쳐져서 관찰자의 의식을 변화시키고 마법 거울 안을 좀 더 쉽게 관찰하도록 한다.

변화된 의식 상태는 관찰자에게는 필요한 일임은 의심의 여지가 없다. 의식의 변화를 유도하는 방법은 여러 가지가 있다. 적당한 자기 최면 상태로 충분하다. 알코올 중독자가 아니거나 알코올 알레르기가 없다면 적당히 취한 상태도 괜찮을 수 있다.

의식의 변화를 가져오는 여러 자연 약초나 합성 약품이 있다. 의사가 처방하지 않는 약을 권유하는 것은 아니지만 흥분제를 사용하는 학생들도 있을 것이다. 여기서 나는 마법의 목적을 위하여 의식 변화를 가져오는 약품에 대해서는 언급하지 않는다.

그림에서처럼 마법 의식에서 약간의 고통 유발은 또한 관찰자의 의식에 영향을 줄 수 있다. 약간의 고통은 여러 호르몬이 혈관을 통하여 흐르게 하고 뇌에 작용하여 뇌-마음 복합체(brain-mind complex)에 영향을 미친다. 의식(儀式)에서 매질을 사용하는 그림이 있는데 폼페이(이탈리아 나폴리 근처의 옛 도시, A.D. 79년 베수비오[Vesuvius]화산 분화[噴火]로 매몰되었음) 시대까지 올라간다.

어떤 위카 단체는 자신들 의식의 일부분으로 고통을 야기하기 위하여 매를 사용한다. 고통은 일부 샤머니즘 문화에서 영적인 의식의 일부기도 하다. 심지어 일부 정통 기독교 단체에서도 자신을 매질한다. 개인적으로 이런 고통을 유발하는 방법에 반대하나 이 방법이 효과적이라고 여기는 사람도 있다.

관찰자가 보는 비전은 향이 타면서 내는 일산화탄소 때문이라고 많은 사람들이 믿는다. 향을 사용할 때 신선한 산소가 방 안으로 들어오도록 한다. 향이 탈 때 나오는 냄새는 가까이 있는 관찰자의 의식에 큰 영향력을 미칠 수 있다. 성행위도 호르몬 균형을 변화시키고 뇌와 마음에 영향을 주는 또 다른 수단이지만 여기서는 언급하지 않는다. 의식 변형을 위한 또 다른 방식으로 여러 날 잠을 자지 않는 일도 있다. 그 외에도 여러 가지 방법이 있을 수 있다. 어떤 경우에도 관찰자가 원하는 방법을 사용하도록 선택권을 주어야 한다. 사용하는 방법이 관찰자의 건강에 문제를 야기할 수 있는지 의학적 검진을 받아야 한다.

책에 언급된 방법은 조심스럽게 행해진다면 건강한 사람에게 해가 되지는 않을 것이다. 언급된 방법들은 수천 년간 안전하게 사용되어 왔으며 여전히 샤머니즘 문화에서 이용되는 방법이다. 그러나 아무도 당신에게 무엇을 하라고 강요할 수 없다. 당신이 에보케이션 마법을 실행하려 한다면 당신이 사용하는 수단이 불법이든 아니든 작가나 출판사, 판매업자 어느 누구도 법규와 관련되어 일어나는 문제와 당신의 건강 문제에 책임을 지지 않는다.

여기 의식과 설명은 많은 사람들이 해왔고 하고 있는 것이 무엇인지 보여주기 위한 교육 차원에서 주어진다. 여기 의식을 실행한다면 건강과 관련되는 모든 책임은 당신에게 있다. 작가, 출판사, 판매자는 어떤 경우에도 불법 마약 사용이나 합법적인 약품의 오용을 인정하지 않는다. 이 경고를 염두에 두고 괴티아 의식을 공부하기 바란다.

제 4 편

에보케이션 마법에 필요한 것으로 일상적인 마법 도구와 삼각형 외에도 두 가지가 필요하다. 그 중 하나가 두 개의 촛대다. 촛대는 관찰자가 마법 거울을 들여다볼 때 양손에 들어야 하기 때문에 길어야 한다. 물론 촛대가 80cm 이상 되어 손으로 들지 않고도 바닥에 세워둘 수 있으면 좋다. 만약 촛대가 짧아서 손으로 잡고 하는 경우는 뜨거운 촛농이 손에 떨어지지 않도록 촛농을 충분히 받을 수 있는 촛대를 준비하라.

둘째는 에보케이션하고자 하는 엔터티(영)의 인장(Seal)이 준비되어야 한다. 괴티아에 나오는 인장을 복사해야 한다. 각각의 인장은 '영(spirit)'이라 불리는 존재(엔터티)를 상징하고 이들을 다루는 데 필요한 힘을 준다. 에보케이션할 영과 그 영에 관련된 인장을 결정하기 위하여 《괴티아》 책을 읽고 각각의 영들은 어떤 힘을 제공하는지 알아야 한다.

예를 들면 타인과 타인들의 문제에 방해받고 싶지 않고 혼자이기를 원한다고 하자. 그리모아에서는 이것을 '눈에 보이지 않음(invisibility)'으로 나타낸다. 이 말은 투명인간이 된다는 의미는 아니고 사람들이 당신이 마치 없는 것처럼 행동한다는 것이다. 책을 읽어보면 이런 일에 관련되는 영은 바엘(Bael)이다.

바엘은 '사람을 보이지 않게 하는' 능력을 가진다고 한다. 바엘은 고양이, 두꺼비, 사람 모습으로 나타나기도 하고 한 번에 여러 모습이 함께 나타나기도 한다. 바엘은 쉰 목소리로 말한다. 바엘 인장은 관찰자가 목걸이처럼 몸에 지니고 있어야 하며 그렇지 않으면 영은 그대에게 경의를 표하지 않는다고 한다.

인장은 탈리스만처럼 종이로 만들 수 있다. 목에 걸 수 있도록 줄을 달 필요가 있다. 이때 인장을 손으로 잡아서 볼 수 있을 만큼 줄 길이는 넉넉해야 한다.

평소처럼 사원을 준비한다. 원(이 원은 직접 바닥에 그린 원일 수 있고 결계 의식을 통하여 만들어질 공중의 원일 수도 있다) 바깥 동쪽 편에 삼각형을 둔다. 관찰자가 원한다면 원 안 동쪽에 의자를 놓는다. 마법 실행자와 관찰자는 로브를 입어야 하며 아울러 관찰자는 인장을 목에 걸고 있어야 한다. 촛대는 관찰자가 서 있는 옆이나 (의자가 있다면) 의자 옆에 둔다. 아직 촛불을 켜지 않는다. 또한 관찰자가 전하는 메시지를 기록할 필기 도구를 준비한다.

관찰자는 자리에서 동쪽을 향한다. 관찰자가 향에서 타오르는 연기를 흡입할 수 있도록 향을 옆에 둔다. 또 다른 참가자가 있으면 그 사람은 타오르는 향이 계속 관찰자 쪽으로 흐르게 한다.

워치타워 열기 의식을 수행한다. 이때 관찰자는 의식을 지켜보는 것이 아니라 인장을 응시하고 지켜보아야 한다. 아직 할 필요가 없는 자기최면을 제외하고는 관찰자는 이 단계에서 이미 의식 변형을 위한 조치를 했어야 한다. 의식을 하면서 원을 그릴 때 관찰자가 원진 안에 있도록 관찰자를 포함하는 원을 그린다.

의식 수행자는 관찰자 뒤에 서서 촛대에 불을 붙인다. 만약 다른 참가자가 있다면 그 사람이 촛불을 켠다. 작은 촛대를 관찰자 손에 들려준다. 관찰자는 인장을 앞으로 향하게 하여 목에 걸고 촛대를 잡는다. 긴 촛대를 사용하는 경우는 관찰자에게 응시하던 인장에서 그만 손을 떼라고 말한다. 부드럽고 편안한 목소리로 말한다.

"거울을 깊이 들여다보세요. 거울을 보는 것이 아니라 거울 안쪽을 보도록 하세요. 자신이 거울에 나타나도록 촛불을 움직이기 바랍니다. 그러나 촛불이 직접 거울에 비치지 않도록 하세요.

더욱 더 깊게 응시 하세요."

이제는 첫 번째 주문을 한다. 주문을 하면서 소환하고자 하는 영의 이름을 말하면 된다.

"나는 그대 바엘을 에보케이션하고자 주문한다. 최고의 권위로부터 오는 힘을 가진 나는 베라나넨시스, 발다히엔시스, 파우마히아, 아폴로기아이 혹은 아폴로지에 세데스(BERALANENSIS, BALDACHIENSIS, PAUMACHIA, APOLOGIAE SEDES)의 이름으로 그대에게 명령하노니 가장 강력한 한 지배자들, 제니들(Genii), 리아히데(Liachidae), 죽음의 영역의 사제들 그리고 아홉 번째 군단에서 변호를 책임지는 자의 이름으로 나는 그대의 에보케이션을 명령하노라.

최고의 권위(신)로부터 오는 힘을 가진 나는, 말로서 우주를 창조하신 그리고 모든 창조물이 복종하는 신의 이름으로 명령하노라. 신의 모습으로 창조되고 신의 의지에 따라 창조되고 신의 힘이 부여된 나는 가장 강력한 신의 이름 엘(EL, 진동시킨다)의 이름으로 그대 바엘을 에보케이션하노라.

모든 신의 이름(진동시킨다)
아-도-나이, 엘, 엘-오-힘, 엘-오-하이, 에-헤-예 아-쉐어 에-헤-예, 차-바-오트, 엘-욘, 야, 테트라그라마톤, 샤다이 (AH-DOH-NYE, EL, EHL-OH-HEEM, EHL-OH-HY, EH-HEH-YEH AH-SHAIR EH-HEH-YEH, TZAH-BAH-OHT, EHL-YONE, YAH, TETRAGRAMMATON, SHA-DYE)의 이름으로 그대에게 명하노라. 흉한 모습이나 비틀림 없이 인간의 모습으로 이 원앞에 당장 나타나거라. 발할 수 없는 이름 테트라그라마톤 요

드-헤-바브-헤(TETRAGRAMMATON YUD-HEH-VAHV-HEH)
(진동시킴)로 말하노니 복종하라. 그 이름이 말해질 때 하늘
이 흔들리고 바다가 요동치고 불은 꺼지고 땅이 흔들리며 하
늘과 땅과 아래 세계가 일시에 뒤죽박죽 되리라.

그대가 어디에 있든 지체 없이 나와서 내가 요구하는 질문
에 합리적인 답을 하거라. 당장 평화롭고 상냥한 모습으로 모
습을 나타내어 내가 원하는 것을 현시하거라. 그대는 살아 있
는 진실한 신 헬리오렌(HELIOREN)의 이름으로 에보케이션되
므로 명료하고 맑고 알기 쉬운 목소리로 끝까지 나의 질문에
답을 하거라."

이 주문을 여러 번 되풀이할 수도 있다. 주문 후에 멈추고 관찰
자에게 무엇이 마법 거울에 나타났는지 물어본다. 만약 나타난
것이 없다면 주문을 되풀이한다. 원하는 만큼 이 주문을 할 수 있
지만 개인적인 경험으로는 서너 번 정도면 관심이 주문에 줄어든
다. 그러면 다음 주문으로 넘어간다. 만약 관찰자가 첫 번째 주문
에서 영을 보게 되면 두 번째 주문으로 갈 필요없이 바로 질문을
하면 된다. 두 번째 주문은 다음과 같다.

"나는 바엘 그대가 흉한 모습이나 비틀림 없이 이 원 앞에
나타나도록 아담이 들었고 말하였던 야(YAH)와 바브(VAHV)
의 이름(진동시킨다)과 롯(Lot)이 들었고 가족과 그를 구원하
였던 아-글라(AH-GLAH)의 이름(진동시킨다)으로 그리고 에

사오(Esau)의 손에서 구원된 야곱이 자신과 씨름하였던 천사로부터 들었던 이-오트(EE-OHT)의 이름(진동시킨다)으로, 아론이 듣고 말하였던 안-아-팍스-에-톤(ANN-AH-PHAX-EH-TOHN)의 이름으로 주문을 말하며 명령하노라.

모세가 부르자 모든 강물이 피로 변화였던 차-바-오트(TZAH-BAH-OHT, 진동시킨다)의 이름으로 모세가 부르자 모든 강이 개구리로 뒤덮이고 개구리가 마을로 올라가 모든 것을 파괴하였던 아-쉐어 에-헤-예 오르-이스-톤 (AH-SHAIR EH-HEH-YEH OHR-ISS-TONE, 진동시킴)의 이름으로, 모세가 이름을 부르자 천지창조 이래 가장 엄청난 우박이 떨어진 엘-욘(EHL-YONE) (진동시킴)의 이름으로, 모세가 부르자 메뚜기 떼가 나타나서 온 땅을 뒤덮고 우박의 피해를 입지 않고 남은 모든 것을 먹어치우는 아-도-나이(AH-DOH-NYE, 진동시킴)의 이름으로, 여호수아가 이름을 부르자 태양이 멈추어 버린 쉬마 아-마-티-야(SH' MAH AH-MAH-TEE-YAH, 진동시킴)의 이름으로 주문을 말하며 명령하노라.

다니엘이 이름을 부르자 벨(Bel)이 죽고 용이 죽은 알파와 오메가 이름으로 사드락(Shadrach), 메삭(Meshach), 아벳느고(Abednego)가 불타오르는 용광로 속에서 살아남은 이마뉴엘(EE-MAN-YOU-EHL, 진동시킴)의 이름으로, 하기오스(HAH-GEE-OS, 진동시킴)의 이름으로, 아도나이(AH-DOH-NYE, 진동시킴)의 옥좌의 이름으로, 이스-케르-오스, 아-산-아-토스

파-라-클리-토스(ISS-KEER-OS, AH-THAN-AH-TOS, PAH-RAH-CLEE-TOS, 진동시킴)의 이름으로, 오 시오스, 이크-트로스, 아-산-아-토스 (OH THEOS, EEK-TROS, AH-THAN-AH-TOS, 진동시킴)의 이름으로, 아-글라, 온, 테트라그라마톤 (AH-GLAH, OHN, TETRAGRAMMATON, 진동시킴) 이름으로 명령하노라.

여기 이름들과 신의 다른 모든 이름으로 나는 그대 바엘에게 에보케이션을 명령하노라. 말씀으로 우주를 창조하시고 모든 창조물들이 복종하는 신의 이름과 신의 정의, 그리고 앞뒤로 눈을 가지고 옥좌 앞에 있는 네 짐승, 옥좌를 둘러싼 불, 하늘의 천사 그리고 신의 지혜로 에보케이션을 명령하노라. 바스-다-세-아 발-다크-히-아 (BAS-DAH-THE-AH BAHL-DAHK-HEE-AH, 진동시킴)의 이름으로 그리고 모세가 이름을 말하자 땅이 열리고 코라(Kora), 다탄(Dathan), 아비람 (Abiram)을 삼켜버린 프라임-우-마-탄(PRIME-UU-MAH-TAHN, 진동시킴)의 이름으로, 나의 의지를 완수하게끔 이 원 앞에 나타나도록 나는 강력하게 그대에게 명령하노라.

그러므로 나의 요구에 충실하게 답을 하고, 그대가 할 수 있는 만큼 내 바람을 완수하도록 하라, 바엘 영이여! 평화롭고 상냥한 모습으로 지체없이 나타나 내가 바라는 것을 내가 이해하도록 명료한 목소리로 알기 쉽게 말하거라."

다시 관찰자에게 거울에 무엇이 보이는지 물어본다. 나타났다고 말하면 '질문'으로 넘어간다. 그러나 여전히 아무것도 보지 못하면 두 번째 주문을 되풀이하거나 《괴티아》의 지시에 따른다. 또한 접촉하고자 하는 영의 이름을 만트라 하듯 되풀이하여 말한다. 참가한 사람들이 많을 때(열 명 이상) 효과적이다.

《괴티아》에서는 더 많은 주문이 있지만 내 경험상 이 두 개의 주문으로 충분하다. 각각 주문을 세 번 반복하고도 결과가 없으면 일단은 적당한 시기가 아님을 알고 멈추는 것이 좋다. 관찰자가 나타난 결과를 보고하는데 명료하지 않다면 참석한 모든 사람은 관찰자가 명료하게 볼 때까지 영의 이름을 영창(찬트)한다. 명확하게 보이면 그때 '질문'으로 넘어간다.

질문

1. 관찰자를 향하여 첫 번째 질문을 한다. 간단히 "거울에서 무엇을 보고 있습니까?"라고 묻는다. 만약 관찰자가 "아무것도 보이지 않는다"고 말하든가 응답을 하지 않으면 앞의 주문을 다시 한다.

만약 관찰자가 보고를 한다면 필기도구로 기록한다. 만약 관찰자가 엔터티를 묘사한다면 그것이 당신이 사용하는 의식 마법서(그리모아)의 설명과 일치하는지 확인한다. 바엘의 경우는 정상적으로는 고양이, 두꺼비, 사람 또는 한 번에 세 개가 나타난다.

만약 엔터티가 이상하거나 섬뜩한 모습으로 나타난다면(가끔 일어난다) 관찰자가 두려워하거나 당황한다. 그때 큰 소리로 단호하게 말한다.

"나는 그대 바엘 영에게 에-헤-예 아-쉐어 에-헤-예 요드-헤-바브-헤 엘-오-임(EH-HEH-YEH AH-SHAIR EH-HEH-YEH와 YUD-HEH-VAHV-HEH EHL-OH-HEEM, 진동시킴)의 이름으로 에보케이션을 명하노니 그대가 흉한 모습이나 비틀림 없이 말쑥한 모습으로 이 원 앞에 당장 나타나거라."

암송할 때 엔터티의 모습이 변해야 한다. 그렇지 않다면 즉시 영을 떠나보내고 주변을 철저히 정화한다. 왜냐하면 잘못된 엔터티가 나타났기 때문이다.

만약 영이 호감을 가진 모습을 띤다거나 명령에 따라 모습이 변한다면 다음으로 넘어간다.

2. 영에게 이름을 묻는다. 관찰자는 이런 식으로 말해야 한다.

"내가 생각하기에 이 영의 이름은 _____입니다." 또는 "이 영이 자신의 이름은 _____이라 합니다."

영이 거짓을 말하지는 않으나, 항상 완전한 답을 주는 것은 아니다. 당신이 이해하기 어려운 답을 준다. 영이 자신의 이름을 다르게 말하거나 대답을 거부할 경우에는 다음과 같이 말한다.

"요드-헤-바브-헤(YUD-HEH-VAHV-HEH, 일반 단검으로 공중에다 문자를 쓰고 진동시킨다. 이때 문자는 밝게 빛나는 푸른빛으로 심상한다)의 힘으로 머뭇거리지 말고 명료하게 너의 진짜 이름을 말하도록 명령하노라."

이때 영이 정확한 이름을 말하면 환영 인사를 한다. 그렇지 않으면 영을 돌려보낸다.

환영 인사

"오, 가장 고상한 바벨 영이여, 그대를 환영하노라! 하늘과 땅을 창조하신 신의 이름으로 그대를 불렀고 여기에 나타남으로써 그대는 신과 나의 의지에 복종하였기 때문에 나는 그대를 환영하노라! 내가 그대를 불렀던 같은 힘으로 나는 그대를 잠시 가두었나니 그대는 이 원 앞에 있는 삼각형 안에 머물면서 그대에 대한 내 용무가 남아 있는 한 거짓 없이 내 의지를 충실히 완수할 때까지는 내 허락 없이 떠나지 못하느니라."

관찰자 뒤에 서서 LBRP에서 사용한 단검으로 원 바깥에 삼각형을 가리키면서 말한다.

"내가 그대를 에보케이션한 신의 이름으로 명하니 나에게 진실한 답변을 하거라!"

에보케이션된 영에게 바라는 것을 진술한다. 바엘의 경우는 다음과 같이 질문할 수 있다. "보이지 않는 비밀은 무엇인가?"

관찰자가 전하는 모든 것을 기록한다.

이것이 끝나면 큰소리로 영을 돌려보내는 주문을 한다.

영의 복귀 허락

"바벨 영, 그대는 충실히 나의 요구에 답을 하였고 아주 잘 준비하였으며 나의 부름에 기꺼이 응하였기에 나는 그대가 거주하는 영역으로 복귀를 허락하노라. 인간이나 짐승에게 해를 끼치지 말고 평화롭게 그대의 거소로 돌아가라. 어서 떠나라. 그리고 신성한 마법 의식으로 그대를 부를 때 나의 부름에 준비를 하거라. 평화롭게 조용히 떠날 것을 명령하노라. 신의 평화가 그대와 나 사이에 계속 되기를! 그렇게 될지어다."

워치타워 닫기로 의식은 끝난다

관찰자가 반드시 필요한 것은 아니다. 자신이 관찰자의 역할을 할 수 있다. 그러나 한 사람이 의식을 진행하는 동안 다른 한 사람이 거울을 지켜보는 것이 훨씬 쉽다.

사용할 향이나 의식 실행시간, 적당한 색상에 대하여 내가 말하지 않음을 알아차렸을 것이다. 이유는 주제와 관련되는 책을 읽도록 하기 위함이 아니라 당신이 실제로 마법을 수행하도록 하기 위함이다. 단지 책의 지시만 따른다면 당신은 결코 진실한 마법사가 될 수 없다.

의식이 시작되는 시간과 색깔 상징, 향의 선택은 중요하다. 그러나 이번에는 스스로 알아서 하도록 말하지 않았다. 지금까지 공부한 여러 단원을 조사한다면 답을 찾을 것이다. 참고로 말한다면 엔터티로부터 알고자 하는 것과 '탈리스만 마법과 세피로트' (7장 4편)를 비교하라. 거기에서 행성과 세피라를 얻을 수 있을 것이다. 그러면 나머지는 확실히 드러날 것이다.

《괴티아》는 72개의 엔터티 이름과 인장 그리고 모습을 담고 있으며 엔터티의 능력과 재능에 대하여 설명한다. 안타까운 일이지만 여러 세기 동안 사람들의 어리석음과 억압 때문에 책의 많은 부분이 쓸데없는 정보로 차 있다. 사실 여러 권의 《솔로몬의 작은 열쇠》가 나와 있지만 완전한 《괴티아》 원본은 하나뿐이다.

그러나 이 책의 가르침과 시중에서 구입 가능한 《괴티아》 책이 있으면 실제로 에보케이션 마법을 실행하는 데 문제가 없다. 가장 대중적인 판은 《솔로몬의 작은 열쇠, 괴티아, 악령의 서(The Lesser Key of Solomon: GOEITA: The Book of Evil Sipirits)》로 알려진 책이다. 그러나 이 책은 상당한 오해를 줄 수 있다. 왜냐하면 인격의 형태를 띠는 에너지 혹은 힘에 대하여 다루기 때문이다. 그러나 전기가 선과 악이 아니듯이 그들도 악한 힘이 아니다.

여기서 중요한 것은 악이 아니라 카르마(Karma)다. 겉보기에는 긍정적으로 보이는 것도 카르마 입장에서는 부정적으로 될 수 있다. 그러므로 괴티아 영을 에보케이션하기 전에 부정적인 결과로 이끌 수 있는 마법을 피하기 위하여 신성 점을 반드시 쳐야 한다.

이 책은《괴티아》마법 강의가 아니므로 72개 영 전부를 설명하지는 않는다. 그러니 더 알고 싶으면 책을 사서 공부하기를 바란다. 에보케이션 의식은 동일하고 이 책에 나온 바엘 대신 에보케이션하고자 하는 영의 이름만 바꾸어주면 된다. 아울러 영에 맞는 인장을 사용하라. 다음은《괴티아》에 나오는 몇몇 영과 인장 그리고 모습, 목적을 설명한다.

위 그림에 보이는 그림은 아몬(AMON) 영의 인장이다. 아몬은 위대한 힘을 가지고 있으며 아주 엄하다고 한다. 아몬은 뱀의 꼬리에 불을 내뿜은 늑대의 모습으로 나타난다. 마법사의 명령에 따라 아몬은 까마귀 머리를 한 사람 모습으로 변한다. 때때로 이 까마귀 머리에 개의 이빨이 있다. 아몬은 과거와 미래의 정보를 제공한다. 중립적인 속성을 가지기 때문에 친구 사이에 화해를 도울 수 있다. 그러나 또한 반목을 야기할 수도 있다. 말할 것도 없이 아몬에게 바라는 것을 요청할 때 조심해야 한다.

다음의 그림은 부에르(BUER) 영이다. 부에르는 쌔지테리어스

(역주 : 사수자리, 행성은 목성, 즉 목성 시간에 행한다)에 해당되
는 시간에 에보케이션되어야 하며 활 쏘는 켄타우로스(반인반마)
의 괴물 모습으로 나타난다. 부에르는 수학, 윤리, 논리, 물리학을
포함한 과학과 철학을 가르친다. 전문 분야는 비밀 마법과 약초
에 대한 가르침이다. 또한 치유력도 있으며 특히 심리적인 고통
에 대한 치유력이 있다.

위 그림은 보티스(BOTIS) 영의 인장이다. 처음에 보티스는 사나
운 독사로 나타나나 마법사의 명령에 따라 큰 이빨과 두 개의 뿔과
날카롭고 밝게 빛나는 멋진 칼을 가진 사람의 형상으로 나온다. 에

보케이션될 때 아몬 영과 비슷한 정보를 제공한다. 보티스는 과거와 미래에 대하여 말하고 친구와 적 사이에 불화를 화해시킬 수 있다.

역사적 문헌인 《괴티아》는 아주 매력적인 책이다. 사실 여기에 나오는 어떤 '영들'은 초기 인류 문명에 나오는 신들이다. 아스타로스(Astaroth) 영은 아스타르테(Astarte, 가나안, 히브리, 시리아의 사랑, 결혼, 풍요의 여신)와 이시스(Isis)로 알려진 여신 아스타로스다. 유대 기독교인의 성 편견으로 아스타로스 영은 '남성'이 되었다. 이것은 한 문화의 여신과 남신은 이어지는 문화에서 악마로 변한다는 사회학 이론을 증명하고 있다. 교회의 영향으로 심한 경우 여신은 남성 악마가 된다.

나는 최근에 한 텔레비전 프로그램을 지켜본 적이 있다. 그 프로그램 진행자는 거의 병적으로 판타지 역할연기 게임(역주 : RPG, Role-Playing Game, 두 명 이상의 사람들이 모여 각자 등장인물의 역할을 맡아 이야기를 만들어 나가는 놀이)이 악마의 빙의를 가져오고 사람들을 기독교에서 떠나게 만든다고 떠들어대고 있었다. 기독교 채널이었는데 연사는 기독교를 신봉하는 사람들의 망상증에 호소하려는 의도가 보였다. 그러나 신학자인 다른 기독교 작가는 기독교인은 악마에 빙의될 수 없다고 말한다. 그러므로 무엇이 옳은지는 모르겠지만 이 TV 프로그램은 서로 다른 교리를 보여주는 셈이었다. 대중을 통제하에 두기 위한 방법으로 대중에게 두려움을 주입시키는 것보다 나은 것이 없다. 기독교 방송의 중요한 역할이 바로 그런 것처럼 보인다. 어떤 경우에도 나는 비이성적이고 두려움을 유발하고 과대망상적인 신앙으로 차 있는 TV 프로그램에 단호히 반대한다.

오컬티즘도 어느 정도는 이와 유사한 망상과 미신 속에 있다. 최근에 내가 읽은 한 오컬트 서적은 〈내셔널 인콰이어러(National Enquirer)〉와 〈하레 크리슈나 잡지(Hare Krishna Magazine)〉라는 잡지에서 필요한 정보를 인용하였다. 책의 저자가 〈내셔널 인콰이어러〉란 잡지가 우수한 평판을 가지고 있다고 생각했을지는 모르나, 다른 여러 원천에서 필요한 정보를 찾아보았어야 했다. 그리고 〈하레 크리슈나 잡지〉는 자신들의 단체 선전을 위하여 필요한 정보를 실었을 뿐이다. 다시 말하고 싶다.

오컬티즘에 대해서 다른 사람의 말이나 내 말을 믿지 말라.

스스로 조사하고 연구하라. 다이온 포춘은 오컬트 연구에 언급하면서 이렇게 말했다. "오컬티즘에서 우리가 최종적으로 의지할 권위 있는 것은 없다." 이 말은 '권위에 의문을 제기하라'는 말이었다.

앞의 내가 한 말이 에보케이션 마법과 무슨 상관이 있는가 생각할 수도 있다. 나는 RPG 게임이 빙의를 야기할 수 있다는 TV 프로그램 진행자와 같은 과대망상증 환자가 아니라는 것이다. 그러나 노파심에 내가 알고 있는 괴티아 에보케이션 게임에 대하여 주의를 주고 싶어서 그 주제를 끄집어내었다. 이것은 괴티아 영의 인장을 가지고 놀이하는 게임이다. 이 게임이 아직 그다지 많이 알려져 있지 않고 훈련된 신비학도에게는 별다른 위험이 없지만, 마법에 잠재 능력을 가진 일반 사람이 게임용 인장을 자세히 보면서 시간을 보낸다면 문제가 될 수 있다. 마법 훈련이나 보호 준비가 되어 있지 않는 사람은 인장에서 반사되는 섬찍지근한 형상을 보게 되면 크게 놀랄 수도 있다. 이런 놀라움 때문에 그들은 정신에 손상을 입을 수 있으며 현실에 대한 이해에 문제가 생길 수 있다.

우려하는 것은 사람들이 어떤 생각이나 이념에 사로잡힐 수 있다는 것이다. 마법 훈련을 받는 당신 같은 사람은 강박관념이나 빙의는 큰 문제가 아니다. 훈련을 받지 않았고 쉽게 영향을 받는 사람은 주의가 필요하다. 이것이 내가 괴티아 게임 카드가 시중에 많이 배포되지 않기를 바라는 이유다.

솔로몬의 큰 열쇠로 넘어가기 전에 보호의식 하나를 소개하고 싶다. 이 책은 《와스프 카발라(WASP Kabalah)》 즉 현대 카발라 이론에 초점을 두고 있다. 와스프 카발라는 초기 신비유대 카발라 전통에 근거하며 초기 신비유대 카발라는 초기 셈족, 셈족 이전과 비 셈족 전통에 근거를 둔다.

와스프 카발라에 반대되는 것으로 코셔르 카발라(Kosher Kabalah)가 있다. 이것은 유대 성향을 강하게 드러내는 카발라 철학이다. 나는 개인적으로 서양과 중동에서 유대 카발라 부활을 보게 되어 기쁘다. 부활의 결과로서 이전에 번역되지 않았던 카발라 책이나 빈약하게 번역되었던 카발라 책들이 번역되어 나 같은 완전하지 못한 카발라 연구자에게 이용가능하게 되리라 기대한다. 번역이 필요한 가장 중요한 카발라 마법 서적 중의 하나는 《세페르 라치엘(Sepher Ratziel)》로 알려진 탈리스만 책이다. 내가 알기로는 이 책이 아직 영어로 번역되지 않았다. 나는 LA에 있는 유대 대학교에서 《세페르 라치엘》 히브리어 본을 찾았다. 출간된 지 60년이나 지난 책이라 상태가 좋지 않았다. 문자 일부분이 잘라져서 번역하기가 불가능하였다.

아직 번역되지 않은 다른 중요한 책으로는 《혼의 순환(The Revolution of Souls)》이라는 윤회에 대한 이삭 루리아(Isaac Luria)의 책이 있다. 그의 이론을 이 책에 인용하였지만 다른 자료를 통하여 입수한 정보였다. 신비를 탐구하는 참된 학자들이 이 두 권의 책을 포함하여 세상에 밝은 빛을 줄 수 있는 책들을 번역할 것으로 기대한다.

코셔르 카발라에 대하여 다시 언급하는 이유는 많은 사람들이 코셔르 카발라에 독특한 의식이 있는지 질문을 하기 때문이다. 물론 있으며 최근에 아주 괜찮은 보호의식을 찾았다. 이것은 유대 전통에 의거한 의식이며 특히 《세페르 예치라》에 근거한다.

세페르 예치라에 신은 세 개 문자 요드, 헤, 바브의 배열을 통하여 공중을 봉하였다고 한다(역주 : 6방 봉쇄로 알려졌으며 동서남북 상하를 말한다). 나는 이 세 문자를 사용하여 장미십자가 대신 사용할 수 있는 의식을 소개한다. 이 의식을 예치라 봉쇄 의식(Yetziratic Sealing Rite)으로 부른다.

예치라 봉쇄 의식

이 의식은 성분이 순수한 백색 초 한 개, 막대 향 한 개, 그리고 성냥이나 라이터가 필요하다.

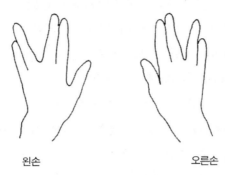

왼손 오른손

1단계 : 동쪽을 보고 앞에 있는 제단이나 테이블에 놓인 초에 불을 붙인다. 손가락을 위 그림처럼 만든다. 이것은 유대 고위 사제가 사용하는 전통적인 손 축복 방식이다. 마치 초에 축복을 주듯이 손을 그림처럼 유지하고 다음을 말한다.

"오 신성하신 주님이시여, 요드-헤-바브-헤(진동시킨다), 우주의 지배자시여! 우리를 신성하게 하시고 우리에게 명령하여 신성 빛이 타오르도록 하셨나이다."

2단계 : 오른손에 향을 쥐고 촛불로 향에 불을 붙인다. 향의 불꽃이 타오르는 동안 다음을 말한다.

"저의 유일신인 요드-헤-바브-헤(진동시킨다)를 온 우주가 알도록 하소서!"

그리고는 연기만 나게끔 향의 불꽃을 끈다.

3단계(a) : 위를 보고 다음을 말한다.

"나는 요드-헤-바브(진동시킨다)를 가지고 위를 봉쇄하노라!"

향을 가지고 **ㅣㄇ ㆍ** 를 그린다.

3단계(b) : 아래를 보고 다음을 말한다.

"나는 요드-바브-헤(진동시킨다)를 가지고 아래를 봉쇄하노라!"

향을 가지고 הוי 를 그린다.

3단계(c) : 앞(동쪽)을 보며 다음을 말한다.

"나는 헤-요드-바브(진동)를 가지고 동쪽을 봉쇄하노라!"

향을 וי ה 를 그린다. 같은 방법으로 다음 단계에 나오는 단어를 진동시
키고 그리면 된다.

3단계(d) : 시계방향으로 180도 돌아서 서쪽을 향하여 서서 다음을 말한다.

"나는 헤-바브-요드를 가지고 서쪽을 봉쇄하노라!"

향으로 יו ה 를 그린다.

3단계(e) : 시계방향으로 270도 돌아서 남쪽을 향하여 다음을 말한다.

"나는 바브-요드-헤를 가지고 남쪽을 봉쇄하노라!"

향으로 ה י ו 를 그린다.

3단계(f) : 시계방향으로 180도 돌아서 북쪽을 향하여 다음을 말한다.

"나는 바브-헤-요드를 가지고 북쪽을 봉쇄하노라!"

향으로 יה ו를 그린다.

4단계 : 90도를 돌아서 동쪽으로 돌아온다. 1단계에서처럼 손을 사제 축복
형태로 다시 만들고 다음을 말한다.

"이런 식으로 소우주는 대우주를 되풀이하며 모든 세계는 신성하게
되나이다. 할렐루야! 할렐루야! 할렐루야! 셀라! 셀라! 셀라! 아멘! 아멘!
아멘!"

5단계 : 원하는 만큼 평화 속에 머무를 수 있다.

의식이 끝난다.

제 5 편

《솔로몬의 큰 열쇠(The Greater Key of Solomon)》는 쉽게 이용할 수 있는 책이다. 아주 매력적인 책이며 많은 오컬트 수행자들은 솔로몬의 작은 열쇠가 악령에 관한 책이고 큰 열쇠는 선한 영에 대한 책이라고 주장한다. 이것은 잘 알지 못하는 작가들이 주장한 말을 단순히 되풀이하는 소리다. 이들 주장을 증명할 아무런 증거도 없다.

《솔로몬의 큰 열쇠》는 크게 두 파트로 나뉘어진다. 책의 두 번째 파트는 마법사가 사용하는 다양한 마법 도구에 대한 설명이다. 그 중 어떤 장비는 고급 마법을 실행하기에는 부적절하게 보이나 첫 번째 파트가 고급 마법과 저급 마법이 섞여 있는 것을 고려하면 필요하다. 이 책에 보이는 저급 마법의 예로서 노란 왁스로 만든 사람의 형상을 사용하여 자신을 보이지 않게 하는 마법이 있다. '포핏(poppet)' 마법이라고도 불리는 이미지 마법은 카발라 마법에는 없다. 이것은 자연 마법 혹은 저급 마법의 영역에 속한다.

이 마법서에는 저급 마법(자연 마법)이 나오고 예수나 삼위일치에 어울리지 않는 내용이 있기 때문에 솔로몬의 작은 열쇠보다 큰 열쇠가 좀 더 연대가 오래되었다는 증거가 된다. 사실 솔로몬의 큰 열쇠가 처음 책으로 나타난 것은 15세기나 16세기였으며 솔로몬의 작은 열쇠는 17세기 경이다. 물론 두 책 다 오래 전에 구전으로 전승되어 왔다.

여기에서 솔로몬의 큰 열쇠 전체 내용을 다루려는 것은 아니다. 에보케이션 주문은 앞에서 주어진 솔로몬의 작은 열쇠와 비슷하므로 형식은 그대로 사용할 수 있다. 이런 방식이 책 내용에 충실하게 따르는 순수 논자들을 격노케 할 수도 있다. 그러나 테크닉과 철학은 같다. 솔로몬의 큰 열쇠에 나오는 다섯 페이지나 되는 에보케이션 주문을 굳이 원한다면 그렇게 해도 좋다.

솔로몬의 큰 열쇠에는 훈련받지 못한 사람을 우롱하려고 고안된 퍼즐이 있다. 1편과 2편 중간에 '펜타클'로 채워져 있으며 이들 펜타클이 당신에게 힘과 능력을 가져다줄 수 있는 방법을 설명한다. 이들 펜타클들은 실제로 탈리스만을 암시하는 것처럼 보인다. 그러나 1편을 읽고 에보케이션을 눈여겨보았다면, 나타나는 영에게 펜타클을 보여주고 영들의 왕에게 원하는 것을 요구하도록 되어 있다. 펜타클이 탈리스만처럼 보이는 것은 펜타클의 참된 잠재적 힘이 준비가 안 된 사람의 수중에 들어가는 것을 방지하기 위함이다.

다음 페이지에 나오는그림은 태양과 관련되는 펜타클이다. 이것은 목적을 성취하는 데 방해되는 생각 패턴에서 우리를 자유롭게 한다. 에보케이션은 행성시간표의 '태양'에 해당하는 날과 시간에 시행되어야 한다. 나타나는 엔터티는 생각 패턴을 부수는

방법과 여기에 해방되는 법을 알려준다. 이 에보케이션에서 '바엘 영'이란 단어 대신 '주님 요드-헤-바브-헤'를 사용한다.

다음 그림의 위에 있는 그림은 비너스(금성)의 영들을 통제하는 펜타클이다. 이것은 '탈리스만 마법과 세피로트표'의 비너스 아래에 나열되어 있는 항목을 위하여 좋다. 바엘 영 대신 해당되는 대천사 이름을 사용한다. 비너스의 영을 에보케이션하고 그 행성과 관련되어 할 수 있는 일을 요청한다. 마찬가지로 행성 시간표를 보고 비너스에 해당하는 날과 시간에 에보케이션을 해야 한다.

아래 그림은 비너스와 관련되는 또 다른 펜타클이다. 이것은 명

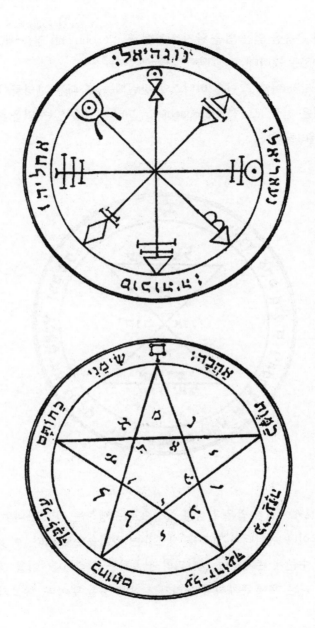

예와 은총을 얻는 법을 알기 위하여 욘-엘(Yohn-ehl) 영을 에보케이션하는 것이다.

마지막 아래 그림은 비너스와 관련되는 또 다른 펜타클이다. 이것은 천사 모나히엘(Monachiel)로부터 사랑을 얻는 법을 배우는 펜타클이다.

에보케이션 마법은 환상과 상상으로 수행하는 것도 아니며 죽은 혼이나 엔터티와 접촉을 시도하는 영매술도 아니다. 이것은 상위 수준에 존재하는 엔터티와 접촉하는 의식이다. 이들 엔터티는 다른 계에 존재하나 우리가 자각을 못할 뿐이다. 에보케이

션 마법에서 우리는 이들 존재를 자각하고 원하는 엔터티를 선택한다.

솔로몬의 큰 열쇠에는 솔로몬의 작은 열쇠에 없는 특별한 에보케이션 방식이 있다. 솔로몬의 큰 열쇠에 나오는 방법으로 에보케이션을 할 때, 우리가 알고 있는 방법과는 약간 다르게 펜타클을 사용한다. 에보케이션에서 집중하기 위하여 펜타클을 사용한 후(이것을 마법 원소인 흙 원반과 혼동하지 말라. 흙 원반도 펜타클이라 부른다) 이것을 보이지 않도록 덮는다. 보통 검은색 실크가 사용된다. 그리고 마법 거울에 엔터티가 나타날 때 펜타클을 엔터티에게 보여주면 엔터티는 마법사의 의지에 구속된다.

에보케이션 마법을 설명하면서 잠시 언급하고 싶은 책이 있는데《알파와 오메가(The Aleph and Omega)》로 알려진 황금새벽회 지부가 원전으로 사용하였던 책이다. 매더스가 번역하였는데 책 이름은《아르마델의 그리모아(The Grimoire of Armadel)》다.

대부분 '마법사들' 이 이 마법서를 무시하고 있는데 왜냐하면 책의 내용을 이해하지 못하여 감히 에보케이션 마법을 시도하지 못하기 때문이다. 책의 내부 편성(책을 통하여 보여주는 예수에 대한 언급)을 보건대《솔로몬의 큰 열쇠》보다 후대 작품으로 보인다. 이 책에 나오는 영들 이름은《솔로몬의 큰 열쇠》와《솔로몬의 작은 열쇠》에 나오는 영들과 비슷하며《아르바텔 마법(The Arbatel of Magick)》에 나오는 영들과도 비슷하다.

《아르마델의 그리모아》에는 다른 마법서보다 인장이나 시길(sigil)이 많이 나온다. 이 책에는 터무니없어 보이는 마법 원 그리

는 방법이 나온다. 이 책은 "(다른 장소에서) 보여준 지침에 따라
원이 정확하게 그려졌는지 보라"고 나와 있을 뿐이다.

그리고 《아르마델의 그리모아》에 나오는 인장의 의미와 사용
목적은 난해한 언어로 감추어져 있다. 그러나 이 책의 독자는 9장
을 읽고 《아르마델의 그리모아》에 나오는 인장의 의미를 알 수 있
어야 한다. 아르마델 마법서를 이해하려면 에보케이션 마법이 아
스트랄계 안을 보고 질문에 답할 수 있는 엔터티와 의사소통하는
것임을 기억하면 도움이 될 것이다.

아르마델의 그리모아에 원진을 그리는 지침은 없지만 《솔로몬
의 큰 열쇠》나 《솔로몬의 작은 열쇠》에서처럼 비슷한 보호 의식
과 주문은 있다. 또한 섹스 마법에 대한 숨겨진 정보를 가지고 있다.

제 6 편

마법이나 오컬트에 문외한이 아니면 엘리멘탈로 알려진 엔터티에 대하여 들어봤을 것이다. 좀 더 지식이 있다면 엘리멘탈(역주 : 엔터티, 엘리멘탈, 엘리멘터리, 정령, 천사 등의 용어가 혼란을 야기할 수도 있으나 눈에 보이지 않는 존재를 총칭하여 엔터티로 표시한다. 4대 원소를 지배하는 자연령은 엘리멘탈로 표현되기도 하나 정확한 이름은 엘리멘터리다. 영매술에서 나타나는 엔터티나 빙의를 유발하는 엔터티가 이 책에서는 가짜 유령으로 표현되었으나 작가에 따라 엘리멘탈로 부르기도 한다. 책에 따라 단어 선택이 다름에 주의해야 한다)의 여러 유형에 대하여 들어보았을 것이다. 각각의 유형은 4원소와 관련된다.

흙 원소의 엘리멘탈(자연령)은 노움(Gnome)이다.
공기 원소의 자연령들은 실프(Sylph)다.
물 원소의 자연령들은 언딘(Undine)이다.
불 원소의 자연령들은 샐러맨더(Salamander)다.

이들 자연령들은 아주 특별하다. 물질계에서 모든 것은 원소 결합으로 형성되나 자연령들은 하나의 원소로 이루어졌다. 그러므로 이들은 자신의 원소 안에서가 아니면 물질계에서는 좀처럼 모습을 보이지 않는다. 샐러맨더는 타오르는 불 주변을 지나다니는 모습으로 보일 수 있으며 실프는 가끔 맑은 날 공중에 불꽃처럼 보일 수도 있다.

이들의 모습에 대해서는 나중에 다룬다. 자연령을 이용한 마법(정령 마법으로 불린다)을 배우기에는 이 책의 지면이 한정되어 있다. 그러나 자연령과 비슷한 창조물을 사용하는 방법이 있으며 당신이 하는 마법에 중요한 부분이 될 수 있다. 이것은 인공 자연령을 창조하는 일이다.

의지의 힘과 마법 기법으로 인공 자연령을 창조하는 이것은 일종의 에보케이션 마법이다. 그리고 시각을 달리한다면 탈리스만은 없지만 일종의 탈리스만 마법 형태로 볼 수도 있다.

인공 자연령은 특별한 원소의 힘과 의지를 결합시켜 만든다. 친구 두 명이 다른 의견으로 논쟁한다면 그들을 차분하게 만드는 물 원소 자연령을 보낼 수 있다. 이럴 경우 물 원소와 목적(친구들을 진정시키는 것)을 결합하여 인공 자연령을 만드는 셈이다.

적극적이지 않은 애인이 있다고 가정하자. 애인의 열정(목적)을 증가시키기 위하여 애인에게 불 원소를 보내는 것은 효험이 있을 수 있다. 게으른 직원의 관리자라면 생산성을 증가(목적)시키기 위하여 불 원소를 보내는 것이 직원에게 필요할 수 있다.

인공 자연령은 초보 단계의 의식이나 목적 의식을 가진다. 이것은 인공 자연령에 당신의 의지를 주입한 결과다. 크루즈 미사일이 목표물을 찾아 날아가듯이 인공 자연령은 당신이 주입한 목적을 성취하기 위한 방법을 찾는다.

인공 자연령에 주입하는 에너지 양은 임무에 따라 달라져야 한다. 에너지가 너무 작으면 목적을 이르지 못할 것이며, 필요 이상 너무 많은 에너지를 주입하면 인공 자연령은 임무 완료 후에 생각 없는(그리고 때때로 통제 불가능한) 존재가 되어 남아 있는 에너지를 자신의 창조자를 포함하여 사람과 사물에 보내게 된다. 이것은 통제되지 않은 성질을 띤다. 그러므로 특정 목적을 위한 자연령을 만드는 경우 아래 규칙에 따라야 한다.

1. 인공 자연령의 목적을 명백히 해야 한다.
2. 타인의 허락 없이는 인공 자연령이 타인에게 영향을 주지 않도록 한다. 앞에서 언급한 예에서 (a) 묵시적이라도 직원은 관리자에게 허락을 해야 한다. (b) 인공 자연령을 사용하는 시점에서 애인 관계는 존속되어야 하며 이미 존재하는 관계를 강화하는 것이어야 한다. 새로운 혹은 알지 못하는 사람에게 영향을 주지 말아야 한다. (c) 논쟁 결과에 영향을 주는 것이 아니라 두 사람의 의견 차이를 좀 더 쉽게 해소하도록 감정을 차분하게 만드는 것이어야 한다.
3. 회색마법이므로 마법의 결과가 어떠할지 먼저 신성 점을 쳐 보아야 한다.
4. 마법 과정의 한 부분으로서 목적이 완수되거나 예정된 날짜에 이르면 사람에게 해를 끼치지 않고 모든 에너지가 사라지도록 인공 자연령에게 명령을 주어야 한다.

인공 자연령 창조 의식

1단계 : 목적을 결정하고 신성 점을 친다. 긍정적으로 나오면 2단계로 진행한다.

2단계 : 위치타워 열기 의식을 수행한다.

3단계 : 인공 자연령을 만들기 위하여 사용할 원소로 자신을 생각한다(원소가 되는 법은 이 책에 이미 나와 있다). 양손을 20~30cm 떨어지게 하여 손바닥을 마주보게 한다. 양손 사이에 용기나 상자를 상상하고 날숨과 함께 모든 원소가 나와서 상자 속에 모아지는 것을 심상한다. 상자가 원소 에너지로 터질 것같이 충만하게 될 때까지 한다.

4단계 : 손을 내려 상자가 앞에 떠 있도록 한다. 원소와 관련되는 마법 장비(단검, 지팡이, 컵, 원반)를 집어서 그 끝을 상자에 대고 다음을 말한다.

"나는 그대를 (이름을 정한다)로 부르겠노라.

'그대' 여 가서 (목적을 말한다) 행하라.

목적을 완수하면 흩어져서 (해당되는 원소 이름)으로 돌아가라.

돌아가는 중에 아무도 해치지 말라.

그렇게 될지어다!

가거라!"

5단계 : 워치타워 닫기를 행한다. 의식 끝.

참고 : 1. 어떤 이름도 사용할 수 있다. 흔한 사람 이름도 좋고 새롭게 만들 수도 있다. 그러나 인공 자연령의 목적에 적합하여야 한다. 예를 들면 불의 인공 자연령에게 '물 운반자' 는 적합하지 않다.

2. 두 번째 '그대' 에 이름을 추가하여 말할 수 있다. 즉 그대(누구누구)여 가서 (목적)을 행하라.

3. 목적은 예를 들면 '내 친구에게 평화를 가져다주어라' 로 말하면 된다.

4. 인공 자연령의 소멸 시기를 정할 때 일상적으로 사용하는 날짜보다는 천문학에 사용하는 시간으로 말하는 것이 좋다. 예를 들면 '화요일 오후 4시' 라는 것보다는 '다음 보름날 태양이 가장 높은 위치에 있을 때' 라는 식으로 말한다.

5. 인공 자연령이 어느 정도의 의식을 가지고 있을지라도 그것은 게임하는 컴퓨터 인지 능력 정도에 불과하다. 그러므로 당신에게 구속되어 따르는 인공 자연령을 창조하는 것이 윤리적으로 잘못은 아니다. 인공 자연령은 자주 보호 장치로 사용된다. 고형체나 병 속에 넣을 수 있으며 그런 경우는 봉해야 한다. 아라비안 나이트에 나오는 병 속에 갇혀 있는 지니 이야기는 아마 이런 마법에서 근원하는지 모른다.

병 속에 가두기 위해서는 앞에 나오는 주문에서 두번째 문장을 '그대여 여기로(병, 바위, 조각 등) 들어가서 (목적)을 행하라' 고 바꾸면 된다. 만약 봉해질 수 있는 용기나 꽃병을 이용한다면 인공 자연령이 용기에 들어갔음을 감지하면 신속하고 안전하게 병을 봉해야 한다. 보호를 위한 인공 자연령의 경우는 불 원소와 관련된다. 이것은 허락이나 존경심 없이 끼어드는 사람에게 두려움이나 공포감을 주어 보호의 기능을 한다. 소멸 날짜를 확실하게 한다. 인공 자연령이 병에 갇혀 있으면 해당 날짜에 뚜껑을 열어 소멸되도록 한다.

제 7 편

에보케이션과 인보케이션의 차이에 대하여 이미 설명하였으며 인보케이션은 영매술의 기본이 된다고 말하였다. 영매가 인보케이션을 하는 방법(죽은 사람의 영이라고 주장하는 엔터티의 매개물이 된다)은 정말 놀랄 정도다.

1. 마법사는 적당한 결계 의식으로 자신을 보호한다. 영매는 하지 않는다.
2. 마법사는 특정 엔터티만 자신의 의식과 합일하여 통제하게끔 한다.
영매는 주변에 어슬렁거리는 어떤 엔터티도 들어오도록 허락한다.
3. 마법사는 엔터티가 주는 정보에 먼저 의심을 한다.

크로울리는 수년이 걸려서야 《법칙의 서(The book of the Law)》(역주 : 1904년 카이로에서 이집트 신 호루스 인보케이션을 통하여 받아쓴 내용. 1976년 와이저[Weiser] 출판사에서 출간)에 대한 내용을 완전히 받아들였다. 일반적으로 영매들은 엔터티의 정보를 그대로 받아들인다. 인보케이션 마법은 다음 순서가 일반적이다.

 1. 결계와 정화
 2. 특정 엔터티를 부른다.
 3. 의식의 통제를 느슨하게 하고(의식을 잃는 것이 아님) 엔터
티가 잠시 자신의 의식을 차지하게끔 말을 한다.
 4. 엔터티의 정체를 확인한다.
 5. 엔터티가 전하는 말을 듣고 엔터티에게 질문한다.
 6. 엔터티를 내보내고 정상 의식으로 복귀한다.
 7. 마지막으로 결계 의식을 한다.

　의식 마법을 통한 인보케이션은 실제로 상급 과정이어서 한정
된 지문 속에서 인보케이션 의식을 설명할 여유가 없다. 인보케
이션 의식을 보여주지는 못하지만 위에 설명한 패턴에 따라 하는
법을 간단히 보여주겠다. 연구와 연습을 통하여 자신의 인보케이
션 의식을 구성할 수 있어야 한다.

 1. 내가 아는 결계와 정화를 위한 최고 방법은 워치타워 열기
의식이다.
 2~3. 특정한 엔터티를 부르는 일은 엔터티에 대한 방대한 지
식이 필요하다. 많은 경우 선정된 엔터티는 이교도 신들, 대천사
또는 마법서에 나오는 영들이다. 인보케이션하고자 하는 엔터티
에 대한 많은 정보를 알아야 한다. 여기에는 엔터티 모습도 포함

한다. 적당한 색깔과 향도 준비하여야 한다. 그리고 엔터티에 봉헌하는 노래나 시 그리고 춤이 준비되어야 한다. 또한 의미 없는 단어가 만트라처럼 되풀이 사용되기도 된다. 이 단어는 '이국적인 이름(Barbarous Names of Evocation)' (역주 : 마법에 사용하기 위하여 옛날 이집트에서 사용된 콥트어를 가지고 이국적인 이름을 만든다. 크로울리는 《마법의 이론과 실제(Magick in Theory and Practice)》에서 콥트 알파벳을 사용하면 힘의 단어를 조어할 수 있다고 말한다. 단어들은 'Barbarous Names of Evocation'으로 알려졌다. 이들 단어는 마치 마법사가 만든 부적과 비슷하다고 한다)으로 불리기도 한다. 특정 엔터티를 부르고 마법사 의식을 변형시키는 방법을 사용하게 되면 일시적으로 엔터티가 마법사의 의식을 대신할 수 있는 상태가 된다.

4. 다음은 마법사가 엔터티로서 자신의 정체를 밝힌다. 마법사의 말과 모습이 이때에 변한다(역주 : 여러 채널링 책을 보면 채널러의 목소리와 얼굴이 변화는 내용이 나온다. 엔터티는 자신들을 높은 지성을 가진 외계인이나 상위계의 높은 존재로 주장하나 정체가 심히 의심스럽다. 채널러는 결계 의식을 하지 않는다).

5. 인보케이션된 엔터티는 모인 사람들에게 정보를 줄 수 있으며 에보케이션 마법에서처럼 인보케이션 마법도 집단적 성격을 띤다. 사람들은 기록을 하거나 질문을 할 수도 있다. 참가자들이 엔터티의 말을 따를 것인지는 나중에 결정한다. 그룹은 엔터티의 신분을 증명하기 위하여 질문을 할 수도 있다. 그 방법은 9장 앞부분에서 설명하였다.

6. 선택된 엔터티는 비물질계에서 왔으므로 오랫동안 머물지 않을 수도 있다. 따라서 간혹 추가적인 의식이 필요하다. 엔터티가 나가게 되면 마법사는 자동으로 정상 의식으로 돌아온다. 워치타워 열기 의식을 시작할 때부터 물질계의 상징인 흙 원반은 얇고 검은 천(실크면 좋다)에 싸여 있어야 한다. 만약 엔터티가 바라는 만큼 빨리 떠나지 않거나 원진 안의 사람들이 다른 존재와의 접촉으로부터 좋지 않은 반응을 보이기 시작하면 천을 걷어 원반을 마법사(인보케이션된 엔터티)의 눈에 보여준다. 그러면 자신의 장소로 떠날 것이다. 또한 에보케이션 의식에서처럼 복귀 허락을 준다.

엔터티가 인보케이션될 때 마법사의 의식은 그냥 사라지는 것은 아니다. 오히려 둘 중의 하나가 일어난다. 마법사는 육체 가까이에 있는 아스트랄계에 머물 수 있다. 혹은 마법사는 아스트랄계에 들어가서 다른 엔터티를 만날 수도 있으며 인보케이션보다 더 가치 있는 정보를 그룹에게 보고할 수도 있다.

7. 워치타워 닫기 의식을 행한다.

의식 마법이나 저급 마법에는 아름다운 인보케이션 의식 기도문이 많이 있다. 내가 가장 좋아하는 기도문 중 하나는 창조 전에 존재한 창조되지 않은 신에 대한 인보케이션 글이다. 인보케이션하는 기도문을 들어보자.

태어나지 않은 분, 그대를 인보케이션합니다.
땅과 하늘을 창조하신 분이여,

밤과 낮을 창조하신 분이여,
어둠과 빛을 창조하신 분이여,
그대는 정의와 불의를 구별하셨고
그대는 여성과 남성을 나누셨으며
그대는 씨와 과실을 낳으셨습니다.
그대는 서로 사랑하도록 인간을 창조하셨나이다.

기도에 이어서 신이 나타날 때까지 반복하여 '이국적인 이름들' 을 말한다. 효과적인 방법은 '자신을 기도로 불타오르게 하는 것이다.'

마지막으로 마법사의 인격은 떠나고 태어난 적이 없는 분이 자신의 존재를 밝힌다.

나는 바로 그대들이 인보케이션한 태어남이 없는 영이며 발 아래 눈을 가진 강력한 불사의 불이로다!
나는 바로 그대들이 인보케이션한 진리도다!
나는 바로 그대들이 인보케이션한 세상의 악을 싫어하는 자 도다!
나는 번개와 천둥을 치는 자며 지상의 생명이 나오게 한 자다.
나의 입은 불꽃으로 타오르고
나는 빛의 창조자며 빛의 현시자다.
나는 세상의 고상함이로다.

멋진 글이 아닌가? 이 글은《솔로몬의 작은 열쇠 : 괴티아》와 크로울리의 《마법의 이론과 실제(Magick in Theory and Practice)》에 나온다.

내가 인보케이션 의식을 자세히 다루지 않는 이유는 위험해서가 아니다. 지금까지 이 책에 나오는 의식을 수행하여 왔다면 어떤 문제도 일어나지 않는다. 내가 말하고 싶은 것은 의식은 고정된 것이 아니라 변화한다는 것이다. 인보케이션하고 싶은 엔터티가 있으면 그 엔터티에 대하여 연구를 하고 모든 것을 배워야 한다. 그 엔터티에 대한 헌시(獻詩)를 구하거나 스스로 시를 써라. 인보케이션에 성공하기 위하여 해당되는 신, 대천사 혹은 영에 전적으로 몰입하여야 하며 진실로 엔터티가 오도록 갈구하여야 한다. 특정한 엔터티를 향하여 자신을 기도로 불타오르게 해야 한다.

이 책을 통하여 가능한 한 많은 정보를 주고 싶다. 에보케이션 속성상 다른 마법서들을 사용해야 하며 인보케이션은 스스로 해야 할 일이 많기 때문에 충분한 내용을 담지 못하였다.

이 책의 목적은 독자로 하여금 마법에 대한 어떤 책을 읽더라도 그 체계를 이해하도록 하기 위함이다. 내가 이 책에서 에보케이션과 인보케이션의 내부 비밀에 대하여 설명하지 않았다면 당신이 다른 여러 마법서를 읽게 되더라도 무슨 내용인지 잘 이해하지 못할 것이다. 이 책의 목적은 바로 모든 마법서에 접근이 가능하게끔 마법의 토대를 세우는 것이다.

인공 자연령을 창조하는 가르침은 완전한 가르침이다. 당신은 이제 바라는 목적을 위하여 인공 자연령을 만들 수 있다. 의식이 짧아 보여도 사실 많은 시간과 노력이 필요하다. 앞서 공부한 1~8장 내용을 알아야 한다.

인공 자연령을 만들기 위하여 원소 대응물과 워치타워 의식 그리고 이 의식 안에 포함된 펜타그램과 헥사그램 의식, 원소 에너지를 발생시키는 법, 그리고 원소 피부 호흡을 알아야 한다.

한마디로 말하면 이 책은 점차적으로 배운 내용을 전부 이용하게끔 구성되어 있다. 강조하고 싶은 말은 마법 성공을 위해서 연구와 수행에 헌신해야 한다. 하룻밤 사이에 마법사가 될 수 있는 비밀약이나 공식은 없다. 책에 나오는 모든 내용을 즐겨야 한다. 진짜 마법을 실행하는 마법사가 되기를 원한다면 이 책에 소개되는 기법과 의식을 연습하고 실행해야 한다. 아직 시작하지 않았다면 이제는 해야 할 시기다.

복습 ....

다음 질문은 9장에서 주어진 내용을 충분히 이해하였는지 알기 위한 것이다. 되도록 책을 보지 말고 답하라. 답은 부록 2에 나와 있다.

1. 다이온 포춘에 의하면 엔터티는 어떤 세계에 에보케이션되며, 누가 에보케이션된 엔터티를 볼 수 있는가?
2. 탄트라 교리에 의하면 정액은 사정 후 몇 분까지 마법 가치를 보유하는가?
3. 인보케이션과 에보케이션의 차이는 무엇인가?
4. 혼자서 하기 어려운 마법에는 어떤 마법이 있는가?
5. '악마 일산화탄소(Demon CO)'는 무엇이며 왜 위험한가?
6. 에보케이션에서 첫 번째 질문은 무엇인가?
7. 에보케이션에서 두 번째 질문은 무엇인가?
8. 아몬 영은 어떻게 보이는가?
9. 마법에서 최고의 권위자는 누구인가?
10. 예치라 봉쇄 의식에서 몇 개의 방향으로 봉해져야 하는가?
11. 4가지 자연령(엘리멘탈)의 이름은 무엇이며, 왜 그들이 특유한가?
12. 인보케이션 마법 7단계를 적어라.

다음 질문은 당신만이 답할 수 있는 질문이다.

1. 이 책을 공부하기 전에 마법을 수행하여 왔다면 이 책에 나오는 에보케이션에 대한 진실한 정보가 당신에게 놀라움을 주었는가?
2. 여전히 모든 의식을 하고 있고 일기를 쓰고 있는가?
3. 가끔 이전 단원을 복습하는가?
4. 에보케이션 마법을 시도한 적이 있는가? 미래에 시도할 것인가? 에보케이션에 필요한 다른 마법서를 가지고 있는가? 없다면 구입할 계획인가?
5. 워치타워 의식을 외워서 하는가?

인용 문헌 ···

Anon., *Lesser Key of Solomon : GOETIA, The*, deLaurence, 1916.

Crowley, Aleister, *Magick*, Weiser, 1973.

Feldman, Daniel Hale, *Clear Magic*, Garden of YH-Light, 1984.

Fortune, Dion, *Aspects of Occultism*, Aquarian Press, 1962.

Mathers, S.L.M. (translator), *Greater Key of Solomon, The*, deLaurence, 1914.

Grimoire of Armadel, The, Weiser, 1980.

McIntosh, Christopher, *Devil's Bookshelf, The*, Aquarian, 1985.

Mordell, Phineas, *Origin of Letters & Numerals According to the Sefer Yetzirah, The*, Weiser, 1975.

Turner, Robert, (translator), *Arbatel of Magick*, Heptangle, N.D.

White, Nelson and Anne, *Lemegeton; Clavicula Salomonis*, The Technology Group, 1979. (This is the complete Lesser Key)

Secret Magick Revealed, The Technology Group, 1979.

제10장

제 1 편

모세가 처음 산에 올랐을 때 신이 그에게 카발라의 비밀을 주었다는 오래된 전설이 있다. 산에서 내려왔을 때 사람들이 다른 신을 숭배하는 것을 보고 모세는 대중을 위하여 준비된 카발라 비밀 지식을 파괴하고 이스라엘의 고위 사제를 위해서만 카발라 비밀을 보존하였다고 한다. 모세가 다시 산 정상에서 돌아왔을 때 그는 십계명을 가지고 왔다. 이것은 사람들이 하지 말아야 할 계명으로 차 있었다. 당시 사람들은 말 그대로 이스라엘의 '어린아이들(children)' 수준이었다. 그래서 그들은 카발라에 내재되어 있는 자유(각성)로 이끄는 비밀을 받아들일 수 없었다.

오늘날 대부분의 사람들은 여전히 자유롭지 못하다. 그들은 여러 '사상이나 이념'에 몰입되어 있으며 더러는 죽을 때까지 그것에 매여 있다. 사람들은 종교, 정치, 동료 집단의 성향을 따르거나 맹목적으로 정치나 종교 혹은 경제 지도자를 따른다. 보통 사람들은 자신을 위한 생각을 하지도 못한다. 이것이 현재 물고기자리 시대의 사고방식의 특징이며, 앞으로도 이것이 여러 해 지속되는 것이 두렵기도 하다.

그러나 희망은 있다. 오랜 잠에서 깨어나듯 생각하고 자각하기 시작한 사람들이 있다. 이들은 다가올 물병자리 시대의 선도자들이다. 이들은 종교 단체의 구성원이기보다는 스스로 일하거나 같은 생각을 가진 사람들로 이루어진 작은 단체에서 일한다. 그들은 미래의 물결이며 희망이다.

이들 물병자리 시대 엘리트는 이전의 엘리트처럼 경제, 정치력을 가진 사람들에 한정되는 것은 아니다. 다가오는 세계에서는 누구나 가입할 수 있고 영향력을 발휘할 수 있는 열려 있는 엘리트 사회다. 이 책을 연구하고 공부해왔고 아직 물병자리 엘리트가 아니라도 물병자리 시대의 자격있는 일원이 되어가는 중이다.

마법의 진실과 깊은 비밀은 쉽게 말할 수 있는 것이 아니다. 마법의 참된 비밀은 숨겨지며 단지 장미십자단(Rosicrucians)이나 일루미나티(Illuminati) 같은 비밀 오컬트 단체의 비전가에게만 주어진다고 한다. 마법 수련생은 공부와 수련에 여러 해를 보내야 하고 아주 엄격한 테스트, 심지어 생명을 위협하는 테스트를 통과해야지 비밀을 알 수 있다고 한다. 이런 점 때문에 나는 더 이상 마법의 비밀을 가르칠 수 없다.

그러나 이 책에는 아직도 공부해야 할 내용이 남아 있다. 마법의 참된 비밀이 감추어질 수 밖에 없는 이유는 최고의 마법 비밀은 스스로 얻어야 하기 때문이며, 남아 있는 내용에서 나는 그것을 얻는 방법을 보여주겠다.

마법 실행에는 다음 세 가지가 필요하다.

1. 마법 에너지를 발생시켜 통제하고 의지에 따라 보낼 수 있는 능력
2. 이 에너지를 가지고 무엇을 해야 하는지에 대한 지식(능력은 지식과 같지 않다)
3. 긍정적인 자기 확신(자신감)

이 책에는 세 가지 능력 계발에 도움이 되는 의식과 수련법이 나와 있다. 놀랍게도 어떤 마법서도 이 세 가지를 명확하게 설명하지 않는다. 오래된 유명한 마법서들은 단지 두 번째만 설명한다. 왜냐하면 개인 학습이나 경험으로부터 이미 이 세 가지를 알고 있는 마법사나 마법 수련생이 연습장으로 사용하기 위하여 마법서를 만들었기 때문이었다.

이 책에 나오는 의식을 충실히 수행하여 왔다면 당신은 쉬우면서도 검증할 수 있는 마법 체계를 공부한 셈이다. 나는 마법 수행에 필요한 사이킥 에너지(마법 에너지)를 불러내어 통제하는 여러 방법을 가르쳤다. 책에 나오는 기법과 마법 의식을 연구하고 수행하여 왔다면 다음 단계로 갈 준비가 되었다.

개인이나 단체가 마법의 최고 비밀을 당신에게 말할 수는 없다. 최고 비밀을 전해줄 수 있다고 주장하는 사람이나 단체는 거짓말을 하는 것이다. 각자가 개인적으로 그것을 찾아야 한다. 예를 들면 소위 잃어버린 신의 비밀 이름은 결코 어느 개인이 줄 수

있는 것이 아니다. 당신 스스로 배워야 한다. 여러 마법 체계나 단체로부터 탐구하는 것도 한 가지 방법이다. 그러나 착실하게 이 책을 공부하여 왔다면 이 시점에서 그 정보를 발견할 준비가 되어 있어야 한다. 그래서 마법 최고 비밀을 얻기 위한 다음 단계로 나아가야 한다.

규칙적으로 여러 기법과 의식을 수행하여 왔다면 최소한 마법 에너지에 대한 상당한 통제력을 지녀야 한다. LBRP, BRH, 미들 필라 의식, 신체 빛 순환 의식은 마법 에너지를 끌어내어 통제하는 능력을 키우는 기법이다.

만약 탈리스만을 만들어 그 목적을 이루었다면(탈리스만을 활성화시키는 것이 마법 에너지다) 당신의 의지로 마법 에너지를 끌어내어 통제하는 능력을 입증한 것이다.

마법 에너지를 통제하여 바라는 목적에 사용한다는 것은 당신이 의식적·무의식적 의지를 사용한다는 뜻이다. 마법 에너지를 끌어내어 통제하는 방법을 보여주는 다른 책도 보았을 것이며 그 중에는 좋은 책도 있었을 것이다. 그러나 나는 이것저것 여러 기법을 암기하여 에너지를 분산시키는 것보다는 기본적인 기법을 착실하게 되풀이하는 것이 훨씬 낫다는 생각을 가지고 있다.

긍정적인 태도는 타로 카드 응시의 직접적인 결과로 계발된다. 생명나무에서 드러나는 우주 조화에 대한 탐구는 긍정적 태도에 도움이 된다. 회색마법이 성공하면 할수록 마법 능력에 더욱 자신을 가지게 되며 태도는 더욱 긍정적으로 된다.

마법 에너지를 어디에 사용해야 하는지 도움이 될 수 있는 주문과 의식, 철학, 이론, 정보를 가진 책들이 많다. 사실 나는 더 많은 것을 가르칠 수도 있으나 최고 정보가 아니어서 필요성을 못 느낀다. 대신에 나는 고급 정보인 마법의 비밀 지식을 얻는 법을 보여 주겠다.

'이 지식은 물질계에서 얻을 수 있는 것이 아니다. 상위 계의 엔터티에게서만 배울 수 있다.'

여기서 말하는 엔터티가 우리의 고급 자아인 예히다(Yeh-chee-dah)의 현시라고 부르는 사람도 있다. 어떤 사람들은 신의 현시로 부르기도 한다. 이 엔터티와 접촉하고 의사 소통하는 과정은 뒤에서 다룬다. 곧 배우게 될 멋지고 자연스러운 이 기법에 대하여 두려워할 것은 아무것도 없다. 최고의 내용이 이제 나온다.

지금까지 공부한 책의 내용을 살펴보면 엄청난 양의 자료가 토의되었음을 알게 될 것이다. 가장 중요한 것은 나는 당신에게 마법사가 되는 법 즉 진실한 마법사처럼 생각하고 행동하고 느끼는 법을 보여주려고 시도하였다. 이런 지식을 토대로 당신은 책에 있는 규격화된 의식보다는 당신 자신의 마법 의식을 구성할 수 있어야 한다.

이 책에서 중요하게 다룬 주제는 백마법과 회색마법의 적용과 방법 그리고 흑마법의 함정으로 떨어질 위험을 피하는 법에 관한 것이다. 나의 마법 구분법을 다른 마법사가 동의하는 것은 아니다. 독자와 좀 더 나은 의사소통을 위하여 세 가지로 구분한 것이다. 사실 백마법, 흑마법, 회색마법 같은 것은 없기 때문이다. 이유를 설명하기 위해서는 좀 더 많은 정보가 필요하다.

'실재(역주 : actuality, 철학에서 인간의 인식이나 경험과는 상관없이 독립하여 존재하는 것을 이르는 말)' 에서 '진실(reality)' 을 구별하는 방법을 배우는 것은 마법사가 되는 과정 중의 하나다. 오컬트 종사자들은 모든 것은 진동 에너지로 이루어져 있다고 말한다. 현대 과학도 이것을 '파동 이론(wave theory)' 으로 부르며 같은 결과에 도달하였다.

그러나 여전히 벽은 벽이고 책상은 책상이다. 이들은 딱딱한 고형체다. 손이나 벽/책상을 손상시키지 않고는 이들을 통과할 수 없다. 이것은 진실(reality)인 것으로 보인다. 그러나 여전히 과학과 오컬티즘은 벽과 책상(그리고 내 손)은 단지 진동하는 에너지라고 주장한다. 이것은 실재(實在, actuality)다. 실재는 진실하게 나타나지 않을 수 있다. 진실한 것은 실재일 수도 아닐 수도 있다.

어떤 것은 진실한 것처럼 보일 수 있으나 실재는 그것이 아닐 수 있다. 구름이 태양을 가려도 태양은 매일 아침 떠오르는 것은 사실이다. 이것은 '진실' 하다. 그러나 '실제' 는 지구의 자전 때문에 마치 태양이 떠오르는 것처럼 보일 뿐이다. 실재에 있어 태양은 결코 떠오르지 않는다.

우리 대다수는 누구를 죽이는 것은 나쁘고 악이라는 것에 동의한다. 그러나 이것을 믿는 사람이 전쟁에 나가서 사람을 죽인다면 이것이 악인가? 마법 입장에서 나는 '아니다' 라고 말한다.

참된 마법사에게 선과 악은 없다. 도덕은 없다. 사실 참된 마법사는 이웃이나 친구 특히 높은 도덕성을 가지고 있다고 주장하는 사람들보다 훨씬 '도덕적' 이다. 어떻게 그러할 수 있는가?

참된 마법사는 카르마 법칙과 그 작동법을 이해하기 때문이다. 마법사는 무엇이든 자유롭게 자신이 선택할 수 있음을 안다. 그러나 마법사는 빛의 길, 일반인들이 '도덕적으로 올바른 선택'이라고 부르는 것을 변함없이 선택한다. 참된 마법사는 도덕적 목적 때문에 빛의 길을 선택하지는 않는다. 오히려 그들은 무엇을 하든 그것이 자신에게 돌아온다는 것을 알기 때문에 그 길을 선택한다는 것이다. 그것이 바로 우주적인 카르마 법칙이다.

참된 마법사에게 백·회색·흑마법 같은 것은 없다. 단지 마법이 있을 뿐이다. 카르마 법칙을 이해하기 때문에 참된 마법사는 초보자나 일반인이 흑마법이라 부르는 것을 피한다.

카르마 법칙을 이해하지 못하는 사람은 따라야 할 규칙이나 도덕률 때문에 '도덕적으로' 행동한다. 그들은 규칙을 깨뜨려서 일어나는 즉각적인 결과를 알 수 없기 때문에 규칙을 어길 가능성이 항상 존재한다. '도덕적'이라고 주장하는 사람들은 사실 도덕률을 믿지 않는 마법사보다 훨씬 더 도덕률을 깨뜨리기 쉽다.

흑마법사가 존재하는가? 그렇다고 말해야 할 것이다. 그러나 흑마법사는 마법의 핵심 법칙인 카르마 법칙을 이해하지 못하기 때문에 참된 마법사로 간주되어서는 안 된다. 그들이 그 법칙을 안다면 그들은 '흑마법'을 하지 않을 것이기 때문이다.

흑마법이라고 부를 수 있는 또 다른 경우가 있다. 만약 누군가 난치병에 걸려 고통스럽게 죽어가고 있다면 자살 가능성을 생각해볼 수 있다. 어떤 사람은 자살에 대하여 '그럴 수 있다'고 말하고, 다른 사람은 '절대 그럴 수는 없다'고 말한다. 어떤 조건하에

서도 자살은 무조건 잘못이라고 생각하는 '도덕주의자'가 있을
수 있다. 자살을 부추기려는 의도는 절대 아니다. 단지 행동에 대
한 카르마 결과를 모르면서 '선하거나' '악한' 행동을 보고 그것
이 흑마법 또는 백마법이라고 말하는 것은 불가능하다는 뜻이다.

　우리는 친한 친구의 팔을 절단하는 것은 잘못임을 누구나 인정
한다. 그러나 만약 친구의 팔이 탈저정(脫疽疔)에 걸려서 절단하
지 않으면 생명이 위독하다고 가정하자. 이런 상황에서 절단을
도와주지 않으면 카르마적으로 나쁠 것이다. 물론 이것은 카르마
로 보았을 때 친구가 죽어야 하는 시기일 수도 있다. 그러면 친구
의 생명을 구하는 것이 카르마 측면에서 나쁘다는 것인가? 어떤
행동에 대한 정확한 카르마 측정은 너무 복잡하다. 그래서 우리
가 마법을 행하기 전에 타로 카드로 신성 점을 치는 이유가 그것
이다(역주: 이 문제는 저자 말대로 우주 차원의 흐름과 삶을 꿰뚫
어볼 수 있는 지혜가 없기에 우리가 직면할 수밖에 없는 문제다.
굶어죽어가는 사람에게 자선으로 음식을 제공하였더니 생기를
되찾아서 강도짓을 하였다면 도와준 사람의 카르마는 어떻게 영
향을 받는가? 선인가 악인가? 이렇게 결과에 얽매이다 보면 아무
것도 못할 수도 있다. 행동의 기준은 무엇인가? 무지에서 해방되
는, 즉 깨닫기 전까지는 우리 행동은 윤회의 고리로 작동한다. 형
법에 보면 살인 동기에도 고의에 의한 살인, 과실로 인한 살인, 미
필적 고의에 의한 살인, 우발적 살인과 준비된 살인이 있으며 형
량은 다르다. 세속법이 우주법과 일치하지 않지만 유명한 '위와
같이 아래와 같이'처럼 유추는 가능하다.

중요한 것은 행위자의 의도다. 결과가 좋아도 의도가 사악하였다면 그는 부정적인 카르마에 직면한다. 그러나 의도는 좋았으나 무지로 인하여 잘못된 판단을 하고 결과가 부정적이라면 어떻게 될 것인가? 생각해볼 내용이다. 물론 처음부터 나쁜 의도를 가지고 한 행위보다는 덜하겠지만 무지로 인한 카르마 해결 즉 무지를 극복할 때까지 윤회할 수밖에 없을 것이다. 오컬트 법칙에 '무지는 용서되지 않는다' 라는 말이 있다).

성경에 보면 신이 요나에게 나가서 전도를 하도록 명령한다. 요나는 따르지 않았고 그 카르마로 '거대한 물고기' 의 뱃속에 갇히게 된다. 전도를 하는 것이 카르마적으로 정확한 결정이었을 것이다. 수많은 사람이 그의 길을 방해하였어도 그가 전도를 하지 않은 것은 카르마로 보면 나빴을 것이다. 심지어 수많은 사람과 싸워야 했어도 전도를 하지 않았다면 마찬가지였을 것이다.

만약 당신이 상위의 영적인 엔터티와 의사 소통을 하여 엔터티의 충고를 따른다면 그 행동 결과에 책임이 있다. 기억할 것은 일어나는 것이 무엇이든 당신 책임이다. 특히 마법사로서 자신의 행동에 대한 책임을 받아들여야 한다. 지금의 우리는 과거의 결과일 뿐이다. 말 그대로 뿌린 대로 거두는 것이 삶이다.

다른 존재의 계에 있는 영적인 엔터티와 의사 소통은 '진실한 의지 발견' 으로 불린다. 성 아우구스티누스(Saint Augustine), 라블레(Rabelais, 1490?~1553, 프랑스 출신 풍자작가), 크로울리는 '그대가 원하는 것을 행하라. 그대가 행하는 것은 모두 법칙이 될 것이다' 고 말하였다.

이것은 쾌락주의를 옹호하는 뜻이 아니며 부도덕과도 상관없다. 오히려 그 반대의 의미가 존재한다. 이 말의 숨은 뜻은 행동에 책임을 진다는 뜻이고 신과 합일되어 신의 의지에 따른다는 말이다. 빛의 길을 걸어야 한다. 빛의 길을 걷는 데 필요한 것은 사랑이다. 크로울리가 위의 글에 덧붙여 '사랑은 법칙이며 사랑은 의지하에 있다' (역주 : 크로울리는 의지를 마법의 핵심으로 생각하였다. 이 문장의 의미는 '사랑과 의지는 서로 합동하여 작동하며 참된 의지와 합일하는 유일한 방법은 사랑을 통해서다. 의지를 행하는 것은 인간과 신을 위한 사랑으로 본다는 뜻이다)고 말하였다.

잊을 만하면 인기 위주의 선정적인 방송에서 자녀가 악마에 빙의되었다며 부모가 아이를 때려 숨지게 했다는 사건을 보도한다. 이 책이 당신을 앞의 예처럼 미친 행위를 하게끔 이끄는 것이 아닌지 생각할 수 있다. 오히려 이 책에 나오는 여러 가르침은 이런 일이 일어나지 못하게 돕는다. 이 책은 영매술이나 빙의 문제를 다루지 않는다. 우리는 상위 영과의 의사소통을 다룬다.

마법 수행 결과가 어떠할지 간단히 아는 방법이 있다. 이 책을 여러 달 동안 공부해오고 의식을 수행하여 왔다면 당신의 직감력은 증진되었을 것이다. 이것은 자연스러운 결과 이다. 만약 무엇인지 모르지만 옳게 보이지 않든가 그렇게 느껴진다면 하지 말아야 한다. 이것은 간단히 직감력을 사용하는 것이다.

이 책에서 제시하는 마법은 아주 안전하다. 에보케이션 마법의 간접적인 의사 소통과는 달리 상위 엔터티와 직접 의사 소통하는 인보케이션 마법에 대하여 우려하는 사람이 있는데, 반복하지만 이 책에 나오는 어떤 내용도 지침만 따른다면 당신이나 타인에게 위험이 되지 않는다. 이 책의 어떤 가르침도 일반인의 도덕 관점에서 악으로 간주되는 일을 하게끔 당신을 몰아가지 않는다.

이전에 아스트랄 존재(작은 심술쟁이)에 대하여 이야기를 하였다. 또한 상위 영적인 엔터티를 접촉하게 되면 그들이 하는 말에 귀를 기울여야 한다고 말하였다. 작은 심술쟁이들에게 귀를 기울이라는 말이 아니다. 이들은 낮은 아스트랄계 영역의 존재로서 상위의 영적인 엔터티가 아니다. 내가 말하는 '상위의 영적인 엔터티는 신의 직접적인 현시, 대천사, 여러 계급의 천사들을 말한다.' 이들이 영적인 존재인지 아니지 테스트할 필요가 있다. 그 방법은 나중에 설명하겠다.

그러나 먼저 물질계가 아닌 다른 계에 존재하지만 상위의 영적인 엔터티가 아닌 것들을 알아보자.

에텔체(Etheric Body) : 모든 생명체에 존재하며 일종의 발산물이다. 아스트랄체와 육체 사이에 존재하는 중간 단계 같은 것이다. 늘 생명체에 붙어 있다.

아스트랄체(Astral Body) : 육체는 아스트랄체를 가진다. 사람이 죽게 되어 육체와 분리가 일어나면 아스트랄체는 신속히 윤회를 위하여 상위의 존재계로 간다. 이 분리된 상태에서는 사람에게 거의 영향을 주지 못한다.

아조트(Azoth) : 이 단어는 산스크리트어로 '아카사(Akasha)' 혹은 '아스트랄 빛(Astral Light)' 으로 불린다. 밝은 빛으로 나타나며 사람의 의지에 따라 변한다. 독립적인 인격을 가지지 않는다.

인공 자연령(Artificial Elementals) : 특정 목적을 위하여 사람이 창조한 엔터티로 하나의 원소로 구성된다. 인공 자연령은 창조한 사람의 의지력에 따라 모습이 결정된다.

껍데기 존재(The Empty Ones) : 이 엔터티는 도시의 빈민굴에서 물질 형태로 나타날 수 있다. 인간처럼 보이나 혼은 없으며 미래 희망도 없다. 눈에 공허함과 광기가 보인다. 이 존재는 또한 상위의 계에도 존재한다. 이들과 접촉은 절망과 두려움을 가지고 온다.

엘리멘터리(Elementaries, 자연령) : 흙 원소의 노움, 공기 원소의 실프, 물 원소의 언딘, 불 원소의 샐러맨더 자연령이 있다. '엘리멘탈' 로 잘못 불리기도 한다. 하나의 원소로 구성되어 있지만 자신의 의지를 가지며 인간을 괴롭히지는 않는다. 사실 인간이 자신들에게 무관심했으면 한다.

라비(Larvae) : 레뮤리즈(lemures, 원귀)라고도 하며 피의 에센스를 먹고사는 것으로 알려져 있다. 그들은 소위 병자나 상처 입은 사람의 피를 먹고 살아간다. 순수하고 영적인 하얀 빛을 비추면 쉽게 흩어진다.

유령(Ghosts) : 아스트랄체가 에고에서 분리될 때 정상적으로는 윤회할 수 있는 장소로 움직인다. 그러나 간혹 물질계에 대한 강한 욕망 때문에 영계의 가장 하위 부분에 머물게 된다. 이 상태에 있는 아스트랄체는 유령으로 불린다. 진화를 거절하기 때문에 슬퍼하는 경향이 있다.

거짓 유령(Pseudo-Ghosts) : 진짜 유령과는 상관없다. 그들은 작은 심술쟁이에 가깝다. 자신들에게 주어지는 어떤 에너지를 먹고 살며, 사람의 관심을 끌기 위하여, 그리고 에너지를 얻기 위하여 유령 행동을 모방한다. 아스트랄 빛을 읽어서 과거와 예상되는 미래를 알 수 있으며 죽은 사람을 가장하여 강령술에 나타날 수 있다. 상위계보다는 물질계에서 사람을 더 성가시게 한다.

거짓 유령과 여러 엔터티들은 상위계에 존재한다. 이들의 목적에 개입하지 않으면 당신을 해하지 않는다. 문제가 되는 것은 바로 당신 자신의 생각 폼(form)이다.

여기서 '폼'이 내포하는 의미가 중요하다. 상위의 계에서 생각은 속성을 나타내는 다양한 형태를 띤다. 상위의 계에서 당신의 목적을 방해하려는 무서운 외양을 가진 흉측하고 구역질나는 괴물과 접촉할 수 있다. 그들은 당신 자신의 두려움, 분노, 편견이 생각 폼으로 드러난 것이다. 그들은 당신을 해치지 않을 것이다. 왜냐하면 당신이 사라지면 자신들도 사라지기 때문이다. 대다수의 사람들은 너무 두려워서 자신의 어두운 면을 조사하거나 바라보지 않기 때문에 자신의 부정적인 생각 폼을 보게 되면 혼비백산하여 도망친다. 이것 때문에 상위의 영적인 엔터티(존재)와 직접적인 의사 소통을 할 수 없게 된다.

밝게 빛나는 황금빛 광선이 점점이 빛나는 청색 펜타그램을 심상하여 이것을 생각 폼에 '비추면' 이들은 물러난다. 그들을 제거하는 유일한 방법은 피하지 말고 생각 폼과 두려움을 정면으로 맞닥뜨려서 당신의 부정적인 생각을 극복하는 것이다. 마법사가 물질적으로 공격받는 경우는 드물다. 결계 의식을 통하여 공격은 일시적으로 중단되나 부정적인 생각 폼이 만들어진 원인을 만나서 정복할 때까지는 사라지지 않는다.

당장 당신의 자아가 만든 괴물과 싸우라는 말이 아니다. 지금은 물러나서 다음에 싸우는 것이 현명할 수 있다. 그러나 언젠가 당신이 만든 괴물을 만나 정복해야 할 것이다. 그러면 당신은 행복해진다. (역주 : 생각 폼은 두 가지가 있다고 한다. 하나는 이 책에서 말하는 악한 자녀들, 그리고 다른 하나는 선한 자녀들이다. 자녀란 개념은 우리가 생각하는 순간마다 생각 폼이라는 자녀가 창조되기 때문이다. 조화롭고 균형 잡힌 생각은 선한 자녀를, 반대로 악한 생각이나 감정 등은 악한 자녀를 창조한다. 이것은 윤회의 굴레로 작용한다고 한다. 바른 생각은 불교의 팔정도의 하나다. 즉 바른 견해에서 바른 생각, 바른 말, 바른 행동, 바른 직업, 바른 노력, 그리고 바른 주의력[mindfulness, 정념, 주의 깊음, 지켜봄], 마지막으로 바른 집중[사마디]에 이른다. 팔정도를 행한다면 악의 자녀는 창조되지 않고 결국 마법에서 말하는 상위의 고급자아와 합일하는 것이 되며 이것은 동양에서는 내면의 신성자아와의 합일을 의미한다. 결국은 같다.)

제 2 편

1편에서 나는 마법의 최고 비밀을 배우는 법을 가르치겠다고 말하였다. 그러나 실제적인 비밀을 가르칠 수는 없다. 왜냐하면 각자가 스스로 마법의 최고 비밀을 배워야 하며 자신의 가치와 준비됨을 증명해야 하기 때문이다. 이 비밀은 아주 주관적인 속성을 가지고 있는데 당신에게는 최고의 마법 비밀일 수 있는 것이 다른 사람에게는 아닐 수 있기 때문이다.

그러나 이 장에서 비로소 비밀을 찾기 위한 기법을 배우게 될 것이라고 생각한다면 잘못이다. 이미 1장에서 비밀을 위한 기법을 배워왔다. 지금 기법을 배우기 시작하는 것은 아니다.

지금까지 나는 아스트랄 투사(유체 이탈)에 대하여 자세히 설명하지 않고 당신이 원하는 정보와 비밀을 얻는 법을 지도하여왔다. 아스트랄 투사에 대하여 두려워하는 사람도 있는 것 같아서 자세히 설명하지 않았지만 솔직히 아스트랄 투사는 우리가 매일 하는 것이므로 두려워할 필요가 없다.

아스트랄 투사에 대하여 마음 편하게 생각하라. 공상을 하거나 꿈을 꿀 때마다 거의 매번 아스트랄 투사를 하는 셈이다. 아스트랄 투사에 이어지는 아스트랄 여행은 또한 아주 일상적인 것이며 자연스러운 일이다. 우리가 어린아이였을 때는 아스트랄 여행을 배울 필요가 없었다. 부모가 아이들에게 눈에 보이지 않는 장소나 보이지 않는 친구와 놀지 말라고 이야기 하는 것은 흔히 있는 일이다. 부모가 말하는 것은 아스트랄계에 있는 엔터티와 장소를 말한다.

　기억은 희미하겠지만 당신은 이것과 유사한 어린시절 경험을 가지고 있을지도 모른다. 어린시절 경험을 자세히 기억하는 사람은 드물다. 왜냐하면 어른들이 "현실로 돌아와라!" "어리석은 장난하지 말라!" 고 하고 무엇보다도 "거짓말을 그만두라!" 고 말하기 때문에 점차 마음속에 아스트랄계의 존재들은 잊혀진다. 이 억압 과정을 심리학자는 '동기적 망각(motivated forgetting, 억압에 의한 의도적 망각)' 으로 부른다. 대다수의 사람들이 유아 시절을 기억하지 못하는 이유 중의 하나다. 너무 어려서 걸음마도 의사 소통도 못하고 모든 것을 부모에 의존하던 시기여서 의도적으로 잊기를 원한다.

　이 책 앞부분에서 마법 의식에 걸리는 시간이 점점 줄어들 것이라고 말하였는데 그것은 당신이 준비가 되면 기존의 방식대신 아스트랄 방식으로 의식(儀式)을 할 수 있기 때문이다.

아스트랄 펜타그램 소 결계 의식

준비 : 최소한 20번 정도까지는 일반 펜타그램 소 결계 의식을 하고나서 이 아스트랄 펜타그램 소 결계 의식을 한다. 시간이 허락하면 헥사그램 결계 의식도 한다.

1단계 : 원의 중심에 앉아 심호흡을 하면서 이완 의식을 행한다. 이때 동쪽을 향하며 눈을 감는다. 팔짱을 끼거나 다리를 포개어 앉지 않는다.

2단계 : 당신을 향하여 서 있는 당신의 이미지(원한다면 자신의 이상적인 상을 심상함, 이것은 상상으로 자신의 복체[double]를 만드는 것이다)를 상상한다. 마음속에 가능한 최고의 이미지를 생각한다.

3단계 : 심상이 완료되면 의지력을 사용하여 만들어진 복체가 동쪽을 보게 한다. 당신이 보고 있는 방향과 같은 방향이다. 이 절차는 어떤 특별한 기법이 있는 것이 아니라 간단히 침묵으로 돌아설 것을 명령하면 된다. 이때 복체는 서 있는 자세다.

4단계 : 복체에게 펜타그램 소 결계 의식을 하도록 한다. 눈을 감은 상태로 육체는 제단이 놓여 있는 중심에 있어야 한다. 복체가 하는 것을 듣고 느끼고 냄새 맡고 감지하려고 시도한다. 눈은 계속 감고 있어야 한다.

5단계 : 펜타그램 소 결계 의식이 완료되면 복체를 무릎 위에 앉게 하여 안으로 흡수한다. 합일을 위하여 잠시 심호흡을 한다. 손을 크게 세 번 친다. 이 소리는 정상 의식으로 돌아오도록 한다. 눈을 뜬다.

보완 : 이 의식이 끝나고 일반 펜타그램 소 결계 의식을 하는 것이 필요하다. 최소한 30번 정도 이 아스트랄 의식을 수행하게 되면 나중에는 끝나고 일반 펜타그램 소 결계 의식을 하지 않아도 좋다. 주의할 것은 20번이 아니고 30번이다.

아스트랄 LBRP는 하기 쉬워 보이나 지금까지 해온 의식보다 더 많은 집중력이 요구된다. 아스트랄 LBRP를 하다가 잘 되지 않든가 잠이 쏟아진다면 그 상태에서 멈추고 일반 LBRP를 행한다. 이 지시만 따른다면 나쁜 일은 일어날 수 없다.

집중에 어려움이 있다면 다음의 집중 수련을 한다.

준비물 : 타이머와 네 장의 카드. 첫째 카드에 큰 점 하나를 그리고, 두 번째 카드에는 두 개의 점을 나란히 그린다. 세 번째 카드에는 세 개의 점을 나란히 그리고, 네 번째 카드에는 네 개의 점을 나란히 그린다.

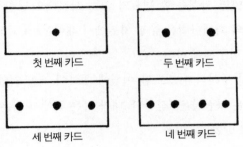

카드 집중 수련

타이머를 5분으로 맞춘다. 1번 카드에 있는 점을 보면서 좋은 느낌이 들 때까지 카드를 바라본다. 그리고 눈을 감고 단지 그 점에 대해서만 생각한다. 만약 다른 생각이 떠오르면 초점을 다시 한 점으로 가져온다. 타이머가 끝나면 수련을 멈춘다. 여기서 당신의 목적은 5분 동안 단지 점 하나를 심상하는 것이며 집중을 방해하는 어떤 것도 허락하면 안 된다.

집중에 방해가 거의 일어나지 않으면 다음은 2번 카드에 집중하고 5분 동안 두 개의 점에 집중한다. 이런 식으로 4번 카드까지

할 수 있으면 당신은 아주 뛰어난 집중력을 가지게 된다. 이 수련이 쉬워 보이지만 그렇지는 않다. 처음 시도하였을 때 나는 5분만에 땀으로 흠뻑 젖었다. 이 수련을 과소평가하지 말라.

한편 아스트랄 LBRP가 쉽다고 느껴지면 여기에 아스트랄로 하는 헥사그램 결계 의식, 미들 필라 의식, 빛 순환 의식을 추가한다. 결국 이 모든 것을 아스트랄로 할 수 있어야 한다. 눈을 감고 아스트랄로 행법을 하면 시간이 많이 단축된다. 언젠가는 물질 차원에서 마법 의식을 할 필요가 없는 시점에 도달할 것이다. 물론 대부분의 회색마법은 물질 차원에서 해야 하며 회색마법의 깊은 영역을 탐구해야 한다.

아스트랄 투사와 아스트랄 여행에 대하여 책을 읽었거나 이것을 연습해온 사람들은 "잠깐만, 내가 다른 책에서 읽은 내용과 다른데" 라고 말할 수 있다.

아스트랄 투사와 관련하여 두 가지 투사가 말해진다. 하나는 아스트랄 투사로 잘못 오해되고 있는 마음 투사(Mental Projection)다. 이것은 아스트랄 투사가 아니다. 마음 투사에서는 의지력을 사용하여 육체에서 떨어진 곳에 마음이나 감각을 보내지만, 여전히 육체에 의식을 유지하며 육체 감각을 지각한다.

참된 아스트랄 투사에서 의식은 완전히 육체를 떠나 아스트랄 복체(Astral Double=Astral Body)와 만난다. 육체는 잠자거나 혼수 상태에 있는 것처럼 보인다.

물질계에 있는 모든 것은 아스트랄계에 아스트랄 복체(複體)를 가진다고 5장, 7장에서 설명하였다.

앞에 묘사된 아스트랄 LBRP에서 필요한 것은 심상 능력과 상상력의 사용이다. 수련법 4단계 "당신 복체가 하는 것을 듣고 느끼고 냄새 맡고 감지하려고 시도하라"를 한번 살펴보자. 이것을 하게 되면 자연스럽게 마음 투사를 경험하게 된다. 마음 투사는 당신이 열려 있고 준비되었을 때 일어난다. 육체와 아스트랄체에 대한 자각이 일어나고 의식은 육체와 복체 사이에서 앞뒤로 움직이는 것처럼 보인다.

그리고 더 이상 육체에 대하여 자각하지 않게 되는 때가 오는데 이것이 진실한 아스트랄 투사다. 이것이 일어날 때 급하게 육체로 돌아오려고 하지 말고 복체 안에서 편안함을 느끼도록 하고 육체 밖에서 지각하는 방식에 익숙해져라. 이것에 익숙해지면 아스트랄 투사는 쉬워진다(역주 : 아스트랄 투사에 대한 이론과 책은 다양하고 각자의 주관이 개입되어 통일된 이론을 얻기는 힘들다. 많은 저자들이 아스트랄 투사에 반드시 아스트랄체가 필요한 것으로 설명한다. 그래서 이 책에서처럼 먼저 아스트랄 복체를 만들고 의식을 이 복체 즉 아스트랄체에 완전히 옮기는 것을 투사로 설명한다.

또한 육체에서 아스트랄체가 떨어져 나와 육체와 분리되는 것을 투사로 본다. 한편 아스트랄계는 미세한 아스트랄 질료의 속성상 생각이 즉각적으로 형태를 취하므로 아스트랄체로 보이는 것은 사실 자신의 생각이 만든 형상이며 아스트랄 투사는 의식의 초점이 물질계에서 아스트랄계로 바뀌는 것뿐이라고 설명하는 가르침도 있다.

이 가르침에 의하면 육체의 기본을 형성하는 눈에 보이지 않는 4차원 매트릭스를 아스트랄체로 설명하며 결코 육체를 떠날 수가 없다고 한다. 4차원 에너지인 프라나가 흐르는 수많은 나디는 눈에 보이지 않지만 아스트랄체에 존재하며 그 밖에 영 에너지가 흐르는 많은 통로가 아스트랄체에 존재한다고 한다. 아스트랄체가 육체에서 분리되는 경우는 임종시뿐이라고 한다. 그리고 다양한 아스트랄 경험은 결국 개인이 가지고 있는 잠재 의식이나 선입감, 생각이 순간순간 창조되어 형상을 띠는 아스트랄계의 속성－카발라에서 아스트랄계는 형성의 계임을 기억하라－을 고려하면 이해가 가능하다. 저자의 말대로 오컬티즘에서 늘 권위에 의문을 제기하는 것이 필요하다.)

아스트랄 투사와 아스트랄 여행을 위한 다른 수련법을 원한다면 내가 보여주고 싶은 몇가지 좋은 수련법이 있다. 중요한 것은 투사를 하기 전에 LBRP를 실행하는 것을 기억하라. 시간이 허락하면 BRH도 행한다.

방법 1 : 방에 여러 물건들을 빙 둘러가며 놓는다. 장미, 찬물 한 잔, 신발 등이 놓일 수 있다. 그리고 침대에 눕는다. 다음에 일어나서 놓여 있는 물건에 가서 자신을 물건과 밀접하게 만든다. 즉 장미에 가서는 장미 냄새를 맡고 물이 놓여 있는 곳에 가서는 물의 차가운 기분을 느끼고 신발을 보고는 신발 밑창의 고무 재질을 느낀다. 이런 식으로 각각을 원을 만들 듯 빙 돌고 침대로 와서 눕는다.

다음 단계는 당신 위에 아주 순수한 하얀 구름을 심상한다. 원한다면 자신의 모습으로 심상할 수 있다. 육체와 당신이 만든 복체가 배꼽이나 태양신경총, 미간 혹은 정수리에서 탯줄 같은 것으로 연결되어 있음을 볼 수도 있다. 이 줄(생명줄, 은줄이라고도 함)은 사람에 따라서는 다른 신체 부위에서 보이기도 한다.

이제는 복체가 당신이 했던 방식으로 물건들을 빙 돌도록 한다. 은줄을 본다면 이것은 무한히 늘어날 것이다. 복체가 장미 냄새를 맡고 물의 감촉을 느끼는 과정 속에서 자연스럽게 마음 투사가 일어나며 더 진전되면 아스트랄 투사로 이끈다. 이 상태에 도달하면 장소를 방에 한정시킬 필요는 없다. 친구 집에도 갈 수 있다. 그러나 새로운 기술을 배우는 중이므로 좀 더 투사가 편안하게 느껴질 때까지는 너무 멀리 가지 말라.

아스트랄 여행을 끝내면 늘 복체를 흡수한다. 결계 의식으로 모든 것을 종결한다.

방법 2 : 눕거나 의자에 앉는다. 당신 앞에(누워있다면 위에) 깨끗하고 하얀 구름을 심상한다. 원한다면 구름 대신 자신을 닮은 이미지(Double, 복체)로 만들 수도 있다. 의식을 복체로 옮기려고 강하게 갈구하라. 육체에 갑작스러운 변화를 느끼면 눈을 뜨려고 의지하라. 그러나 근육을 사용하여 육체의 눈을 뜨려고 하지 말고 마음의 눈으로 단지 보려고 의지하라. 앞에 있는 자신의 육체를 보게 될 때 놀라지 말라.

의식을 육체에서 떠나게 하여 복체 쪽으로 옮기려고 집중할 때

3분 이상 하지 말라. 3분 안에 잘 되면 좋고 그렇지 않아도 괜찮다. 이완과 심호흡을 한다. 다음 날 다시 시작한다. 이 방법에서 성공의 열쇠는 육체를 벗어나려는 강한 욕망이다. 성공하면 투사의 마지막에 육체 안으로 복체를 흡수한다. 물론 전후에 결계 의식은 해야 한다.

방법 3 : 침대에 옷을 벗고 눕는다. 의식을 도와주는 사람에게 당신 발위에 펴지 않은 침대 커버를 놓도록 한다. 그리고 접혀진 침대 커버를 끌면서 천천히 머리까지 오도록 한다. 그리고 신속히 커버를 걷어내고 조용히 방을 떠나도록 한다.

마음의 눈으로 이 과정을 다시 한다. 커버 대신 당신의 아스트랄체가 위로 올라가는 것으로 느껴라. 먼저 발에서 발목, 정강이, 무릎을 거쳐 머리 꼭대기까지 올라간다. 커버가 육체로부터 들어올려지는 지점에서 당신의 의식이 아스트랄체와 함께 나가는 것을 상상하라. 이것이 끝나면 육체 안으로 복체를 다시 흡수한다.

방법 4 : 마음으로 D(레) 음을 듣는다. 피아노와 함께 조금 연습하거나 악기를 가진 친구와 조금 연습하면 이 음조에 쉽게 친숙해질 것이다. 이 음조보다 한 옥타브 높은 음을 듣기 위하여 마음으로 D음을 두 배로 올린다. 필요하면 음악에 지식을 가진 친구에게 도움을 구한다.

한 단계 높은 음을 들은 후 다시 한 단계 높은 음을 듣는 식으로 하여 피아노에 가장 높은 음까지 진행한다.

음이 올라갈수록 점점 가벼워지는 느낌을 가질 것이다. 머리에 진동을 감지할 수도 있다. 소리가 점점 올라가 천장을 향하여 올라가는 것처럼 느껴라. 음의 높이가 커지고 그것이 방안 높이 올라갔다고 느낄 때 마음으로만 눈을 뜨려고 의지하라. 육체가 아래에 보여도 놀라지 말라. 끝나면 복체가 다시 육체로 흡수되도록 한다. 이 방법은 특히 음악가에게 좋다. 내가 처음 유체 이탈을 경험한 방법이었다.

여기서 주어지는 아스트랄 투사와 여행 방법은 누구나가 배울 수 있는 것이다. 더 많은 정보를 원한다면 참고도서를 참조하기 바란다. 그러나 각각의 책은 작가의 선입견에 의하여 한계가 있다. 단순히 읽기보다는 직접 수행하여 배우는 것이 좋다.

어떤 학생은 아스트랄계에서 길을 잃어 육체로 돌아오지 못하는 것이 아닌지 우려한다. 이 책에 소개되는 가르침을 따른다면 그런 일은 일어나지 않는다. 은줄과 연결되어 있다. 길을 잃게 되는 유일한 경우는 육체에서 너무 멀리 갔을 경우다. 여기서 멀리 갔다는 것은 킬로미터의 개념이 아니라 수백 광년의 개념이다. 아직 초보 단계에서는 육체 가까이 머물라. 그러면 아무런 문제도 없을 것이다.

사실 대다수의 사람에게 가장 큰 문제는 돌아오지 못하는 문제가 아니라 먼저 몸에서 나가서 머무는 문제다. 몸에서 나가려고 진심으로 갈구해야 하며 아스트랄계가 아름답고 안전하며 재미있는 장소라는 생각으로 접근해야 한다.

심각성을 인식하지 못하여 좀처럼 잘 언급되지 않는 문제가 하나 있다. 이것은 아스트랄 투사 초보자나 경험자에게 다 일어나는 일이다. 이것은 아스트랄 편타(Astral Whiplash, 급작스러운 움직임에 의하여 생기는 충격)라 불린다. 때때로 유체이탈 중에 무언가가 육체에 충격을 주어 아스트랄체를 갑자기 육체로 끌어당길 수 있다. 이것은 문 노크, 전화 벨소리, 차 시동소리, 누군가 방에 들어와 당신을 흔들어 깨우는 일 등이 원인이다.

편타의 결과로 육체에 급히 돌아오면 어지럽고 온몸이 쑤시고 지치며 머리에 두통도 있을 수 있다. 투사할 때 아스트랄 질료가 육체에서 나와서 은줄을 경유하여 아스트랄체와 합체한다. 급히 돌아갈 때 어느 정도 이 질료가 아스트랄계에 남게 된다. 이것이 육체에 약간 충격을 준다. 아스트랄 투사 후 복체를 육체에 흡수하는 이유가 여기에 있다.

개인적으로 처음 성공한 아스트랄 투사에서 이 아스트랄 편타를 경험하였다. 의지로만 눈을 뜨려고 하자 갑자기 내가 방 천장에 떠있음을 알았고 아래 육체를 볼 수 있었다. 너무 흥분되고 들떠 있었는데 갑자기 충격이 있었다. 다행히 육체 가까이 있어서 충격은 작았으며 단지 약간의 어지러움이 있었다. 심호흡과 신선하고 차가운 물 한 모금으로 원상회복되었다.

아스트랄 편타를 경험하는 시점에서 육체에서 멀리 떨어져 있다면 앞에 언급한 증상이 있을 것이다. 이럴 경우 사건이 일어난 시점에 당신이 있었던 장소로 다시 투사한다. 그리고 정상적인 방법으로 다시 돌아온다. 그러면 잃어버렸던 아스트랄 질료를 자동적으로 찾게 된다. 그러나 다시 투사할 기회가 없다면 서너 시간이

지나면 점차 증상이 사라지며 숙면을 취하고 나도 괜찮아진다.

　외부로부터 방해에 의하여 일어나는 이 아스트랄 편타에 가장 좋은 해결책은 예방이다. 아스트랄 투사 전에 전화선을 뽑고 집 안에 있는 사람에게 방해하지 말 것을 당부하는 일이다.

　아스트랄 투사에 대한 요령을 알았으면 이 시점에서 너무 멀리 갈 필요는 없다. 그러나 고급 타로 카드 응시 의식에서 하는 것처럼 선택한 카드 안에 자신이 들어가 있는 것을 상상하고 카드 언저리 너머를 보려고 하라. 이 타로 응시법과 아스트랄 투사는 4편 패스워킹에서 같이 사용된다. 3편으로 너머 가기 전에 며칠 시간을 내어 고급 타로 카드 응시와 아스트랄 투사를 연습할 수도 있다.

제 3 편

지금까지 마음 투사와 아스트랄 투사에 대한 기법과 아스트랄 여행에 대한 기본 기법을 설명하였다. 2편에서 시간을 내어 아스트랄 투사를 연습할 것을 충고하였다. 내가 설명한 방법으로 투사에 성공을 하였으리라 기대하지 않는다. 아주 소수의 사람만이 성공하였을 것이다. 성공하는 데 상당한 시간이 필요함을 알고 있다. 매일 꾸준히 연습을 하라. 인내하라 그러면 성공할 것이다.

그런데 의식(意識)을 아스트랄체에 자유롭게 투사하고 그 상태에서 여행을 하면 도움이 되는 것은 무엇이며 왜 이것을 배워야 하는지 의문시할 수도 있다. 마음을 들뜨게 하는 영화를 보거나 무도회장에 가는 것처럼 확실히 아스트랄 투사는 재미있고 사람을 들뜨게 한다. 많은 책이 유체이탈의 경이로움을 설명한다. 그러나 투사에 성공하면 다음에 무엇을 해야 하는지 설명하는 책은 아주 드물다. 어떤 책은 친구나 달을 방문하거나 별로 특별한 것도 없는 평범한 일들을 이야기한다.

그럴 바에야 전화로 친구에게 연락할 수 있다. 아스트랄 투사의 목적이 상대적으로 별 볼일 없는 평범한 일들이라면 오컬트 단체나 종교 단체가 오랜 세월 동안 이것을 강조한 이유는 무엇인가?

앞에서 명백히 밝혔지만 이 책의 목적은 독자 혼자서 평생 오컬트 공부를 할 수 있도록 여러 마법 주제를 소개하는 것이라고 말하였다. 이 장은 특히 미래에 형이상학 공부를 하도록 안내하는 데 초점이 맞추어 있다. 여기 10장에서 당신은 모든 마법 비밀을 제공받을 수 있는 기법을 배우고 있다.

이 기법을 가지고 영적으로 물질적으로 당신이 원하는 모든 것을 성취할 수 있다. 참된 마법사는 마법을 장난삼아 하는 사람들에게서 비밀을 유지하기를 원하였기 때문에 소수 사람만이 이것에 대하여 안다. 지금까지 두 가지 이유로 마법의 최고 비밀 기법을 보류하여 왔다.

1. 당신은 이 책의 가르침에 헌신하여 비밀 정보를 받을 자격을 증명해야 하였다. 당장 다른 마법서를 읽지 않는다 하여도 자신을 의식 마법사라고 주장하는 대부분의 사람들보다 당신은 전통 서양 마법의 이론과 실제에 대하여 아마 더 많이 알 것이다. 이제 열심히 노력하였기 때문에 이 비밀 정보를 받을 자격을 얻었다. 특히 여러 의식과 행법을 꾸준히 해왔다면 당연히 자격이 있다.

2. 엘리파스 레비(Eliphas Levi)에 의하면 진리를 받아들일 수 없는 사람에게 진리를 말하는 것은 그 사람에게 거짓말을 하는 것과 마찬가지라고 하였다. 나는 1장에서 비밀 정보를 줄 수도 있었지만 당신은 그 정보를 사용할 수 있는 위치에 있지 않았다. 당신에게는 의미 없는 말이었을 것이며 당신에게 거짓말을 하는 것과 마찬가지였을 것이다. 이 비밀 정보를 이용하기 위하여 당신

은 이 책에서 지금까지 주어진 모든 기법과 재능을 발전시킬 필요가 있었다. 이 과정은 점증적인 내용으로 되어있기 때문이다.

이제 내가 보여줄 기법에는 타로 사용, 카발라 대응물 사용, 의식 마법 수행 이해, 마법 에너지를 끌어내어 통제하고 지시하는 법 그리고 아스트랄 투사 능력이 포함된다. 사실 이 기법은 아스트랄 투사를 배우기 위함이다. 이 기법은 오랫 동안 비밀로 내려왔으며 패스워킹(Pathworking)으로 불린다.

지금 나는 오컬트 서적과 자료로 가득 차있는 유리 책장에 둘러싸인 책상에서 글을 쓰고 있다. 오컬트 책을 구입하는 데 열정적인 독자는 아마 최근 수년 동안 패스워킹을 다루는 책이 여러 권 출간되었음을 알 것이다. 이들 책 모두는 상상 속에 원형 이미지를 통하여 신화적인 여행을 하는 것을 패스워킹으로 설명하는 것 같다. 이것도 패스워킹의 한 형태겠지만 내가 알고 있는 패스워킹이 아니며 여기서 내가 가르치려고 하는 유형도 아니다. 내가 설명하는 이 패스워킹 체계는 책으로 처음 출간된 것으로 알고 있다.

패스워킹 법을 이야기하기 전에 알아야 하는 중요한 정보가 있다. 마법과 카발라에 대한 유명한 작가 중 한 분은 생명나무가 기억과 분류를 위한 편리한 도구일 뿐이라고 주장한다. 어느 정도는 사실일 수 있지만 생명나무는 사이킥계들을 안내하는 지도(地圖)의 성격이 있다. 마법사는 생명나무인 이 지도를 상위의 영적 엔터티와 만나기 위한 행로에 사용할 수 있다. 생명나무 연구가 서양 의식 마법사에게 아주 중요한 이유다.

패스워킹은 간단히 말하면 이 지도를 사용하여 상위의 영적 엔터티가 있는 곳으로 가는 과정이다. 패스워킹 과정에서 당신이 걷는 길과 길 위에 여러 세피라 대응물들(3장 '생명나무와 타로카드' 그림과, 6장 '카발라 길 대응표' 참조)을 보게 된다. 또한 저급한 존재도 만날 수 있다. 생명나무를 따라 하는 여행은 사람마다 특별하다. 그러므로 다른 사람이 패스워킹에 대하여 쓴 내용에 의지할 수 없다. "오컬티즘에서 의존할 권위는 없다"라는 다이언 포춘의 말을 생각하라. 믿을 수 있는 것은 자신의 카발라 지식과 마법 능력이다. 비로소 당신은 내가 이 기법을 설명하기 위하여 마지막 장까지 기다린 이유를 이해할 것이다.

패스워킹이 무엇인지 보여주는 가장 최선의 방법은 당신에게 패스워킹 경험의 예를 보여주는 것이다. 누군가가 패스워킹을 했다는 이유로 그 경험이 당신에게도 합당할 것이라는 의미는 아니다. 물질 세계가 우리 감각과 마음에 사실처럼 보이듯 패스워킹도 우리 감각과 마음에 의하여 해석되어지므로 경험자에게는 사실이나 그 경험은 상당히 주관적이다. 그러나 경험한 사람에게는 사실이다. 드러난 것이 사실이어도 그것의 원래 본질이 그렇다는 것을 의미하지는 않는다. 단지 우리의 현재 해석이 그러하다는 것이다.

패스워킹은 아주 개인적이며 중요한 경험이므로 마법 수련생 누구도 개인 경험을 이 책에 사용할 것을 허락하지 않았다. 나 또한 내 자신의 패스워킹 경험을 책으로 알리고 싶지는 않다. 그러므로 패스워킹의 예로서 나는 당신에게 《새로운 차원(New Dimensions)》이란 책에 나오는 내용을 개작한 버전을 보여주겠다. 이 책에서 설명하려는 패스워킹과 비슷하게 만들기 위하여 내용을 많이 고쳤다.

패스워킹의 예

아주 화창한 밤이다. 보름달이 떠있고 공기는 맑고 서늘하다. 이 날은 _____이다. 나는 이완하고 LBRP와 BRH 그리고 장미십자가 의식을 수행하였다.

사원에는 자줏빛을 띠는 아홉 개의 초가 켜있고 몰약(향기 있는 수지[樹脂])과 유향(乳香, 이스라엘인이 제사에 쓰던 향료)을 결합한 일반 향이 타오르고 있다. 축성된 마법 장비인 지팡이, 물컵, 단검, 원반이 사원 중심에 위치한 제단 위에 놓여 있다. 나는 동쪽을 보고 제단 뒤에 놓인 의자에 앉는다. 나래지치(약용식물) 차를 이미 마셨고 손에는 수정을 들고 있다. 나는 적당히 흥분하고 있으며 준비가 되었다.

내 앞에 서있는 나의 복체를 만든다. 그리고 내 의식을 이 아스트랄 복체에 투사한다. 그리고 마음으로 눈을 뜨려고 의지한다.

나는 지금 물질 사원의 복사인 아스트랄 사원을 둘러보고 있다. 모든 것이 여기에 있으나 더욱 명암이 뚜렷하고 더욱 빛이 나며 좀 더 영묘하게 보인다. 방의 벽은 안개 속에 가려있는 것처럼 보이지 않는다. 방은 원래 크기 같기도 하고 무한히 커 보이는 것 같기도 하다. 나는 알 방도가 없다. 솔직히 이것이 조금 나를 놀라

패스워킹(Pathworking)

게 한다. 침착성을 유지하기 위하여 펜타그램 소 결계 의식을 행한다. 그러자 내가 이미 창조한 별과 선 위로 아주 밝게 빛나는 푸른 별들과 발광하는 하얀 선들이 형성됨을 본다. 그리고 나는 장미십자가 의식을 한다. 그러자 아주 조용한 평온이 다가온다.

동쪽으로 가니 안개 속으로 세 개의 문이 나타난다. 왼쪽 문은 20번 타로 카드(심판)로 되어 있다. 오른편 문은 18번 타로 카드(달)로 되어 있고 동쪽인 중앙문은 21번 카드(세계)로 되어 있다. 또한 앞에는 엄청나게 거대한 내 사원의 수호자인 ＿＿＿이 있다. 내 수호자의 보살핌 덕분에 나는 안전하게 육체와 사원을 떠날 수 있음을 안다.

이날 밤 나는 '세계(21번 타로 카드)'의 길로 나아가기를 결정하였다(역주 : 3장 2편 '생명나무와 타로' 그림을 보면 생명나무에 있는 이 길을 따라가면 세피라 예소드에 도달한다. 3장 4편에 '생명나무 세피라와 대응물'을 보면 예소드와 대응하는 행성은 달이다). 이 길은 우리의 지구 그리고 나의 사원인 말쿠트에서 달의 영역인 예소드로 나를 이끌 것이다. 나는 중간 문을 향하여 발걸음을 내디뎠다. 그 문은 온통 빛으로 타오른다. 문을 여는 대신 나는 카드 안의 인물이 되려고 한다. 그러자 즉시 우리는 하나가된다.

구름으로 차있는 허공 속에 떠있으나 두려움은 없고 즐겁기만 가득하다. 거대한 녹색 소용돌이 구름에 둘러싸여 있고 《에스겔서》에 나오는 네 생물의 형상인 황소, 독수리, 사자 그리고 사람이 보인다. 주변을 둘러보자 길이 뚜렷이 보인다. 나는 소용돌이와 네 생물을 뒤로하고 길로 걸어 들어간다.

길은 똑바르나 양 옆은 어둡다. 길옆으로 자주 흥미로운 그림이 보인다. 나는 머물기보다는 계속 길을 걷는다. 한참을 걸어서 거대한 호수에 도달한다. 멀리서 번쩍거리는 무엇인가가 있으나 무엇인지 알 수가 없다. 내 앞에 크고 바닥이 평평한 배가 있다. 뱃사공은 내가 본 사람 중에 가장 강하게 보인다. 세상의 모든 보디빌더들을 부끄럽게 할 정도로 훌륭한 몸매를 가지고 있다. 그는 손짓하여 배로 나를 부른다. 나는 조심스럽게 배에 올라타 자리를 잡는다. 그는 멀리서 번쩍이는 곳을 향하여 재빨리 노를 젓는다.

우리가 그곳에 도착하였을 때 밝게 빛나는 하얀 섬이 보인다. 사공에게 섬에 배를 대라고 말하니 나에게 더 많은 것을 기대하듯이 쳐다본다. 그가 무엇을 원하는지 알 수가 없다. 사공은 섬에 배를 대는 대신 섬을 돌기 시작한다. 그러자 내 시야에 지금까지 보아온 젊은 여자 중에 가장 아름다운 여자가 나타난다. 20세 정도 나이에 아직 육체는 충분히 성숙되지는 않았지만 바라보기에 너무 아름답다. 그녀의 하얀 피부보다 더 하얀 것은 그녀의 눈부신 머리카락이다. 푸른 눈동자는 마치 우주의 신비를 배우려는 듯 그윽하다. 그녀는 처녀며 섹시하다. 나는 그녀의 아름다움에 넋을 잃고 바라본다.

좀 더 섬 주변을 돌자 다른 여인이 시야에 들어온다. 나이는 추측할 수 없으나 아마 20대 후반에서 50대 후반까지 보일 수 있다. 그녀 또한 아주 아름다우나 젊은 소녀의 아름다움과는 다른 아름

다움이 있다. 그녀에 대하여 말할 수 있는 것은 성숙한 '여자' 라
는 것이다.

 그녀는 풍만하고 탄력 있는 가슴과 엉덩이 그리고 날씬한 허리
를 가지고 있다. 피부는 너무 깨끗하고 하얀 머리카락은 얼굴 주
변을 감싸고 있다. 그윽한 하늘 빛 눈동자, 아몬드 모양의 예쁜 눈
이 지식과 지혜 그리고 통찰력과 순수한 에로티시즘을 드러내면
서 약간 아래로 향한다. 처녀는 아니나 감히 가까이 근접할 수 없
는 아름다운 여인이다. 심지어 그녀의 자태에서 조금 전 젊은 여
자의 성적 매력과는 다른 에로티시즘과 관능이 숨쉰다. 많은 동
물이 그녀 주위에 있고 그녀는 곡식과 익은 과일과 야채로 가득
한 언덕 위 기름진 땅에 서있다. 사공이 노를 저어가자 나는 이 빛
나는 여인에게서 떠나기 싫어 눈물을 흘린다.

 나는 그녀에게 노래를 부르기 시작한다.

 마법의 여인이여!
 빛의 여인이여!
 깊숙한 밤의 어둠을 파괴하는 여인이여!
 그대의 마음 속에
 그대의 혼속에
 나의 일부분이 살고 있네.
 그대가 없다면
 나는 살고 있으나 사는 것이 아니네.
 살아있으나 그러나 살아있는 것이 아니네!

곧 그녀를 볼 수 없게 된다.

노를 저어 좀 더 나아가자 또 다른 여자가 시야에 들어온다. 그녀는 좀 더 늙었으며 한눈에 노파처럼 보였다. 그러나 그녀를 바라보면서 그녀 눈에서부터 빛나는 숨겨진 활력을 본다. 그녀가 충만하고 의미 있는 삶을 살아왔음을 보게 된다. 비록 그녀의 남은 삶이 짧아보여도 그녀는 살아가는 매 순간 후회하지 않아 보인다. 그녀가 젊었을 때의 아름다움과 풍만함이 마음으로 느껴진다. 그녀를 처음 보면서 느꼈던 늙은 모습에서 그 나름대로 아름다움이 있음을 본다. 그것은 연륜에서 풍겨 나오는 아름다움이다. 나는 그녀의 드러난 모습 그 너머에서 흘러나오는 위엄을 본다.

계속 섬 주변을 돌면서 내가 본 것은 이교도 신앙에 나오는 달의 여신이 드러내는 세 가지 모습임을 깨닫게 된다. 카발라를 공부하기 전에 위카나 위치크래프트를 공부하였기 때문에 이것은 자연스러운 일이다. 우리는 다시 처음 왔던 장소에 돌아온다. 사공에게 노 젓는 일을 멈추게 하고 잠시 기다린다.

가슴 속으로 "오 다이아나, 달의 여신이여! 제가 지금 받을 수 있는 메시지가 있다면 그것을 간청하나이다"라고 말한다. 그러자 아름다운 그녀가 섬에서 다가와 30cm 정도 물 위에 떠서 나에게 말한다. 3m 정도 떨어져서 그녀가 조용히 말하지만 나는 완벽하게 들을 수 있다. 그녀는 ＿＿＿＿＿＿＿＿말한다.

뱃사공은 다시 노를 저어 원래 우리가 왔던 장소로 간다. 흥분하여 이 여행에서 내가 주목하지 않았던 것들을 보게 된다. 사공을 만났던 부두가 보인다. 부두는 히브리 마지막 문자 타우(ת)

구조로 되어 있다. 토성을 둘러싸고 있는 특이한 고리 때문에 멀리 하늘에 토성이 확실히 구별되어 보인다. 내가 왔던 길을 다시 걸어가면서 사이프러스 나무와 나란히 서있는 물푸레나무와 주목을 바라본다. 주목에 기대어 큰 낫을 본다. 썩은 달걀 비슷한 냄새를 맡는다. 다행히 그 냄새는 금방 사라진다. 마침내 네 생물과 구름 있는 곳에 도착한다. 나는 회오리 구름 안으로 들어가서 내 사원과 수호자를 본다. 사원으로 걸어 들어가서 내 육체의 무릎에 앉아서 육체로 돌아온다. 눈을 뜨고 다이아나 여신과 사원의 수호자에게 감사하는 침묵의 기도를 한다. 다시 결계 의식들을 수행한다. 내가 시계를 보았을 때 단지 37분만 지났음에 놀란다. 사실 여러 시간이 흘렀다고 생각하였다.

위의 이야기에서 알아야 할 것은 아직 섬에 들어갈 수 없다는 것이다. 물론 그 섬은 생명나무에 있는 세피라 예소드다. 다음 편에서 상위 세피로트에 들어가는 비밀법이 소개된다. 다시 한 번 지금까지 소개된 간단한 아스트랄 투사법을 연습하면서 며칠간 보내도록 권한다. 원한다면 메이저 타로 카드의 마지막 세 카드 안으로 들어가서 생명나무의 가장 아래에 위치한 이 세 개의 길 위에 무엇이 있는지 알아보라. 그러나 다음을 주의하라.

1. 아직까지는 세피라로 들어가려고 시도하지 말라.
2. 옆길로 벗어나지 말라.
3. 아스트랄 여행 후 반드시 왔던 길로 돌아오라.
4. 여행이 끝나면 아스트랄 복체를 육체에 흡수시켜라.

복체를 흡수하는 것을 잊지 말아야 한다. 복귀 방법은 복체를 무릎에 앉게 하여 몸에 흡수되도록 한다. 만약 누워 있다면 머리에 복체를 놓고 서서히 안으로 들어오게 한다. 또한 앞서 패스워킹에서 사용된 심벌을 조사하라. 토성, 사이프러스 나무와 나란히 서있는 물푸레나무와 주목, 큰 낫, 히브리 타우 문자는 모두 32번째 길, 타로 카드의 길인 '세계(21번 카드)' 와 대응하는 것들이다(6장 3편에 '카발라 길 대응물' 참조) 여기에 32길과 관련되는 대응물을 모두 열거할 수는 없다. 대응물들은 크로울리의 《777 and Qabalistic Writings of Aleister Crowley》에 잘 나와 있다. 오컬티즘 사전인 이 책은 모든 실천 마법사에게 필수 서적이다. 마법 지식을 증진시키고자 한다면 구입을 권한다.

보았겠지만 타로 카드와 생명나무를 조화시키는 법은 아주 중요하다. 하나의 세피라에서 다른 세피라로 움직이는 데 열쇠가 된다. 3장에 나오는 '생명나무 세피라와 대응물' 그리고 '생명나무와 타로 카드' 에 익숙해져야 한다.

위의 예에서처럼 패스워킹을 하고자 한다면 마음 투사나 아스트랄 투사를 사용할 수 있다. 패스워킹에서 당신의 경험은 책에서 설명한 내용과는 많이 다를 수 있다. 책에 실린 내용은 일어날 수 있는 여러 형태에서 하나의 예일 뿐이다. 앞에 설명한 네 가지 규칙을 지켜라. 그러면 어떤 문제도 일어나지 않을 것이다.

제 4 편

패스워킹의 목적은 정보를 모으는 일이다. 상위의 영적 엔터티에게 질문을 하여 새로운 의식, 새로운 기법, 새로운 신비 정보를 배우는 것이 가능하다. 이 정보는 당신을 위한 것이고 당신만을 위한 것임을 기억하라. 의식을 수행하는 데 타인의 도움이 필요할지는 몰라도 당신이 얻은 정보는 다른 사람에게 적합하지 않을 수 있다.

다시 한 번 다이안 포춘의 "오컬티즘에서 우리가 최종적으로 의지할 권위 있는 것은 없다"라는 말을 반복한다. 단순히 누가 어떤 의식을 수행하여 성공하였다고 모두가 그것으로 성공할 것이라는 뜻은 아니다. 오컬트 분야의 많은 책들이 작가의 환상을 다루는 책일 수 있다. 여러 번 증쇄된 어떤 책을 알고 있는데 책에서 저자는 사람의 생각을 들을 수 있는 이유는 사람들이 생각하면서 귀를 통하여 '말을 하기' 때문이라고 주장한다. 작가에게는 일리가 있어 보이는지 모르겠지만 나에게는 터무니없어 보인다. 내가 알고 있는 유명한 작가가 있는데 그는 잃어버린 고대 문명에 대한 책을 저술하였다. 그는 잃어버린 문명에 나오는 주인공에 자신의 이름을 사용하였고, 또한 다른 인물에 부인의 마법 이름을 사용하였다. 놀랍게도 이 책은 대성공이었다.

앞에서 나는 누구나 생명나무 길을 따라 아스트랄 여행을 떠나서 만나는 상위의 영적 엔터티로부터 배울 수 있는 정보에 대하여 말하였다. 내가 알려주고 싶은 것은 이들 엔터티를 만날 수 있는 장소에 도달하는 방법이다. 이것을 위해서 당신은 지금까지 책에서 배웠던 모든 지식을 활용해야한다.

패스워킹 의식

이 의식은 여덟 개의 기본 단계로 이루어져 있다.

1. 정화
2. 결계
3. 투사와 패스워킹
4. 증명 (a) 자신의 위치 확인
         (b) 엔터티 신분 확인
5. 상위 영적인 엔터티에게 마법 도움 요청
6. 지불
7. 복귀
8. 결계

당신이 알아야 할 것은 상위 세피라로 들어가는 데 필요한 열쇠 즉 암호다. 대천사가 각 세피라를 지키고 있으므로 들어가기 위해서는 대천사의 이름을 알아야 한다. 이것은 개인 클럽에 들어가기 위하여 친구의 이름을 밝히는 것과 비슷하다. 다른 말로 세 피라의 대천사 이름은 입장 허락을 위한 암호다. 이 암호를 알면 어떤 세피라에도 들어 갈 수 있다.

예비 단계

첫째, '탈리스만 마법과 세피로트(7장 4편)'를 참고하여 패스워 킹의 목적과 방문할 세피라를 결정한다. 예를 들면 원기 부족을 느껴서 에너지의 증강을 원한다고 하자. 이것과 관련되는 세피라 는 게부라(Giburah)며 우리는 게부라까지 가야 한다. 다음 단계 로 회색마법 전에 마법 의식 결과가 어떠할지 반드시 점을 쳐야 한다. 신성점이 아주 긍정적으로 나오면 다음 단계로 진행한다. 다음에 해야 할 일이 마법 실행 시간을 결정한다. 달이 차는 목요 일 저녁 네 번째 마법 시간을 선택한다. 이것은 행성 마법 시간표 를 보고 결정한다.

목적이 상위 영적 엔터티와 의사소통하여 '친한 관계'를 유지 하는 것일 수도 있다. 이런 경우 회색마법은 아니므로 신성 점은 필요 없다. 그러나 먼저 점을 쳐서 성공의 가능성을 알 수 있으므 로 그런 점에서 시간 낭비를 줄일 수 있다.

다음 단계는 주변을 준비하는 일이다. 사원 주변을 깨끗하게 청소하는 것이 좋다. 제단과 마법 장비를 준비하여야 한다. 마법 장비에는 4대 원소 장비와 무지개 지팡이를 포함한다. 또한 원반 을 덮기에 적합한 검은 천 조각을 준비한다. 재질은 비단이 적당 하나 면이나 모직물도 괜찮다. 나일론이나 폴리에스테르는 피한다. 또한 '로드 맵'이 필요하다.

로드맵에 마법 의식을 위하여 당신이 알 필요가 있는 모든 것을 기록한다. 예를 든 이 의식에서 우리는 예소드, 티페레트, 게부라에 대한 대응물들을 알 필요가 있으며 이들 세피로트로 안내하는 생명나무 길의 대응물들(타로 카드, 히브리 문자)을 알 필요가 있다. 여기서 관련되는 타로 카드는 세계, 절제 그리고 정의다(3장의 '생명나무와 타로 카드', 6장 '카발라 길 대응표' 참조).

우리가 걷는 길은 말쿠트(10번 세피라)에서 시작하여 예소드(9번 세피라), 티페레트(6번 세피라), 마지막에 목적지인 게부라(5번 세피라)에 도착한다. 말쿠트에서 호드(8번 세피라)를 거쳐 게부라에 도착할 수도 있고 말쿠트에서 예소드, 네차흐(7번 세피라), 티페레트 그리고 게부라에 도착하는 코스를 선택할 수도 있다. 이것은 좀 긴 코스이나 여전히 목적지에 도달할 것이다. 어떤 경우에도 회색마법을 수행하는 경우는 먼저 말쿠트에서 예소드에 가도록 한다. 왜냐하면 예소드는 마법과 관련되기 때문이다. 앞에서 예를 든 에너지 증강은 회색마법이기 때문에 먼저 예소드로 간다. 그러나 물질세계의 변화를 요청하는 것이거나 물질 변화를 가져오는 정보가 아니라면 예소드로 가지 않고 직접 생명나무의 왼편 기둥을 따라갈 수 있다.

1단계 : 정화

아직 주변을 청소하지 않았다면 먼저 이것을 시작한다. 목욕 의식이나 샤워를 한다. 로브를 입는다. 그리고 마법 장비를 정화한다. 사실 마법 의식에 장비를 사용하는 것만으로 정화가 된다. 동편을 보고 무지개 지팡이의 검은 부분이 아래로 향하게 하고 하얀 부분을 잡는다. 순수하고 하얀 빛으로 채워진 에너지가 머리 위에서 내려와 지팡이를 따라 지면으로 흐르는 것을 심상한다. 의미를 음미하면서 다음을 말한다.

"아-도-나이의 힘으로 순수하게 되어라, 순수하게 되어라!
나는 의지의 창조물인 그대를 정화하노라!"

무지개 지팡이를 제단에 놓고 공기 단검을 집어든다. 미들 필라 의식에서 하듯이 에너지를 발생시킨다. 그러나 에너지가 팔과 손 그리고 단검을 통하여 내려가는 것을 느껴라. 모든 불순물이 단검을 통하여 나가고 있음을 심상하면서 다음을 말한다.

"나는 공기의 창조물인 그대를 정화하노라!"

공기 단검을 제단에 놓고 이번에는 불 지팡이를 집어든다. 남쪽을 향하고서 공기 단검에서처럼 에너지를 발생시켜 모든 불순물이 불 지팡이를 통하여 나가고 있음을 심상하면서 다음을 말한다.

"나는 불의 창조물인 그대를 정화하노라!"

불 지팡이를 제단에 놓고 이번에는 물이나 와인이 채워진 물컵을 집어 들고 서쪽을 향한다. 불 지팡이처럼 에너지를 발생시켜 모든 불순물이 물컵을 통하여 나가고 있음을 심상하면서 다음을 말한다.

"나는 물의 창조물인 그대를 정화하노라!

한 모금 마시고 물컵을 제단에 놓고 흙 원반을 집어든다. 북쪽을 향한다. 마찬가지로 에너지를 발생시킨다. 에너지가 팔과 손 그리고 흙 원반을 통하여 내려가는 것을 느껴라. 모든 불순물이 흙 원반을 통하여 나가고 있음을 심상하면서 다음을 말한다.

"나는 흙의 창조물인 그대를 정화하노라!"

원반을 준비한 천으로 싸서 제단 위에 놓는다. 만약 아직 촛불을 켜지 않았으면 세피라와 대응하는 숫자와 색깔을 가진 초를 켠다. 여기서는 다섯 개의 빨간 초를 사용한다. 5는 게부라의 숫자며 빨간색은 게부라의 색이다. 향에 불을 붙인다. 게부라에는 일반적으로 담배향이 사용된다. 물론 몰약과 유향(乳香)은 늘 사용할 수 있다.

2단계 : 워치타워 열기를 한다.

3단계 : 투사와 패스워킹

앞에서 설명한 기법을 사용하여 마음 투사 혹은 아스트랄 투사를 한다. 사원 주변을 보면서 '세계' 문을 찾는다. 카드 안으로 들어가서 앞에 나있는 길을 본다. 예소드를 향하여 길을 떠난다. 사람에 따라 목적이 다르므로 앞에 설명한 것과는 여행도 다를 수 있다.

마침내 닫혀있는 문에 도달한다. 한 명 혹은 여럿의 수호자가 있다. 세피라와 관련되는 천사들이다. 예소드의 경우 천사계급은 케루빔이다. 이들을 통과하고 예소드로 들어가기 위해서 암호인 예소드의 대천사 이름 '가브라이엘'을 사용한다.

일단 이 세피라로 입장이 허락된다면 주변을 둘러보면서 대응물을 기준으로 예소드에 있는지 확인한다(4단계를 참조). 예를 들면 코끼리를 본다면 당신은 예소드에 있다. 그러나 만약 양성인간을 본다면 호드에 있는 것이다. 어떤 문제나 불확실성을 만나면 간단히 왔던 길을 돌아가라.

14번 타로 카드 '절제'가 커다란 문처럼 보이는 장소에 도달할 것이다. 이 카드 안으로 들어가서 가장 크고 가장 눈에 띠는 길을 찾아라. 길을 찾으면 그 길을 따라 여행을 시작한다. 곧 같은 종류의 닫혀 있는 문에 도달한다. 티페레트 천사 말라힘이 문을 지키고 있다. 통과 암호는 '라파엘'이다.

예소드에서처럼 티페레트에 익숙해져라. 대응물을 기준으로 티페레트에 있는지 확인한다. 다음은 11번 타로 카드 '정의'를 찾아서 마찬가지로 카드 안으로 투사하여 길을 찾아 닫혀 있는 문에 이를 때까지 걷는다. 이 문은 천사 세라핌이 지킨다. 통과 암호는 카마엘이다. 게부라에 있는지 대응물을 비교하고 게마트리아를 이용하여 확인한다.

4단계 : 증명

정확한 세피라에 있는지 확인하기 위하여 이미 설명한 대응물을 사용할 수 있다. 더 좋은 방법은 게마트리아를 이용하는 것이다. 이것은 의사소통 할 수 있는 엔터티를 만나게 되면 할 수 있는 방법이다. 그들이 누구인지 물어보라. 당신은 낮은 아스트랄 단계 너머에 있으므로 엔터티의 거짓말에 걱정할 필요가 없다. 영적인 엔터티는 자신의 참된 의지가 없으므로 거짓말을 할 수 없으나 알아듣기 쉬운 말로 답변은 하지 않는다. 그들은 당신을 시험할 수 있다.

　카발라에 따르면 히브리어는 천사의 언어며 천사들은 히브리어로 답변할 수 있다고 한다. 표 '히브리 문자와 게마트리아'를 살펴보자. 각각의 히브리 문자는 숫자값을 가진다. 그러므로 히브리 단어는 고유한 숫자값을 가지게 된다. 만약 어떤 두 단어가 같은 숫자값을 가진다면 두 단어는 서로 긴밀한 관계를 가지는 것으로 믿어졌다. 어떤 경우에는 동의어로 간주될 수 있었다.

　예를 들면 티페레트에 있다고 생각하는 당신이 엔터티를 만나 신분을 물을 때 엔터티가 'Shavat' 라고 말한다고 하자. 그러면 이 문자의 숫자 가치를 합하면 311이 된다(역주 : 사바트는 히브리어로 שבט이며 문자에 해당하는 숫자를 더하면 311이다). 그리고 티페레트의 대천사 라파엘(רפאל)의 숫자 합도 311이다. 그러므로 당신은 티페레트에 있고 바로 대천사 라파엘 앞에 있는 셈이다. 게마트리아에 의하여 테스트를 받은 것이다. 만약 언제든지 무엇인가 확실치 않으면 왔던 길로 돌아오라.

　첫 번째 난은 히브리 문자가 순서대로 나와 있다.

　두 번째 난은 각 문자의 이름이다.

　세 번째 난은 문자의 숫자 가치다. 만약 11을 만든다면 요드(10)와 알레프(1) 혹은 알레프(1)와 요드(10)로 조합하면 된다.

　카프, 멤, 눈, 페, 차디는 두개 문자가 있고 뒤에 것(ץףןםך)

[히브리 문자와 게마트리아]

히브리 문자		읽기	숫자	음가
א		알레프(Aleph)	1	A
ב		베트(Beth)	2	B, V
ג		기멜(Gimel)	3	G
ד		달레트(Daleth)	4	D
ה		헤(Heh)	5	H
ו		바우/와우(Vau/Waw)	6	O, U, V
ז		자인(Zayin)	7	Z
ח		헤트(Cheth)	8	Ch
ט		테트(Teth)	9	T
י		요드(Yodh)	10	I, Y
כ	ך	카프(Kaph)	20 or 500	K
ל		라메드(Lamed)	30	L
מ	ם	멤(Mem)	40 or 600	M
נ	ן	눈(Nun)	50 or 700	N
ס		사메크(Samekh)	60	S
ע		아인(Ayin)	70	A
פ	ף	페(Peh)	80 or 800	P, Ph
צ	ץ	차디(Tzaddi)	90 or 900	Tz
ק		코프(Qoph)	100	K
ר		레쉬(Resh)	200	R
ש		신,쉰(Shin)	300	S, Sh
ת		타우(Tau/Tav)	400	T, Th

은 단어 뒤에만 사용하며 숫자 가치도 500, 600, 700, 800, 900 이
된다.

넷째 난은 영어로 음가를 표시한다. 어떤 영어 음가는 없다.
'A' 는 전통적으로 '알레프(Aleph)' 로 표시되나 사실 알레프는
어떤 음가도 없다. 다만 모음이 없던 고대 히브리어에서 모음용
위치 선정 역할을 하였다. 오늘날에는 문자 주변(위아래, 혹은 좌
측)에 점과 선으로 모음을 표시한다. 'Koph' 는 종종 'Qoph' 로 사
용되며 영어 'Q' 음을 나타낸다. 그러나 발음은 늘 'K' 와 같은 소
리다. 'Chet' 의 'Ch' 는 스코틀랜드 'Loch' 의 'ch' 와 같은 음가다.

게마트리아에 대한 가장 괜찮은 서적은 데이빗 가드윈(David
Godwin)의 《가드윈의 카발라 백과사전(Godwin's Cabalistic
Encylopedia)》과 크로울리의 《777》에 나오는 '세페르 세피로트
〈Sepher Sephiroht〉' 이다.

5단계 : 도움 요청
일단 올바른 세피라에 있다면 대천사 앞에서 도움을 요청한다.
여기서 대천사는 카마엘이다. 엔터티가 나타나면 게마트리아를
통하여 카마엘인지 확인한다. 예를 들면 엔터티가 문자 숫자 합
계가 91이 되는 단어로 자신을 밝히면 정확한 엔터티와 만나고
있는 것이다. 왜냐하면 게마트리아로 대천사 카마엘의 문자를 합
산하면 91이 되기 때문이다.

다음으로 바라는 것을 요청하며 되도록 간단한 문장으로 말한

다. 앞에서 패스워킹 목적으로 에너지 증강을 가정하였으므로 '에너지와 활력' 이라는 말을 사용할 수 있다.

6단계 : 지불

대가를 지불하지 않고는 아무것도 없을 수 없다. 지불은 에너지로 한다. 에너지를 지불하는 방법은 여러 가지가 있다.

1. 미들 필라 기법을 통하여 에너지를 끌어내어 팔을 통하여 대천사에게 보낸다.

2. 단어나 문장을 되풀이한다. 여기서는 단어 '에너지' 가 좋을 것이다. 아니면 대천사 이름을 사용할 수 있다. 되풀이하면서 속도를 올린다. 주변과 내부에 에너지가 증가됨을 느껴야 한다. 에너지가 최고에 도달할 때 단어를 천천히 크게 한 번 더 말한다. 그리고 끌어낸 모든 에너지가 호흡과 함께 대천사 안으로 들어감을 느낀다. 이것은 동양 요가에서 만트라와 비슷한 것이다. 물론 아스트랄체나 멘탈체가 숨을 쉬거나 소리를 지르지는 못한다. 그러나 마치 육체가 한 것과 같은 느낌을 가진다.

3. 동양의 기 에너지에 친숙하다면 기를 끌어내어 보내는 것도 효력이 있을 것이다.

4. 만약 마음 투사를 한다면 원 안에서 달리거나 춤을 출 수 있으며 운동 결과 몸에서 에너지가 생긴다. 에너지가 최고에 이르면 대천사에게 보낸다. 이것은 물론 육체와 멘탈체의 밀접한 협력이 필요하다. 왜냐하면 멘탈체는 육체에서 에너지를 받아서 대

천사에게 보내야 하기 때문이다. 만약 이 방법을 선택한다면 춤을 추거나 달리는 동안 보호력이 있는 원진 안에서 해야 한다.

지불 방식은 무료로 에너지를 주는 일이다. 대천사가 그 에너지를 받아들일 수도 있고 아닐 수도 있다. 에너지 채택 여부가 당신이 요청하는 것에 영향을 미치지 않는다. 그러나 공짜는 없다. 지불(에너지)을 대천사가 받아들이지 않더라도 그것은 여전히 지불이다.

앞에서 패스워킹 목적으로 에너지 증강을 가정하였는데 반대로 에너지를 대천사에게 주는 것이 이상하게 보일 수도 있다. 황금을 만들기 위하여 황금이 있어야 한다는 연금술사의 비밀을 생각하기 바란다. 당신이 지불하는 에너지는 수백만 배가 되어 돌아올 수 있다.

7단계 : 복귀

적당한 말을 만들어 대천사의 도움에 감사를 드리고 되돌아온다. 만약 왔던 길을 그대로 따른다면 당신의 길을 막는 천사들(수호자)은 없을 것이다. 이미 앞에서 길을 통과하면서 암호를 사용하여 당신의 자격을 증명했기 때문이다. 천사들의 목적은 생명나무 위로 올라가는 자격 없는 사람들을 막기 위한 것이지 생명나무를 떠나는 사람을 막는 목적이 아니다.

왔던 길이 아닌 다른 방향을 선택할 수도 있다. 그럴 경우는 생명나무를 올라가는 과정에서 들어가지 않았던 세피라의 천사가 당신에게 암호를 요구할 수도 있다. 그러므로 왔던 길을 따르는 것이 가장 쉽다. 사원에 돌아오면 복체를 육체에 합일시켜 흡수되게 한다.

8단계 : 결계 의식

다음 말을 하거나 아니면 스스로 아래 내용을 포함하는 문장을 만들어 '복귀 허락' 을 한다.

그대는 충실하였고 창조자의 명령에 복종하였으므로 이 감사의 향기를 맡고 그대의 영역으로 돌아가라. 그대와 나 사이에 평화가 있기를 기원하나니. 다시 내 부름을 받으면 항상 나타날 준비가 되어 있기를 바란다. 신의 축복이 그대들과 함께하기를 기원한다. 의식 동안 불렀던 모든 영들은 자신들의 거주지로 돌아갈 것을 허락한다. 복귀 도중에 아무도 해치지 말고 돌아가라. 신이 부여한 권위로 내가 다시 그대들을 부를 때 나에게 복종하여 신속히 오도록 바란다.

여기서 감사의 향기는 마법 의식에서 사용하는 향냄새다. 만약 혼자라면 이 시점에서 향료에 향을 더 집어넣어야 할 것이다. 엔터티는 향냄새를 맡을 수는 없으나 전통적으로 영적인 엔터티는 향의 아스트랄 복체를 즐긴다고 한다.

세 번 손뼉을 친다. 이것은 현실로 돌아오게 하는 의미를 가진다.

워치타워 닫기를 행하고 의식을 마친다. 의식은 끝이 난다.

의식 수행 중에 불편하거나 무언가가 지켜보고 있다고 느끼거나 불쾌한 느낌이 있으면 즉시 생명나무를 따라 내려와서 육체와 합체한다. 그리고 원반의 커버를 열고 동쪽에서부터 시계방향으로 돌면서 원반을 보여준다. 그리고 평소처럼 닫기 의식을 하고 모든 창문을 열고 방의 공기를 환기시킨다. 이것은 의식동안 일어날 수 있는 알려지지 않은 문제로부터 당신을 보호할 것이다. 주어진 지침을 따른다면 당신이 필요한 도움을 얻을 수 있다. 패스워킹 의식은 당신이 앞으로 어떤 공부를 더 해야 하는지 지침을 준다. 성공적 수행을 위하여 게마트리아, 대응물, 생명나무, 타로 카드에 대한 이해와 아스트랄 투사가 필요하다. 이것은 수개월 심지어 수년이 걸릴 수도 있다. 이 시점에서 무엇이 부족하고 무엇을 더 공부해야 하는지 정확히 알게 된다. 늘 미래 발전에 초점을 맞추어야 한다. 지혜는 자신이 무지하다는 것을 아는 것에서 시작한다. 안내 역할을 하는 이 의식을 통하여 당신은 정확히 무엇을 공부해야 하고 무엇을 배워야 하는지 알게 된다. 이것은 최고의 목적에 도달할 때까지 그리고 성공하는 진실한 마법사가 될 때 까지 계속될 것이다.

제 5 편

앞의 패스워킹 의식에서 고려할 사항이 두 가지 있다. 하나는 이 의식을 그룹으로 하는 일이고 다른 하나는 당신의 사원 수호자를 찾는 법이다.

아스트랄 투사가 가능하거나 또는 수월해진다면 당신은 이미 수호자를 가지는 셈이다. 설명 전에 약간의 배경 정보를 주겠다.

사이킥 능력을 촉진시켜 준다고 주장하는 단체나 이를 위한 수 련법에 대하여 들어본 적이 있을 것이다. 준비가 되지 않고는 어떤 단체에 가입을 하거나 사이킥 능력 계발 수련을 한다고 의식 적인 아스트랄 투사가 보장되지는 않을 것이다. 아스트랄 투사에 필요한 것은 물질계에 대한 완전한 자각이다. 마법 원소는 물질 계를 구성하는 기본이기 때문에 이 책에서 4원소 통제 수련을 하 였다. 일단 물질계에 대하여 철저히 자각하면 다른 영역을 탐구 할 준비가 되며 투사는 아주 간단하게 된다. 또한 당신을 위하여 모든 것은 좀 더 긍정적으로 흐르기 시작한다. 이것은 부분적으 로 물질계의 대천사 샌달폰과의 조화와 우정 때문이다.

샌달폰은 아스트랄 투사자들의 '사원(?)'을 지켜본다. '사원' 에 (?)를 한 이유는 투사하는 모든 사람이 잘 갖춘 사원을 가지는 것은 아니기 때문이다. 대부분의 아스트랄 투사자에게 사원은 자신들이 아스트랄 투사를 시작한 장소일 뿐이다. 대부분의 사람들은 생명나무와 같은 아스트랄 지도 없이 아스트랄 여행을 한다. 지도도 친구도 없이 혼자 대도시에서 길을 잃어버린 적이 있을 것이다. 많은 사람들이 아스트랄계에서 길을 잃고 방황하다 터무니없는 공포를 경험하고 돌아온다. 그들이 본 것은 자신들의 두려움이 만든 상념을 본 것뿐이다.

우주의 속성을 알고 있는 사람에게 아스트랄 여행은 재미있고 해방감을 주는 경험이다. 대천사 샌달폰은 물질계에서 아무도 당신을 해하지 못하도록 당신의 사원과 육체를 지킨다. 물질 사원의 복사품인 아스트랄 사원은 결계 의식에 의하여 보호된다.

샌달폰은 대천사이므로 '몸소' 이런 일을 하는 것이 아니라 보통은 자신 아래에 있는 천사들을 보내는 경우가 많다. 그러므로 당신의 수호자는 샌달폰보다는 '불의 혼들'을 의미하는 천사 계급 아쉼 중의 하나일 수 있다. 이들 천사의 이름을 알아내어야 한다.

투사하여 수호천사를 보게 될 때 천사에게 어떤 이름으로 불리기를 원하는지 물어본다. 이름을 알아내는 최선의 방법과 이를 위한 특별한 의식이 있다면 물어본다. 간혹 천사에게 인사하고 앞에서 다룬 에너지 선물이나 향 선물을 줄 수도 있다. 서로 간에 유대를 쌓는 것이 중요하다. 그러면 천사는 실망시키지 않는다. 대천사 샌달폰에게 이 특정한 천사를 보내준 것에 대하여 감사하는 것을 잊지 말라.

이 패스워킹을 집단의식으로 바꾸는 것은 아주 쉬우나 주의사항이 있다. 이것은 다이온 포춘이 앞에서도 한 말로 "오컬티즘에서 우리가 최종적으로 의존할 권위는 없다"는 것이다. 누군가가 이렇게 말했다고 그렇게 되지는 않는다. 패스워킹을 배우는 최선의 방법은 직접 하는 것이다. 자신의 감독하에서만 패스워킹을 시도하라고 충고하는 교사를 나는 알고 있다. 그들은 어떤 안내하는 이미지를 통하여 제자를 인도한다. 그러나 중요한 것은 당신 자신이 해야 한다. 아무도 당신 대신 해주는 것은 아니다.

패스워킹은 그룹으로 가능하다. 그러나 당신이 알고 있는 방법과 다를 수 있다. 이 책에서 여러 번 집단 의식을 설명하였는데 이것도 처음에는 의식을 분담하는 점에서 다를 것이 없다. 가야 할 생명나무 길과 세피라를 결정한다. 모든 사람은 서로 손을 잡고 둥글게 앉는다. 손을 잡는 것은 서로를 육체적으로 영적으로 연결하기 때문에 아주 중요하다. 모든 사람은 같은 방향으로 가야 한다.

만약 참가자 중에 투사에 어려움이 있는 사람이 있으면 이 육체적 영적 연결이 도움을 준다. 또한 참가자 중에 속도가 빠르거나 늦은 사람이 있으면 자동적으로 속도가 조절될 것이다.

여행이 완료되어 각자 사원 안의 육체로 돌아오면 리더는 비교를 위하여 각자의 경험을 물어본다. 말로 하거나 글로 답변할 수도 있다.

듣고 유사성을 찾는다. 차이점이 있더라도 잘못으로 생각하지 말아야 한다. 개인의 심리 차이 때문에 일어나는 일이다. 동일한 정보는 아주 중요한 것으로 간주되어야 하며 구성원간에 유사한 정보는 괜찮은 정보로 간주되어야 한다. 불일치는 기본 사실에 대한 개인의 편차다.

그룹 패스워킹이 처음이면 한두 사람은 관찰자로 참가하는 것도 괜찮다. 관찰자는 알려지지 않은 문제를 대비하여 지켜보다가 필요하면 큰소리로 패스워킹에 참가한 모든 사람을 다음과 같이 부를 수 있다.

"모든 사람은 생명나무에서 마법의 사원 안에 있는 집으로 돌아오기 바랍니다.

지금 돌아오세요!"

그룹 리더가 있고 무지개 지팡이가 하나만 있다면 리더가 보유한다. 모든 사람이 무지개 지팡이를 가지고 있다면 서로 잡은 손 사이에 둔다. 세피라와 관련되는 색깔 부위를 손으로 잡는다.

관찰자가 있다면 촛불과 향이 계속 타오르도록 한다. 에너지를 대천사에게 보낼 때 앞에서 설명한 춤을 추거나 달려서 에너지를 끌어내어 최고에 달하면 무지개 지팡이 윗부분을 통하여 에너지를 보낸다. 이것은 관찰자나 참가자의 의무다.

그룹 패스워킹에서 요점은 의식의 순서와 개략적인 사항만 지킨다면 나머지는 구속될 필요가 없다는 것이다. 당신과 그룹을 위하여 자유롭게 가장 좋은 방법을 시도하고 관찰하라.

의식을 수행해 오면서 점차로 의식 수행의 지침이 간단해지고 좀 더 개략적으로 설명되고 있음을 알아차렸을 것이다.

나는 독자가 서양 의식 마법에 근거하여 조화롭게 세부 항목은 스스로 채우고 자신 나름의 의식을 구성하도록 기본 틀과 배경 정보를 주려고 하였으며 동시에 독창적이고 사려 깊은 마법사가 되게끔 의도하였다.

생각하고 행동하는 마법사가 되도록 서양 의식 마법의 근본을 당신에게 보여주려 하였다. 당신이 이 책을 성공적으로 마치고 깨달음의 길을 걷고 있다면 나의 의도는 성공한 것이다.

복습 ··

다음 질문은 10장에서 주어진 내용을 충분히 이해하였는지 알도록 하기 위한 것이다. 되도록이면 책을 보지 말고 답하라. 답은 부록 2에 나와 있다.

1. 최고의 마법 비밀은 어디에서 얻을 수 있는가?
2. 참된 마법사에게 백마법, 회색마법, 흑마법의 차이는 무엇인가?
3. 어떤 마법 의식 혹은 마법 그룹 의식이 당신에게 올바른 것인지 아닌지 알기 위한 간단한 방법은 무엇인가?
4. 거짓 유령은 무엇인가?
5. 아스트랄 펀타는 무엇인가?
6. 어떤 상징이 사이킥 계들을 안내하는 지도 역할을 하는가?

다음 질문은 당신만이 답할 수 있는 질문이다.

1. 지금 당신은 이 책을 끝마쳤다. 계속 마법을 수행하고 마법사가 되기를 원하는가?
2. 이 책을 어떻게 생각하는가?
3. 패스워킹 수행자가 되는 데 필요한 공부를 할 것인가?
4. 책에서 이해가 되지 않은 것은 무엇인가?
5. 교재로 이 책을 사용하는 친구와 스터디 그룹을 시작하기를 원하는가?

인용 문헌

Baker, Douglas, *Practical Techniques of Astral Projection*, Weiser, 1977.

Conway, David, *Ritual Magic, An Occult Primer*, Dutton, 1972.

Crowley, Aleister, *777 and other Qabalistic Writings of Aleister Crowley*, Weiser, 1977.

Denning, Melita and Phillips, Osborne, *Llewellyn Practical Guide to Astral Projection, The*, Llewellyn, 1979.

    Magical States of Consciousness, Llewellyn, 1985.

Godwin, David, *Godwin's Cabalistic Encyclopedia*, Llewellyn, 1979(out of print).

King, Francis (ed.), *Astral Projection, Magic and Alchemy*, Weiser, 1971.

Mathers, S.L.M. (trans.), *Greater Key of Solomon, The*, De Laurence, Scott & Co., 1914.

Moser, R.E., *Mental and Astral Projection*, Esoteric Publications, 1974.

Ophiel, *Art and Practice of Astral Projection, The*, Weiser, 1961.

Regardie, Israel, *Golden Dawn, The*, Llewellyn, 1986.

Weed, Joseph, *Wisdom of the Mystic Masters*, Reward Books, 1973.

White, Nelson and Anne, *Index and Reference Volume to the Lemegeton of Solomon*, The Technology Group, 1980.

White, Nelson and Anne (eds.), *Lemegeton : Clavicula Salomonis : Or The Complete Lesser Key of Solomon the King*, The Technology Group, 1979.

Wilby, Basil (ed.), *New Dimensions Red Book*, Helios, 1968

부록

부록 1

다음은 당신이 한번 시도할 수 있는 의식이다. 이 의식의 결과로 마법 능력과 재능은 몇 배 이상 증가될 것이다.

1단계 : 마법 힘(Magickal Power)을 나타내는 어떤 시길(sigil)을 만든다.

2단계 : 워치타워 열기 의식을 한다.

3단계 : 앉아서 앞에 달력을 심상한다. 과거로 돌아가기 위하여 마음으로 달력 페이지를 넘긴다.

4단계 : 최소한 10년 아니면 당신 나이의 절반까지 돌아갔으면 페이지 넘기는 것을 멈춘다. 그 날짜를 보았을 때 해당되는 옛 모습을 심상한다. 가능한 완전한 심상을 만든다.

5단계 : 시길 이미지에 집중한다. 집중이 강해지면 당신이 마음으로 만든 형상의 이마에 시길을 가져가서 시길이 이마에 문신처럼 새겨지고 있음을 본다.

6단계 : 이것이 끝나면 즉시 달력으로 의식을 돌린다. 현재로 돌아오기 위하여 마음으로 달력 페이지를 반대 방향으로 움직인다.

7단계 : 워치타워 닫기로 끝낸다.

이 의식은 마법 능력이 눈에 띄게 급격히 증가되는 결과를 가져올 것이다. 이 의식이 당신의 마법에 대한 지식 수준을 변화시키지는 않겠지만 마법 정보에 좀 더 수용적이 되게 할 것이다. 또한 마법 정보에 대한 기억력과 이해력을 증가시킬 것이다.

부록 2 _ 복습 답안

각 장 뒤에 나오는 질문에 대한 답이다. 이 답을 보기 전에 다시
한 번 질문에 답을 하려고 시도해본다.

제 1 장

1. 꿈을 꿀 때 일어날 수 있는 네 가지 일은 아스트랄 여행, 심리
메시지, 놀이, 그리고 이 세 가지의 결합이다.

2. 개인용 비밀 마법서는 마법 일기장이다.

3. 주제에 대한 다른 견해를 얻고 더 깊은 이해를 얻기 위하여
카발라나 마법 주제를 다루는 책을 읽어야 한다.

4. C. 클라크(C. Clarke)는 고도로 발달된 기술은 낮은 기술을
소유한 사람들에게 마법처럼 보일 것이라고 믿는다.

5. 백마법은 "자신의 신성한 수호천사와 대화하고 지식을 얻을
목적으로 전통 서양 과학이 현재 이해 못하는 수단을 사용하여,
의지에 따라 변화가 일어나도록 하는 과학이며 예술이다." 흑마
법은 "자신이나 타인에게 육체적 혹은 비육체적인 해악을 목적으
로 의식적으로 혹은 무의식적으로 행해지는 마법으로 전통 서양

과학이 현재 이해 못하는 수단을 사용하여, 의지에 따라 변화가 일어나도록 하는 과학이며 예술이다."

회색마법 "자신이나 타인에게 육체적 혹은 비육체적인 도움을 목적으로 의식적으로 혹은 무의식적으로 행해지는 마법으로 전통 서양 과학이 현재 이해 못하는 수단을 사용하여, 의지에 따라 변화가 일어나도록 하는 과학이며 예술이다."

6. 회색마법을 하기 전에 신성 점을 쳐서 우연히 흑마법이 되는 것을 피할 수 있다.

7. 타로에 대한 첫 번째 역사적 언급은 1332년이다.

8. 점은 반드시 무엇이 일어난다고 말한다. 신성 점은 당신이 현재 하고 있는 일을 계속한다면 일어날지도 모르는 일을 지적한다.

9. 펜타그램 소 결계 의식을 하는 세 가지 이유는 자신을 아는 것, 오라를 확장하는 것, 주변으로부터 원하지 않는 영향을 제거하는 것이다.

제 2 장

1. LBRP의 네 부분은 카발라 십자가 그리기, 펜타그램 형성, 대천사 에보케이션, 카발라 십자가 그리기다.

2. 아글라(AGLA)는 Ah-tah, Gee-boor, Lih-oh-lahm, Ah-doh-nye의 축약이다. 이것은 "그대는 위대하도다 영원히, 나의 주님이여!"의 의미다.

3. 북쪽의 대천사는 오리엘이다.

4. '위대한 목소리'는 침묵으로 말하는 것을 의미한다.

5. 물 원소 싸인은 배 앞에 손으로 아래로 향하는 삼각형을 만들면 된다.

6. 고대 히브리 3대 문학은 토라, 탈무드, 카발라다.

7. 엘리제르 벤 예후다가 히브리어를 오늘날 사용하는 현대어로 만들었다.

8. 바브는 원래는 아마 영어의 'W' 음으로 발음되었을 것이다.

9. 히브리 신비주의의 가장 초기 형태는 헤하로트(Heh-cha-loht) 혹은 메르카바 신비주의로 알려졌다.

10. 엘리파스 레비는 프랑스 오컬트 부흥의 시조다.

11. 카발라는 교의적 카발라, 실천적 카발라, 문자 카발라, 기록되지 않은 카발라로 분류된다.

12. '에인 소프(Ain Soph)'는 무한(Without Limit)을 의미하는 히브리어다.

13. 어린 심술쟁이는 마법을 함으로써 아스트랄 비전이 열려 보이게 되는 상위 계의 엔터티다.

제 3 장

1. 흙 원소는 건조하고 서늘하다.

2. 세 개의 기둥은 정의의 기둥, 자비의 기둥, 중간 기둥(미들 필라)이다.

3. 세 개의 삼각형은 천상의 삼각형, 도덕적 삼각형, 세속적 삼

각형이다.

4. 4계(四界)는 아칠루트, 브리야, 예치라, 아시아계다. 이들 각각은 방출, 창조, 형성, 행동의 계다.

5. 명상의 참된 목적은 내면의 목소리를 침묵시키고 신과 연결되기 위함이다. 즉 백마법이다.

6. 참된 명상의 3단계는 이완, 집중, 제거다.

7. 맹목적으로 기존 가르침을 따르면 절대 참된 마법사가 될 수 없다. 전통은 단지 안내자 역할을 할 뿐이다.

8. 카발라에 따르면 우주는 알려지지 않은 신과 열 개의 신의 속성, 대천사, 천사 계급으로 이루어진다.

9. 타인의 허락 없이는 결코 남을 치료하는 것이 허용되지 않는다.

10. 의식 실행의 결과로 기괴한 경험이나 색다른 느낌을 가질 필요는 없다. 의식이 적당히 수행되면 바라는 결과가 반드시 일어나야 한다.

11. 오목한 원판은 에너지를 보낸 사람에게 되돌려 보내는 역할을 한다.

12. 마법 그룹에 가입하면 좋은 세 가지 이익은 동지애, 전문화 능력, 마법 힘이 증가하는 것이다.

13. I.O.B.는 Identify(확인하다), Objectify(객관화하다), Banish(결계하다)를 의미한다. 이것은 당신에게서 원하지 않는 습관이나 문제를 제거하는 강력한 방법이다.

제 4 장

1. 공기원소는 따뜻하고 습하다.

2. 첫 번째 기독교 상징은 하나의 선으로 그려진 물고기였다.

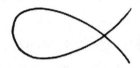

3. 진실한 스와스티카는 시계 방향으로 도는 형상이다.

나치 상징은 시계반대 방향으로 도는 형상이다.

4. 공기의 대천사는 라파엘이다.

5. 기억은 영원한 것이 아니며 육체가 죽으면 사라지므로 과거의 삶을 기억하는 것은 힘들다.

6. LBRP 의식은 모든 마법 기법의 근간이 된다.

7. BRH는 주변의 원하지 않은 긍정적 영향을 정화한다.

8. 집에서 매일 해야 하는 의식의 순서는 이완 의식, LBRP, BRH, 미들 필라, 신체 빛 순환 의식, 타로 카드 응시 의식(고급 버전), 일기 작성.

9. 의식마법에서 성공하기 위하여 필요한 세 가지는 '실습', '실습', '실습' 이다.

10. 회색마법에 필요한 세 가지 요인은 긍정적 태도와 지식 그리고 마법 에너지를 발생시켜 보내는 법을 아는 것이다.

제 5 장

1. 물의 원소는 서늘하고 습하다.

2. 장미십자가 의식을 하는 다섯 가지 이유는 1) 뛰어난 결계 의식이며 2) 커튼 효과(당신 주변 세계에 당신이 보이지 않게 한다)를 주며 3) 명상을 위한 좋은 준비 의식이며 4) 물질적으로 영적으로 고통당하는 사람을 돕기 위하여 사용할 수 있으며 5) 부정적인 사이킥 진동으로부터 당신을 보호한다.

3. 장미십자가 의식은 펜타그램 소 결계 의식을 대신하여 사용해서는 안 된다.

4. 히브리 문자 쉰이 루아흐 엘오힘을 상징한다.

5. 전생 체험은 진실한 과거의 삶일 수도 있고, 현재의 시시한 삶을 보상하려는 환상일 수도 있으며, 잠재의식의 메시지를 현재 의식이 듣기를 원하지 않는 경우 잠재의식이 보내는 메시지일 수도 있다(참고 : 어떤 사람은 전생이 일종의 우주기억 혹은 인종기억에 접근하는 것이라 생각한다. 심리학자 융은 이것을 집단 무의식으로 불렀다. 많은 사람들이 같은 역사적 인물에 대한 전생기억을 가지는 이유를 설명할 수 있다. 이것은 의식적으로 잠재

의식 수준으로 들어가는 것이므로 앞에서 언급한 세 가지 범주에 넣는다면 세 번째에 해당한다).

6. 카르마에 해당하는 히브리 단어는 티쿤이다.

7. '앉아 있는 쉬바'는 가족 구성원이 죽으면 가족이 일주일간 집에 머무는 유대 풍속이다. 이것은 자신이 죽었다는 것을 알기 전에 혼이 일주일 동안 무덤에서 집 사이를 돌아다닌다는 카발라 가르침에 근거한 것이다. 특히 갑작스럽게 죽은 상황에서 그러하다.

8. 물질계에 존재하기 전에 아스트랄계에 먼저 존재하여야 한다.

9. 건강을 나타내는 전통적인 중국의 여덟 가지 상징은 활력, 식욕, 숙면, 좋은 기억력, 유머, 베풀기, 명석한 생각과 정확한 행동, 합일의 실현이다.

제 6 장

1. 불은 따뜻하고 건조한 속성을 가진다.

2. 불원소의 대천사는 미하엘이다.

3. 생명나무의 23번째 길은 히브리 문자 멤이며 멤의 숫자 가치는 40이다. 이 길 위에 12번째 타로 카드인 '매달린 사람'이 있다. 그러므로 23=40=12이다. 만약 길을 계산할 때 열 개 세피로트를 포함시키지 않는다면 생명나무 23번째 길은 13이 될 것이다. 이것은 23=40=12=13을 만든다.

4. 삼각대는 전통적으로 향로를 지지하기 위하여 사용되었다.

5. '비밀 힘'은 쿤달리니, 루아흐 혹은 기와 같은 것이다.

6. AOZPI는 아-오-조드-피로 발음된다.

7. 무지개 지팡이는 흰색과 검은 색을 포함하여 14색깔이 있다.

8. 남쪽의 기치하에 태어난 신성한 신의 비밀 이름은 OIP TEAA PEDOCED이다.

제 7 장

1. 잠재의식은 아스트랄계와 직접적으로 연결된다.

2. 카발라 멘탈 마법 체계는 '적극적 긍정'이나 '창조적 심상'이 가지는 최고 내용에다가 추가로 감정을 사용하여 기법에 힘을 부여한다.

3. 위치는 사탄을 숭배하지 않는다. 그들은 심지어 사탄의 존재를 인정하지 않는다.

4. 《마법의 발견(The Discoverie of Witchcraft)》 초판은 위치크래프트에 대한 미신적 개념을 부정하였기 때문에 불살라졌다.

5. 《서유럽의 마녀 집단(The Witch Cult in Western Europe)》은 위치에 대한 관심을 불러일으켰다.

6. 《오늘날의 마법(Witchcraft Today)》은 저자가 스스로 위치라고 밝힌 첫 번째 책이다.

7. 탈리스만은 특별한 목적으로 충전되고 축성된 신성한 물건이다(탈리스만에 적당한 상징이 있을 수도 있고 없을 수도 있다).

8. 회색마법을 하기 전에 늘 신성 점을 친다.

9. Sky-clad는 단지 하늘만 입고 있다는 의미로 누드를 말한다. 전부는 아니지만 많은 위치가 누드로 마법을 수행하는 것을 선호

한다.

10. 한 번에 같은 목적을 가진 여러 탈리스만과 애뮬릿을 충전할 수 있다. 그러나 일반적으로 한 번에 다른 목적을 가진 여러 탈리스만과 애뮬릿을 충전하지 말아야 한다. 그러나 훌륭한 마법사가 될 때 이것을 하는 것은 무방하다.

11. 집의 보호 애뮬릿으로 작은 조각상이나 예술품이 사용될 수 있다. 이것은 최소한 6개월마다 한 번 재충전되어야 한다. 그러나 한 달에 한 번이 바람직하다. 문 앞에 두면 된다.

12. 수비학에서 감산(reduction)은 한자리 숫자가 될 때까지 숫자를 더하는 과정이다. 예를 들면 195는 15가 되고 15는 6이 된다. 이것은 상징을 만드는 기법으로 사용된다.

제 8 장

1. 목성은 목요일과 관련된다.

2. 행성 시간은 춘추분 점에서 60분이 된다.

3. 탈리스만은 상위 계의 힘에 의하여 활성화되고 우리 의지에 의하여 지배되기 전에 그것은 단지 생명 없는 물체일 뿐이다.

4. 매더스의 일화에서 '세례를 주다' 는 '비전을 의미할 수 있다.'

제 9 장

1. 다이온 포춘에 의하면 엔터티는 아스트랄계에 에보케이션된다고 하며 천리안을 가진 사람만이 볼 수 있다고 한다. 예외적으로 민감한 사람은 에보케이션된 엔터티의 존재를 느낄 수 있다고 한다.

2. 사정 후 15분 안에 정액은 마법 힘을 잃는다고 믿는 탄트라 교리도 있다.

3. 인보케이션은 일시적으로 자신의 육체를 차지하도록 하는 마법이다. 에보케이션은 물질계에 존재하지 않은 다른 지성, 힘 혹은 엔터티와 대화하는 것이 목적으로 원진 밖에 놓여 있는 삼각형 안으로 불러낸다.

4. 에보케이션은 혼자서 하기가 어렵다.

5. '악마 일산화탄소(Demon CO)'는 일산화탄소를 말한다. 밀폐된 방에서 너무 향을 사르면 많은 양의 일산화탄소를 배출하게 되어 산소가 부족하게 된다. 산소 부족은 건강을 해칠 수도 있다.

6. 에보케이션에서 관찰자에게 물어보는 첫 번째 질문은 "거울에서 무엇을 보고 있습니까?"이다.

7. 에보케이션에 대한 두 번째 질문은 엔터티에게 향한다. "그대의 이름은 무엇인가?"이다.

8. 아몬 영은 뱀 꼬리와 불을 내뿜은 늑대의 모습으로 나타난다. 마법사의 명령에 따라 아몬은 까마귀 머리를 한 사람 모습으로 변할 것이다. 때때로 이 까마귀 머리에 개의 이빨이 있다.

9. 마법에서 경험 외에는 최고의 권위란 없다. 마법에서 다른 사

람의 말에 의존하지 말라. 스스로 실험하고 권위에 의문을 던져라.

10. 예치라 봉인 의식에서 6방향을 봉쇄한다.

11. 흙 원소의 노움(gnome), 공기 원소의 실프(Sylph), 물 원소의 언딘(Undine), 불 원소의 샐러맨더(Salamander)다. 물질계의 모든 것은 원소의 결합이다. 그러나 자연령은 하나의 원소로 구성되어 있다.

12. 인보케이션 의식 7단계는 1) 결계와 정화 2) 특정 엔터티 에보케이션 3) 의식의 통제를 느슨하게 하고(의식을 잃는 것이 아님) 다른 존재가 잠시 의식을 차지하도록 한다 4) 엔터티의 신분/정체를 확인한다 5) 엔터티가 전하는 말을 듣고 엔터티에게 질문한다 6) 엔터티를 내보내고 정상 의식으로 돌아온다 7) 마지막 결계를 한다.

제 10 장

1. 최고의 마법 비밀은 상위 계의 엔터티로부터 얻어진다.

2. 참된 마법사에게 백마법, 흑마법, 회색마법은 마법을 모르는 사람들과 대화를 하기 위한 용어며 단지 마법만 존재할 뿐이다. 참된 마법사는 흑마법으로 생각되는 것을 하지 않는다. 왜냐하면 카르마의 결과를 알기 때문이다. 정신이 이상하지 않다면 누가 스스로 자신에게 해가 되는 일을 하겠는가?

3. 어떤 마법 의식 혹은 마법 그룹 의식이 자신에게 올바른 것인지 알기 위한 간단한 방법은 자신의 느낌에 충실하는 일이다.

올바르게 느껴지지 않으면 그만 둔다.

4. 진짜 유령과는 상관없다. 그들은 작은 심술쟁이에 가깝다. 그들은 자신들에게 주어지는 어떤 에너지를 먹고 살며 사람의 관심을 끌기 위하여 그리고 에너지를 얻기 위하여 유령 행동을 모방한다.

5. 아스트랄 투사는 유체이탈 중에 무언가가 육체에 충격을 주어 아스트랄체가 갑자기 육체로 끌어당겨질 때 일어나는 충격이다. 사건이 일어난 시점에서 있었던 장소에 다시 투사하며 정상적인 방법으로 돌아오면 치유가 된다.

6. 카발라 생명나무는 사이킥 계들의 지도다.

부록 3 _ 독자로부터 자주 받는 질문(FAQ)

이 책이 발간되고 10년이 지나는 동안 세계 여러 나라의 독자로부터 수많은 편지를 받았다. 열렬한 애독자임을 알리는 감사편지가 많았으나, 그 중 상당수의 편지는 분명한 목적이 있었다.

아무리 어떤 주제에 대하여 잘 설명하더라도 더 깊이 알기를 원하는 사람도 있고, 내용을 명확하게 이해하지 못하는 사람도 있다. 앞에서 말한 분명한 목적이란 바로 이러한 사람들로부터 제기되는 질문이다. 이들 편지는 이 책 내용에 대한 질문과 마법에 대한 일반적인 질문이다. 놀랍게도 많은 질문들이 비슷한 주제에 관한 것이었으며 질문에 사용한 단어나 표현도 아주 비슷하였다.

인터넷에는 유즈넷(Usenet)이라는 것이 있으며 이것은 수많은 뉴스 그룹(newsgroups)을 가지고 있다. 유즈넷은 엄청나게 큰 게시판을 가지고 있다고 보면 된다. 각각의 뉴스그룹은 특정한 하나의 주제만을 다루는 유즈넷의 작은 게시판이다. 뉴스그룹 게시판에서 다른 사람들이 올린 글이나 자신의 글을 읽을 수 있다.

처음에 어떤 뉴스그룹을 방문하면 어느 정도 주제에 대하여 친숙해질 때까지 내용을 살펴보아야 한다. 더러 이런 사람들의 이해를 돕기 위하여 FAQ(자주 받는 질문) 난이 있다.

이 부록은 바로 이 책에 대한 FAQ이다. 왜냐하면 이 부록은 내가 자주 받고 있는 질문을 답하는 곳이기 때문이다.

1) 마법원소와 방위의 관계

질문 : LBRP에서 방위(동쪽에서 시작하여 시계방향으로 도는 것)와 관련되는 원소는 공기, 불, 물, 흙이다. 그러나 BRH에서는 불, 흙, 공기, 물 순서로 되어 있다. 이것은 실수인가 아니면 어떤 이유가 있는 건가?

답변 : LBRP는 물질계와 낮은 아스트랄계를 다룬다. BRH는 아스트랄러지 혹은 행성 영향과 더 관계가 있는 상위 아스트랄계를 다룬다. 마법사가 LBRP를 수행할 때 마법사는 마법 원소를 물질계와 관련시킨다. 마법사가 BRH를 수행하는 경우 이 대응 관계는 변화한다. 마법사는 마법 원소를 상위 아스트랄계와 관련시킨다.

다음 표는 당신의 이해를 돕기 위한 것이다.

네 개의 별자리와 대응 원소

별자리	원소
에리즈(양자리)	불
토러스(황소자리)	흙
제머나이(쌍둥이자리)	공기
캔서(게자리)	물

LBRP와 BRH의 원소와 방위

	LBRP	BRH
방위	원소	원소
동	공기	불
남	불	흙
서	물	공기
북	흙	물

2) 사라져버린 대천사

질문 : LBRP에서 대천사는 라파엘, 가브리엘, 미하엘, 오리엘이다. 그러나 생명나무 대응물에 오리엘이 없는데 이유는 무엇인가?

답변 : 생명나무는 우주의 모든 것을 이해하는 데 필요한 경이로운 지도다. 그러나 이 지도가 모든 것을 나타낸다고 생각하지 말아야 한다. 비록 생명나무는 우주가 작동하는 지도의 역할을 할지라도 모든 것을 포함하지는 않는다. 대천사는 많이 있으며 생명나무에 나오지 않는 대천사들도 있다. 그러므로 세피로트와 대응하지 않는 대천사도 많이 있으며 오리엘도 그 중 하나이다.

데이비드슨(Davidson)이 쓴 《천사 사전(Dictionary of Angels)》이란 책에서 오리엘(Oriel, Auriel, Uriel로 표기되며 '신의 빛' 혹은 '신의 불'을 의미한다)은 '파괴의 천사'로도 나온다. 데이비드슨은 또한 다른 자료를 인용하여 오리엘을 로마의 하데스 신 혹은 구원의 대천사로 소개한다. 오리엘은 불타오르는 검을 들고 아담과 이브가 에덴동산으로 들어가지 못하게 지키는 천사다. 또한 오리엘은 야곱과 씨름하였고 다가올 홍수를 노아에게 경고하기 위하여 신이 보낸 천사다.

어떤 점에서는 오리엘은 지혜와 언어 그리고 마법을 이집트에 가지고 온 토트와 같다. 오리엘은 에즈라(Ezra, 유대 족장)에게 천국의 신비 비밀을 주었다고 하며 또한 연금술과 카발라의 비밀을 지상에 가져왔다고 한다.

오리엘은 이 모든 임무와 책임(흙 원소와 북쪽 방위를 책임지는 대천사의 역할을 포함)을 지고 있으나 생명나무에는 오리엘을 위한 장소는 없다. 왜냐하면 지도는 필요한 것만 보여주기 때문이다. 미국 콜로라도 주 덴버 시의 지도가 스위스 제네바 시의 거리를 보여주지 않듯이 생명나무로 알려진 우주 작동 지도는 단지 우주적 시야만을 보여준다. 여기에서 오리엘은 중요한 요소가 아니다. 물론 오리엘이 중요하지 않다는 말은 아니다. 이것은 단지 오리엘이 생명나무에서 중요한 역할을 하지 않는다는 의미다.

3) 마법 의식이 작동하는지를 아는 법

질문 : 마법 의식을 할 때 아무것도 느끼지 못한다면 이것은 마법이 작동하지 않는 것을 의미하는가?

답변 : 당신이 느끼거나 경험한 것으로 마법의 성공 여부를 판단할 수는 없다. 마법 의식의 성공은 결과로 판단된다. 마법 의식에서 아무것도 느끼지 못하는 사람도 있고 많은 것을 느끼는 사람(혹은 느낀다고 생각하는 것)도 있다. 이들 모두 다 성공할 수 있다.

실패는 마법 의식에서 별난 느낌을 받지 못하였지만 무엇인가 별난 것을 당연히 느껴야 한다고 믿을 때 일어난다. 마법 의식에서 성공을 의미하는 특별한 현상을 느끼지 못하면 당신은 마법이 작동하지 않았다고 확신하게 된다. 실패하였다는 반복되는 신념과 실패에 대한 추측이 합쳐져서 마법 실패는 기정사실화된다.

마법은 의식을 수행하는 동안에만 일어나는 것이 아니라 늘 일어난다. 마법 의식이 실패하였다고 믿으면 마법은 실패한다. 만약 의식에 10분이 걸린다고 한다면 의식이 끝나고 2주 동안 마법이 실패하였다고 생각하면서 보낸다면—어떤 의미에서는 이것은 마법이 실패하는 것을 보기 위하여 마법을 행하는 꼴이다—당신은 스스로 수행한 마법 의식을 무력화하는 것이다. 그러므로 의식을 하고 난 다음에는 의식을 잊어버려야 한다. 우연이라도 마법 의식이 떠오르면 마법이 성공할 것이라는 태도를 가지는 것이 바람직하다.

물론 이 말이 의식 수행을 하는 동안 아무런 징조나 반응을 느끼지 않는다는 의미는 아니다. 개인 경험을 말한다면 마법이 작동할 때 나타나는 두 가지 반응이 있다. 첫째는 시간 변화로 알려진 '델타(Delta) C' 다. 의식에 20분 정도 걸렸는데 여러 시간이 걸렸다고 생각할 수도 있고, 반대로 단지 30분 정도밖에 걸리지 않았다고 생각하는데 실제로는 여러 시간이 지속되었을 수 있다.

또 다른 반응은 지각하는 온도의 변화로 알려진 '델타 T' 다. 만약 이 변화가 일어난다면 주변의 온도가 올라가거나 아니면 내려갈 수 있다.

4) 젊은 마법사에게 주는 충고

질문: 마법을 하고 싶어서 마법 단체에 가입하려는 부모님이 반대한다. 나는 지금 만 15세이므로 부모님을 거역할 수 없다. 어떻게 했으면 좋겠는가?

답변: 나는 당신이 부모의 말에 따랐으면 한다. 지금 부모의 태도가 불만스럽겠지만 부모는 살아오면서 당신이 경험하지 못한 많은 것을 경험하였다. 부모는 당신을 보호하려고 하는 말이다. 만약 당신 부모가 마법사라면 아마 안전하게 마법을 배울 수 있도록 도움을 줄 수 있을 것이다.

마법에 적극적으로 나서기 전에 좀 더 나이가 들 때까지 기다렸으면 한다. 대다수 마법 단체는 만 18세 이하는 받아들이지 않는다.

마법을 배워서 당신 삶의 일부분으로 만들기를 원한다면 지금 준비할 수 있는 사항이 있다.

1. 마법사는 예리한 사고와 뛰어난 의사소통 능력이 필요하다.

학교에서 가능한 한 많은 것을 배워라. 여러 학문—국어, 외국어, 역사, 수학, 컴퓨터, 과학 등—을 공부하라. 여러 분야에 대하여 많이 알수록 마법 훈련에 크게 도움이 된다.

2. 마법사는 창조력이 필요하다.

'예술' 분야—조각, 그림, 목공예, 음악, 쓰기, 컴퓨터 그래픽 등—를 공부하라. 이것은 당신의 창조성(탈리스만이나 마법 도구를 만들 때 크게 도움이 된다) 계발에 도움이 될 뿐 아니라 다재다능한 사람으로 만들 것이다.

3. 마법사는 힘과 민첩성이 필요하다. 운동을 하라.

여기에는 심장과 폐를 위한 에어로빅, 근력 운동, 유연성을 위한 스트레칭이 포함된다. 또한 민첩성을 위하여 동양 무예, 펜싱, 춤, 기타 유사한 활동을 하라.

4. 마법사는 대중적일 필요가 있다.

일상적인 느낌과는 다르게 오늘날 마법사는 상당히 사교적이다. 거기에는 여러 이유가 있다. 첫째, 인간은 사회적 동물이다. 우리는 건강한 삶을 위하여 다른 사람에게서 여러 가지를 받아들여야 한다. 둘째, 마법에 흥미를 가지고 있다는 사실이 일반 사람들에게 놀림감이 될 수도 있다. 이것이 직장을 구하는 데 방해가 될 수도 있다. 그러므로 평범한 대중적 모습으로 자신을 드러내어 사람들이 당신의 진짜 관심 분야를 모르게 한다. 셋째, 사교적이 되어 많은 사람을 만나고 그들이 말하는 것을 들을 수 있다. 그들 중 일부는 당신과 유사한 관심을 가질 수 있으며 우정이나 모임으로 발전될 수 있다.

많은 사람들은 타인과의 대화에 어려움을 느낀다. 대인 관계에 어려움이 있다면 다음을 한번 시도하라.

1. 당신이 좋아하는 주제와 관련되는 학교 동아리에 참가하라.

2. 주변 사람들을 지켜보고 그들이 무엇을 좋아하는지 보라. 그리고 지켜본 주제에 대하여 질문을 하라. 당신은 곧 사람들이 당신의 질문에 대하여 즐겁게 답변한다는 것을 알게 될 것이다.

3. 만약 사람들과 대화를 나누는 데 어려움이 있다면 사람들이

말하는 것을 세심히 듣고 사람들이 말한 것에 근거하여 질문을 하거나 좀 더 많은 정보를 요청하라. 사람들은 당신이 자신들의 말에 경청하였음을 알고는 당신과 대화를 나눌 것이다.

5. 마법사는 강한 의지력이 필요하다.

규칙적인 계획하에 그리고 반드시 계획을 지킬 것을 명심하라. 그러나 완벽한 사람은 없다. 계획대로 못하였다면 핑계보다는 더 열심히 하겠다는 각오를 다져라.

계획에는 여러 복합적인 수준의 내용이 있다. 먼저 육체를 예로 들어 특정한 행동을 하기로 결심하였다면 하자. 당신은 문을 열 때 항상 왼손을 사용할 것을 결심할 수 있다. 만약 오른손으로 문을 열었다면 위반을 표시한다. 또는 팔목에 고무 밴드를 차고 다니다가 위반하면 벌칙으로 아프게끔 고무줄을 잡아당겼다가 놓을 수 있다.

다음은 언어 차원에서 특정한 단어를 사용하지 않기로 마음을 먹었다고 하자. 예를 들면 일주일 동안 '나' 라는 단어를 사용하지 않기로 한다면 위에서와 마찬가지로 벌칙을 줄 수 있다.

가장 어려운 차원은 생각이다. 일주일 동안 특정한 것을 생각하지 않기로 결심할 수 있다. 예를 들면 TV 시청을 생각하지 않기로 결심하고 TV 시청을 생각할 때마다 벌칙을 가할 수 있다.

처음에는 많이 어기게 된다. 그러나 시간이 지나가면서 당신의 통제 능력은 증대되어서 점차 위반은 줄어든다. 이것은 당신의 의지력이 증대되고 있음을 보여주는 증거다.

5) 마법 장비가 없는 경우의 의식 수행

질문 : 단검을 아직 구하지 못했다. 단검 없이도 마법 의식을 할 수 있는가?

답변 : 공기 단검 대신 공기를 나타내는 것으로 대체할 수 있다. 여기에는 부채, 깃털, 기타 여러 가지가 있을 수 있다. LBRP에 사용하는 단검 대신 검지 또는 검지와 중지를 함께 사용할 수 있다. 검지나 또는 검지, 중지를 펴고 나머지 손가락은 손바닥에 붙이면 된다. 마법 물컵 대신에 일반 컵도 좋다. 흙 원반 대신 작은 돌이 사용될 수 있으며, 불 지팡이 대신 성냥이나 성냥갑, 라이터 또는 빨간색을 가진 물체가 사용될 수 있다.

마법 도구가 없다고 의식을 하지 못하는 경우는 없어야 한다. 의식에 필요한 완전한 공기 단검을 구하기 전에도 버터용 칼이나 부채를 사용해서라도 의식을 수행해야 한다. 유리로 된 컵이 없다면 주석과 납의 합금으로 만들어진 제품, 스테인레스 제품, 은잔, 나무 제품, 종이컵 심지어 큰 조개껍질도 괜찮다.

마법 도구는 마법 수행에 도움을 주지만 마법 힘이 장비 안에 있는 것은 아니다. 마법 힘은 당신 안에 있다. 이전에 말했지만 "당신이 마법을 한다기보다는 마법은 당신의 속성이다."

6) 《네크로노미콘(Necronomicon)》에 대하여

질문 : 《네크로노미콘》에 대하여 어떤 생각을 가지고 있는가?

답변 : 원조 《네크로노미콘》이라고 주장되는 많은 책들이 있다. 개인적으로 여러 권의 《네크로노미콘》을 소장하고 있다. 이들 모

든 책에는 공통적인 것이 하나 있는데 전부 동시대 작가들의 창작품이라는 것이다.

그 중 가장 많이 알려진 책은 미미하게나마 수메르인의 종교와 연결되는 것 같다. 사실 그 책은 프랑코이스 리노먼트(Franç ois Lenormant)의 《역사의 시작과 칼데아 마법(The Beginnings of History and Chaldean Magic)》에서 내용을 가지고 온 것처럼 보인다.

또한 이 책은 크로울리 작품 일부와 공포 소설 작가인 H.P 러브크래프트(Lovecraft)의 작품 그리고 《크툴루 신화(Cthulhu Mythos)》를 쓴 작가들의 작품(러브크래프트가 창조한 가공의 엔터티를 사용함)에서도 어느 정도 내용을 빌려왔다.

러브크래프트는 《네크로노미콘》이라 불리는 책의 전체 내용을 고안하였다. 1934년 8월 그는 《네크로노미콘》은 자신의 창작품이며 크툴루 신화에 나오는 엔터티들도 마찬가지로 자신이 만든 것이라고 한 편지에서 밝혔다.

지금까지 출간된 여러 《네크로노미콘》 책들은 모두가 거짓말이지만 그 책들이 무용지물이라는 의미는 아니다. 오늘날 마법 세계의 한 부분으로 존재하는 크툴루 신화는 수많은 사람들의 상상력을 사로잡아왔다. 사람들의 믿음과 되풀이되는 의식은 어느 정도 이들 책 속에 묘사된 엔터티들에 대한 생각 폼(form)을 창조하여 실제로 존재하게 만들었다.

전통 서양 마법에 나오는 엔터티는 수백 년 심지어 수천 년 동안 에보케이션되거나 인보케이션되어왔다. 내 경험을 말한다면

이들 엔터티는 《네크로노미콘》에 나오는 엔터티보다 훨씬 강하
다는 것이다.

네크로노미콘의 엔터티가 마법에 사용될 수 있는가는 생각해
볼 문제다. 물론 가능할 것이다. 마음으로 창조된 것이 마법에 사
용되듯이 이것도 마찬가지다. 그러나 이들을 사용할 이유는 없
다. 러브크래프트의 작품이나 다른 소설 작가들의 작품에 따른다
면, 《네크로노미콘》의 엔터티는 사악하며 인간을 노예로 삼으려
고 하고 세상을 지배하려고 한다. 크툴루 신화에 나오는 엔터티
들은 통제할 수 없고 자신을 불러낸 사람을 파괴하려고 한다. 이
런 위험을 무릅쓰고 이들을 불러낼 이유는 없다.

7) 마법 단체 가입

질문1 : 내가 살고 있는 지역에서 가입할 수 있는 마법 그룹의 명
단을 보내 달라?

질문2 : ○○○라는 단체를 어떻게 생각하는가?

답변: 미안하지만 나는 단체를 추천하지 않는다. 어떤 단체를
잘 운영하던 사람이 몇 개월 후에 변할 수 있기 때문이다.

만약 내가 수개월 전에 한 단체를 소개하였는데 나중에 그 단체
가 소개 당시보다 여러 점에서 변하였다면 당신은 나쁜 상황에
놓일 수 있다. 나는 이런 일이 일어나지 않기를 원한다. 그래서 단
체를 소개하지 않는다. 권하고 싶은 것은 당신이 사는 지역의 형
이상학 책방에 가면 아마도 훌륭한 단체의 일원을 만날 수도 있
을 것이다.

또한 어떤 단체에 가입할 때 가슴에 귀를 기울이라고 말하고 싶다. 느낌이 좋은지 그리고 단체나 단체의 지도자가(혹은 회원들이) 당신 마음을 편안하게 하는지 조사하라. 무엇인가 잘못되었음을 느낀다거나, 가입하도록 당신 심리를 이용한다거나, 상당한 돈을 요구한다거나, 자신들이 아스트랄 비전을 제공한다고 말하면 일단 의심을 가져라.

제안하고 싶은 또 다른 대안은 같은 분야에 관심을 가지고 있는 친구들을 모아 연구 그룹과 마법 단체를 구성하는 일이다. 여러 단체에서 내 책을 교재로 공부하고 있다는 편지를 보내왔다. 당신도 그들처럼 단체를 만들어 공부할 수 있다. 일단 이 책이나 다른 책을 교재로 삼아 마법을 수행하여 왔다면 당신은 다른 마법 체계와 기법을 탐험할 수 있다. 이 책의 참고 목록에 좋은 책들이 나와 있다.

단체에 대한 의견을 나에게 물어보는 질문은 답하기가 어렵다. 내가 별로라고 평가하는 단체에서 어떤 사람은 중요한 정보를 얻을 수 있다. 나의 분석에 대하여 받아들이는 사람의 의견이 다를 수 있다. 어떤 사람이 어느 시점에서 자신의 영적인 발전에 필요한 단체를 발견했는데 나의 의견이 부정적이어서 가입을 하지 않는다면 나는 그 사람의 영적인 성장을 늦추게 한 것이 될 수 있다.

그래서 나는 특정 단체에 대하여 평가를 주기보다는 당신이 가능한 한 방법을 동원하여 조사를 하라는 것이다. 많은 사람과 이야기를 나누고 현재 회원과 이전 회원이 있으면 그들과 이야기를 나누어라.

그리고 가입을 결정한다면 점진적인 단계를 밟으라고 권하고 싶다. 여러 달 동안 거리를 두고 활동하다가 적합하지 않다고 생각하면 큰 어려움 없이 그만둘 수 있다. 항상 가슴에 귀를 기울어라.

8) 의식마법과 카발라는 남성 우월 체계인가?

질문 : 나는 위카를 수행하는 마법사다. 의식 마법과 카발라 전통은 가부장적으로 보인다.

답변 : 더러 가부장적인 단체나 개인이 있었고 지금도 있을지 모른다. 그러나 그것은 카발라나 의식 마법의 전통이기보다는 개인의 특성과 시대적 흔적으로 보아야 한다. 카발라는 신을 남자와 여자의 모습을 한 자웅동체로 보고 있다. 이것은 탄트라에서 쉬바(Shiva)와 샥티(Shakti)와의 관계와 유사하다. ah, aht, ath, oth, os 혹은 oht로 끝나는 신이나 대천사, 천사의 이름은 여성이다. 신의 이름으로 많이 사용되는 엘오힘(El-oh-heem)은 엘로아(El-oh-ah, 여신을 의미)와 남성 복수어미(eem)가 합쳐진 것이다. 그러므로 이것은 남성도 여성도 아닌 양성의 속성을 가진 신을 의미한다.

남성 위주의 단체가 있을지라도 마법 단체에서는 아주 드물다. 사실 여성이 몇몇 잘 알려진 의식 마법 단체를 이끌어왔다. 황금새벽회의 첫 번째 비전가인 모이나 매더스(Moina Mathers)는 여성이었다. 오랫동안 여성이 황금새벽회를 이끌었다. 오늘날도 여성들이 황금새벽회라고 주장하는 여러 단체를 이끌고 있다. O.T.O(역주 : Ordo Templi Orientis의 약자로 the Order of

Oriental Templars, or Order of the Temple of the East 즉 동양의 템플 교단을 의미하며 크로울리의 가르침을 전한다). 그룹들을 이끄는 사람도 여성들이다. 황금새벽회를 대신한 크로울리의 오컬트 조직인 A.A(역주 : 크로울리는 채널링을 통하여 자신의 수호천사로부터 받아 쓴 유명한 《법칙의 서(Book of the Law)》를 근거로 마법 체계를 세웠다. 오컬트 조직 A.A는 그 결과다)는 한 여성을 통하여 세상에 인정을 받았다.

대부분의 영적인 단체는 남성우월도 여성우월도 아니다. 한쪽 성향을 보인다면 그것은 조직에 관계하는 사람들 때문에 그렇게 되었을 뿐이다. 의식 마법은 남성도 여성도 아닌 중성적인 체계다.

9) 카오스 마법(Chaos Magick)에 대하여

질문 : 카오스 마법은 무엇인가?

답변 : 많은 사람들이 혼돈 마법을 아주 새로운 마법으로 말하지만 내가 말할 수 있는 것은 기존의 오래된 가르침을 새롭게 보는 방법의 차이 즉 새로운 패러다임일 뿐이다.

예를 들면 오늘날 대다수 마법사는 마법의 힘이 식물이나 보석 같은 물건에 내재한다고 보기보다는 우리 자신과 혹은 모든 것의 근원인 신에서 온다고 믿는다. 혼돈 마법사는 혼돈이 모든 것의 근원이라고 말한다. 힘의 근원에 대하여 접근을 시도할 때 혼돈 마법사는 '혼돈(Chaos)'에서 답을 구한다. 그러나 결과는 같을 수 있으며 심지어 개념도 그러하다. 주요한 차이점은 명칭과 접근 방법이다.

혼돈 마법에서 진짜 새로운 아이디어는 아마 여러 세기 동안 마법에 첨가된 내용들을 극복하고 마법에 필요한 최소한의 내용만 수행하려는 자세다. 그들의 태도는 최대 결과를 위하여 필요한 최소한의 행동을 하는 것이다.

10) 여러 마법 단체에 가입하는 것

질문 : 여러 마법 단체에 가입하고 싶다. 그러나 어떤 교사들은 단지 하나의 마법 체계만 공부해야 한다고 말하는데 사실인가?

답변 : 간단히 답할 수 있는 것은 아니다. 경우에 따라 회원들에 대한 권위와 통제를 위하여 이런 규칙이 사용되는 것은 사실이다. 그러나 이런 이유말고 이 규칙이 마법을 바로 시작한 입문자에게 좋은 이유가 있다.

한 단체에 소속되어 활동하는 것이 좋은 이유를 살펴보자. 특정 마법 단체와 활동을 통하여 '이그리고어(Egregore)'라고 하는 집단 정신이 계발된다. 만약 한 단체의 철학, 훈련, 기법, 믿음을 다른 단체의 것과 혼합할 때 집단 정신은 흐려지고 약화된다. 이 것은 단체의 응집력과 단결을 깨뜨릴 수 있다.

단체의 회원들이 다른 마법 체계를 공부하거나 여러 마법 단체에서 동시에 공부한다면 생길 수 있는 문제가 있다. 사람은 여러 체계를 분리하여 공부할 능력이 부족하므로 여러 단체에서 배우는 이익보다는 오히려 혼란에 빠져 다른 사람들보다 발전 속도가 느려질 수 있다. 마법을 배우는 많은 사람들이 '모든 마법은 같으나 단지 의식 수행면에서 변형된 것이다'고 생각하는데 이것은 사실과 다르다. 마법 체계 사이에 유사점이 있을지라도 또한 뚜렷이 대조되거나 미묘하게 다른 점이 있다. 철저한 지식 없이 여러 체계를 섞으려는 욕망은 단체와 구성원 모두에게 부정적인 결과를 가지고 올 수 있다.

나는 먼저 하나의 마법 체계를 철저히 배울 것을 권한다. 그러고 나서 다른 단체에 들어가 그 단체의 마법을 배웠으면 한다. 또한 여러 체계를 배우고 나서도 여러 단체에서 활동할 때는 여러 체계를 분리하여 볼 수 있는 능력이 중요하다.

일단 이런 단계에 이르면 굳이 한 단체에서만 활동해야 할 이유는 없다고 본다.

만약 당신이 어떤 한 단체(또는 여러 단체)의 한계에 묶여 있다고 느끼면 대안으로서 자신의 체계를 발전시키고자 시도할 수도 있다. 내 의견이지만 명심해야 할 것은 구성원의 마법 능력 계발과 영적 성장을 하도록 마법단체는 구성원들을 도전시켜야 한다. 흥미가 없는 것도 연구하고 실행해 보아야 한다.

11) 에보케이션시 엔터티와의 의사소통

질문 : 에보케이션을 할 때 여러 엔터티와 어떻게 의사소통을 하는가?

답변 : 엔터티들과는 여러 방식으로 대화를 한다. 목소리를 듣는 것에서부터(조용한 속삭임에서 큰 소리로 노래 부르기) 내면의 목소리(일종의 텔레파시), 엔터티로부터 오는 메시지를 그냥 느낀다거나 아는 것 등이 그러하다.

엔터티에 대한 또다른 빈번한 질문은 엔터티가 정말 존재하느
냐 아니면 단지 우리 내면의 모습인가 하는 것이다. 오늘날 많은
마법사들은 마음에 대한 여러 심리학 이론(특히 융의 이론)에 영
향을 받아 후자의 견해를 믿는다. 책 앞에서 진술하였듯이 나는
이것을 마법의 심리학적 해석으로 본다. 개인적으로 내가 믿고
또한 경험에 의하면 전자가 사실로 보인다.

위의 두 가지 견해에 대하여 사람들은 자신들의 입장이 있으나
사실 이것은 주관적일 수밖에 없다. 우리는 객관적으로 진실이
무엇인지 모를 수 있다. 솔직히 나에게는 이것이 중요한 것은 아
니다. 중요한 것은 마법이 작동하여 결과가 나오는지 여부다.

12) 의지의 관성

질문 : 어떤 이유로 말미암아 규칙적으로 해야 하는 마법 의식을
그만두었다. 내가 마법 의식을 그만두려고 원한 것은 아니나 나
에게 시간, 흥미 또는 열의가 없는 것 같다.

답변 : 이런 질문을 아주 많이 받았다. 당신은 혼자만이 아니라
많은 사람에게 공통적인 것을 경험하고 있다. 뉴턴의 운동 제1법
칙에 의하면 중지 상태에 있는 물체는 계속 중지 상태에 남아 있
으려는 경향이 있다고 한다. 이것은 관성의 법칙으로 알려진 것
이다. 이 법칙이 물질계의 운동 현상을 설명하는 것이지만 비물
질계에서도 마찬가지로 일어난다.

의식 수행은 일상적인 자아의 한계를 극복하며 삶을 변화시키

고 고급 자아가 당신의 존재에 책임을 지도록 하는 것이다. 그러나 당신은 일상적인 자아, 육체, 마음의 통제에 익숙해져 있어서 이것들이 당신을 통제하도록 한다. 이들은 변화에 저항하며 변화에 이유를 달고 당신의 의식 수행을 방해한다.

뉴턴의 관성법칙은 또한 움직임 속에 있는 물체는 계속 움직이려는 경향이 있다고 한다. 마찬가지로 만약 당신이 다시 마법 의식을 재개하려고 결심하고 이것을 계속 밀어붙인다면, 추진력이 생겨 마법을 하지 않으려는 느낌은 서서히 사라지고 마법 수행은 즐거움이 될 것이다.

그러므로 의식 수행에 저항을 느낀다면 자신을 자극시켜 마법 의식을 수행하도록 힘을 가해야 한다. 책을 내려 놓고 당장 의식을 수행하라. 그리고 다음날 의식을 위하여 시간을 정하라. 이런 식으로 일주일에서 10일 정도 밀고 나가면 변화를 감지할 것이다.

13) 마법 의식 시간 문제

질문 : 나는 직업 특성상 불규칙적으로 일을 해야 하며 잠자는 시간은 더욱 불규칙적이다. 이 책에 특정 시간에 해야 하는 예배 의식 네 가지가 나온다. 이 시간에 나는 직장에서 일하거나 집에서 잠자고 있을 때인데 어떻게 하면 좋겠는가?

답변 : 오래 전에는 마법사가 어떤 특정한 의식을 수행하기 위하여 미래의 특정 날까지 기다려야 한다는 생각이 있었다. 이것은 특정한 의식 수행을 위한 최상의 시간일 수 있겠지만 유일한 시간을 의미하는 것은 아니다.

만약 잃어버린 물건을 찾는 마법 의식을 한다고 하자. 그러면 이것에 해당하는 행성은 태양이며 최적 시간은 여름날 보름(아니면 보름보다는 못하지만 달이 차는 시기)에 해당하는 일요일 낮 시간이 최적이다.

만약 여름까지 기다릴 수 없으면 차선책은 보름(아니면 보름보다는 못하지만 달이 차는 시기)에 해당하는 일요일 낮 시간이다.

만약 보름까지 기다릴 수 없으면 달이 차는 시기에 해당하는 일요일 낮 시간이다.

만약 달이 차는 시기까지 기다리지 못하다면 선택할 수 있는 시기는 일요일 낮 시간이다.

만약 일요일도 너무 늦다면 오늘 낮 시간이 마법 수행 시간이 될 것이다. 그러나 낮 시간에 할 수 없다면 할 수 있는 시간은 저녁일 것이다.

그러나 네 가지 예배 시간에 있어서는 준수하여야 할 시간이 있다. 아침 대신 저녁에 라(Ra)에게 예배를 드리는 것은 라에 대한 모독일 뿐 아니라, 당신 주변의 자연의 힘과 부조화를 야기한다.

그러므로 내 의견으로는 업무나 사정상 정확한 시간을 지키지 못하더라도 가능한 한 가까운 시간에 예배를 하는 것이 열쇠라 생각한다. 예를 들면 당신이 밤 11시 30분에 잠자리에 들고 아침 9시 30분에 일어난다면 자정예배를 위한 최적 시간은 잠자기 직전이며 아침 예배는 일어나는 시간이다.

예배를 소리내어 할 수 없는 상황이라면 '위대한 목소리(Great Voice)'라고 불리는 방법을 사용할 수 있다. 이것은 거의 속삭이는 정도로 아주 조용히 혹은 말없이 진동법칙을 작동시키는 것이다. 만약 당신이 정오나 저녁에 일한다면 잠시 중단하고 밖으로 나오거나 개인 사무실에서, 그것도 아니면 화장실에서 가서 예배를 할 수 있다. 필요하면 몸은 그냥 두고 심상으로 예배 의식을 할 수 있다.

14) 타로 카드에 관한 몇 가지 질문들

질문1 : 나는 당신이 추천한 타로 덱과는 다른 것을 가지고 있다. 이것도 괜찮은가? 아니면 당신이 권한 타로 덱만 사용해야 하는가?

질문2 : 나는 메이저 카드 22개, 마이너 카드 56개를 가진 규격품과는 다른 타로 덱을 가지고 있다. 사용할 수 있는가?

질문3 : 크로울리의 토트 타로 덱을 좋아한다. 왜 그것을 사용하지 말라고 하는가?

답변 : 이 질문들을 전부 한꺼번에 엮어서 답을 하겠다.

'규격품(standard)' 이라고 부르는 타로 덱은 마이너 카드는 네 슈트로 구성되고 각 슈트는 마법의 4원소인 공기, 흙, 불, 물을 상징한다. 각 슈트에는 1에서 10번까지 번호가 부여된 10장의 카드와 네 장의 페이스 카드가 있다. 메이저 카드는 0에서 21까지 번호가 부여된 22개의 카드로 구성된다. 각각은 상징적인 이미지를 가진다.

카발라와 타로가 수천 년 전에 이미 유대관계가 있었다고 전문가들은 주장하지만 상대적으로 최근에야 그 유대관계가 설정되었다. 그렇지만 두 체계는 긴밀히 잘 작동하고 있고 타로와 생명 나무는 마법사들 사이에 폭넓게 사용되고 있다. 카발라와 타로는 이 책에서 가르치는 내용의 일부이다.

지난 20년간 이용 가능한 타로 덱의 숫자는 크게 늘었다. 대부분은 라이더 웨이트 타로(Rider Waite Tarot) 덱을 재해석한 것에 불과하다. 라이더 웨이트 타로 덱을 모방한 타로들은 마이너 숫자 카드에도 상징적인 이미지를 부여한다. 이들 카드를 사용하는 것은 괜찮지만 다만 이 책에서 타로는 리딩보다는 주로 명상과 카발라 패스워킹을 위한 것임을 상기시키고 싶다. 마이너 숫자 카드에 이미지는 유익하지 않고 오히려 장애가 될 수도 있다. 왜냐하면 명상은 메이저 카드로 하기 때문이다.

구입할 수 있는 여러 가지 타로 카드 대다수는 이 책을 사용하는 데 문제가 없다. 어떤 덱은 메이저 카드의 이름이나 마이너 페이스 카드의 이름이 다르다. 규격 타로 카드에 근거하여 적절히 연결시키면 사용하는 데 큰 문제는 없다. 어떤 타로 덱은 카드가 78장보다 더 많거나 적기도 하다. 이런 경우에 의외로 쉽게 해결할 수 있는 경우도 있고 그렇지 않은 경우도 있다.

가장 뛰어나고 주목할 만한 카드는 크로울리가 디자인하고 프리다 해리스(Frieda Harris)가 그림을 그린 타로 덱이다. 그림은 다면성을 가진다. 눈의 초점을 변화시키면 전혀 다른 그림을 볼 수 있다. 이러한 이유로 나는 이것을 명상용 타로 덱으로 사용한다.

많은 사람들이 이 덱 카드가 보여주는 다면성에 놀란다. 그래서 타로를 처음 시작한 사람은 크로울리의 타로를 사용하지 말 것을 권유하여 왔다. 덱에 잘못이 있어서가 아니라 타로 덱의 깊이 있는 내용이 혼란을 줄 수 있기 때문이다.

그러나 이 타로 덱에 친숙하다면 계속 사용하라. 그러나 크로 울리는 카드 두 장의 숫자를 바꿔치기하였으므로 이 책에 사용하기 위해서는 재배열하거나 변화를 준 이유를 정확히 이해해야 한다.

15) 악마 숭배에 대하여

질문1 : 악마주의(Satanism)에 대하여 어떻게 생각하는가?

질문2 : 악마 숭배를 하는 가족의 구성원인 친구에게 무엇을 할 수 있는가?

답변 : 사람들이 악마 숭배에 대하여 이야기를 나눌 때 이 용어 자체가 주는 복합적 감정 때문에 악마 숭배가 정말 무엇인지 정의내리기를 잊어버리거나 무시한다. 악마 숭배에 대하여 대다수 사람들은 단지 자신들의 상상 속에 여러 형태의 악마 숭배를 생각한다. 사람들은 악마 숭배 단체를 아이를 죽이고 광기어린 무서운 눈을 가진 반사회적이며 이상성격자들이 관여하는 단체로 생각한다. 악마 숭배를 옹호하는 사람들은 진짜 악마 숭배는 개인을 찬양하는 자기중심적 철학과 동일하다고 한다.

실제로 두 가지 형태의 악마 숭배가 있다. 하나는 내가 종교적 악마 숭배자라 부르는 형태다. 그들은 자신들이 하는 일을 종교로 본다. 이들 중 어떤 단체는 사탄의 존재를 믿지 않으며, 사탄에 대한 개념은 개인 의지의 우월성을 비유로서 표현한 것이라고 한다. 다른 숭배 단체는 사탄을 오해받은 신으로 본다. 어떤 그룹은 사탄의 근원을 이집트 신에서 찾기도 한다. 이들 종교적 사탄 숭배자들의 신념을 통하여 흐르는 철학은 주변인보다 우월한 개인은 선과 악이라는 틀에 박힌 생각에 묶이지 않는다는 니체 철학과 같다('초인'에 대한 니체의 생각은 열등한 자를 지배하는 우월한 존재의 개념과 상당히 유사하다).

실제로 이들 그룹의 대다수 사람들은 법을 준수하는 시민들이다. 사회의 과대망상증과 선전 때문에 악마 숭배자들의 사소한 잘못도 바로 집중적인 공격을 받게 되므로 그룹 리더들은 아주 조심스럽게 행동한다.

대부분의 경우 종교적 사탄 숭배자는 엄선된 일반 단체의 사람들만큼이나 훌륭하다. 그러나 악마 숭배라는 단어에 깃든 부정적인 감정을 가지고 있는 서양의 대중과 함께 살아가면서 악마 숭배자들이 왜 굳이 이런 좋지 않은 이름을 사용하는지 궁금해 할 수 있다.

추측하건대 사회의 관심을 구하거나 사회를 경멸하기 위함이다. 너무 많은 사람들이 악마 숭배를 미워하고 두려워하기 때문에, 어떤 추종자들은 악마 숭배에 어느 정도 힘이 있다고 생각하는 것 같기도 하다. 이런 생각은 악마 숭배가 그들에게 바라는 힘을 줄 것이라는 믿음과 나약함에서 나온다.

당연한 일이지만 악마 숭배를 둘러싸고 너무 많은 부정적 시각이 있어서 나는 악마 숭배를 피할 것을 제안한다. 이것이 부정에

빠지지 않는 방법일 것이다. 니체 사상을 좋아한다면 에인 랜드 (Ayn Rand)가 처음 주장한 '객관주의(Objectivism)'(역주 : 참고로 에인 랜드의 사상을 알고 싶으면 자유기업센터에서 출간한 《자본주의의 이상》을 참조할 것) 철학을 공부하는 것이 좋을 것이다. 이것은 일부 종교 사탄 숭배자들이 자아를 최고로 간주하는 철학과 아주 유사하다.

두 번째 형태의 악마 숭배가 있는데 이것은 '자칭 악마 숭배자'라고 내가 부르는 유형이다. 이들 유형의 그룹은 일반적으로 소수의 회원(어떤 경우에는 한 명 내지 두 명)으로 이루어진다. 그들은 자신에 대한 자부심이 부족한 사람들을 끌어모으며 이들은 쉽게 통제가 된다. 이런 사람들을 포섭하는 이유는 리더들이 자신들에게 대항하는 강한 개성의 소유자를 원하지 않기 때문이다.

그들의 교리나 철학은 단체에 따라 크게 다르다. 심지어 어떤 단체의 경우는 리더의 변덕으로 매일 변할 수 있다. 이들 신념은 주로 싸구려 영화나 저급한 소설, 책에서 얻은 정보로 구성된다. 불행히도 이러한 책 중 얼마는 다른 종교인들에 의하여 저술되었으며 악마 숭배(사탄 숭배)를 비방하려는 시도로 얼토당토않은 거짓말로 채워져 있다. 자칭 악마 숭배자들은 이러한 책에 나오는 터무니없고 으스스한 이야기들이 사실이라고 생각하며 실제로 그것을 모방하여 그것이 사실임을 증명하려 한다.

과거 15년에 걸쳐, 끔찍한 범죄를 저질러온 대를 이은 사탄 숭배 가족에 대한 이야기가 있었다. 가장 중요한 사실은 이런 단체가 존재한다는 증거가 전혀 없다는 것이다. 이런 단체가 있다고 믿는 지지자들은 완전히 거짓말로 증명된 여러 작가들의 책을 근거로 삼는다.

어떤 사람이 자신은 여러 세대를 이어온 사탄 숭배 가족의 일원이었다거나 그들의 희생물이었다고 생각할 수도 있다고 본다. 실험에 의하면 사람의 기억은 쉽게 변하고 변화된 기억을 진짜로 믿는다는 사실이다.

자신이 악마 숭배 가족의 일원이라고 믿는 친구가 있다면 크게 주의를 요한다. 그 친구 기억이 얼마만큼 진실한 과거를 반영하는지를 떠나서 이것은 친구의 삶에 존재하는 다른 문제에 대한 증상을 드러내는 것일 수 있다. 주장하는 내용의 일부는 사실일 수도 있고, 전혀 아닐 수도 있다. 이런 문제에 개입하는 것은 좋은 일이 아니다.

16) 위저(Ouija, 점판)에 대하여

질문: 나와 친구는 위저판을 사용하여 많은 종류의 정보를 얻고 있다. 그러나 최근에 어떤 사람에게서 위저로 점치는 것은 위험하다고 들었다. 당신의 의견은 어떠한가?

답변: 위저판은 알파벳 문자와 숫자 그리고 간단한 단어(yes, no, goodbye, hello, maybe)가 새겨진 판이다. 플랑셰트(planchette)로 알려진 굴러다닐 수 있는 세 발 달린 장치는 판 위의 문자나 숫자를 가리킬 수 있다. 사용할 때 두세 사람이 손가락을 플랑셰트 위에 놓는다. 그러면 플랑셰트는 저절로 움직여서 문자나 숫자를 가리키며 필요한 정보를 준다.

이런 형태의 점은 오랫동안 존재해왔다. 이전에는 손잡이 없는 잔을 판 위에 거꾸로 놓고 플랑셰트처럼 사용하였다. 잔의 사용은 질문에 답을 구하기 위하여 손가락을 테이블 위에 놓고 올렸다 내렸다 하는 '테이블 치기(table tipping)' 에서 진보한 방식이었다.

회의론자들은 플랑셰트의 움직임은 사기행위는 아닐지라도 손과 팔 근육의 '무의식적인 미세한 운동신경의 움직임' 으로 일어난다고 주장한다. 그러나 이들의 주장은 위저판이 참가자가 이전에 몰랐던 정보를 제공하는 이유를 설명하지 못한다.

사람들이 잠재의식에서 정보를 가지고 올 수 있음을 보여주는 증거나 또는 엔터티가 참가한 사람들의 잠재의식을 통하여 작동할 수 있음을 보여주는 증거는 있다고 생각한다. 솔직히 그 원천이 무엇인지 신경 쓰지 않는다. 관심은 '메시지의 내용이 무엇이며, 그것에 대하여 무엇을 할 것인가?' 이다.

이것은 오컬티즘과 어떤 뉴 에이지 신봉자들 사이의 차이점을 보여준다. 뉴 에이지 신봉자들은 일반적으로 채널링으로 알려진 알려지지 않은 원천에서 오는 메시지를 받아들인다. 채널링을 통한 메시지란 이유로 그것을 진실로 받아들인다. 반면에 오컬티스트들은 메시지의 의미에 주의를 기울이며 진리인지를 면밀히 조사한다. 그 방법으로는 이전에 증명된 다른 정보와 비교를 하고, 카발라나 다른 수단을 통하여 메시지를 전하는 엔터티의 신분을 확인한다.

내가 강의를 할 때 나는 으레 칠판에 TFYQA를 쓰고 시작한다.

이것은 "스스로 생각하고, 권위에 의문을 제기하라(Think For Yourself, Question Authority)"는 말을 상징한다. 강사가 무엇을 말했다고 또는 책에 그렇게 나와 있다고 그것이 사실은 아니다. 스스로 조사하라. 위저나 다른 수단을 통하여 얻은 정보를 가지고 행동한다면 무엇이 일어날 것인지 생각하라. 무엇을 하라는 위저 메시지를 받아서 실제로 따른다면 그 행동의 결과는 당신이 받는 것이지 메시지를 준 힘 혹은 엔터티가 아니다.

위저판을 사용하여 일어날 수 있는 잠재적인 문제는 있는가? 있다고 말할 수 있다. 내가 〈FATE〉라는 잡지 편집장을 하고 있었을 때 개인적으로 나는 한 중서부 대학의 기숙사에서 위저판 사용을 금지한 사건을 조사하였다. 이유는 학생들이 위저판에 완전히 매료되어 공부에 지장이 컸기 때문이었다.

사악한 엔터티에 빙의되는 것이 아니라 위저판의 잠재적 위험 때문이다. 파멸로 이끄는 악마의 말을 따르는 것이 아니라 플랑셰트의 설명할 수 없는 움직임과 거기서 받은 메시지에 매료되어 몰입되는 것이 잠재적 위험이다.

그러므로 위저판을 사용하기를 원한다면 시간을 한정하여 일주일에 한 시간 혹은 두 시간 사용하는 방법을 권하고 싶다. 또한 권하고 싶은 것은 사용 전후에 LBRP, BRH 같은 결계 의식을 하는 것이다.

17) 탈리스만에 관한 몇 가지 질문

질문1 : 타인이 만들고 내가 충전한 탈리스만은 내가 직접 만들어 충전한 탈리스만과 같은 힘이 있는가?

질문2 : 일단 충전되면 탈리스만은 타인의 손이 닿지 않게 해야 하는가?

질문3 : 재사용을 위하여 오래된 탈리스만이나 애뮬릿을 어떻게 정화하는가?

답변 : 세상에는 타인이 만들고 사용자가 충전하도록 되어 있는 탈리스만이 있다. 탈리스만이 충전되지 않았다면 그것은 상징을 가진 생명 없는 물체에 불과하다. 충전은 탈리스만을 살아있게 만드는 것이다.

탈리스만을 만드는 과정은 사실 어느 정도 탈리스만에 마법의 힘을 부여한다. 탈리스만에 사용되는 단어와 상징 뒤에 있는 목적과 제작 과정을 알기 때문에 그 자체만으로 탈리스만의 효과를 증진시킬 수 있다. 탈리스만을 만드는 데 많은 시간과 노력을 투입하였다면 충전과 축성은 마치 전등 스위치를 켜는 것이라고 말할 수 있다. 전기는 늘 거기에 있다. 그러나 전기배선을 완료할 때까지 전등에 불은 들어오지 않는다.

첫 번째 질문에 답하기 어려운 것은 마법사의 능력에 의존하기 때문이다. 우수한 마법사는 볼품없는 바위라도 강력한 탈리스만으로 만들 수 있다. 그러므로 답은 탈리스만을 충전하는 사람이 누구냐에 달려 있다.

대부분의 경우에 이미 만들어진 탈리스만을 정화하고 충전하는 과정은 새로 탈리스만을 만들어 충전하는 것과 마찬가지 결과를 가져온다.

탈리스만은 무언가를 끌어오는 데 사용한다. 애뮬릿은 무엇인가 오지 못하게 하는 데 사용된다. 당신이 탈리스만과 애뮬릿을 충전하여 타인이 사용하도록 한다면 탈리스만은 당신에게서 떠난 것이 되어, 당신에 대한 효력은 약화될 것이며 탈리스만 소유자의 에너지가 이것에 영향을 줄 것이다. 그러므로 일반적으로 탈리스만과 같은 마법 도구가 충전되면 우선적으로 그것을 사용할 사람이 다루어야 한다.

오래된 탈리스만을 정화하는 가장 쉬운 방법은 새 탈리스만을 만들기 위하여 준비하는 과정과 같다. 흐르는 물에 놓고 남아 있는 에너지가 물과 함께 흘러나가는 것을 심상한다. 정화를 위한 다른 방법은 흙이 탈리스만의 모든 에너지를 흡수하여 자연스럽게 중립화하도록 며칠 동안 땅 속에 묻어둔다.

탈리스만이 정화가 되었는지 아는 방법은 무엇인가? 이 책에 나오는 마법 의식을 충실히 해왔다면 부수 효과로 당신의 사이킥 능력은 증대되었을 것이다. 탈리스만 제작 시점에서 당신의 사이킥 능력은 충분히 발전되었기 때문에 탈리스만 정화 후 손에 잡고 영적인 감각으로 정화 여부를 검사할 수 있다. 깨끗하게 느껴지면 정화가 되었고 표면 아래 무엇인가 잠복해 있음을 느끼면 정화를 계속해야 한다.

18) 육각별의 중요성은 무엇인가?

질문 : LBRP에서 "내 안에 육각형별이 빛나도다" 라는 구절이 있다. 이스라엘 리가디의 《황금새벽(The Golden Dawn)》에서 그는

"내 뒤에 육각별이 빛나도다"로 말한다. 차이점은 무엇이며 육각별의 중요성은 무엇인가?

답변 : 리가디의 《황금새벽》은 마법 실행에 아주 소중한 도구 역할을 한다. 그리모아처럼 이 책의 많은 부분이 요점과 간단한 설명으로 되어 있다. 리가디의 책에서 LBRP에 대한 설명은 한 페이지 분량이다. 그러나 이 책에서는 이것을 설명을 위하여 거의 15페이지에 달하는 분량을 할애하였다. 이유는 무엇인가?

리가디의 《황금새벽》에 나오는 LBRP에 대한 설명을 보면 이것은 다른 회원이 사용법을 설명하는 형식으로 되어 있다. 리가디는 "내 뒤에 육각별이 빛나도다"라는 문장을 사용하는 이유를 설명하지 않는다. 나도 이 문제에 대해서는 깊게 설명하지 않았다.

내가 자세히 논하지 않은 이유는 사람들이 이 책을 학습 안내서와, 그리고 마법에 관하여 사람들이 의지할 수 있는 참고서로 사용하기를 희망하였기 때문이다.

카발라 대응표를 보면 숫자 6은 태양, 티페레트 그리고 가슴과 대응한다. 이것은 생명나무 위에 있는 '사랑' 센터이며 우리의 가슴 즉 내면에 있는 태양의 원천이다.

생명나무를 인간 육체와 관련시키기를 원한다면 생명나무를 향하여 등이 보이면서 서 있는 모습이어야 한다.

LBRP를 하면서 "내 안에 육각형별이 빛나도다"라는 구절을 말할 때 등을 세우고 팔은 양옆으로 벌려야 한다. 이 형상은 육체를 우주의 중심으로 만든다. 즉 우주 원소를 향하여 벌린 양팔은 물질적인 면을 의미하고, 신에게 에너지를 받는 몸은 영적인 면을 의미하며, 두 개가 만나는 형상이다. 모든 것이 사랑 센터, 티페레트, 가슴에서 만난다. 이어지는 카발라 십자가 의식 마지막에 기도하듯이 이 힘의 센터에 양손을 가져온다.

이 구절은 지상의 생명나무는 모든 사람의 육체에 반영됨을 알리는 것이다. 생명나무의 중심점은 어디에 있는가? 그것은 당신 뒤에 있다. 그래서 "내 뒤에 육각별이 빛나도다"가 나왔다. 만약 당신과 생명나무가 하나임을 안다면 육각별은 안에 있다. 그러므로 "내 안에 육각별이 빛나도다"라고 말할 수 있다.

나는 '뒤'라는 단어 대신 '안'이라는 단어를 사용하였다. 왜냐하면 이것이 더 강하고 정밀한 이미지를 제공하기 때문이다.

살아남고 성장하기 위하여 마법은 인간처럼 성장이 필요하다. 그러나 변화를 위한 변화는 지지하지 않는다. 변화에 대한 논리적이고 감정적 이유를 가지고 있다면 그렇게 하라. 심리적 차원과 신비적 차원 그리고 이미지 차원에서 변화에 대한 합당한 이유가 있었기 때문에 내가 이렇게 변화시킨 것은 유효하다고 생각한다.

부록 4 _ 주요 발음 정리

부록으로 히브리어나 이노키안 이름을 정리하였다. 이것은 있을 지 모르는 발음의 실수를 방지하기 위해서다. (자음의 음가인 S와 Z, F와 P, B와 V, L와 R, H와 CH를 구별할 것).

펜타그램 소 결계 의식

아-타(Ah-Tah, '타' 에 강세) 말-쿠트(Mal-Koot, '쿠트' 에 강세를 둔다. 즉 쿠에 강세를 두면서 ㅌ음은 짧게 한다)

비-그부-라(Vih-G' Boo-Lah, '라' 에 강세, '그' 를 발음할 때 짧게 소리를 내고 부로 넘어간다. '자음 뒤에 모음이 없으면 그 자음은 항상 짧게 발음한다.' 즉 자음 뒤에 모음이 없어 자음을 소리낼 때 습관적으로 붙이는 '으' 소리를 길게 내지 말 것. 별도의 설명이 없어도 이런 식으로 발음할 것)

비-그두-라(Vih-G' Doo-Lah, 라에 강세)

리-오-람(Lih-Oh-Lahm, 강세는 람에 둔다)

아-멘(Ah-Men, 멘에 강세를 둔다)

요드-헤-바브-헤(YHVH)

아-도-나이(Ah-Doh-Nye)

에-헤-예(Eh-Heh-Yeh)

아-글라(Ah-Glah)

라-파이-엘(Rah-Fay-El 혹은 라페이엘)

가브-라이-엘(Gahb-Ray-El 혹은 가브레이엘)

미-하이-엘(Mee-Chai-El, 발음시 ch는 독일어의 'ach'에서처럼
소리가 난다. 이 책에 나오는 히브리어 'Ch' 발음에 주의할 것)

오-리-엘(Ohr-Ree-El)

미들 필라

에-헤-예(Eh-heh-yeh)

요드-헤-바브-헤 엘-오-힘(Yud-Heh-Vahv-Heh El-oh-heem)

요드-헤-바브-헤 엘-오-아 브다-아트

(Yud-Heh-Vahv-Heh El-oh-ah V' dah-aht)

샤-다이 엘 하이(Shah-dai El Chai)

아-도-나이 하-아르-에츠(Ah-doh-nye Ha-ahr-etz)

엘-엑스-아르-페(El-ex-ar-peh)

코-마-나-누(Co-mah-nah-nu)

타브-이-토-엠(Tahb-ih-toh-ehm)

장미십자가

예-하-슈-아(Yeh-hah-shu-ah)

예-호-바-샤(Yeh-hoh-vah-shah)를 발성한다.

펜타그램 최고 인보킹 의식

엑스-아르-페이 EXARP(Ex-ahr-pey)

오-로 이-바-하 아-오-조드-피 ORO IBAH AOZPI

(Oh-row Ee-bah-hah Ah-oh-zord-pee)

비-토-엠 BITOM(Bee-toh-ehm)

오-이-페이 테이-아-아 페이-도-케이 OIP TEAA PEDOCE

(Oh-ee-pay Tay-ah-ah Pay-doh-kay)

헤이-코-마 HCOMA(Hay-coh-mah)

엠-페이-헤이 아르-셀 가-이-올 EMPEH ARSEL GAIOL

(Ehm-pay-hay Ahr-sel Gah-ee-ohl)

엔-아-엔-타 NANTA(Ehn-ah-ehn-tah)

이-모르 디-알 헥-테이-가 EMOR DIAL HECTEGA

(Ee-mohr Dee-ahl Hek-tay-gah)

워치타워 의식

헤이-카스, 헤이-카스, 에스-티 비-베-로이!

HEKAS, HEKAS ESTE BEBELOI!

(Hay-kahs, hay-kahs, ehs-tee bee-beh-loy)

오-이-페이 테이-아-아 페-도-케이 OIP TEAA PEDOCE

(Oh-ee-pay Tay-ah-ah Peh-doh-kay)

엠-페이-헤이 아르-셀 가-이-올 MPH ARSEL GAIOL

(Ehm-pay-hay ahr-sell gah-ee-ohl)

오-로 이-바-하 아-오-조드-피 ORO IBAH AOZPI

(Oh-row ee-bah-hah ah-oh-zohd-pee)

이-모르 디-알 헥-테이-가 EMOR DIAL HECTGA

(Ee-mohr dee-ahl hec-tey-gah)

오-엘 소-누프 베이-오-에어-사-지 고-호 이-아-다 발-타.

엘-엑스-아르-페이-헤이 코-마-나-누 타-비-토-엠.

조드-아-카-라 에-카 조드-아-카-레이 오-다 조드-아-메르-아-누.

오-도 키-클레이 카-아 피-아-페이 피-아-모-엘 오-다 베이-오-
아-누

(OL SONUF VAORSAGI GOHO IADA BALTA.

ELEXARPEH COMANANU TABITOM.

ZODAKARA EKA ZODAKARE OD ZODAMERANU.

ODO KIKLE QAA PIAP PIAMOEL OD VAOAN.)

(Oh-ell soh-noof vay-oh-air-sah-jee goh-hoh ee-ah-dah bahl-tah.

El-ex-ar-pay-hay Co-mah-nah-noo Tah-bee-toh-ehm.

Zohd-ah-kah-rah eh-kah zohd-ah-kah-ray oh-dah zohd-ah-
mehr-ah-noo.

oh-doh kee-klay kah-ah pee-ah-pay pee-ah-moh-ehl oh-dah
vay-oh-ah-noo.)

예-하-슈-아 예-호-바-샤

YEH-HAH-SHU-AH YEH-HOH-VAH-SHA

무지개 지팡이 축성

부족	천사
갓	Gad
멜히데이엘	Melchidael
에프라임	Ephraim
아스모델	Asmodel
마나사	Manasseh
암브리엘	Ambriel
이사하르	Issachar
무리엘	Muriel
주다	Judah
베르히엘	Verchiel
나프탈리	Napthali
하마리엘	Hamaliel
아스슈르	Asshur
주리엘	Zuriel
단	Dan
바르히엘	Barchiel
벤자민	Benjamin
아드바히엘	Advachiel
제불룬	Zebulun
하나엘	Hanael
루벤	Reuben

캄브리엘	Cambriel
시미온	Simeon
암니치엘	Amnitziel

원반 축성

차폰 TZAPHON　포르라크 PHORLAKH　케루브 KERUB

이모르 디알 헥테이가 EMOR DIAL HECTEGA

이-카 조드-아 헤이 카-라 IC ZOD HEH CHAL

　(Ee-kah Zohd-ah Hay Kah-la)

나-아-오-엠 NAAOM(Nah-ah-oh-em)

엔-프라 NPHRA(Ehn-frah)

엔-보-조드-아 NBOZA(Ehn-boh-zohd-ah)

엔-로-아-엠 NROAM(Ehn-roh-ah-ehm)

단검 축성

미즈라흐 MIZRACH　　하산 CHASSAN　아리엘 ARIEL

오-로 이-바-하 아-오-조드-피 ORO IBAH AOZPI

　(Oh-row ee-bah-hah ah-oh-zohd-pee)

바-타-이-바-하 BATAIVAH(Bah-tah-ee-vah-hah)

엑스-자즈-다 EXGSD (Ex-jazz-dah)

에-이트-포드-아 EYTPA (Eh-iht-phod-ah)

에-라-조드-라 ERZLA (Eh-rah-zod-lah)

에트-엔-바-라 ETNBR (Eht-en-bah-rah)

컵 축성

메-아-라브 MEARAB   탈리아하드 TALIAHAD

타르-시스 THARSIS (Tahr-sis)

엠-페-헤 아르-셀 가-이-올 EMPEH ARSEL GAIOL

(Em-peh-heh Ahr-sell Gah-ee-ohl)

에-라 아-지-오-셀 RA AGIOLSEL (Eh-rah Ah-jee-oh-sell)

헤-누-엘-렉스 HNLRX (Heh-nu-el-rex)

헤-타-디-마 HTDIM (Heh-tah-dee-mah)

헤-타-아-다 HTAAD (Heh-tah-ah-dah)

헤-마-지-엘 HMAGL (Heh-mah-gee-ehl)

지팡이 축성

엘-로-힘(Eh-loh-heem) 다롬   DAROM

아랄 ARAL   세라프 SERARH,

오-이-페이 테이-아-아 페-도-케이 OIP TEAA PEDOCE

(Oh-ee-pay Tay-ah-ah Peh-do-kay)

에-델 페르-나-아 EDEL PERNAA(Eh-dehl Pehr-nah-ah)

베이-조드-이-조드-아 BZIZA (Bay-zod-ee-zod-ah)

베이-안-아-아 BANAA (Bay-ahn-ah-ah)

베이-도-페이-아 BDOPA (Bay-doh-pay-ah)

베이-페이-자-카 BPSAC (Bay-pay-zah-cah)

바엘 에보케이션

베라나넨시스, 발다히엔시스, 파우마히아, 아폴로기아이(혹은 아폴로지에) 세데스

BERALANENSIS, BALDACHIENSIS, PAUMACHIA, APOLOGIAE SEDES

아-도-나이, 엘, 엘-오-힘, 엘-오-하이, 에-헤-예 아-쉐어 에-헤-예, 차-바-오트, 엘-욘, 야, 테트라그라마톤, 샤다이

AH-DOH-NYE, EL, EHL-OH-HEEM, EHL-OH-HY, EH-HEH-YEH AH-SHAIR EH-HEH-YEH, TZAH-BAH-OHT, EHL-YONE, YAH, TETRAGRAMMATON, SHA-DYE

이-오트 EE-OHT

안-아-팍스-에-톤 ANN-AH-PHAX-EH-TOHN

차-바-오트 TZAH-BAH-OHT

아-쉐어 에-헤-예 오르-이스-톤 AH-SHAIR EH-HEH-YEH OHR-ISS-TONE

엘-욘 EHL-YONE 쉬마 아-마-티-야 SH' MA AH-MAH-TEE-YAH

이마뉴엘 EE-MAN-YOU-EHL

하-기-오스 HAH-GEE-OS

이스-케르-오스, 아-산-아-토스 파-라-클리-토스

ISS-KEER-OS, AH-THAN-AH-TOS, PAH-RAH-CLEE-TOS

오-시오스, 이크-트로스, 아-산-아-토스

OH THEOS, EEK-TROS, AH-THAN-AH-TOS

아글라, 온, 테트라그라마톤

AH-GLA, OHN, TETRAGRAMMATON

바스-다-세-아 BAS-DAH-THE-AH

발-다크-히-아 BAHL-DAHK-HEE-AH

프라임-우-마-탄 PRIME-UU-MAH-TAHN

에-헤-예 아-쉐어 에-헤-예

EH-HEH-YEH AH-SHAIR EH-HEH-YEH

요드-헤-바브-헤 엘-오-힘

YUD-HEH-VAHV-HEH EHL-OH-HEEM

역자 후기

마법하면 떠오르는 단어는 그리 유쾌한 것은 아니다. 종교역사나 서양문학에 나타나는 마법은 주로 이상한 의식을 행하고 부적과 주술을 사용하는 무언가 사악한 일을 꾸미는 마녀의 모습을 연상시킨다. 무대 마술사의 교묘한 손놀림이나 무대장치를 연상시키기도 한다. 물론 여기서 다루고자 하는 마법은 그런 것이 아니다. 최근 환타지 소설 덕분에 기존의 마법에 대한 이미지는 좀더 긍정적으로 변하고 있고 좀더 친근하게 다가오고 있는 점도 있다. 그러나 영화나 소설에서처럼 쉽게 이루어지는 마법을 이용한 힘의 물리적 현시도 참된 마법에 오해를 줄 수 있다. 여기서 말하고자하는 마법은 기존의 마녀 이미지도 아니며, 말 그대로 환상적인 마법을 보이는 마법서도 아니다.

그러면 이 책은 무엇을 보여주는가? 우선 어떤 종류의 마법이 있는지 알아볼 필요가 있다. 작가마다 다르지만 구별한다면 마법에는 목적에 따라 백마법, 흑마법, 회색마법이 있으며 이론 체계를 어디에 두느냐에 따라 고급마법(의식[儀式]마법)과 저급마법(자연마법)으로 구분된다. 그밖에 별도의 체계를 가진 에노키안 마법, 바돈 마법, 카오스 마법이 있다. 그리고 정령(자연령)을 이용하는 정령마법이 있으며 눈에 보이지 않는 엔터티를 불러내는 기법에 따라 에보케이션 마법과 인보케이션 마법이 있다. 이들에 대한 정의는 책을 통하여 나온다. 무엇보다도 이 책은 유대 비밀 가르침인 카발라에 바탕을 둔 의식 마법(고급마법)을 다루는 마법서이다. 물론 그렇다고 다른 마법을 다르지 않는 것은 아니라 초점은 의식 마법에 맞추어져 있다.

실천 카발라의 다른 이름이 의식 마법이다. 신지학의 창설자 블라바스키 여사가 카발라를 모르면 서양 신비를 이해할 수 없다고 하였듯이 모든 철학의 뿌리로 존재하는 사유 체계이다. 신과의 합일 다른 용어로 우주의식을 얻는 방법을 보여주는 가르침이다. 이 책은 마법서이며 동시에 카발라서이다. 카발라에 대한 풍부한 지식으로 우리를 지적으로 한 차원 높은 세계로 안내한다.

히브리 알파벳은 22개가 있다. 카발라에 의하면 히브리 문자는 하늘의 별자리를 보고 그 형상으로 만든 것이며 그 소리는 에너지를 운반하는 진동으로 기능한다고 한다. 이 책에는 나오지 않지만 좀더 고급마법에는 22개 히브리 문자가 육체에 대응하여 그 부분의 신비채널을 여는 열쇠로 작동하며 더 나아가 육체의 치유에도 사용된다. 그러므로 히브리 알파벳은 정확하게 발음 되어야 한다. 그러나 이 책에서도 저자가 밝히고 있지만 고대 발음과 지금 발음에는 상당한 변화가 있다. 이것은 문헌적으로 언어변천사를 보더라도 당연한 일이다. 그래서 카발라 학자마다 약간씩 발음하는 법도 다르다. 이점을 독자는 유의하고 접근하기 바란다.

왜 마법을 하는가? 마법은 이것에 답을 해야 한다. 타인에 지배력이나 개인의 물질 욕망을 위하여 마법을 한다면 이것은 마법을 배우는 진정한 자세가 아니다. 진실한 마법사는 자신을 준비시켜 신과의 합일을 추구한다. 그러므로 오컬트 분야를 연구하고 명상하고 수행하고 우주 법칙을 배우는 데 헌신한다. 그런데 단기간에 무엇을 기대하는 대중의 요구가 이런 공부를 방해하고 가능성이 희박한 영화 같은 환상적 묘기에 이끌린다. 어떤 학문분야에 전문가가 되려면 초등학교부터 계산하면 최소한 20~30년은 걸려야 한다. 하물며 우주법칙을 공부하고 의식의 변화를 추구하여 마침내 신과 합일을 추구하는 마법공부에 상당한 공부와 연구 수련이 필요함은 말할 필요가 없다.

마법은 왜 작동하는가? 아마 마법을 믿는 사람이든 아니든 이런 의문을 가질 수 있다. 작동하지 않는 것이라면 배울 가치가 없기 때문이다. 비교를 든다면 구구셈의 효용과 같다. 마법은 공식이며 과학이다. 아직은 현대 과학이 증명할 수 없는 방법으로 변화를 추구하지만 과거 지동설이 과학이 아니었듯이 지금 마법이 그럴 수 있다.

마법 성공 조건으로 긍정적 태도가 아주 중요하다. 이것은 모든 오컬트 수련에 기본으로 의심이 있으면 실패한다. 어떤 면에서는 정신적인 면이 아주 강하게 작동한다. 마법 충전의식이나 축성의식 모두는 사실 생각의 힘과 밀접하게 관련된다. 수행하는 마법이 작동하리라는 것을 믿고 알아야 한다. 마법이 작동하지 않는다고 생각하면 마법은 작동하지 않는다. 마법을 행하는 데 있어 올바른 마음 태도를 유지하는 것은 마법의 중요한 요소이다.

주사위를 1000번 던지면 확률적으로 6개의 면이 나오는 경우는 거의 같다. 그러나 도박이 되면 달라진다. 여기에는 개인의 카르마가 작동하고 6개의 비율을 다르게 작동한다. 마찬가지로 마법도 우주법칙과 분리되어 작동되는 것이 아니라 거대한 신의 법칙, 우주의 운영법칙에 따라 작동된다. 공덕을 쌓지 않은 사람이 마법으로 무엇인가를 얻고자 한다면 어디에서 그것을 가져올 것인가? 단기적으로 주어지는 마법의 결과는 장기적으로는 갚아야 할 업으로 남게 된다. 뿌린 대로 거둔다. 그래서 이기적인 목적이 아니라 순수한 목적으로 마법을 해야 하며 마법의 시작과 끝은 자기완성과 신과의 합일에 있다.

영적 각성에 강력한 힘을 주는 백마법(이 책 전반부) 수련을 권한다. 삶에서 자신에 대한 자각, 신과의 합일, 우주의식과 하나 됨, 깨달음 그것보다 더 긴박하고 절박한 것이 어디 있겠는가? 호기심으로도 흑마법을 시도한다면 다음 말을 하고 싶다. "호기심은 파멸을 부른다."

이 책은 기존 마법서와 다른 점은 마법 의식만 제시하는 것이 아니라 그 철학적 배경과 작동원리, 여러 신비체계에 대한 소개로 아주 균형 잡힌 보기 드문 마법서라고 할 만하다. 지성이면 감천이다. 열심히 하는 자에게 신은 반응한다. 많은 사람들이 한 차원 높은 의식의 변화를 경험하기를 기원한다.

마지막으로 번역하는 과정에서 의식에 나오는 마법주문 발음을 확인하는 문제와 추가적으로 저자 설명이 필요한 부분이 있었다. 편지를 보내면 언제나 친절하게 답장을 해주신 이 책의 저자인 도널드 크레이그 박사에게 감사의 말을 전하고 싶다.

김 태 항